拜德雅
Paideia

×

eons
艺 文 志

过一种女性主义的生活

Living a Feminist Life

Sara Ahmed

［英］萨拉·艾哈迈德　著

范语晨　译

上海文艺出版社
Shanghai Literature & Art Publishing House

致许许多多

在四面八方做着你们事情的

To the many feminist killjoys

女性主义扫兴鬼们：

out there doing your thing:

本书为你们而写。

THIS ONE IS FOR YOU.

目 录
CONTENTS

导 论

把女性主义理论带回家 1

Bringing Feminist Theory Home

当你听到*女性主义*一词时，你听到的是什么？这是一个让我充满希望和能量的词。它让人想起，为了不再维持那些削弱我们的东西，我们可能会发出响亮的拒绝，明目张胆地反叛，抑或做出种种安静的举动。它让人想起那些站出来，回嘴，赌上生命，冒着失去家园和亲友的危险，为一个更可忍受的世界而斗争的女性。它让人想起那些已经写就的、翻得破破烂烂的书，这些书用语言道出了某些东西，一种感觉、一种不公正的感觉，这些书在为我们道出某些东西的同时，也给了我们继续前行的力量。女性主义关乎我们如何搭救（pick up）彼此。有如此多的历史蕴于一个词；历史也因它而改变良多。

我写这本书就是为了紧紧抓住这个词蕴含的寄望，思考将女性主义视作你本身，这样生活意味着什么：做一个女性主义者，成为一个女性主义者，作为一个女性主义者说话。过女性主义的生活并不意味着采用一套观念或行为规范，尽管它可能意味着提出道德问题，即如何在一个不公正和不平等的世界

（一个非女性主义和反女性主义的世界）中生活得更好；如何与他人建立更加平等的关系；如何找到支持那些得不到或较少得到社会系统支持的人的方法；如何坚持面对那些已经变成“混凝土”[i]的历史，那些已经如墙一般坚固的历史。

从一开始就值得注意的一点是，女性主义关乎如何生活，关乎思考如何生活，这个想法常常被理解为女性主义历史的一部分，被理解为过时的，与可能被称为或已被称为（通常是轻蔑地）文化女性主义的道德化甚至警察化立场有关。我将在第九章中再次讨论这种否定的政治。我并不是说，这一道德警察式
2 的女性主义版本纯属捏造——这类女性主义是通过宣称某种做法“不女性主义”或某种人不是女性主义者而得以发展的。我听到过这种判断；它曾落在我自己的肩头。[ii]

女性主义者有着胡作非为的警察形象，但这是有原因的。当人们听说，女性主义就是打消一切，会让人觉得自己原本的渴望与投入很糟糕时，女性主义就更容易被人们打发掉（dismissed）。女性主义警察的形象屡试不爽，因为她很好用；把女性主义者的话当成警察的话来听，就是变相地对女性主义充耳不闻。许多女性主义形象都是反女性主义的工具，尽管我们总是可以为了自己的目的而改用这些形象。我们可能会以这样的方式改用：如果指出性别歧视会被理解为警察行为，那么我们乐意成为女性主义警察。请注意，改用反女性主义的形象并

i 原文为“concrete”，这一表述在书中多次出现，这个词在此既有具体、有形之意，也有名词“混凝土”之意。考虑到作者在后文中更强调不平等的历史的物质性与可感性，故译为“混凝土”。——译注

ii 真的，我的意思是：我还是博士生的时候，有一次，一个持女性主义立场的教师把我的露肩上衣拉到肩膀上，说了句话，大意是“你一定是个女性主义者吧”。

不是同意这个判断（即质疑性别歧视就是警察行为），而是通过把它转换成一种应允（如果你非要认为质疑性别歧视是警察行为，那我们就偏要做女性主义警察），从而反对这个判断的前提。

在把女性主义变成一个生活问题时，我们会被评判为动辄品头论足的（judgmental）人。在这本书中，我拒绝将“如何过一种女性主义的生活”这个问题贬入历史。过一种女性主义的生活，就是要把一切都变成可质疑的东西。“如何过一种女性主义的生活”，这既是一个活生生地存在着的问题，也是一个事关生活的问题。

如果我们因为世界上的不平等和不公正而成为女性主义者，因为世界之所不是的样子而成为女性主义者，那么我们所要建立的世界是一个什么样的世界？为了建造女性主义的居所，我们需要拆除已经组建好的东西；我们需要问，我们反对的是什么？支持的是什么？我们需要清楚地知道，这个*我们*不是一个先在的基础，而是我们正在努力的方向。我们通过搞清楚我们支持什么，从而弄明白*我们*是什么——那个充满希望的女性主义集体的能指。有希望的地方就有困难。女性主义的历史是关于*我们*的困难的历史，是那些不得不为了成为女性主义集体的一部分而斗争的人的历史，是那些甚至为了从事女性主义事业而不得不反对女性主义集体的人的历史。希望不是以斗争为代价的，它使斗争充满生气；希望给我们一种感觉，即我们有必要解决一些事情，完成一些事情。希望不只是或不总是指向未来的；在形势严峻的时候，在我们选择了一条更艰难的道路的时候，希望帮助我们渡过难关。[i] 当我们努力使一些东西成为可能时，

---

i　关于在过去时意义上对希望的进一步讨论，见我的书《情感的文化政治》（Ahmed 2004）。

希望是我们身后的支撑。

3　一场女性主义运动

从各种意义上来讲，女性主义都是一场运动。我们受到触动而成为女性主义者。也许我们是被某种东西所触动：一种不公正的感觉，有什么东西不对劲，就如我在第一章中探讨的那样。女性主义运动是一场集体的政治运动。有多少种女性主义派别，就意味着有多少种女性主义运动形式。这个集体不是静止不动的，而是因运动而创生并能创造运动的。我认为，女性主义的行动就像水面的涟漪，就像一个或许因天气波动而起的小波浪；这里，那里，每个波动都向外延伸，触发着另一种可能、另一阵涟漪。女性主义：一种创造联系的动力。此时，一场运动势在必行。为了成为运动的一部分，我们需要找到聚集相见的地方。一场运动也是一个庇护所。我们聚集起来（convene）；召开会议（convention）。一场运动的出现是为了改变现存之物。一场运动需要在某个地方发生。一场运动不仅关乎运动；如果我们受到触动从而去变革一些事物，那么它们首先需要保持不动，有一个给定的位置。

可以说，当我们能够目睹一种势头时，一场运动就已经很壮大了：更多的人聚集在街头，更多的人签名抗议某事，更多的人用同一个名字来表明自己的身份。我认为，近年来我们目睹了女性主义的势头——在反对针对妇女的暴力的全球抗议活动中；在越来越多的受欢迎的女性主义书籍中；在社交媒体上女性主义活动的高度可见性中；在女性主义这个词为女性艺术家和明星（如碧昂斯）点燃舞台时。作为一名教师，我亲眼目睹了这种增长：越来越多的学生希望自己是女性主义者，他们要求我们教授更多关于女性主义的课程；我们组织的关于女性主义的活动，特别是关于酷儿女性主义和跨性别女性主义的活动，几乎都惊人地受欢迎。女性主义正在把人们带入它的屋檐下。

并非所有的女性主义运动都如此容易被察觉。一场女性主义运动并不总是公开地表现出来的。一场女性主义运动可能发生在某个女人崩溃的那一刻，那一刻，她不再忍受充斥在她整个世界中的暴力（见第八章）。一场女性主义运动可能发生在那些认识到“某些东西——权力关系、性别暴力、作为暴力的性别——为他们所反对”的人之间不断增长的联系中，即使他们对“那些东西是什么”有不同的说法。如果我们想起第二波女性主义运动的座右铭“个人的就是政治的”，我们就会想到，女性主义正是发生在那些历史上被划为非政治的地方的：在家里， 4
在家务事的安排上，每个房间都可以成为一个女性主义的空间；在任何人做任何事的地方；以及在街上、议会中、大学里。女性主义出现在任何女性主义需要出现的地方。女性主义需要无处不在。

女性主义需要无处不在，因为女性主义并非无处不在。女性主义在哪里？这是个好问题。我们可以问问自己：我们在哪里找到了女性主义，或者说女性主义在哪里找到了我们？在本书的第一部分，我把这个问题作为一个生活问题提了出来。一个故事总是发端于它能够被讲述之前。是什么时候，*女性主义*成了一个不仅对你说话，而且言说你本身的词，成了一个不仅言说你的存在，而且通过言说使你得以存在的词？是什么时候，*女性主义*这个词的声音变成了你的声音？坚持女性主义，在它的名义下战斗；在它的起伏、它的来去中，感受你的起伏、你的来去，这意味着什么？又有什么作用呢？

当我在这本书中思考我的女性主义生活时，我问它“从哪里来？”，也问它“从谁那儿来？”我是在谁那里发现女性主义的？我会永远记得，20世纪80年代末，我还是个年轻女孩时的一次谈话。那是与我姑妈古尔扎尔·巴诺（Gulzar Bano）的谈话。我把她视为我最早的女性主义老师之一。我给她看了一些我的诗作。在一首诗中，我使用了*他*这个字眼。“为什么要用*他*呢，你本可以用*她*啊？”她温柔地问我。这个以如此温暖而善意的方式提出的问题，引发了许多心痛、许多悲伤，因为我意识到，我曾以为对我开放的文字和世界，压根儿就没有对我开放。*他*并不包括*她*。这堂课变成了一项指示。为了带来影响，我必须赶走那个*他*。成为*她*就是成为女性主义运动的一部分。当一个女性主义者在*她*这个字眼中听到了对*他*的拒绝，一种对*他*答应将*她*纳入的拒绝，她才成了*她*，尽管她早已被指定为*她*。她拾起那个*她*字，使之成为她自己的。

我开始意识到一些我已经知道的事情：父权制的合理化以一切方式渗透，深入文字和骨髓。我必须想方设法不在我所说的、所写的、所做的、所成为的人中复制其语法。十分重要的是，我从我巴基斯坦拉合尔（Lahore）的姑妈那里学到了这堂女性主义课——她是一个穆斯林妇女，一个穆斯林女性主义者，一个棕色人种女性主义者。人们可能会认为，女性主义是从西方传到东方的。人们可能会认为，女性主义是西方带给东方的东西。这是一个口耳相传的假设，有人以某种方式讲述了一个女性主义的故事，这个故事被不断重复；一段女性主义如何作为一个来自帝国的礼物而得其所用的历史。那不是我的故事。我们需要讲述其他版本的女性主义的故事。女性主义从东方传给了在西方长大的我。我的巴基斯坦姑妈们告诉我，我的思想是我自己的（也就是说，我的思想不隶属于他人）；她们教我为自 5
己说话；为反对暴力和不公正说话。

我们在哪里找到女性主义很重要；我们在谁那里找到女性主义很重要。

作为一场集体运动的女性主义形成于此：我们如何在与他人对话时受到触动，成为女性主义者。这场运动需要我们被触动。在本书的第一部分，我通过重新审视女性主义意识的问题来探讨这一需求。让我们想一想，为什么女性主义运动仍然是必要的。我想在这里引用贝尔·胡克斯（bell hooks）对女性主义的定义："结束性别歧视、性剥削和性压迫的运动"（2000, 33)。这个定义能让我们明白很多事情。女性主义是必要的，因为很多东西尚未终结：性别歧视、性剥削和性压迫。对胡克斯来说，"性别歧视、性剥削和性压迫"不能与种族主义分开，不能与包括奴隶制在内的殖民历史所塑造的当下分开（因为殖民历史是资本主义体制下对劳动力的剥削的核心)。交叉性（intersectionality）是一个起点，我们如果要解释权力如何运作，就必须从这个点着手。借用弗拉维亚·卓丹（Flavia Dzodan）的豪言来讲，女性主义应是交叉性的，"否则就是胡说八道"。[i] 我在本书中指的就是这种女性主义（除非我特别提到白人女性主

---

i Flavia Dzodan,"My Feminism Will Be Intersectional or It Will Be Bullshit!," Tigerbeatdown, October 10, 2011, http://tigerbeatdown.com/2011/10/10/my-feminism-will-be-intersectional-or-it-will-be-bullshit/.

义以示区分)。

对一场女性主义运动而言，承认那些尚未终结的事情是关键的一步。而这是非常艰难、缓慢而痛苦的一步。我们会认为我们已经迈出了这一步，却又发现我们必须再次迈出这一步。你可能会面临平等的幻想：女性现在可以实现，甚至可以拥有平等，或者说她们只要足够努力就会拥有平等；女性个体可以仅凭努力、坚持或意志便终结性别歧视和其他障碍(我们可以将这些障碍描述为玻璃天花板或砖墙)。太多的“终结”使命被灌输到了我们自己的身体中。我们可以把这称为后女权主义的幻想：女性个体可以终结那些阻碍了她的运动的东西；或者说，女性主义已经终结了“性别歧视、性剥削或性压迫”，仿佛女性主义已然太成功了，以至于没有了存在的必要(Gill 2007; McRobbie 2009)；或者说，这种现象本身就是一种女性主义的幻想，一种对从未存在或不再存在的东西的依恋。我们也可以把“后种族”(postrace)看作一种幻想，种族主义就是借此运作的：仿佛种族主义已经过去了，因为我们不再相信种族，或者说，仿佛如果我们不再相信种族，种族主义就会被我们甩在身后。我们当中那些体现了组织之多元化的人，人们认为我们的到来便终结了白人性(whiteness)(见第六章)。

6 当你成为一名女性主义者，你很快就会发现：那些你致力于终结的东西，有些人并不承认它们的存在。这本书沿着这一发现展开。相当大一部分的女性主义和反种族主义的工作是试图说服他人，性别歧视和种族歧视并没有结束；性别歧视和种族主义是晚期资本主义的不公正之根本；它们很重要。仅仅是谈论此时此刻的性别歧视和种族歧视，就是在拒绝转移[问题]；就是在拒绝用后女权主义或后种族包装你的言论，二者会要求你使用彼时（当年）或彼处（那边）去谈论性别和种族问题。[i]

甚至仅仅是将某些事物描述为此时此刻的性别歧视和种族歧视，也会让你陷入麻烦。你把问题指向结构；他们却说，这些只发生在你的脑袋里罢了。你描述为物质的东西遭到了否定，被认为是精神的。我认为，我们在这样的否定中理解了物质性，正如我将在第二部分关于多元化工作的内容中试图表明的那样。我们也得想想需要做些什么：必须坚持我们所描述的不只是我们的感觉或想法，这是必要的政治工作。女性主义运动有赖于我们不断去坚持，坚持那些我们希望终结的东西仍然存在着。我在这本书中描述的就是这种坚持不懈的工作。我们在做女性主义者的过程中领悟这一点。

因此，女性主义运动要求我们获得女性主义的倾向——乐意持续前进，哪怕遇到一些事情，或甚至正因为遭遇了这些事情而持续前进。我们可以把这个过程看作对女性主义的实践。如果我们以女性主义的方式走向这个世界，如果我们一次又一次地重复这种倾向，我们就会获得女性主义的倾向。女性主义者的希望在于这种获得倾向的能力是打不垮的。然而，你一旦成为一名女性主义者，就会觉得你始终是一名女性主义者。有没有可能你一直就是这样的呢？有没有可能你从一开始就已经是一名女性主义者了？也许你觉得你一直都有这样的倾向。也许你

---

i　在提出性别歧视的过程当中，有许多十分关键的种族主义问题：性别歧视往往被视为“彼处”文化中的问题（或“彼处”文化的问题），而不是“此处”的问题。还要注意：彼处往往被理解为时间上已经过去的。

倾向于那种方式，那种女性主义的方式，因为你一直以来都倾向于成为一个叛逆甚至任性的女孩（见第三章），不愿意接受被安排的位置。或者说，女性主义是一种重新开始的方式：所以在某种程度上，你的故事确实是从女性主义开始的。

女性主义运动是在许多重新开始的时刻中建立起来的。这也是我关注的核心问题之一：获得女性主义者的倾向，成为那种女孩或女人——错误的那种，或坏的那种，成为说出她的想法，写下她的名字，举起她的手臂抗议的人，这对于一场女性主义运动而言是必要的。个人的斗争确实重要，集体运动取决于此。但当然，仅仅是去做错误的那类人，并不能让我们变得正确。那些认为自己属于错误类型的人——无论是错误类型的女人还是错误类型的女性主义者——都可能并且已经犯下了许多不公正的错误。没有谁能保证，在为正义而斗争的过程中，自己也会变得正义。我们必须有所质疑，带着怀疑去克制我们
7 的倾向的力量；在我们确信的时候三思而行，甚至正因我们确信所以更需三思。一场过于自信的女性主义运动已经让我们付出了太多的代价。我会在第三部分探讨再三思量我们的信念的必要性。如果女性主义倾向是我们努力的方向，那么这种倾向并不意味着它会赋予我们一个稳固的阵地。

家庭作业

女性主义是家庭作业。当我使用*家庭作业*这个词时，我首先想到的是上学的时候；我想到的是老师给我布置了需要带回家做的任务。我想到的是坐在餐桌前，做完这些功课才能去玩。家庭作业是让你在家完成的一些很简单的作业，通常是由家庭

之外的权威人士布置的。当女性主义被理解为家庭作业时，它指的不是老师给你布置的作业，尽管你有女性主义的老师。如果女性主义是一项任务，那么它是自己布置的任务。我们给自己布置了这项任务。我使用家庭作业这个词，并不是要表示我们都在获得安全或保障的意义上，在女性主义那里找到了家的感觉。我们中的一些人可能在这儿找到了家的感觉，但另一些人可能并没有。我说女性主义是家庭作业，正是因为关于在这个世界上无家可归的感觉，我们还有太多问题需要解开。换句话说，家庭作业是有关家的作业，也是我们在家里的作业。我们做家务（housework）。女性主义的家务并不是简单地打扫、维护一座房子。女性主义的家务旨在改造房子，重建属于主人的住所。

在这本书中，我想把女性主义理论也看作家庭作业，看作一种重新思考女性主义理论的起源及终点的方式。这个被称作女性主义理论的东西是什么？我们最初可能会认为，女性主义理论是由在学术界工作的女性主义者生产出来的。而我想说明的是，女性主义理论是一些我们在家里做的事情。在本书的第一部分，我探讨了在成为女性主义者的过程中，我们是如何进行智力和情感工作的；我们开始体验到性别是一种对可能性的限制，我们在应对这些限制的过程中了解世界。作为一名女性主义者的经历——在家庭餐桌边，在会议进行时——给我上了许多生活课（它们同样是哲学课）。在做一名女性主义者的过程中渐悟，就是在了解这个世界。

女性主义理论可以是我们在课堂上、会议中，在阅读彼此的作品时一起做的事情。但我认为，我们过于惯常地将女性主义理论归为某种标志着特定女性主义工作的事物，甚至某种标

志着更高层次的女性主义工作的事物。我们必须把女性主义理
8 论带回家，因为人们往往不假思索地将女性主义理论视作我们离家在外做的事情（仿佛女性主义理论是你去学校学到的东西）。当我们离开家时，我们能够，也确实学到了新的词汇、新的概念、新的角度。我们遇到了新的作者，这些作者激发了启示的瞬间。但女性主义理论并不是从那儿开始的。女性主义理论甚至可能是让你到达那儿的东西。

在学术界，理论这个词具有很多“资本属性”（capital）。我一直对理论这个词本身是如何被分配的感兴趣；为什么一些材料被理解为理论，而另一些则不然。我自己的轨迹在一定程度上可以解释这种兴趣：我从一个批判理论方向的博士变成了一个女性研究的讲师。作为理论专业的学生，我了解到，理论被用于指代相当小的一部分的著作。有些著作之所以成了理论，是因为它提到了其他被称为理论的著作。围绕着理论形成了一条引用链：你通过引用其他理论家而成为一个理论家，你所引用的理论家也在引用其他理论家。我的确对这些著作中的一部分感兴趣；但我逐渐发现，我想挑战材料的选择及其阅读方式。

我记得，有一位理论家被解读为具有两面性，一面是关于欲望的故事，一面是关于阴茎的故事。我们被告知，为了跟第一个故事建立联系并投入第一个故事之中，基本上都得把第二个故事放到括号里。我开始怀疑，做理论是否就是通过把诸如“阴茎中心主义或性别歧视”这样的问题放入括号，来与一系列著作打交道。实际上，那些被我们当作理论来读的东西，以及那些我们在理论中读到的东西，一直以来，它们都要求我们把我们对性别歧视的担忧放入括号，而这些担忧是至关重要

的。我还记得我提交过一篇论文，是对某篇包含女性形象的理论文本的批判性解读，这篇论文后来成了我的第一本书《重要的差异》（*Differences That Matter*, Ahmed 1998）中“女人”一章的一部分。我曾经很关注，老师的批注——如“这不是关于女人的”——如何被用于回避一切与“男性知识传统如何利用女性形象”相关的问题。论文返回给我时，评分者的大字写着：“这不是理论！这是政治！”

我当时想：如果理论不是政治，那我很庆幸我在做的不是理论！离开那个人们为理论和政治安排了不同轨迹的空间，是一种解脱。当我抵达女性研究领域时，我注意到，我有时会被*女性主义理论*这个词所收编，即作为与其他类型的女性主义者——那些被认为更偏经验主义的女性主义者（这似乎意味着较少的理论性或哲学性）——不同的女性主义者。我始终将这种收编体验为一种暴力形式。我希望永远把这种收编作为一种暴力形式来体验。虽然我在批判理论中感觉相对舒适自如，但 9
我既不把希望寄放在那里，也不认为那里是一个尤其困难的领域：甚至正相反，我认为做抽象而普遍的理论工作会更容易。我记得曾与一位女性主义哲学家交谈，她每次提到这位或那位男性哲学家时，都会谨致歉意，因为他们实在太难读懂了。我感到很不服气。我认为，那些更艰深、更难解的问题是由关注和解释暴力、不平等、不公正的女性主义者提出的。对我来说，经验性的工作，实实在在的世界，才是困难所在，也是挑战所在。批判理论就像任何一门语言一样；你可以学习它，当你学会它时，你就开始在那里如鱼得水了。当然，当你身处新的环境，却没有为你引路的定向工具，这可能是困难的。但是，解释像种族歧视和性别歧视这样的现象——它们是如何被再生产的，它们是如何被不断再生产的——不是我们简单地通过学习一种新的语言就可以做到的。这不是一个可以通过知晓它、重复它来解决的困难；事实上，知晓和重复才是困难的来源；它们才是需要被解释的东西。面对这些现象，我们不断被我们理解的不足带回家。正是在这里，我们遭遇、重新遭遇了思维的局限。正是在这里，我们可能会感受到这些局限。我们遇到了一些我们无法解决的问题。我们可能被自己的知之甚少带回家，也可以把我们的所知所得带回家。

正如我在第二部分所展示的，我在学术界提出种族主义和性别歧视的问题的个人经历（也就是拒绝在一种对哲学经典更有爱的消化方式中，将这些问题括进括号）复制了我早先在家庭餐桌上提出种族主义和性别歧视的问题的一些经历。这种复制是另一种形式的教育学：从同样的事情何以不断出现中，我们有所领悟。别人会认为，你的否定所引发的轰动打破了一个欢乐的场合。他们认为你是在搞身份政治，就像你谈论种族主义，是因为你是有色人种，你谈论性别歧视，是因为你是个女人。尼马尔·普瓦尔（Nirmal Puwar, 2004）表明了，当一些人进入不适合他们的空间时，他们如何变成了“空间入侵者”（space invaders）。仅仅通过引用错误的文本或提出错误的问题，我们便可能成为学术界的空间入侵者；也可能成为理论界的空间入侵者。

一个问题可能是格格不入的：语词也是如此。

一种回应可能是，我们要尽可能地待在那些没打算让我们待着的空间里。我们甚至可以通过同意将我们的特殊性放在一边，来认同大学里的普遍性。[i]在融入这种空间的过程中，可能会出现自我的扰动，甚至产生新的认知，对此我毫不怀疑。但请想一想：我们这些人去到一个不是由我们塑造或为我们塑造的学术界，为其带去了若没有我们便不会产生的知识和世界。但请想一想：我们能从一个不接纳我们的世界中学到什么？想一想， *10*
当人们完全没料想到你会出现，这是一种怎么样的经历。这些经历是一种知识生产的资源。把女性主义理论带回家，就是让女性主义在我们生活和工作的地方发挥作用。当我们把女性主义理论当作家庭作业时，大学也就成了我们在那里工作并努力想要改善的地方。我们用我们的特殊性挑战普遍性。

建造女性主义的世界

我要说的是：我喜欢并欣赏许多作为批判理论被教授和阅读的著作。我先学习了那一领域是有原因的，我会在第一章解释这是如何发生的。但我仍然记得，在我读博士的第二年，我读了黑人女性主义者和有色人种女性主义者的文章，包括奥德雷·洛德（Audre Lorde）、贝尔·胡克斯和格洛丽亚·安扎尔杜阿（Gloria Anzaldúa）。我以前没有读过她们的作品。这些作品令我大为震惊。在她们的写作中，有着对权力的具身体验，这提供了知识的基础。她们的写作是由日常激发出来的：一场遭遇、一次意外、一个事件，其中的种种细节，如顿悟般闪现。阅读黑人女性主义者和有色人种女性主义者的学术著作改变了我的生

i　我称之为忧郁的普遍主义（melancholic universalism）：你认同那种将你排斥的普遍性。关于一些初步观察，见我的博文 “Melancholic Universalism,” feministkilljoys, December 15, 2015, http://feministkilljoys.com/2015/12/15/melancholic-universalism/。

活；我开始意识到，理论与皮肤的联系越紧密，其效力就越强。

从那时起我决定：与世界相联系的理论工作是我想做的那种理论工作。即使在我围绕思想史写文章时，我也试图从我自己的经验出发：作为活力（animation）的日常生活。在写这本书时，我想比以前更贴近日常。这本书是个人的。个人的就是理论的。人们往往认为理论本身是抽象的：某物越是抽象，越是从日常生活中抽绎出来的，就越富有理论性。抽象意味着拖走、脱离、拉开或转移。我们可能需要把理论拽回来，让理论回归生活。

尽管我早期的作品确实包括了日常生活中的例子，但它们也涉及大量对知识传统的参考。毫无疑问，我需要那些传统以完成我的一些论证步骤：在《幸福的承诺》（*The Promise of Happiness*, Ahmed 2010）中，我需要将女性主义扫兴鬼（feminist killjoy）[i]形象与幸福的历史联系起来，以理解她何以出现；在《任性的主体》（*Willful Subjects*, Ahmed 2014）中，我需要将任性的主体形象与意志（will）的历史联系起来，也是为了理解她何以出现。但是，当这些形象出现时，她们给了我一些
11 不同的理解。她们获得了自己的生命。或者我应该说：我的写作之所以能够将这些形象纳入其中，是因为她们所拥有的生命。这些形象很快成为新的联结形式的来源。我开设了一个围绕她们而组织的新博客，我在写这本书的时候一直在写博客。开通这个博客以来，我收到了许多学生来信，其中不仅包括本科生

i “feminist killjoy”是本书最重要的关键词之一，为兼顾意义的准确性与语言的生动性，译者大部分时候将该词处理为“女性主义扫兴鬼”，但在个别地方，考虑到中文译文的流畅融贯，亦处理为“扫兴的女性主义者”。——译注

和研究生，还包括高中生，她们讲述了自己作为女性主义扫兴鬼和任性的主体的经历。我从这些交流中学到了很多。从真正意义上讲，这本书来自她们。我把这本书送给女性主义学生们。本书是为你们准备的。

成为一名女性主义者就是始终做一个学生。这就是为什么女性主义扫兴鬼和任性的主体的形象是好学的。这并不奇怪，她们使我能与一些人建立交流，我们都在这些形象中感受到了对某些东西（一个困难、一种情形、一项任务）的解释。我仍然在努力理解某些东西（一个困难、一种情形、一项任务），这本书就是这种努力的产物。《过一种女性主义的生活》的一个目标是将这些形象从她们所处的历史中解放出来。我试图去了解、弄明白她们在对我们说些什么。因此，在某种程度上，我在这本书中重走了我自己的知识之旅。在回顾她们到来的情况时——她们是如何出现在我面前、为我所关注的——我回到了一些老地方。智力的旅行就像任何旅行。一步推动着下一步。在这本书中，我重走了其中的一些步骤。

我希望通过重走这些步骤，把我的一些论点变得更加通俗易懂：女性主义理论在贴近日常生活的过程中，变得更容易理解。我刚开始写这本书的时候，我以为我在写一本更主流的女性主义文本，甚至一本畅销书。后来我意识到，我所写的书并不是那种类型的书。我想做的是一个缓慢的论证，仔细琢磨老观点（old ground），慢慢来。并且，我仍然想介入学术性的女性主义。我做了二十多年的学者，在女性主义理论的学术语言中，我感到比较自在。我知道，并不是所有的女性主义者都能在学院中感到宾至如归，而且女性主义理论的学术语言可能会让人感觉很疏离。在这本书里，我的确使用了学术语言。我在家里做学术工作，所以学术语言是我的工具之一。但我也力求让我的文字尽可能地贴近这个世界，试图说明，当我们以女性主义的方式生活时，我们就是在做女性主义理论。

重走一段旅程的某些步骤，并不意味着我在走同样的旅程。因为这趟旅程更贴近日常生活，一路上我发现了一些新东西。
12 我应该在此补充一点，贴近日常生活仍涉及关注词语，以及由此产生的概念，比如幸福，比如意志。我仍然在倾听共鸣。我把女性主义当作诗歌；我们在文字中听到历史；我们通过把历史置入文字，来重新组合历史。这本书仍然随着词语而动，像我以前所做的那样，将一个词翻来覆去——就像一个每次转动都能捕捉到不同光线的物体一样；留心不同语境下的同一个的词语，使之就像背景中的纹理一样，产生涟漪或新的图案。我通过倾听共鸣来进行论证；因此，这本书涉及很多重复的词语，有时我一遍又一遍地重复它们；像破碎（shatter）这样的词，像断裂（snap）这样的词。重复就是一份女性主义指南（feminist instruction）的操练场。

一份女性主义指南：如果我们从成为女性主义者的经验出发，不仅可能拥有新的产生女性主义思想（ideas）的方式，而且可能产生关于女性主义的新想法（ideas）。女性主义思想是我们提出以理解那些持续存在的事物的思想。我们必须坚持提出女性主义思想，或者通过不断提出女性主义思想来坚持。这个想法已然包含了关于“思想”本身的另一个想法了。思想不是从距离中产生的，不是一种从某种东西中抽象出另一种东西的方式，思想产生于我们在这样一个世界中的参与，一个——坦白讲——常常让我们深陷困惑的世界。思想可能事关我们如何运用直觉，如何同我们的直觉一起工作，那些直觉即感觉到有些东西是不对劲、不大正确的，它们是平凡生活的一部分，也是许多批判工作的起点。

我们试图描述一些难解的东西——这些东西在当下始终抗拒着被充分理解——由此创造出我所谓的“流汗的概念”（sweaty concepts）。当我试图向学生描述显见于奥德雷·洛德作品中的那种智力劳动时，我第一次使用了这个表达。我想在这里认这个“账”。我无法用语言表达我对奥德雷·洛德的感激之情，她为我们留下了一份非同寻常的档案。第一次读到奥德雷·洛德的作品时，我感受到了一条正抛向我的救生索。她描述了自己作为一个黑人女性、母亲、女同性恋者、诗人、战士的经验，这些话帮我找到了我的所在——我与她身处不同的地方，但她的话帮我找到了我的位置。她的话给了我勇气，让我把自己的经验——我作为一个棕色人种女性、女同性恋者、女儿的经验——变成一种资源；让我以一个写作者的身份，通过描述我在这个世界上的位置来建立理论，通过描述不被世界所容纳的经验来建立理论。一条救生索：它可能是一条脆弱的绳子，在恶劣的天气中被磨损得破破烂烂的，但它足以承受你的重量，把你拉出来，帮助你在一段破碎的经历中幸存下来。

一个流汗的概念：从一段破碎的经历中被拉出来的另一
种方式。通过使用流汗的概念来进行描述性工作，我至少想 13
说两件事。首先，我们太过经常地把概念性的工作与情境描述区分开来：在这里，我把情境视作一种出现了且需要回应的东西。情境可以指某一时刻的状况组合，也可以指一系列批判性的、有问题的或引人注目的状况的组合。因而，劳伦·贝兰特（Lauren Berlant）这样描述情境："一种事物的状态，在这种状态下，一些也许会很重要的事情正在生活的惯常活动中展开"（2008, 5）。如果一个情境意味着我们如何被事物所迷惑，那么我们弄清事物的过程也是从"惯常活动"中展开的。概念往往被认定为学者们以某种方式——通常通过沉思和自我抽离（withdrawal）——想出来的东西，它更像一个打在你头上的苹果，从某个外部的位置引发启示。

在做一个关于多元化的实证课题时，我更加意识到了这种学术倾向，即把概念认定为学者带给世界的东西，这一点我将在第二部分讨论。我自己也有这种倾向，所以我能意识到它。在这个课题中，我采访了那些被大学聘为多元化官员的人。这让我了解到，我们是如何在努力改造机构的过程中，产生关于它们的知识的。无论我们做什么，概念都在我们的工作方式中起着作用。我们有时需要弄明白这些概念到底是什么（我们行动的时候在思考什么，或者何种行动本身即是思考），因为概念作为背景性的假定，很可能是模糊不清的。但是，这种思考根本不是从外面（或从上面）带入了一个概念：概念就在我们所处的世界中。

通过使用"流汗的概念"，我也试图表明，在何种意义上，描述性的工作就是概念性的工作。一个概念是饱含物质经验的，但它也是一种对世界的重新定位，一种扭转事物的方式，对同一事物的不同观点。更具体地说，"流汗的概念"来自这样一种描述：对一个在世界上感到不自在的身体的描述。这里我指的是描述的角度或观点：描述在这个世界上的不自在的感觉，或者从不自在的角度描述这个世界。汗水是身体意义上的，我们在更剧烈的肌肉活动中可能会出更多的汗。一个流汗的概念可能出自一种正在努力的身体体验。我们的任务是与困难共处，不断探索和暴露这种困难。我们也许不需要消除写作中的努力或艰辛（labour）。不消除努力或艰辛，这将成为一个学术目标，因为我们一直在教导下整饬我们的文本，不能显露我们为实现目标而历经的挣扎。“流汗的概念”也是经由对抗世界的实践经 14
验，或试图改造世界的实践经验而产生的。[i]

即使我已经以这样的方式努力了，我还是注意到了一些迹象（部分原因在于读者注意到了），即有时候你不太容易承认某种困难：例如，我在讨论自己遭遇的一些性暴力和骚扰的经历时，一直在用*你*而不是*我*，第二人称代词让我保持一定距离。我试着在写完之后把*我*放回去，但此处的*我*让我感觉太紧张了，因此，我在作出交代后保留了*你*。女性主义：它可能是一种压力。这种压力就像文本中的张力一样显而易见，有时它以代词和人称的混淆的面貌出现；这是一种讲述我自己成为女性主义者的故事、做一名多元化工作者、处理所遇到的问题和对世界进行更普遍的反思之间的张力。我一直试图不去消除这种张力。

女性主义关系到我们如何生产知识；关系到我们如何写作，关系到我们会引用谁。我认为女性主义是一项建设工程：如果我们的文本是世界，那么我们需要用女性主义的材料去建造它们。女性主义理论就是创造世界。这就是为什么我们需要

---

i　我将从《论被接纳》（*On Being Included*, Ahmed 2012）的结论中扩展关于实践现象学的论点，尽管我在本书中使用了那些不同的、不会那么迅速指向这一哲学传统的术语。特别参见本书第二部分“多元化工作”，该章节讨论了我们改造事物的努力如何让我们认识事物。

抵制将女性主义理论简单地或仅仅定位为一种工具，一种此等意义上的工具：某种可以在理论中使用的、用过后就会被放下或收起来的东西。如果不做一个女性主义者，那么研究女性主义理论是不大可能的，这需要积极且长久的献身，以女性主义的方式度过一生。我在学习批判理论时遇到了这个问题，即女性主义理论（feminist theory）是如何成为理论上的女性主义（feminism in theory）的。我遇到过一些学者，他们写关于女性主义理论的文章，但似乎并没有以女性主义的方式行事；他们似乎经常给男学生比女学生更多的支持，或者在工作中把女学生分成更忠诚和更不忠诚的学生。在工作中成为一名女性主义者，就是或应该就是去挑战普通的、日常的性别歧视，包括学术上的性别歧视。这不是可有可无的：它是使女性主义成为女性主义者的行为。一项女性主义工程是要找到女性可以在与女性的联结中存在的方式；找到女性彼此建立联系的方式。这是一项工程，因为我们尚未完成。

当我们写自己的文章时，当我们把事情组织在一起时，我们应该问自己同样的问题，就像我们在生活中所做的一样。如何拆除这个只为容纳某些身体而建立的世界？性别歧视就是这样一个只容纳某些身体的系统。女性主义要求支持女人，支持她们争取在这个世界上生存的斗争。我在这里所说的*女人*指什么？我指的是所有那些在*女人*这个标识下游历的人。任何名副其实的女性主义都不会用“女人生来就是女人”这一带有性别歧视的观念来构建女性主义共同体的边界，不会宣称跨性别女性

“不是女人”，她们“并非生来就是女人”，而是“男人”。[i] 没有人天生就是女人，它是一种可以形塑我们、制造我们并打破我们 15
的指派（assignment）（它不仅是一个标识，也是一项任务或要求，正如我在第一部分所讨论的那样）。让我们提醒自己，许多一出生就被指定为女性的女人，之所以被认为不是正确的女人，

i 我决定不引用任何（自称）激进女权主义者的作品，他们在写作中反对他们所描述的“跨性别主义”（transgenderism）现象（通常被称为排斥跨性别的激进女权主义，简称TERFS），因为我发现这项工作是如此暴力，如此具有还原主义色彩，以至于我不想把它带入我自己的文本主体。我在阅读社交媒体上的讨论时注意到，将跨性别女性排除在女性主义之外的机制是流动的（颇像我在第二部分讨论的墙）。在某些事件中，我听到人们提到“生物学 101”，或女性和男性的性别差异的科学依据，据此声称跨性别女性在生物学上不是女性，以此作为排斥跨性别女性的理由。我想这样反驳：“生物学 101？好吧，那是父权主义写的教科书。”然后递给他们一本安德烈娅·德沃金（Andrea Dworkin）的《憎恨女人》（*Women Hating*），这是一本激进女权主义的著作，支持变性人接受手术和激素，并且挑战了她称作基于“两个不相干的生物性别”的“传统生物学上的性差异”（1972, 181, 186）。在其他一些时候，排斥跨性别的工作使用的不是生物学，而是社会化的手段：跨性别女性不能成为女性，因为她们被社会化为男性，并受益于男性特权。在这里，是社会而不是生物成了不可改变的东西：仿佛社会化是单向的，只与一个类别（性别）有关，并且在日常生活中毫无争议、不容争辩地取决于一个人表现或不表现为这个类别。女性主义本身有赖社会化的失败，无法产生意欲的性别化主体。另一个典型的论点是，跨性别主义作为一套医疗实践，取决于本质主义的性别观念，因为它纠正了性别不明的行为，并且是在异性恋主义的要求下形成的。当然，跨性别理论家已经有几十年的学术研究历史了，他们对性别和异性恋成为医疗机构中的真理装置这一点提出了批评。这表明，为了获得手术和激素，变性主体必须展示一个对权威来说清晰可读的叙述，因为它维持了性别脚本：从桑迪·斯通（Sandy Stone）的《帝国反击战：后变性宣言》（The Empire Strikes Back: A Posttranssexual Manifesto, 2006）到最近的迪安·斯佩德（Dean Spade 2006）和瑞奇·威尔钦斯（Riki Wilchins 2014）的著作，它们皆提出了这种批评。这项工作表明，不被一个性别系统（这个性别系统要求你保持出生时由权威指派的性别）所容纳，可能意味着对该系统变得更加警惕，并对其加以反思（尽管非常重要的是，我们同样不应期望那些不被系统容纳的人成为先驱或规范的越轨者）。我认为在反对变性的女性主义者的工作中，正在发生的事情是，他们希望在任何有迹可循的基础上排除、监控“女人”的边界（因此，其目标是一个移动的目标）。对女人这一类别的监控意味着某个特定的女性群体确保了她们有权决定谁属于女性主义（白人性是监控女性主义的另一个关键机制）。对于女性主义来说，这种对女性界限的监控从来都是灾难性的。一份有用的关于变性女性主义观点的综述，见恩克的著作（Enke 2012）。最后一点——女性主义起于一个作为承诺的前提：我们不必遵照别人的安排生活。

或者根本就不是女人，也许是因为她们以某种或没有以某种方式表达自己（因为她们太擅长运动，因为她们的身体形状、举止或行为不够女性化，因为她们不是异性恋，不是母亲，等等）。无论你成功跻身“女人”之列，还是因你获得的身体、你拥有的欲望、你遵循与不遵循的道路而被排除在“女人”之外，伴随着你的种种影响都是“女人”这一范畴本身的困境所在。在被识别为女人的过程中，暴力大概不曾缺席；而在不被识别为女人的过程中，暴力同样如影随形。

在一个“人仍然被定义为男人”的世界里，我们必须为了女人、为了作为女人而斗争。而要做到这一点，我们还需要挑战女性主义的工具化。尽管女性主义可以被用作一种工具——它通过使我们的批判更加锋芒毕露，从而帮助我们理解这个世界——但它不是那种我们用完就可以放下的东西。我们走到哪里，女性主义就走到哪里。若非如此，我们便称不上女性主义者。

因此，我们在我们与学院的关系中实践着女性主义。我读博士时，有人告诉我，我必须把我的热爱交与这位或那位男性理论家，跟随他——不一定是通过明确命令我，而是通过表面温和但越来越坚持的提问来告诉我：你是德里达主义者吗？不是，那你是拉康主义者吗？不是，哦，好吧，那你是德勒兹主义者吗？不是，那是什么？如果不是，那是什么？也许我该回答：如果不是，那就不是！我从不愿意认同这种限制。但不同意这种限制需要其他在我之前的女性主义者的帮助。如果说我们可以不追随他人，创造自己的道路，但我们也仍然需要我们的前辈。在这本书中，我遵循了一种严格的引文原则：我不引用任何白人男性的著述。[i] 我所说的白人男性是指一种制度（institution），正如我在第六章中所解释的那样。相反，我引用那些为女性主义和反种族主义的知识谱系作出贡献的人，包括那些（在我看来）被过快抛弃或甩在身后的著作，那些另辟蹊径的著作，我们可以把这些路径称为"期望路径"（desire lines），未遵循学科铺设的正式道路而创造出来的路径。[ii] 这些道路可能因为鲜有人走而早已模糊不清，所以我们会更努力地去寻找它们。我们可能会任性地离开人们指引我们走的路，为的只是让期望路径延伸下去。

我的引文原则给了我更多空间去关注那些女性主义前辈们。引文是女性主义的记忆。引文是我们承认领受了前辈馈赠的一种方式——当我们偏离了被告知要遵循的道路，因而前路晦暗时，是她们帮助我们找到了方向。在这本书中，我引用了那些对 16
命名和拆解父权制白人性（patriarchal whiteness）这一工程有所贡献的有色人种女性主义学者。我首先把这本书视作有色人种女性主义者的学术研究和活动的一部分。这部分学术工作是最让我感到宾至如归的地方，是我找到能量和勇气的地方。

引文是女性主义的砖瓦：它们是材料，我们用它们建造了

---

i　这是一个非常直截了当的引文原则（我可能需要在我所唤起的普遍的身体前加上"顺性别的、异性恋的和健全的"这些修饰词）。也许你需要形成一个直截了当的策略，以打破一个长期的习惯。这个策略是直接的，但不是精确的，因为我把白人理解为一种累积效应，而不是把具有共同属性的人聚合在一起的方式（相关讨论见第六章）。我很清楚，在特定的情况下，我们可以就这样那样的个人是否被视为或是否应该被视为白人男子的制度机器的一部分进行辩论。还请注意，在使用一些早期的材料（例如第三章的格林童话）时，我实际上引用了白人男性的作品。这一原则与本书的知识领域有关，而不是与我所借鉴的文化材料有关。

ii　我在《酷儿现象学》（*Queer Phenomenology*, Ahmed 2006）中首次使用了"期望路径"这个概念。这个术语来自景观建筑学，指当有足够多的人不走官方路线时，他们在地面上踩出的道路。

我们的住所。我的引文原则影响了我所建造的房子的种类。我不仅通过写书、通过对发生之事的洞察意识到了这一点，也通过开讲座意识到了这一点。正如我已经指出的，在先前的工作中，我通过对思想史的研究建立了一座哲学大厦。我们不能把思想史和白人男性混为一谈，尽管，万事有其因，会有人告诉我们，思想是有其源头的。可重要的是（seminal）：思想怎么就成了跟精液（seminal）一样、被认为源于男性身体的东西了呢。[i]如今，我认为那座哲学大厦是一个木头框架，一座房子正在该框架下被建造起来。在这本书中，我并没有用这个框架来建造房子。因此，我感觉更加无遮无挡，难敌风雨。也许引文是女性主义的稻草：一种更轻的材料，当这种更轻的材料被组合在一起时，它仍然创造了一个庇护所，但这是一个让你更加脆弱的庇护所。这就是写作这部作品并通过它来发声的感觉：身处风中，被吹得四处飘荡（这种感觉多少取决于我的遭遇）。我写出的文字在我身边舞动；我开始注意到以前未曾留意的东西。我开始琢磨过去我建造了多少“宏伟建筑”来创设距离。有时我们需要距离以追随一个想法。有时我们却需要放弃距离，以追随那个想法。

在接下来的章节中，我参考了从女性主义哲学到女性主义文学和电影的不同种类的女性主义材料，它们是我作为女性主义者和多元化工作者的陪伴者。借用唐娜·哈拉维（Donna Haraway 2003）的引人联想的表述，伙伴文本（companion text）

i　此处作者利用“seminal”的多义性构造了一个“刻薄的”双关：在父权制意识形态下，思想如同精液（seminal），被认为仅出自男性，只有男性的思想是重要的（seminal）。——译注可以被看作一个“伴侣物种”（companion species）[i]。在伙伴文本的陪伴下，你能够在一条鲜有人踏足的道路上前进。这样的文本可能会在一个压倒性的趋近过程中引发一个启示的时刻；它们可能会与你分享一种感觉，或者给你勇气，让你去弄清一些你无法掌握的东西；伙伴文本可以提醒你犹豫片刻，或去质疑你正行进的方向，或者，它们可能给你这样一种感觉——在你正行进的路上，你并不孤单。本书中出现的一些文本以前就一直陪伴在我身边：弗吉尼亚·伍尔夫（Virginia Woolf）的《达洛维夫人》（*Mrs. Dalloway*）、乔治·艾略特（George Eliot）的《弗洛斯河上的磨坊》（*Mill on the Floss*）、丽塔·梅·布朗（Rita Mae Brown）的《红果丛林》（*Rubyfruit Jungle*）和托尼·莫里森（Toni Morrison）的《最蓝的眼睛》（*The Bluest Eye*）。如果没有这些文本， 17
我不可能沿着我所选择的道路前进。过女性主义的生活，就是生活在非常棒的陪伴中。我已经把这些伙伴文本放进了我的扫兴鬼生存工具包里。我鼓励作为女性主义读者的你去组装自己的生存工具包。你会放入哪些东西呢？

我们的工具包中的材料也可以被称为女性主义经典。我所说的女性主义经典，是指那些一直在流传的女性主义书籍；那

i 唐娜·哈拉维是一位美国当代的跨学科学者，她在 1985 年发表了著名的《赛博格宣言——20 世纪晚期的科学技术与社会主义女性主义》（*A Manifesto for Cyborgs: Science, Technology, and Socialist Feminism in the 1980s*），这篇宣言后来成为其赛博格理论的开山之作。但在 2003 年，在全球生态环境不断恶化的大背景下，哈拉维的研究转向生态与动物研究，她发表了《伴侣物种宣言：狗，人和意义重大的他性》（*The Companion Species Manifesto: Dogs, People, and Significant Otherness*）。在这篇宣言中，哈拉维试图通过辨析狗和人的关系，对人和动物以及文化与自然之间的二元对立关系进行反思。“伴侣物种”的精神继承自赛博格，它同样强调对二元对立的打破，对人类中心主义的控诉以及对边界的僭越。哈拉维对“伴侣物种”寄以重望，认为它是一种“在战事一触即发的全球态势中寻求希望的政治行动。”——译注

些因不断传阅而变得破旧的书籍。我并不是指经典文本意义上的经典。当然，我们需要质疑一些文本成为经典的历史是如何发生的，这种筛选是如何进行的；我们需要问都有谁或者都有哪些文本没有在这些筛选中幸存下来。但是，能够抵达我们的文本，能够产生联系的文本，不一定是那些在学术界中被教授的文本，也不一定是那些能够进入官方经典版本的文本。许多与我有联结的文本都是那些人们眼中的过时的、属于一个我们已不在其中的时代的文本。

对我来说，女性主义经典这个想法是一种思考书籍如何创造共同体的方式。我曾参加过兰卡斯特大学（Lancaster University）女性研究中心组织的女性主义经典阅读小组。这个阅读小组是迄今为止我经历过的最棒的女性主义智识生活之一。我喜欢翻阅那些放在现在可能会被忽略的材料，喜欢在其中发现一些丰富的资源、概念和词语。关注女性主义经典就是不吝惜投入时间：去辨别哪些过去的东西值得翻阅，值得摆在我们面前。这是一种按下暂停键的方式，不急于向前，不被新事物的喧嚣所诱惑，这种喧嚣传到你的耳朵里，会阻碍我们倾听过去的东西。在这个阅读小组中，我还非常喜欢的一点是关注作为物质对象的书籍。我们每个人都有不同的书，其中一些是破烂的、被反复翻过的、磨损的，可以说是为我们所居的。我想，你可以住在书里：一些女性主义者甚至可以在书里开始她们的女性主义生活。参加读书小组，让我意识到女性主义共同体是如何通过传递书籍而形成的，（书中人物的）生活的社会性是我们的社会性的一部分。有很多可以传递女性主义书籍的方式。这些书在我们之间传递，改变了我们每个人。

有很多可以描述我在这本书中汇集的材料的方法："伙伴文本"和"女性主义经典"只是两种可能的方式。没错，这些材料是书，但它们也是相遇的空间；我们如何被事物触动；我们如何触动事物。我认为女性主义是一份脆弱的档案，一个由四分五裂的碎片和四下飞溅的点滴组合起来的脆弱之躯，这份档案的脆弱性赋予了我们责任：要小心翼翼。

《过一种女性主义的生活》共分为三个部分。在第一部分 18
"成为女性主义者"中，我讨论了成为女性主义者的过程，以及性别意识何以是一种世界意识，让你重新审视你曾经去过的地方，从你原本的生活形态中抽离出来，从性别和异性恋机制中抽离出来。我从我的成长经历出发，探索这些个人经历是如何（情感地、任性地）被嵌入集体的女性主义历史的。在第二部分"多元化工作"中，我聚焦于大学（我工作过的地方）及日常生活中的女性主义工作，这是多元化工作的一种形式。我指出，对于本书第一部分提出的意识和主体性的问题，即意识到逐渐淡去的东西所需的努力，我们可以有一种物质性的理解：墙壁是物质性的，因为它的存在，不同的世界才被隔绝开来，无法相遇，更不用说彼此关注了。我探讨了作为陌生人的经验，探讨了在一个供别人居住的世界里感到无家可归的经验。在第三部分"承担后果"中，我探讨了我们所面临的代价和可能性，探讨了我们如何被坚固的历史所击碎，但也探讨了我们如何变得富有创造力，以及当我们不得不挣扎求生时，我们如何创造出不同的存在方式。创造性的历史、建立和锻造纽带的历史、我们正在走向和远离的历史，是我们需要时刻面对的历史；一部女性主义的历史。

正是面对一个世界的实际经验使我们能够提出新的想法，这些想法并不依赖于一颗抽离的头脑（因为这个世界已经使这种抽离成为可能），而依赖于一具不得不为创造空间而扭动的身体。而如果我们把自己置于同一个空间，那么我们会拥有多少知识啊！难怪女性主义会引发恐惧；只要在一起，我们就会变得足具威胁。

第一部分

成为女性主义者

PART I

BECOMING FEMINIST

在本书第一部分，我探讨了成为女性主义者的过程。对这 19
一过程的反思可以提供一种做女性主义理论的方式，一种关于性别——作为社会系统，或作为倾向于将一些身体排除在外的机制——如何运作的新见解。对性别和种族的洞察关乎世界（worldly）。成为一名女性主义者需要直面这个世界。

我的女性主义故事是什么？与你一样，我有很多故事。正如我将努力展示的那样，我的女性主义自述与我自述的其他方面纠缠在一起。怎么可能不纠缠在一起？毕竟生活是那么混乱。我非常简单明了地开启了本书的这一部分，在第一章中，我尽可能地贴近家庭，首先回忆了曾经发生的事情。我回到了那些痛苦而困难的经历，但它们是有活力的，给予了我生命，因为是它们引导我沿着女性主义道路前行。如果我们从近在咫尺的家里开始，我们就会把自己打开。我将尝试说明，在理解所发生的事情时，我们也运用了在我们之前的思想和行动的历史。因此，
我自始至终都在反思，女性主义本身如何能被理解为一种情 20

感上的继承；我们自己为理解那难以把握的现实而进行的斗争，如何成了一场更广阔的斗争的一部分——为了存在的斗争，为了理解存在的斗争。

本书的开篇部分描述了我成为一名女性主义者的过程，也为那些（女性主义理论内外的）重点关切领域提供了一种女性主义的方法：感觉在知识形成中的作用；情感的社会性；权力如何通过导向（directionality）和定向（orientation）运作；如何思考幸福，以及意志和力量之间的关系。我表明了，成为女性主义者为何也事关“生产有关我们所遇到的世界的观念”。换句话说，女性主义理论出自成为女性主义者以及在世界中寻找方向时的意义建构过程。

本书的这一部分主要着眼于“女性主义扫兴鬼”和“任性的主体”这些形象同我早年成为女性主义者、做女性主义者的一些经历的关系。这些形象会在各种地方突然蹦出来。她们无处不在。

第一章

女性主义是轰动的 21

Feminism Is Sensational

女性主义是轰动的(sensational)。当某种东西令人兴奋、令人感兴趣,它就是轰动的。在这个意义上,女性主义是轰动的;女性主义的“挑衅”特质似乎使女性主义成了一系列难以兑现的观点。我们通过女性主义引发的困扰来了解女性主义事业;通过女性主义如何在公共文化中作为一个扰动点出现,来了解女性主义事业。

当你以女性主义者的身份发言时,你必须面对强烈的反应。若要过女性主义的生活,你可能需要乐于去引起这些反应。当你以女性主义者的身份发言时,你往往被认为是易受刺激的、反应过火的,好像你所做的一切只是将事实变得耸人听闻;好像你对某件事情的叙述夸大其词、另有目的,甚至是出于恶意的。在这一章中,我相信女性主义是从感觉(sensation)开始的:从一种对事物的感觉(sense)开始。我想探讨在我们所处的世界中,女性主义何以是可感的(sensible);女性主义是对世界不公的合理(sensible)反应,我们可能首先是通过自己的经历来意识到这些不公的。我们会仔细研究、琢磨这些经历；我们会不断回到这些经历中，因为它们仍然是不合情理、不可思议的。换句话说，我们必须去理解不可思议的东西。这种理解有其作用和生命力。在这一章中，我将分享一些将我领入女性主义的人生经历，我将其描述为一个并不顺畅的、颠簸的过程，在这个过程中，我们开始注意到一些困难的东西，这些经历为我的女性主义指南提供了原材料。

22 感觉不对劲

感觉往往是通过它“不是什么”来得到理解的：感觉不是一种对某物的有条理的、意向性的（intentional）反应。这就是为什么感觉很重要：你会留下一个不清楚或不确切的印象。感觉往往是经由皮肤感受到的。轰动的这个词既与感觉官能有关，也与引起强烈的好奇心、兴趣或兴奋有关。如果感觉是身体与世界接触的方式，那么，当接触变得愈发强烈时，一些东西就会变得愈发刺激（sensational）。也许去感受就意味着，更加感受到这一点。

女性主义往往始于某种强度：你被你所遇到的东西所刺激。你注意到了某个印象里尤为强烈的那部分。你并不清楚这是怎么回事，但它仍然可以是强烈的。随着时间推移和经验增长，你感觉有些东西是错的，或者你生出一种被错待的感觉。你感觉到一种不公。你可能没有用这个词来形容它；你可能找不到什么词来形容它；你甚至可能无法确切指明它。女性主义可能始于一个身体，一个与世界接触的身体，一个在世界中感觉不自在的身体；一个坐立不安、四下走动的身体。事情似乎不太对劲。

作为一个女孩，我早期的许多“感觉不对劲”的经历都与非我所愿的男性关注有关。事情一次又一次地发生了。我们已经察觉到了一些后果：如果成为女性主义者与暴力、受委屈的经历密不可分，那么把我们带向女性主义的东西就是那些潜在的令人痛苦不堪的事物。把我们带向女性主义的历史就是将我们变得脆弱的历史。女性主义从我们脆弱不堪、孤立无助的经历中挺身而出（或者用更怀希望的口吻说，女性主义从这些经历中搭救了我们）。女性主义：我们如何用新的方式理解自身遭遇，从而在我们所遭遇的结果中幸存。

女性主义工作往往是回忆的工作。我们努力记起那些有时我们希望会淡去或应该会淡去的东西。在思考过一种女性主义的生活意味着什么的时候，我一直在回想，尝试拼合碎片。我一直在给过去的记忆垫上一块海绵。我的方法让我想到了海绵：一种可以吸收东西的材料。我们把它拿出来，等着看它会吸附什么。这并不是说，回忆的工作等同于记起被遗忘的东西：更确切地说，你要让记忆变得不同，要获得某种清晰的感觉甚至去阐明它；你可以像收集东西一样收集记忆，于是，它们不只是被瞥见的一隅，由此，我们能看到一个更完整的画面，从而理解不同的经历是如何联结起来的。

我有一段至今依然记忆深刻的经历。我在家附近慢跑。一 23
个男人骑着自行车呼啸而过，他伸出手，扫过我的短裤后面。他没有停下来；他继续骑着车，好像什么都没发生，好像他什么都没有做。我浑身发抖，停了下来。我感到非常恶心；被侵犯、困惑、不安、愤怒。我是这一事件的唯一目击者，我的身体记得它。

我的身体记得：故而，分享记忆就是用文字表达身体。当这种事情发生时，我们会做什么？我们会变成什么样的人？我继续前进。我又开始慢跑，但一切都不同了：我变得不一样了。我更紧张了。每次有人走到我身后，我都有所防备，紧张地等待着。我居住在这具身体里的感觉不一样了，我遭遇世界的方式也不同了。

像这样的经历似乎随着时间的推移而积累起来，像袋子里的东西一样聚集在一起，但这个袋子是你的身体，所以你觉得你背负了越来越多的重量。过去变得沉重。我们都有不同的关于暴力的自述，它们与我们自身的方方面面纠缠在一起——那些因为我们被看待的方式，或因为我们压根儿不被看到而发生的事情。你找到一种方法来解释所发生的事情，找到一种方式去接受所发生的事情。

这个“你”就是“我”。你似乎一次又一次地收到同样的信号：学校里那个不断出现的暴露狂；你在回家的路上经过一群男男女女时，其中一个喊你回去，因为你是“可以被带上床的”（fuckable），他们都笑了；那次你在城市公园的树下遇到一个正在手淫的男人，他叫你过去看看，当你慌忙离开时，他又追了上来；有一次，你和你妹妹走在街上，一个男人跳出门，露出阴茎；有一次，你在公交站等车，一群开车路过的男人停下来叫你上车，你跑开了，他们开始嘲笑、喊叫；有一次，你在长途飞行中裹着毯子睡着了，醒来时，一个男人的手指头正放在你身上。[i]

---

i　我在这里把你作为对自己的称呼，而不是对他人的称呼。这些经历发生在我身上。其他人会有不同的基于性别的暴力经历。但在写下这些经历时，我需要时而以你来称呼自己，时而以我来称呼自己。为了将某些东西注入文字，这些转换点可能是必要的：暴力如何使你与自己疏离开来。

我记得每一个这样的场景，不仅将它们视作被侵犯的经历，而且将其视作一个当时令人极度窒息、无法消化的感觉事件。我仍然可以听到那些声音，汽车减速时的声音，急速驶过的自行车，打开的门，脚步声，我依然记得那是怎样的一天，记得我醒来时飞机安静的嗡嗡声。有时，事情过去之后，感觉会被放大。

每一次，在那一刻，一些事情发生了。你被搞蒙了。这些
经历有什么影响？它们有什么作用？你开始感受到一种压力，这
种对感官的无情攻击；一个与世界相连的身体会变得害怕触
碰这个世界。世界被体验为感觉上的入侵。这种入侵不堪承
受。为了不被侵犯，也许你试图关闭自己，不再去接近某种潜 *24*
在的东西。或者，也许你试图通过麻痹自己的感觉来应对这种
暴力，学着不受影响或少受影响。也许你试图忘记发生了什么。
你可能感到羞耻。你可能保持沉默，不告诉任何人，什么都不
说，这种秘密的感觉灼烧着你。秘而不宣的事情变成了另一个
负担。也许你用某种宿命论说服自己：这些事情发生了；发生的
事情注定会发生；不管发生什么，都是命该如此。

暴力是有作用的。你开始预见它。你通过这种预见，学会以不同的方式居住在你的身体里。当你感觉外面的世界有危险时，你与自己身体的关系就发生了变化：你变得更加谨慎、胆怯；因为料到发生过的事情会再次发生，所以你退缩不前。可能是你自己的经验，也可能是你从别人那里学到的东西，把你引向了退缩，让你保持警惕。人们教导你要谨慎，要时刻小心，以至于你为潜在的伤害而感到焦虑。你开始了解到，小心翼翼、不要让这样的事情发生在你身上是一种避免受伤的方式。这是为你自己好。你预感到了后果：事情发生了，你没能阻止它。你

因为预感到自己的失败而难过。你也在学着接受这种即将发生的潜在暴力，把管理自己用作一种管理后果的方式。

人们教导你要当心他人，保护自己。我记得有一次，一位警察来我们的教室，向我们大家讲授他们所谓的“陌生人危险”（stranger danger）。这堂课是按照通常的方式进行的，下达了一条简单的指令：不要和陌生人说话。我的脑海中浮现出一个陌生人的形象——这个形象不仅来自我自己的经验，也来自这条指令。一个形象，一个身体，一个身影：像是魔术变出来的一样。我的《遭遇陌生人》（*Strange Encounters*）一书的第一章就是以这个形象开启的：陌生人是一个神秘的、“灰色雨披在脚边晃着”的形象（Ahmed 2000, 19）。警察在唤起陌生人形象的同时，也给了我一个存放焦虑的身体。如果陌生人可以是任何人，那么这个陌生人就是我能够认出的人；是我可以当心提防的人。“陌生人危险”是一个有效且有影响力的脚本：我们当中的一些身体是危险的，另一些则受到威胁。作为女孩，你要学会在公共场所谨慎小心，这种谨慎和小心是针对那些不该在这儿的人的，他们的存在或接近是不合法的。陌生人游荡着。陌生人成为恐惧的容器。

25 当暴力伴有一种叙述、一种解释时，它就变成了指令。当你学到了一些东西，当你接收了这个指令发出的信息，你的感觉就被赋予了方向和形状。你的身体会以正确的方式做出反应。艾丽斯·玛丽安·杨（Iris Marion Young）在《像女孩那样丢球》（1990）中发问，女孩是如何通过她们居住在自己身体里的方式而变得“像女孩一样”的？女孩做一些事，不做另一些事，在这个过程中，她们缩小了自己占据的空间？女孩们通过限制她们使用自己身体的方式来限制自己。杨把这种限制称为“被抑制的意向性”（inhibited intentionality），并用女孩如何学习投球的例子来说明了这种限制——她们的身体并不全力以赴地支持一个动作。

在这里，成为一个女孩关乎你如何体验身体与空间的关系。性别化在身体如何占用空间方面起作用：想想地铁或火车上的强烈的社会性就知道了，一些男人如何摆出典型的姿势，躺着，两腿大张，不仅占用了自己座位前的空间，还占用了其他座位前的空间。最终，女性座位前的空间可能所剩无几；那个空间已经被占用了。为了与人方便，我们占用更小的空间。我们越是与人方便，自己占有的空间就越小得可怜。性别于是成了一个解不开的死循环。

当我们退缩时，世界随之收缩。朱迪斯·巴特勒（Judith Butler 1993）教我们把“女孩化”（girling）视为一种社会机制。一个婴儿出生了：我们可能会说，“是个女孩!”或“是个男孩!”。甚至在出生之前：我们可能会在B超屏幕上看到婴儿是女孩还是男孩，这是由阴茎的存在与否决定的。与性别的绑定从一开始就是建立在阳具中心主义上的：建立在作为未来之决定者的阴茎上。两种性别是两条道路：性的二元论是命运，是注定的，是宿命论。即使我们批判“性—性别”的区分，即使我们从女性主义对这种区分的批判中学习（Gatens 1983; Butler 1990），但我们还是知道，这种区分是以一种次序的形式运作的：好像性别（gender）是随性（sex）而产生的。我们可以把这种次序称为“性别宿命论”（gender fatalism），就像“男孩总归是男孩”（boys will be boys）的假设所暗示的那样。在我的记忆中，“男孩总归是男孩”这句话常常出自成年人之口，常常伴着点头示意，以宽恕的语气被说出来：一种不守规矩的行为被解释为男孩就是男孩；诸如侵略、暴力或别的什么。性别宿命论建立在关于自然和时间的想法上："总归是"（will be）的东西取决于"其所是"（what is）的东西。这就是男孩的样子；女孩也同样如此。但样子不仅成了一种解释（他就是这样的男孩；他是一个怎样的男孩），而且成了一种期望。"男孩总归是男孩"中的"总归是"获得了一种预测的力量。预测变成了一道命令。你将成为男孩。当你完成了这道命令，你就是好样的；你果然不负众望。

26 性是一种既定的指派；家庭作业。难怪仅仅是描述（这是个女孩！这是个男孩！）就为一项任务（成为男孩！成为女孩！）以及一道命令（你要成为男孩！你要成为女孩！）奠定了基础。接受一种指派就是被赋予一个标识：男孩或女孩。这个或也在发挥作用，将两者标记为对立面——一个或另一个。一个标识：它意味着或代表着一些东西。从一开始，物质和意义就是深深纠缠在一起的；并不是先有物质属性（性），再有意义属性（性别）。你在被指派为 x 或 y 的同时也被指派进了一个群体；这种指派是别人施加给你的，它将决定你相对于别人的位置。而从一开始，这些指派就不是我们的全部。

或多或少，我们会在一种指派中感到自在，或者不自在。一种指派也意味着一项任务，就像家庭作业。在这种二元系统中，指派一种性别可以直接导向某种未来，我会在第二章中进行更详细的探讨。也许对于那些在初始的指派中感到不太自在的人来说，性别成了一项更繁重的工作。起初，我们可能会因为在某个标识之下感到不自在，从而在身体中感到不自在。而且我们可能会持续不断地接受再次指派；对我们的指派的提醒就像语法一样不时打断我们的生活。因此，即使我们已经被宣布为女孩，女孩化的时刻当然仍不会停止发生。正如朱迪斯·巴特勒所阐述的，“对女孩的女孩化并未就此结束”（1993，xvii）。相反，“这种原初的询唤被各种权威所重述”（xvii）。性别标识指称了一些东西，事情并非仅仅如此。重要的是谁用这个标识来称呼你，以及你如何接受它。

“女孩化”不仅体现在被明确地称呼为女孩这件事中，也体现在称呼的风格或模式中：因为你是一个女孩，所以我们可以对你做这样的事。暴力也是一种称呼模式。成为女孩就是被告知拥有一个身体意味着什么：有人一直在告诉你怎么做；你将接受我的挑逗；你是物体；你是件东西，或什么都不是。成为女孩就是学会预见这样的挑逗，并根据这种挑逗修正你的行为；成为女孩就是在公共场所时刻保持警惕，在任何地方都时刻保持警惕。事实上，如果你不据此修正你的行为，如果你不小心谨慎，人们就会让你对针对你的暴力负责（看看你喝了什么，看看你穿了什么，看看你在哪里，看看……）无论你是否据此修正了你的行为，你都会被追究责任，因为性别宿命论早已将针对你的暴力解释为可以原谅的、不可避免的暴力。好几代女性主义者都记录了评判的暴力，这种暴力往往在女人和女孩遭受暴力后旋即出现。记录是一项女性主义工程，一项生命工程。

女性主义意识 27

你是什么时候开始把这些碎片拼起来的？也许在你把碎片拼起来的时候，你就是在重新拼合自我。我们组装着一些东西。

女性主义是 DIY：一种自我组装的形式。难怪女性主义工作往往关乎时机：有时我们太脆弱了，无法做这项工作；我们不能冒着被打碎的危险，因为我们还没有准备好把自己重新拼起来。一切就绪，往往意味着做好了一败涂地的准备。

随着时间的推移，随着工作的进行，事情开始变得更有意义。你开始认识到暴力是如何被引导的：被认作一个女孩意味着承受这种压力，这种对感官的无情攻击；意味着身体开始害怕世界的触摸。也许你会从中——从那种不断重复发生之事的效用中——有所领悟；你回过头来意识到你是如何缩减自身占据的空间的。人们让女性为针对她们的暴力负责，对此，你可能会表达女性主义的愤怒。女性主义帮助你理解到某些事情是错误的。认清一个错误，就是意识到你并没有犯错。

成为女性主义者：我们如何重新描述我们置身的世界。我们开始辨识出，发生在我身上的事情是怎么发生在其他人身上的。我们开始辨识出模式和规律性。"开始辨识出"：这听起来未免太过顺畅。这不是一个简单或直接的过程，因为我们不得不被归入错误的阵营。想想那种感觉：把你的注意力导向被错待的经历，这意味着再一次感到被错待。

我们需要关注颠簸；它是颠簸的。你已经感觉到了一些不对劲。也许起初那是一种不安的感觉。正如艾利森·贾加尔（Alison Jaggar）所描述的："只有当我们反思我们最初那种令人费解的烦躁、反感、愤怒或恐惧时，我们才可能将我们'本能的'（gut-level）意识——我们正处于一个胁迫、残酷、不公正或危险的情况中——带入观念。"（1996，181；另见 Spelman 1989）本能有它自己的智慧。一个女性主义者的本能可能会感觉到一些不对劲的地方。你必须更接近这种感觉，但一旦你试图思考一种感觉，它又会无比迅速地退去。也许它起初是一种背景性的焦虑，就像这样一种嗡嗡声，它随着时间的推移逐渐变大，直到有一天，它开始充斥在你耳中，抵消了其他声音。然后突然间（尽管这也许并不突然），似乎那些你尽力忽略的东西就是你能听到的全部声音了。一种刚开始在你脑海背景中的感觉，一种不对劲的感觉，随着事情的发生，它渐渐走到台前；然后，当你试图理解这些事情时，当你试图不顾一切去理解这些事情时，它又退去了。你可能甚至都不想拥有这种感觉；感觉 28
到错误会把错误带回家。关注这种感觉可能是种奢求：它要求你放弃那些似乎能给你带来点什么的东西；关系、梦想；关于你是谁的想法，关于你能成为谁的想法。你甚至会让自己不去注意某些事情，因为注意到它们会改变你与世界的关系，改变与你相连的世界。我们必须与那些我们可能希望打消掉的感觉待在一起；这些感觉会时刻提醒你发生过的事情，这些事情会使你对存在的一切充满警惕。

也许你能注意到的东西就那么多。也许你接受一些东西是为了不去注意其他东西。当我把一块海绵放在我自身的女性主义历史中时，我想起了另一次谈话。那是和我大学里的一位老师，罗斯玛丽·穆尔（Rosemary Moore），我的第一门女性主义课程就是她教授的：1988 年上的“19 世纪女性写作”和 1989 年上的“20 世纪女性写作”。我已经很久没有回想过这次谈话了，不过我也并不能说我已经忘记了。我问她，我为这门课写的论文是否必须涉及女性或性别。她说，不是非涉及不可，但如果真的不提的话也挺令人惊讶的。我为什么会问她这个问题？我当初很想在大学学习哲学。我对我所谓的“怀疑论”尤其感兴趣，这种哲学通过质疑“是什么”，从而去追问“是什么”这一问题本身能否成立。可悲的是，阿德莱德大学（Adelaide University）的哲学几乎都是规规矩矩的分析哲学，在“哲学101”的第一课上，怀疑论就被驳为一种自我反驳（self-refuting）。为了研究我感兴趣的那类著作，我最终选择了英国文学系，因为那里教授如前所述的“理论”。我选修女性写作课程，不是因为我对女性主义理论感兴趣（尽管我对女性主义满怀热情），而是因为我对批判理论感兴趣。我对我们如何认识事物感兴趣，对真理相关的问题感兴趣，对视角和感知感兴趣，对经验和主观性感兴趣。我想问，我怎么知道你眼中的绿色与我眼中的绿色是同一个绿色？这才是我所关心的问题。

是的：我选择女性写作是因为我想做批判理论。我们的老师为拉康的精神分析所吸引，并投入对此的研究。如果我当初的研究轨迹是从这里开始的，那么我恐怕无法保持对批判理论的兴趣；吸引我的是20世纪80年代的女性主义文学理论，以及从那里延伸出去的女性主义科学哲学和女性主义认识论。在那门课结课时，我写了我的第一篇女性主义论文。[i]那么，既然我认为自己是一个女性主义者，并且认为自己从小到大都是一个直言不讳的女性主义者，可为什么我的学术轨迹会绕个圈子，
29 从批判理论到女性主义理论呢？我想，这是因为当时我只能接受那么多的女性主义。我一度认为，具备哲学思维或对现实之本质提出质疑都不是在做女性主义：女性主义关乎特殊之物

i　这里有个好玩的细节：我通篇拼写错了“父权制”（patriarchy）这个词！把“patriarchy”写成了“patriachy”。也许这暗含一种任性的渴望——我不想让父权制变得“正确”。

而非一般之物，相对之物而非普遍之物，女性主义关乎质疑并挑战性暴力、不平等和不公正，而不是质疑现实的本质。那时我尚不明白，女性主义是一种挑战普遍性的方式。我尚不理解，质疑性别歧视何以成为攻破我们眼中的被给定属性，并因此让我们明白“这种被给定属性是如何被给定的”的最深刻的方式之一。女性主义理论告诉我，普遍性是需要被破除的观念。女性主义理论告诉我，现实通常只是别人的陈旧解释。因此，如果我在这本书的“导论”中提出，女性主义理论将你带到了那里，带进了教室，那么我们也会注意到，女性主义理论如何将你带离那里。我的意思是：我本以为我想上理论课；女性主义理论却告诉我，那不是适合我的课堂。女性主义才是我的理论课。

我们还明白了：我们在此处意识到性别歧视或种族主义，往往也会让我们以为，性别歧视或种族主义就存在于此处，与别处无关。定位即意味着还原。成为女性主义者包含这样一个过程，在此过程中，你认识到你所反对的东西不能被定位或还原为一个对象或事物（这些对象或事物可以被丢弃，因而我们也就能重新开始）。意识到性别歧视的过程并不是一帆风顺或自动发生的。我有过许多次错误的开端，因为有太多为我所抗拒的事物：我只能一点一点地接受女性主义。也许那时我只能接受这么多，因为接受意味着我开始意识到自己曾一度“上当受骗”。你会觉得自己以前太傻了，没能把事情看得更清楚。你必须放弃旧版的自我以及一些事件的既有版本。也许我们得记住，这件事情有多么困难：承认这个世界因你所拥有的身体而不接纳你。我不希望女性主义无处不在，因为我并不想处处受限；

我希望存在一些地方，在那里我可以将我的身体抛诸脑后。

如果成为女性主义者不是一个顺利的过程，如果我们因为太难接受而抗拒我们所遭遇的东西，那么索性放过自己也不是不行。但当你开始把这些碎片拼凑在一起时，你会觉得很神奇：那是奇妙的顿悟瞬间，以前被掩盖的事情的意义开始显现，事情置于合理境地。你一眨眼，世界重现了：清晰的感觉是如此神奇。对我来说，阅读女性主义理论是一系列连续的醒悟。后来，教授女性研究成了一大乐事，因为你可以参与其他人的顿悟瞬间：这些瞬间发出了多棒的声音啊；而这种声音可以被他人听到又是多么重要啊。

30 找到女性主义可以增强力量，因为它是一种重新栖居于过去的方式。它是个人的。毫无疑问：它是个人的。而个人的就是结构性的。我了解到，你可以被一个结构所打击；你可以被一个结构所伤害。一个侵犯你的人得到了默许：这就是结构。他的暴力被证明是正常的、不可避免的：这就是结构。一个女孩被要求对他的暴力负责：这就是结构。一个警察因为报警电话讲的是“家务事”而转身离开：这就是结构。一个法官谈论她（当时）的穿着：这就是结构。结构是一种安排，一种秩序，一幢建筑——一种组合方式。

我们需要结构来提供结构的证据。对暴力事件进行编目，就是创建一个女性主义目录。我认为，“日常生活中的性别歧视”（*Everyday Sexism*）项目如此重要、如此令人信服的原因之一在于，它表明了对性别歧视案例的编目必然是一个集体项目。[i]

---

i 见“日常生活中的性别歧视”项目网站（http://everydaysexism.com/）。创立该项目和网站的劳拉·贝茨（Laura Bates）此后出版了《日常生活中的性别歧视》（Everyday Sexism, 2014）。

该项目创建了一个虚拟空间，我们可以在其中添加自己遭受性别歧视、性暴力或性骚扰的个人经历，由此，我们便可展示我们所知道的事情：这个或那个事件不是孤立的，而是一系列事件的一部分——这个系列就是结构。最近这些女性主义策略复兴了第二波女性主义运动中的一些关键方面；我们正处于一段复兴时期，因为一些东西尚未结束。意识唤醒（consciousness-raising）也出于这一考虑：设立一份女性主义账本，一份让某人与他人一起、通过他人将自身经历与他人的经历联系起来的账本。我们需要一个展示性别歧视之规模的储蓄系统。当这些经历有了去处——女性主义就是为女性提供去处——账目便会涌现出来：滴答水珠汇成了洪流。这就像一个被拧松了的水龙头，原本受到阻塞的东西得以流淌出来。女性主义：释放压力阀。

女性主义不仅让你重新栖居于自己的过去，而且让你重新栖居于自己的身体。随着时间的推移，你意识到你是如何缩减自己的空间的，然后你可能会允许自己去占据更大的空间；扩展你的活动范围。我们允许自己这样做不一定意味着我们真的能将其付诸实践。这确实需要时间——重新在身体里栖居，不再过分警惕，获得自信。女性主义关系到寻找另一种生活在你身体里的方式的过程。我们可能会学会让自己与事情迎面碰撞；而不是在预感到暴力时退缩。当然，我是在描述一个困难；我是在描述，解决问题的方式为何反倒成了我们试图解决的问题。我们知道，解决暴力问题不是我们的责任；改变我们与世界的关系并不能改变世界。然而，我们拒绝退出、拒绝缩减我们所占用的空间、坚持占用空间，由此，我们不去接收外界已经发 31
出的信号。为了把这些碎片拼凑起来，你不得不将这些信号判为是错误的，因为这些信号把错误之事建构为正确之事。难怪，正如我在后文探讨的那样，成为一名女性主义者就是被人认为你是有错的。

当我们启动这个把自己重新组合起来的过程，我们就会发现比自我更多的东西。女性主义在给你提供去处的同时，也让你重新审视你曾经去过的地方。在这个意识到不公正的过程中，我们可以对这个世界更加敏锐，因为人们曾教导我们要忽略很多事情。一旦我们打开了我们自己的抗拒之门，世界就会如潮水般涌入。女性主义也可以成为一种洪流般的经历：一本读过的书会牵扯出另一本，一条线索会让你找到越来越多的女性主义思想，新的词语、概念、论点、模式——父权制、阴茎中心主义、强奸文化、性—性别系统……在寻找女性主义的过程中，你发现，在你拥有那些经历之前，女性主义者们便已经试图用许多方式来说明你所拥有的那些经历了；那些让你感到十分孤独的经历带你找到了其他经历。我们仍然需要进行挑选：因为一些理解方式对你来说比其他方式更有意义。但我将永远记得这种感觉；即那里有像你一样的人，你不是孤身一人，你也不曾孤身一人。原来你自己的艰难历史早已被写成了文字，传递了出去。我经常认为阅读女性主义书籍就像交朋友一样，你意识到别人也曾经来过这里。

即使你仍然感到痛苦、沮丧和愤怒，即使你因为更加注意它们而更多地拥有了这些感觉，但这些感觉此时被引向了不同的方向。知识就是这种导向的成就。你的感觉既不指向（或不仅指向）某个你碰上的匿名陌生人，也不指向（或不仅指向）你自己——因为你让某些事发生了——而是指向一个通过阐释而再生产了这种暴力的世界。

名称的问题

女性主义意识感觉上就像一个被打开的开关。为了在我们所处的、并非女性主义的世界中生存，关闭这个开关可能是必要的。女性主义意识意味着按钮的默认位置是“开”。除非你把它关掉，否则它就是开着的。这与通常的设置相反，通常情况下，你必须被拨开。难怪这可能会让人筋疲力尽。有时，注意到性别歧视和种族主义仿佛几乎和经历性别歧视和种族主义了 32
无差别，前者甚至更累：毕竟，正是因为这种注意，事情变得真实了起来。有时，这种想法非常诱人：如果可以不注意到性别歧视和种族主义，我就不会觉得那么艰难，就更容易把糟心事屏蔽掉。我个人认为这不是一个轻松的选择。而且我不认为它始终可以作为一个选项：因为在接纳这个世界时把一些东西屏蔽掉，这也意味着你需要放弃自己已经成为的那个主体。我想这是一个承诺：你一旦成为一个会注意到性别歧视和种族主义的人，就很难再回到过去了。

如果世界是那个我们需要学会不去注意的东西，那么“去注意”就成了一种政治劳动的形式。我们要学会不去注意什么呢？我们要学会不去注意一些苦难，这样一来，如果那些人们心中的陌生人经受了苦难，那么其苦难就只会模糊地出现在我们的意识边缘。事实上，这是我们了解陌生人形象的另一种方式：陌生人不仅是那些我们不认识的人，也是那些被我们视作陌生人的人，不仅是那些你不认识的人，也是那些你不应该认识的人。作为一个孩子，大人可能已经教导过你要远离街上的无家可归者，不仅要屏蔽他们的痛苦，还要屏蔽他们的存在。他们与你没有任何关系。快点走，往前走。我们不仅在逐渐了解谁的痛苦应该影响我们，或者谁的痛苦应该以何种方式影响我们；我们还正忙着区分朋友和陌生人，我们在区分对我们重要的和不重要的人们。这是一种以暴力为前提的区分。这是一种由暴力强制执行的区分。我们正在学习屏蔽那些妨碍我们占领空间的东西。一旦你了解到了这些东西，你就不会再注意到这些人。

如果我们已经被教导要转身离开，那么我们就必须学会迎面走上去。奥德雷·洛德让我明白了，转向困难（这个困难可能是一个有关“什么”和“谁”的问题），这个行为何以具有政治上的必要性，尽管有的时候，这种转向感觉像是自找困难。她教我们，当我们因自己拥有的身体而遭遇一个世界时，我们所经历的困难拒绝被理解。在《界外姐妹》(*Sister Outsider*) 中，奥德雷·洛德把*种族主义*和*性别歧视*这两个词描述为“长大后方知晓的词汇”（1984a, 152）。我们先遭遇了种族主义和性别歧视，而后才知道了让我们理解这些事情的词语。然后，词语可以让我们更接近我们的经历；词语可以让我们在事后理解我们所经历的事情。我们成了自己的生成（becoming）的回顾性证人。性别歧视和种族主义：如果它们是我们所命名的问题，那么这些命名往往滞后于问题的发生。

为问题命名是有用的。在命名之前，你无法完全触摸到问
33 题本身。有了这些词语作为工具，我们重新审视我们自己的历
史；我们一再谈到过去的经历。我花了很长时间才达到这样的

程度：我甚至可以描述种族和种族主义如何建构了我自己的世界。阅读黑人女性主义者和有色人种女性主义者的学术著作，使我能够重新审视自己的过去，占据那个过去。我是在一个澳大利亚的白人社区长大的。我上的是一所非常“白”的学校（白人有什么特别“特别”的地方吗？谁知道呢）。学校里只有我们几个有色人种的学生；我们不知道该如何处理彼此的关系，尽管我们知道我们彼此的确有一些关系。我有一个英国白人母亲和一个棕色皮肤的巴基斯坦父亲，为了让我们这些孩子在新世界拥有一个机会，他已经放下或几乎已经放下了他自己的历史。[i] 我们没有巴基斯坦朋友，但曾经去过一次巴基斯坦，巴基斯坦的姑姑们也来拜访过我们几次。但这些都是偶尔的、转瞬即逝的时刻，没有给我留下可以把握的可能性。我一眼看上去明显和别人不一样，我是棕色人种，但我并没有对这种不同的真切描述；没有真正意识到它或我来自哪里。我一直觉得自己不对劲，一直被当作不对劲的人，但我不知道究竟哪里出错了。有些东西不对劲。该用什么词来形容这种东西呢？

我必须离开家才能找到这些词汇。我必须离开，这样我才能再次回家。之前我在写博士论文中关于主体性的那一章的时候，我需要一个例子。我记得我在房间里四处搜寻，仿佛周围可能有可以给我带来灵感的东西。回想起这件事很有趣，因为后来我的确转向了一个附近的物体：桌子，一个会成为另一种写作伙伴（writing companion）的物体（Ahmed 2006）。当我四处

---

i 关于作为混血儿的意义，特别是我与白人的关系的更充分讨论，见本书第五章和《酷儿现象学》第二章（Ahmed 2006）。另见盖尔·刘易斯（Gail Lewis, 2009）的精彩文章，她回顾了自己作为混血儿与白人母亲的关系，其中，她将自传与对精神分析和社会学文本的阅读结合起来。

扫视时，它就这样出现在我面前。一段记忆，仿佛出于它自己的意愿，闯入了现在。我已经准备好接受这种侵入了。我想起了我十四岁时的一段经历，当时我沿着阿德莱德的一条街道，往家里走。两个警察把车停在我旁边。第一个人问：“你是原住民吗?”原来，该地区曾发生过入室盗窃案。种族主义：原住民和犯罪之间的关联是如何被转化为一个问题的。我将在适当的时候再讲起这种关联。第二位警察接着调侃道：“还是说它只是晒黑了?”虽然只是调侃，但这话充满敌意，对当时的我而言，那是一段令人不安的经历。那是一种被变成陌生人的经历，陌生人被视为不合群的人、不属于这个地方的人——这类人的接近被视为潜在的犯罪或威胁。我一回忆起这段经历，很多其他的事情就会浮现在我的脑海中；点滴涓流变成了洪水。

学校的警察很友好，他们告诉我要警惕陌生人，保护自己。街上的警察充满敌意，他们让我明白，成为陌生人意味着，你
34 会被别人称呼你的方式拦住。这种差异让我们明白：我收到的第一个指令是让我融入白人，而不仅是融入女性。正是这个白人女性的身体被认为是脆弱的，需要别人的保护。第二次遭遇警察时，我不再是面临危险的人，而就是危险本身；人们并不将一个棕色的身体视为一个脆弱的女性的身体。我这些不同的遭遇警察的经历表明，陌生人是一个种族化的形象。在某种程度上，发生在我身上的事情取决于我如何进入或离开这个形象。我会在第五章回到这个例子，思考我如何再度前行，思考为何能够再度前行是一种阶级与种族特权。不过，让我们想想一个有着种族化的形象的陌生人。陌生人的种族化并非即刻显而易见的；毕竟，我们被告知陌生人可能是任何人。我有关陌生人

的记忆告诉我，“可能是任何人”更多指向某一些身体而不是另一些身体。你被拦住了，因为他们认为你是原住民；而当你作为白人走过时，你被允许再度前行。

女性主义和反种族主义的意识不仅在于找到这些词，还在于通过这些词、通过它们的所指，意识到暴力何以是有的放矢的：暴力更多地指向某一些身体。给一个问题命名不仅可以改变我们记录一个事件的方式，而且可以改变我们是否记录一个事件的选择。也许不去命名是一种回避困难的方式，但无论我们是否回避它，困难都会继续存在。因为希望问题消失，所以不为它命名，这往往意味着问题只是一直没被命名而已。同时，为问题命名也并不能使问题消失。为问题命名也许会被体验为对问题的放大；通过将原本分散的经验聚集成一个有形的可感的东西，我们让一些东西获得了社会和物质的密度。让性别歧视和种族主义变得可感也是一种让它们出现在某人自身之外的方式；一种可由他人、可同他人谈论和解决的东西。拥有某种可以指向的东西可能是一种解脱；否则你会感到孤独或迷失。我们有不同的策略来处理性别歧视和种族主义；但一个困难是，这些策略可能处于张力之中。当我们给问题命名时，我们可能会成为那些不想谈及此问题的人的问题，即使他们知道问题确实存在。你不让事情淡去，因此你可能造成了一个问题。

我们需要获得词语来描述我们遇到的问题。成为女性主义者；找到这些词。性别歧视是另一个这样的词。它往往在事件发生后才出现：我们回顾过去，把已发生的事情解释为性别歧视。将某件事情命名为性别歧视并不是造出了某个之前不存在 35
的东西；认为将某件事情描述为性别歧视就是造出了某件性别

歧视的事，这本身就是一个性别歧视的观念。但将某事命名为“性别歧视”确实有用。鉴于这种命名并非无中生有，我们可以认为，它更改了一种关系。我们必须为彼此的联结而奋斗，因为有那么多人对性别歧视保持沉默：性别歧视会让女性谈论性别歧视的代价很高。因为，毕竟，将某些东西命名为性别歧视，不仅命名了某件作为更大系统的一部分而发生的事情（这个系统拒绝将所发生的事情认定为异常事件），还说明了这些事情的错误和不合理之处。将某事命名为性别歧视不仅是通过修改我们对这种关系的理解来修改这种关系，也是在坚持，进一步的修改仍是必须的。当我们说“这是性别歧视”时，我们是在对它说不，也是在对使这种言论或行为成为可能的世界说不；我们要求个体做出改变，以使这些形式的言论和行为不再被接受、不再被允许。

不仅仅是个体：关键在于，个体参与性别歧视的文化这种行为受到鼓励和奖赏。这种奖赏可能来自同龄人的肯定（例如，怂恿一群人称呼别人为骗子，借此团结这个群体）。但各种制度也会促成并奖励性别歧视行为：制度性的性别歧视。性玩笑往往就是制度化的。你可能会参与这种玩笑，因为不参与其中的代价很高：你会成为问题本身，成为不赞成此事或过分紧张的人。仅仅因为你不参与这种行为，人们就会认为你是在监督他人的行为。无论你是否下了这种评判，不参与都会被判为不赞成。当你反对某件事情时，你会被评判为是在以错误的方式看待该事情。当我们把某件事情说成性别歧视或种族主义时，人们往往认为我们的认知有问题，没有公平或正确地接收他人的意图或行为。“我没有任何别的意思。”他可能会说。而事实上，如果你认为某句话或某件事是错误的，那么人们不仅会认为你错了，还会将其理解为你对别人犯下了错。当你谈论性别歧视和种族主义时，人们会认为你损害了一个人或一个组织的清誉。我在第六章讨论砖墙的时候会回到这个关于损害的问题。

有时，不去质疑别人如何同我们讲话，可能对我们来说是
件好事。还有一次，很久以前，当我还在澳大利亚的时候，一
个女人告诉我，在一次工作面试中，一个男人问她来自哪里（我
们中的一些人总是被问到这个问题，因为我们的存在是成问题
的，正如我在第五章中探讨的那样）。她解释了；她对自己做出
了说明——她是混血儿。然后他对她说，混血女人很美。当她
告诉我这件事时，我很愤怒，但她对此并不在乎：她说这是一 36
种恭维；她得到了那个职位。我怀疑，这里隐含着一段怎样的
历史啊：一段我们如何对某些事情不以为意的历史。要想继续
前行，你就得好好相处。我会用*种族主义*和*性别歧视*这样的词
来描述她是如何成为一个具有异国风情的景观的，但对她来说，
这些词可能会被体验为强加的词、来自外部的词，这些词可能
会要求她放弃现有的机会、放弃一些东西，一切从头开始。

这些都是复杂的情况：你可以通过适应一个系统获得一些好处，但是在另一个层面上，这个系统损害了你在更平等的条件下栖居于世界的能力。我认为对许多女性来说，变得愿意参与性别歧视的文化是一种妥协——即使这没有被定义为一种妥协，因为过去的经验、我们遇到的事情已经教导我们，不愿参与会很危险。你冒着与一切现有结构疏离的风险——你在某种制度内的生存（更别说你的进步）仰仗这些结构。在这里，我们可以说：拒绝承认某些东西可能是应对或与该事物共存的一

种方式。拒绝承认可能是一种承认的形式或方式；甚至是一种听之任之的承认形式。

有时候，要在无情的性别歧视和种族主义中生存，你可能必须把它丢在一边，不为它命名，甚至学会不把这些行为当作对自己身体的侵犯；学会把这种暴力当作普通生活的一部分；把这种宿命论当作你的命运。有时候：我们必须教会自己不要把事情丢开，因为我们清楚地知道，我们仅仅是没做某事，就会被认为太过分了。当我们开始使用像性别歧视和种族主义这样的词时，这些词使人们要求我们不去注意的事情变得更加真实，我们感觉到使用这些词会有后果。我们感觉到了可能会随之而来的痛苦及惩罚。本书的第三部分即从承担做一位愿意为问题命名的女性主义者的后果出发，来思考过一种女性主义的生活意味着什么。但在此之前，我想先谈谈“扫兴鬼”这个人物。她一直在（相当不耐烦地）等着同我们说话。

成为问题

正如我已指出的那样，当你把某事某物称为性别歧视或种族歧视，你就是在使那件事物变得更加具体可感，从而更容易
37 向他人传达。但是，对于那些对你正在谈论的种族歧视或性别歧视无感无知的人而言，提出它们，就是捏造它们。

当你揭露问题，你就是在制造问题。

因而人们可能会认为，只要你停止谈论这个问题，或者置之不理，问题就会消失。女性主义者很快就被人扣上了“耸人听闻”的帽子：当她谈论性别歧视和种族歧视时，她的故事听

起来就是耸人听闻的，仿佛她为了哗众取宠而夸大其词。[i] 女性主义扫兴鬼一开始就是个耸人听闻者的形象。仿佛她提出自己的观点就是为了制造麻烦，就是为了妨碍他人的幸福，因为她自己不幸福。我会在第二章着手讨论幸福与不幸福的问题。但请注意，女性主义扫兴鬼是如何以一个反女性主义者的形象诞生的：为了我们自己的目的，我们现在对她进行一番改造。

就让我借女性主义扫兴鬼的形象来重述我成为一个女性主义者的故事吧。我想从一张餐桌开始展开这个故事。餐桌四周，围坐着一家人。[ii] 我们的座位一直都是固定的：我父亲坐在一头，我坐在另一头，我的两个姐姐坐在一边，我母亲坐在另一边。我们一直都是这样坐的，仿佛我们要确立下来的不仅仅是自己的座位。我们客套地交谈，只能提及一些特定的事情。有人说了一些你认为有问题的话。起初你尽量不说什么。但他们一直说个不停。于是，你也许会回应，多半是小心翼翼地回应。你说了为什么你认为他们说的话有问题。你可能轻声细语地在说话，但你开始感到气恼，并挫败地认识到，你被正在惹你生气的人搞得气恼。女性主义扫兴鬼就此出现：她一开口说话，看起来

---

i 当我完成一个我在本书第二部分讨论的多元化研究项目时，我们很直接地遭遇了这种反应。我们写了一份报告，说明了种族主义是如何被多元化的“感觉良好的”口号和对作为一种积极的技巧的良善实践所掩盖的。我们得到的回应是：你肯定是在夸大其词。你遭遇了不相信，他们认为不会有这么多的种族主义的情形。人们认为你是在夸大，而这种夸张被视为一种怨恨或恶意。他们绝不会发表我们的报告。把对种族主义的描述听成是耸人听闻的，就是对种族歧视的描述充耳不闻。见斯旺关于审计过程的精彩讨论（Swan 2010b）。并在此感谢伊莱恩·斯旺（Elaine Swan）分担这项工作，感谢她任性的支持。

ii 我把自己成为女性主义者的故事说成关于家庭餐桌的故事。不过重要的是，应当承认，并非所有的家庭都围着同一张餐桌。餐桌也可能有它们的自传，有它们自己的故事要讲。我在《酷儿现象学》（Ahmed 2006）一书中对作为亲属关系象征物（kinship objects）的餐桌做了更充分的讨论。

就很气恼。我就此出现。这就是我的“气恼”的历史。

无论她如何开口说话，作为女性主义者说话的她通常都会被当作争论的肇因。她打断了原本顺畅的交流。交流变得紧张起来。她让事情变得紧张起来。我们可以开始目睹这种互动状态中所固有的东西了。问题不单单在于她正说出口的内容。她正在做的不仅是说错话，她还正在妨碍某种东西——家庭、某个我们或其他什么东西的完善、美满，而这种完善、美满是由不被说出的东西所造就的。为了维护那个我们，有太多东西你不该说、不该做、不该是。然而，即便她不该有这样的反应，她的这一反应在另一层面上也仍是他人所乐见的。她终归被正在惹她生气的人搞得气恼了。一家人目睹她的气恼，目睹她的慌乱，家庭得以维系。瞧啊，瞧她气得团团转！拿她来充当紧张的肇因，就是在用另一种方式维护一种假象——一种如果没有她，家庭
38 就会文明恭敬的假象。我想，我们这些在家庭餐桌上做过扫兴鬼的人大概都懂得这一点；作为不文明和不和谐的容器，我们的用处可太大了。[i]

无论何时，只要我们开口说话，似乎就会遭人白眼，那些翻起的白眼仿佛在说：好吧，早料到你会这么说。从这些经历中我们可以总结出一个公式：

翻白眼 = 女性主义教育学。

无论你去到哪里，无论你说些什么，你似乎都会遭人白眼。事实上，你甚至什么都不用说，那些白眼就开始翻了起来。那些白眼仿佛就是在表达一种对你这个女性主义者的集体愤慨。成

---

i 正如我在第七章中所探讨的，这就是为什么当女性主义扫兴鬼出现时，连我们自己也会担心害怕，因为我们知道，假使我们恰遂了他人所愿，成了她，将会有怎样的后果。

为一个女性主义者，往往意味着会被卡在一个天然的因为之中。因为她是个女性主义者，所以她会那样说；或者讲得更苛刻些——因为她是个女性主义者，所以她只会那样说。在“导论”中，我描述了实践女性主义何以关乎我们的女性主义倾向的发展（成为那种愿意就性别歧视和种族主义发表意见的人）。我们现在可以看到，女性主义是如何仅被当作一种个人倾向而遭到驳斥或摒弃的，仿佛她之所以不待见某些东西，是因为她就是个不招人待见的人；仿佛她之所以反对某些东西，是因为她就是个好唱反调的人。女性主义者由此被判定为不能自已的人，仿佛成为女性主义者就等于开启了自动驾驶模式。[i] 女性主义被人当作脱离世界，而非参与其中。而我们在此谈论的是，女性主义者如何因其参与的性质而被人从世界中剥离出来；女性主义的表述如何被人当作对真实情况的夸大而遭人弃置。

由此我们可以领会到，把我们引向女性主义的那些感觉，何以往往也同样是成为女性主义者之后的那些感觉。经由女性主义，你搞清楚了过错的含义；你认识到你并不是在犯错。但当你说某事某物是错误的，你到头来又会重新陷入犯错的境地。因此，被错待的感觉到头来又会被放大：仅仅因为你指出某事某物是错误的，人们便会认为你是在犯错，这让你感到被错待。这真令人挫败！你的挫败随即就会被人当作你受挫的明证：你这样说话，说这说那，就是因为你受挫了。人们听说你是个受挫的人，这本身就令你挫败；人们听说你是个愤怒的人，这本身就令你愤怒。抑或，如果你对某事某物感到愤怒，而在别人听

i　在第三章中，我讨论了为何女性主义者常常被视为苦于意志力薄弱的人。

来你又是个愤怒的人（一个愤怒的黑人女性主义者或一个愤怒的有色人种女性），那么你原本愤怒的对象就会消失不见，而这会令你更加愤怒。如果女性主义使得我们能够将情绪重新指向不同的对象，那么我们的情绪本身就会成为情绪的对象。我们因为情绪激动而被置之不理，这本身就足以令你情绪激动。

39 当然，我们所反对的对象随即就会被重申为不恰当的批判或抱怨对象。我记得有一次，我们正在家庭餐桌上谈论《克莱默夫妇》（*Kramer vs. Kramer*）这部电影。我记得自己对剧中那位母亲被妖魔化的方式提出了质疑。我提出了那个观点，那个相当明显的女性主义的观点——你一旦有了女性主义的倾向，就很难不把它提出来。我随即得到了回应：胡说八道！“啊，你就不能让我们好好欣赏下这部可爱甜美的电影吗？”“啊，你难道看不出这对父子之间的关系有多特别，而她有多残忍吗？”“啊，你总是在挑刺！”诸如此类。女性主义者意味着挑刺。仿佛只要你不指出这些问题，它们就不存在；仿佛指出这些问题，就是这些问题存在的原因。

当我们描述问题，我们就成了问题。

有一次（我的家庭餐桌上的那些扫兴时刻过去挺久之后），我正跟我姐姐和她（当时的）伴侣共进晚餐。他开始谈论一些关于原住民的事情，谈到他们如何抱怨军队移动了一块石头，就因为那块石头是原住民的“圣石”。他对此深感不快。我做出了回应。也许我用了种族主义这个词。我不记得自己是否用了那个词，但它的确出现在了我脑海中。种族歧视出现在了我脑海中，因为种族歧视就在这房间里。且不管我说了什么，反正他当时变得非常愤怒，但那是一种以沉默和盯视的形式展现的愤怒。在余下的晚餐时间里，他板着脸坐在那里，再也不碰他的食物。服务员们紧张地走来走去。我们在他旁边礼貌地交谈着。第二天早上我醒来的时候，母亲打来电话，她听说我弄得他没能好好吃饭。“你什么时候才能学会［……］”——我听得到那些没说出口的话。

他真可怜

你真刻薄

在餐桌上做扫兴鬼的一段段记忆涌上心头，我感受到皮肤上的灼烧感；我回想起自己是一个弄得他人没法好好吃饭的人。你察觉到，指出一次不公之后又出现了一次不公。又一顿晚餐被搞砸了。那么多顿晚餐都被搞砸了。那些记忆涌动着：事情发生了。事情还会发生。感知到不对劲，犯错；被错待。如果是感觉把我们带向了女性主义，那么成为女性主义者就是要肇生一种感觉[i]。

结论：疏离作为感觉

对我来说，女性主义扫兴鬼第一次出现，是在痛苦和困难的情境下。回顾我被指派到此身份的一些早年经历，我明白了很多东西。在第二章中，我把她到来的场景复杂化了，目的是表明，扫兴鬼的出现，并不只是因为她提到了些什么（扫兴的东 40
西）。但重要的是，我要从我对她作为一个形象的第一感觉开始叙述，即对我来说她是如何出现的，她如何同那种疏离感——在一个世界、一个家庭、一套安排中被疏远的感觉——对话（而不仅是谈及那种疏离感）。如果你因为说了些什么便遭人白

i　原文为“cause a sensation”，亦有“引起一种轰动”的双关之意。——译注

眼，那么你可能会深感惊奇，难以置信：那些就在我们面前的东西，他们怎么会看不到呢？你学会了怀疑此等现实本身，因为你怀疑他们的现实，这个现实。当你质疑性别歧视和种族主义，你很难不去质疑一切。

这是另一种承诺。

作为一名女性主义者，即使你同他人坐在同一张桌子上，也会觉得自己身处不同的世界。若是如此，那么成为一名女性主义者就是身处一个不同的世界。很多东西都是通过不被注意、通过退入背景，而得以再生产的。当你不再参与这种退却，已经退入背景的东西就会活跃起来。这也难怪：你越疏远家庭，家庭就越具体可感。

如果女性主义扫兴鬼出现在了在餐桌谈话中，她就会把其他事物带入视野，包括家庭及餐桌在内的一系列安排。当女性主义者被斥为耸人听闻者时，我们所体验到的世界也变得更加耸人听闻了；通常被视而不见（overlooked）或已屡经察看（looked over）的东西显得格外醒目。由于感觉的闯入，世界再度显现；当你把女性主义作为你的立场时，那些你可能试图忘记的事件就会越来越成为注意的焦点。当过去不再被缩小，它便会被放大。我们通过拒绝将事情化小而使事情变大。你在不同的尺度上体验世界。

成为女性主义者的经历往往是一种与他人格格不入的经历。那些人们耳中跑调的音符不仅是听起来最刺耳的音符，也是毁掉整首曲子的音符。毁掉某事，当然，这听起来很消极。正如我会在第二章中探讨的，我们被认为是消极的：总是在毁掉些东西；晚餐，还有照片。我们需要毁掉那些正在使坏的东西。

我们不仅可以把毁坏当作一种致使事物崩溃或倒下的活动，也可以把它当作一种我们在拆解事物的过程中或通过拆解事物了解事物的方式。

我想到了托尼·莫里森的《最蓝的眼睛》。这篇文本的开头部分拆解了“幸福家庭”，并对其判处了（字面意义上的）死刑：通过移除故事的标点符号，核心家庭——图画书中的白人家庭——变得混乱不堪。我想把这部小说的叙述者克劳迪娅称作一个黑人女性主义批评家。她不仅好奇白人性，也琢磨性别。她戳穿事物、在事物中四处翻找的方式，启示了我们什么是交叉性。在这样一个场景中，克劳迪娅回顾了这一切是怎样开始的： *41*

> 那是从圣诞节和礼物娃娃开始的。分量最重、最特别、最有爱的圣诞礼物总是一个大的、蓝眼睛的娃娃。从大人们的咯咯声中，我知道他们觉得这个娃娃代表了我最美好的愿望［……］本来应该给我带来巨大快乐的东西，却恰恰适得其反［……］（我）摸摸它的翘鼻子，拨动它玻璃般明亮的蓝眼睛，捻搓着它黄色的头发。我没法喜欢它。但我可以审视它，看看全世界都说它可爱的原因是什么［……］我毁了不少白皮肤娃娃。
>
> （1979, 13-14）

克劳迪娅碰上了她并不喜欢的娃娃，而家人们觉得她本应该会喜欢，她本应该想要这种娃娃。合拍（attunement）在这里是一种权力的技巧：成年人试图通过咯咯笑来告诉她对待白皮肤婴儿娃娃的恰当方式。合拍将一种情感与一个物体相匹配。克劳迪娅从他们的咯咯声中明白了，她应该喜爱这个白皮肤的娃娃。克劳迪娅的不合拍表现在她如何对待此物（她戳了戳娃娃、捻搓它的头发，而不是咯咯地笑），这种对待方式无疑会被别人记为暴力和侵犯；会被记为不喜欢、不忠诚、忘恩负义。如果不合拍被表述为对事物的不当处理，那么不合拍就事关这个世界。物体携带着世界。在克劳迪娅的案例中，她不仅与作为物品的娃娃疏离了，而且与将此类物品擢升为可爱物品的白人中心父权制疏离了。不合拍就是与某个世界不同步。不仅如此，它还意味着将合拍的东西体验为暴力。克劳迪娅也可以被描述为一个黑人女性主义扫兴鬼：她肢解了她理应喜爱的东西，白皮肤娃娃，而没有咯咯笑着接纳它；她用这件礼物来生产反知识（counterknowledge）。

如果疏离是一种感觉，那么它就不是或不仅是否定的感觉：不仅是将世界之印记体验为暴力的感觉，尽管它包括这些感觉。疏离感意味着好奇；当那些愿望并非你所愿时，你便进一步理解了那些愿望。我们可以把疏离看作一种惊奇：我们对事物感到惊奇；我们惊叹于它们的组合。我们不想要的娃娃不仅仅是被丢弃或抛诸一旁的、毫无生命力的、耷拉在桌上的软布。当娃娃被肢解时，它们是我们的关注对象；我们不仅知晓了它们的样子（翘鼻子、玻璃般明亮的蓝眼睛、黄色的头发），而且从它们身上知晓了我们应该喜欢什么，甚至我们应该是什么样子；从它们身上我们知晓了人类愿望的基本内容。正是当我们不合拍的时候，正是当我们不喜欢我们应该喜欢的东西的时候，事物成了可供我们去思索、去怀疑的对象。或许我们通过破坏
42 事物来思考它们。抑或，思考它们被认作一种破坏。

当我们察觉到一个错误时，我们就会离开一个愿望。因此，感觉某物是可被感知的与感觉到不公正不无关系。女性主义生活事关我们如何去触碰事物。多么令人吃惊啊。

第二章

论被引导 43

On Being Directed

在第一章中，我探讨了成为女性主义者如何使我们通过疏离一个世界而触碰一个世界。我想在讨论女性主义之轰动特性的基础上，描述我通过女性主义开始注意到的东西：权力如何作为一种导向性模式、一种用特定办法为身体定位的方式来运作，因此，这些身体面向某条特定的路径，走向一个其面孔已被给定的未来。当你意识到社会世界是如何组织起来的时候，规范就会变得易被察觉。我想到了那些时候，比如，你走进一家玩具店，一个玩具吸尘器吸引了你的目光，你拿起它，你手握这件切实可感的东西，感觉自己仿佛手握女孩的未来。拿起一把玩具枪时，你也能感觉到这一点：你手握一件切实可感的东西，男孩的未来。

规范变得引人注目：作为可被察觉的事物，规范是可把握的。[i] 而当我们注意到这些规范，就会有许多工作要做。其中

i 我将在本书的第五章再次回到关于规范如何栖身的讨论。我曾在《情感的文化政治》（Ahmed 2004）的“酷儿情感”一章中讨论过规范如何以不同的方式居于某处，本书第五章的讨论进一步发展了这些论点。

最困难的可能是认识到这一点，即规范如何以那些我们尚未认识到的方式、我们无法轻易超越的方式塑造了某人自己的生活。规范也是一种生活方式，一种在某些事情上或围绕某些事情与他人发生联系的方式。我们无法“不”生活在与规范的关系中。因此，在这一章中，我将探讨女性主义如何被体验为一种生活的疏离感，探讨在认识我们的生命怎样被形塑或怎样成形的过程中，我们如何与自己所过的那些生活疏离开来。这种对作为导向性的权力的分析，使我能够以另一种方式介绍女性主义扫兴鬼。

44 交通系统

我想从我的另一篇伙伴文本，弗吉尼亚·伍尔夫（Virginia Woolf [1925]1996）的非凡小说《达洛维夫人》开始谈。她将在本章中不断出现，因为我认为我们需要对这部小说，对为何它在女性主义的想象中占有如此重要的地位感到好奇。这是一部在一天内展开的小说。它讲的是人物在某一天——普普通通的一天，与他日无异的一天，与他日无异的每一天——的沉浸。达洛维夫人很忙。她正要举办一个派对。她走在伦敦街上，去为她的派对买些花；多么平常的事情。她就在那儿，四处走走。她抬头看天，看到一架飞机喷出的白烟拼出了文字。就像附近的人一样，她努力想要看清这些字母。它们会是什么？它想要说什么？伍尔夫在这里捕捉到了一些东西，社会性是如何临时实现的——你碰巧遇到了那些碰巧在同一时间走在同一条街上的人；你与那些与你擦肩而过的人擦肩而过，但就在那一刻，只在一刻，你们抬头看着同一样东西。她记录下了一些东西：这种联结的奇特性，这种聚集的酷儿性（queerness）。

达洛维夫人她很忙；忙得不可开交。但她也会为偶然遇到的事情分心，于是她抬头看，而没有向前看；分心意味着她被扔进了一个普通的世界，被甩出了她自己的轨道和目的。在这一天，当她沉浸于她正在做的事情中时，突然间，她对自己有了另一种感觉。她开始意识到，她自己的身体像被她穿在身上一样。“可如今，她所穿戴的这个身体（她停下来看一幅荷兰画）及其一切功能，似乎无足轻重，甚至压根儿不存在。她有一种极为古怪的感觉，似乎自己是隐身的；别人看不到她；没人认识她；此刻她没有婚姻，也不再生儿育女，剩下的唯有随着滚滚人潮一起，奇异而庄严地迈着步子，向邦德街上走去，剩下的唯有达洛维夫人自己；甚至克拉丽莎都不复存在了；只剩下理查德·达洛维夫人。”（[1925]1996, 14）只剩下理查德·达洛维夫人：成为妻子时，她失去了自己。而她不再拥有妻子的身份时，她也不再是任何人：此刻没有婚姻，也不再生儿育女；成为女人，意味着一无所是。成为达洛维夫人意味着消失：沿着生活的道路往下走，你会感觉前路有点“出乎意料，甚至庄严肃穆”。但你只是在走别人走的路。

当她察觉到她的自我的消失时，她正和其他人一起行进。我们从达洛维夫人那里知晓了，生活本身可以被理解为一条道路或轨迹。有一些你应该到达的点，这些点就像标点符号，标
记了我们如何停止，如何开始，如何衡量自己的行进。[i]我们通 45

i　当然，我们知道语法也是性别化的：对她来说，到达某个点意味着一种［旧日自我的］停止，婚后她会获得一个新的姓名——达洛维夫人。由此，我们明白了女性主义为何需要新的称谓词：女士（Ms.）。不过，虽然我们已经增加了“女士”这一称谓，但总是摆在我们面前的二选一并未消失：这是位小姐（Miss）还是夫人（Mrs.）？然而，先生（Mr.）却始终是先生（Mr.），也只需是先生。

过不断到达特定的点，来延续在某一方向上的行进。道路赋予生命一定的形状、方向和顺序（出生、童年、青春期、结婚、生育、死亡）。这条道路告诉我们，一生如何开始，如何结束，沿途会发生些什么。

当我们都有一个共同的方向时，交通就流动起来了。在邦德街上：达洛维夫人，我们现在或许应该叫她克拉丽莎；她是交通的一部分。让我们想想交通；人流、汽车、自行车；道路以及人行道。交通是有序地组织起来的。有一些规则让我们能够更安全地旅行，有一些规则帮我们避免相互碰撞；有一些规则是为了方便我们的行进。这些规则中，有些是正式的或书面的；有些则没那么正式，它们是习惯，是与他人相关的行动和存在方式，随着时间的推移，它们已经成了第二天性。假使你是个陌生人——也许你是刚到某地的游客，不知道这些不成文的规则（你怎么可能知道？你查不到它们）——那么你会成为一个麻烦、一桩负担、一件招人烦的东西。因为你走错了路，或是因为你在他们赶路的时候停下脚步、迟疑踌躇，或者因为你停下来想问问路，当地人会皱起眉头，这些都让你觉得很尴尬；他们忙着赶路，走他们要走的路，去往某个地方。可正当达洛维夫人自己在赶路的时候——她得为宴会买花——她被打断了。在这些分心的时刻，有些东西显露了出来。

一种流动一旦受到引导，就会获得一种动力。人群往往受人造的地理机制和时间表机制引导，也受政治经济引导，后者使得生活和工作日益彼此分离；交通成为工作之必需。模式的存在造就了拥堵，而模式是对趋势的归纳。[i] 一旦获得动力，它

---

i　此句意为，因为有固定的路所以才出现了拥堵，而恰恰因为走的人多了，所以才有了固定的路。——译注

就具有了导向性。你会被来自特定方向的力量裹挟着走。你从一辆繁忙的通勤列车上下来，向出口走去。许多人也在走同样的路。“与”（with）字的意味既是活动的，又是厚重的。当有如此多的人与你一起，你便置身人潮，被一种厚度与密度裹挟。你被这股人流带着走：它甚至可能帮你节省了力气。但是，如果你掉落了什么东西，如果你因为某种原因不得不停下来，那么人潮就会愈加稠密，密得透不过气；人们的眉头皱起来了。你变成了一个障碍；一桩麻烦。此时，对你而言，这股人流才变得真实可感了——它阻止你停下来；它让你放慢脚步。

人潮是受引导的。一旦一群人受到引导，这群人本身就会成为方向。我们受面前的东西引导；而“在我们面前的是什么”则取决于我们已然遵循的方向。我在《酷儿现象学》（*Queer Phenomenology*, Ahmed 2006）一书中提出，道路是个很适合用来思考的东西。就拿“一条前人踏过的路”（a path well-trodden）这句话来说吧。一条路因反复“被踏过”而形成。我们可以把道路看作过去的旅行痕迹。当人们停止行走，道路就可 46
能会消失。对于一只脚来说：因为路在我们面前，所以我们踏了上去。对于另一只脚来说：正因路已被踏足，所以它出现在了我们面前。这里出现了一个脚印的悖论。一条路因被遵循而被创造了出来，亦因被创造了出来而得到遵循。只要我们使用了（do use）一条道路，我们就能够使用（can use）下去。在这里，“能够”是“做了”的一个结果。如果我们因为去做了（do），所以能去做（can），那么我们就是做到了能够（do can），而不是能够去做（can do）。

保持一个方向就是支持一个方向。走在一条路上的人越多，这条道路就越清晰。请注意集体性是怎么成为一个方向的：行人多的路会变得清晰。也许在这之中存在某种鼓励：如果朝着某个方向前进比较容易，那么你自然会受到鼓舞，顺着它走下去。而当前进变得困难，某条路更难走时，你可能会很气馁；你会试图找到一条更容易的路线。

还记得达洛维夫人吧：成为达洛维夫人，就是一遭持续而庄严的行走，同许多身躯一道，沿着街，朝同一方向走去。我们的生活被导向某些道路而非另一些，只是因为这样走起来更轻松。离开一条前人踏过的道路是如此困难：它意味着离开一个支持系统。我想用这些术语重新描述阿德里安娜·里奇（Adrienne Rich 1993）所说的“强制性异性恋”（compulsory heterosexuality）：强制性异性恋是一个交通系统，也是一个支持系统。人们集体努力扫除挡路的障碍，由此，交通路线得以保持畅通。当你顺着这条路线走时，你会得到其他人的支持：只要你的选择是异性（有时会有更多选择上的要求，门当户对往往意味着你要选择同一阶级、同一种族的伴侣），你的爱会得到集体的祝福；你的丧失会得到集体的哀悼。大家伙儿在相同的点停下，在相同的点出发。一些学者（Duggan 2003; Halberstam 2005）所谓的“同性恋规范”（homonormativity）就是一种试图让同性恋者到达相同目的地的政治：一道停下，一道出发。同性恋婚姻：（可能是）另一种让人到达相同目的地的方式。

然而，重要的是，我们要记住生活并不总是线性的，或者说，我们所遵循的线并不总会将我们带去同一个地方。生活的戏剧性、面临抉择的危机时刻都并非偶发之事，这样的情景常常出现：你面前有个岔路口，你必须决定走哪条路。这条路或那条路，你必须作个决定。然后，你走上了其中一条路。也许你并不确定那是否是正确的路，也许你走那条路是因为那条路看上去更清晰。你在那条路上走得越久，就越难回头。你继续埋头前行，希望不日即能抵达某地。希望是一种投资（investment）——我们希望自己所遵循的道路将把我们带往某地。一旦回头，我们就会冒上浪费时间的风险，因为时间已经被花掉 47
或耗费在来时的路上了。

有时，发生的事情并不完全出自有意识的决定。一些意料之外的事会让你陷入困惑。当你偏离了既有方向，你会感觉自己被抛入了困境。一次意外的遭遇可能会改变你的方向；一点点的偏移就能打开新的世界。有时，意外遭遇可能是生命之路上的礼物；有时它们可能不是；你可能会觉得这纯粹是一种失去。当我们被击打得偏离方向时，会发生什么事情取决于支撑我们的心理和社会资源。这种被抛离既定方向的时刻可能会被体验为馈赠，因为它开启了一种可能性；或者，它们会是创伤性的，你由此失去了一个渴望的未来，一个你正紧紧抓住、倾心前往的未来。

只有当一种生活失去其形状时，我们可能才会感觉到，它曾是具有形状的。想想达洛维夫人如何把她自己的生活理解成一个陌生人的生活。她意识到，成为达洛维夫人是一趟无法避免的、庄严的行进，而终点却是一个她早已达到的点。在第一章中，我思考了女性主义意识是如何觉醒的。也许女性主义意识同样意味着，把自己的生活当成一个奇观，甚至一个非凡的奇观。从自己的生活中抽离出来，你会发现世界仿佛以一种古怪的面貌重新出现了。也许，只有当一种可能性已然退场，你才会意识到它的存在。在达洛维夫人的意识中，其他人、其他的可能性闪烁在记忆里。意识到某种可能性的同时，就伴随着对其逝去的叹惋。那些本可以发生但并未发生的事情让你感到悲伤。也许我们会发觉：人生可以有另一种活法。我们能够叹惋，也是因为我们甚至都没有意识到，我们曾放弃了一些东西。生活的形状就像语法中的过去时态一样；唯有当它已被获具，我们才能感觉到它。

但我们也会明白：我们可以离开一种生活，现在离开还不算太晚。许多女性主义书籍，也就是我在“导言”中所说的女性主义经典，都是女性离开某种生活的故事。其中一些文本是女同性恋经典：也许在生命的尾声，故事里的女人们才意识到，做一个女同性恋并不是你必须放弃的东西。不放弃：女性主义可以被经历或叙述为再次赋予自己生命，或拿回本属于自己的生活，这种生活你可能经历过，但你把它拱手让出了，它甚至是被别人的期望夺走的。也许当你意识自己不能再这样生活下去的时候，世界就会呈现出不同的样子。在你离开旧生活之前，想一想你要如何为离开那个环境做准备。当你离开，你的身体将不再同一系列要求合拍。

48 我想，我对方向问题感兴趣的原因之一是，在我生命的中途，当我身陷混乱茫然，我戏剧性地对自己进行了重新定位。我离开了某种既定生活，拥抱了新的生活。我成了一名女同性恋者。我曾经尝试过异性恋。就像达洛维夫人所描述的她与自己身体的关系那样，异性恋是我曾穿戴在身上的东西。当你不得不努力说服自己相信某些事时，这通常意味着你压根儿没被说服。异性恋并不适合我。我穿着（wearing）它的时候，它令我倍感疲惫（wearing）。在追寻某条道路的途中，蓦然回首，我明白了这条路于我而言是怎么回事。离开一条道路即离开一种生活，尽管当你离开异性恋，你仍然生活在一个异性恋的世界里。但这就是离开异性恋的感觉：离开一种生活，离开一种受到支持的生活；离开一个你的存在能得到支持的世界。正如我将在本书第三部分详细探讨的那样，你必须创造你自己的支持系统。同性恋和女性主义的世界就是通过这番努力建立起来的：努力支持那些因他们是谁、他们想要什么、他们做了什么而不被支持的人。

幸福的道路

这是一个循环：我们受我们面前的东西引导；我们面前的东西又取决于我们如何被引导。由此，我们可以思考幸福本身是如何被理解为一条道路的。请记住，一条道路是你为了到达某个地方而遵循的东西。可是你怎么知道要走哪条路？在这条路上你又在期待着什么？正如我在《幸福的承诺》（Ahmed 2010）一书中所探讨的，幸福往往被视为一个终点：是我们想要实现的东西，是生活的意义与目的。我们应该遵循的道路，是能带领我们走向幸福的道路。

人们认定，一些事情比另一些更能带人通往幸福。人们认为幸福是你理应抵达的终点，这种期望开辟了一条阳关道。也许这些正是达洛维夫人体验到的那个她已经抵达的点：此时此刻，嫁作人妇，生儿育女。例如，人们可能会让小孩子通过想象未来的某些事件——诸如婚礼当天——来想象幸福的模样。

在婚礼当天到来之前，这天便被想象成了“你一生中最幸福的日子”。也许这个“之前”本身就包含着过程和原因：这一天是怎么发生的；又为什么会发生。

我们总是很快就知道了：对于孩子，尤其是女童，她最幸福的日子*将是*（will be）成婚之时。我所说的性别宿命论是与幸福联系在一起的：女孩*总归是*（will be）女孩；女孩在结婚时*将是*最幸福的。也许我们不只把那句“将是”当成一种预期，还把它当成一句道德指令：她不单将会这么做，而且会很开心地
49 这么做。幸福之路成了一条笔直的路：引导你经由正确的途径，抵达正确的目的地。我们今天可能会认为异性恋不再是唯一的选择。但是，只需略看一眼流行文化中关于幸福的形象和叙事，我们就会知道，旧日的幸福投资只消稍稍改头换面，就能延续下来。女孩们的幸福故事仍然基于童话般的公式：若非生命、婚姻与诞育，便是（这样或那样的）死亡和苦难。也许这道公式能做出一些折中让步；也许女性成就的风格会更加多样；也许现在人们有更多样的方式去谈异性恋；但何为明智的幸福投资，其答案依然相当确切。

我们到处都能看到这种确切性。即使是小孩子，也在人们的谈论中拥有了异性恋的未来，这往往体现为用异性恋话语解读他们的行为（“他多招女孩喜欢啊”；“他以后准是女孩们的菜”）。[i] 未来，作为某种被牢牢抓在手中或被拒之千里的事，变得越来越坚不可摧。当你拒绝抓住某样东西，人们往往会觉得你是吃不到葡萄说葡萄酸。我们所称的异性恋假定（presumed

---

i　这种设定不只针对小孩子。有一次，我新得了一只小狗，有人对我说，等这只小狗长大了，可以和她的狗狗做“男女朋友”。

heterosexuality）意味着，如果你不是假定的异性恋者，那么你必须［从假定的异性恋者］变成一个非异性恋者（unbecome one）。在叙述中，“变成一个非异性恋者”会失去走向幸福的可能。然后，你被认为是在努力克制悲伤，故作洒脱。悲伤：我们应该避免的后果。它既是一种感情，又是一种评判。她很悲伤；这多可悲啊。

幸福：为避免悲伤的结局，我们必将做的事。幸福是一种将你导向那些能够或应该使你快乐的事的方法。正因如此，幸福也可能是某种形式的压力。压力并不总是严厉的，它也可以始于轻柔的触摸。比如，一句温柔的鼓励：走这条路吧，走那条路吧。要快乐，不要快乐。你有孩子吗？你打算什么时候要孩子呢？又如，一个关切的眼神。一个接一个的问题，人们不断追问“什么时候”：这事什么时候会发生？什么时候会发生这事？问题可能被包装得如此温暖，甚至体贴入微：她有一天会更幸福的，这一天什么时候才能盼到呢？

不朝正确的方向走，可能意味着置身压力之下，或意味着置身*更多*压力之下，不管这种压力是不是有意为之的。也许我们能感受到这个“*更多*”——这种随着时间推移而逐渐增加的压力。我们需要描述一下这是种什么样的感觉：你会遭遇反对，人们反对你是因为你在反对一些事情（可你的本意并不是要反对什么，而只是因为你想要的东西不同，别人便对你下了如此评判，认为你一定是在反对些什么）。正如我前面指出的，当你没有走在正确的路上的时候，你会撞上一种势头。这就是为什么，我们可以把压迫说成某种可以感觉或体验到的东西——压迫是有形的。玛丽莲·弗赖伊（Marilyn Frye）带我们回到了“*压迫*”

50 （oppression）一词的词根，“*压、挤压，施加压力*”（press）：“人群的挤压；被塞进军队服役；烫平一条裤子；印刷机；摁下按钮。按压这个动作是用来形塑事物的，或压平它们，或减小其体积，有时也通过挤出其中的气体或液体来实现压缩。受到挤压的事物被夹在力量和障碍物之间，这些力量和障碍物是相互关联的，它们共同约束、限制或阻止该事物的运动或移动。形塑之，固定之，缩减之”（1983，54）。压迫就是这种感觉：当别人认定我们是某类人的时候，我们受到外力挤压，被迫做这做那。

存在就是被挤压。它可能来自父母或朋友的话语，或来自展映在你面前的美好生活图景；你可能会觉得这些图景沉甸甸的，如烈酒般苦涩。种种期望迎面而来，抬起的眼睛中带着问询：什么时候？压力是力与其分布面积的比率。当你体验到一种强加在你身上的要求时，你感觉受到了压迫。也许人越少承受的压迫越大，因为人越多承受的压迫越小。

也许此后，也许此后，如果你开始往正确的方向走，你就会体验到压力有所缓解。你感觉压力在减轻、减少或消除，就像一只按住你的手逐渐收了回去一样。你的通路被扫除干净了，于是你也许能走得更快。最终，你会自愿走在那条路上。当你不再需要被推着往某个方向走时，你就不再会觉得自己是被推着走的。如我将在第三章中所探讨的，这就是为什么意愿可能是压迫的结果；你变得愿意去规避压迫。在心甘情愿地朝着正确方向前进时，你觉得如释重负。我们不禁要问，有多少次我们是为了缓解走某一条路的压力而选择另一条路的？但有时，我们不会改变方向；我们接受压力；也许我们甚至已经习惯了这种压力。也许在我们从压力中解脱的那一瞬间，压力已然成了我们的一部分。

我们需要从女性主义的角度阐明这种“重新定向的技术”。幸福是一种重新定向的技术。我认识一个非常女性化的男孩，人们鼓励他去参加体育运动。他的母亲担心他会因为“娘娘腔”而遭到同龄人取笑。她把他的未来想象成一个不幸福的未来；一个被取笑、被抛弃、被伤害的未来。为了避免走到那一步，她希望他能变得爷们儿一点。最终，这个小男孩确实开始运动了；他开始热爱运动，享受运动。现在，这个小男孩和其他小男孩一起运动。他扔掉了好些软绵绵的抱枕玩具，把它们抛在一边，如同抛弃了某一版本的自己。也许现在的他更幸福了；谁知道呢？这很难说；谁知道呢？

由于担心孩子们会不幸福而［为他们］重新定向，这意味 *51*
着什么？当然，我们可以理解这些重新定向的愿望；我们可以理解，对于孩子走上了一个可能更艰苦或更困难的方向的担心。我们希望他幸福；也许我们不忍心看到他的愁容；谁又能忍心呢？但是，当我们想要孩子的幸福时，我们想要的究竟是什么？“我只希望你幸福”这句话是什么意思，又有什么作用？这话的语调不是一成不变的：有时这些话是沮丧地说出的。我希望你幸福，所以不要那样做！不要成为那样的人！但在某种意义上，渴望孩子幸福似乎是给了孩子某种特定自由，仿佛在说：“我不希望你成为这样的人，不希望你做那样的事；我只希望你去做能让你幸福的事，无论什么都行。”希望孩子幸福的渴望似乎以一种漠不关心为前提。无论什么都行看似是开放的；仿佛给了别人一个空盒子，让她可以把自己的欲望内容填充进去。

但请记住，对不幸福的恐惧是如何填充未来的：不够男子气意味着会被伤害，被其他足够男子气的男孩伤害。想要幸福就是想为孩子规避某种特定的未来。回避也可能具有导向性。想要幸福意味着，想让孩子站在队伍里，避免付出掉队的代价。你希望一个男孩爷们儿点，因为不爷们儿可能会让一个男孩过得很艰难。男孩化（boying）在此指向包容、友谊、参与和认可。男孩化是为了规避不被包容的代价。想让一个孩子幸福，可能意味着想把这个孩子“摆正”。有时候，当一个男孩意识到，如果他与其他男孩做同样的事情，那么他可能会拥有更多的朋友，玩得更快活，或许他会“自我男孩化”（self-boy）。我将在适当的时候回到自我男孩化和自我女孩化的观念。

不希望你的孩子不幸福，翻译一下就是：不希望他们偏离前人踏过的路。难怪一些父母对孩子出柜的反应，与其说是为孩子是同性恋感到不快，不如说是为孩子的不幸福而感到不快。酷儿小说中就充满了这样的言语行为，在这些言语行为中，父母表达了他们的恐惧，即同性恋的孩子注定会有不幸福的一生。朱莉·安·彼得斯（Julie Ann Peters）的小说《为你保密》（*Keeping You a Secret*）中就有一个例子。书中，一位母亲在她女儿出柜后感叹道：“我希望她能幸福。这就是我和汤姆对我们的孩子的全部期望。我们非常希望我们的孩子长大后能拥有我们从未拥有过的东西。我们对你寄予厚望。那么多期待和梦想。然而谁成想，出了这样的事情。”（Peters 2003, 190）请注意，这位母亲先是说，幸福是她对孩子的全部期望。然后，她想要的幸福又变成：希望孩子拥有她所没有的东西。渴望幸福变成
52 了层层加码的厚望：希望孩子过上某种特定的生活。成为女同

性恋者“这样的事情”，被想象为不仅损害孩子的幸福，也损害父母的幸福的事情——他们曾放弃了某种生活，又多么希望孩子能拥有这种生活。让一种期望落空，就是成为一个令人失望的人。

我们可以由此看到幸福和债务（debt）之间的隐含关系：如果父母为你放弃了幸福，那么你必须把幸福偿还给他们。这就是为什么，如果有些人更重要，那么他们的幸福才是首要的考虑。父母可能为孩子们渴望着那些他们认为会带给孩子幸福的事物，但他们所指的其实是他们自己的幸福。因此，难怪家庭内部的社会争执总是关乎不幸福之肇因。也许父母不幸福是因为，他们认为，如果他们的女儿是同性恋，她就会不幸福。他们对她的不幸福而感到不幸福。女儿不幸福则是因为，他们竟因为她是同性恋而感到不幸福。也许在父母眼中，女儿的不幸福意味着他们的担忧得到了应验：果不其然，她是同性恋，所以不会幸福。这样一来，即使是幸福的同性恋，也会变得不幸福。

也许对于像我们这样的移民家庭来说，这些幸福的债务威力更大，或者说更沉重。你不断被提醒，你的父母为了你放弃了什么：他们的故土、他们的国家、他们的地位、他们的家庭。你需要去过他们为了你而放弃的生活，回报他们。如果你不这样做：那你多么自私啊；你怎么能这样；难道你不知道我们为你付出了什么？如果你开心地偏离了他们的期望，你的快乐就成了对他们的窃取。但无法避免地，情况往往会更复杂。毫无疑问，如果你是一个出身移民家庭的酷儿小孩，你来自一个棕色人种家庭，一个穆斯林家庭或混有穆斯林背景的家庭：那么情况就会更复杂。如我在《幸福的承诺》（Ahmed 2010）中所论述的，移民家庭的不循常规的儿童体现了一种常规的社会希望。[i]酷儿小孩可以被描述为一个不循常规的小孩，她必须与她的家庭抗争才能出柜。而在棕色人种移民家庭的例子中，家庭被想象成一个死气沉沉的负担：人们预期她的家庭会更压抑、更不宽容；更不支持她的自由。被引向幸福意味着要远离你的家庭，在这个国家的想象中，你的家庭是阻碍你、压制你的人或事。然后，（本民族的）习俗和文化成了这个棕色皮肤的酷儿小孩必须抛弃的东西；人们假定，你得走出家庭以获得幸福。换句话说：幸福变成了与白人的亲近。卡梅尔·古普塔（Camel Gupta 2014）指出，有时人们认为，棕色皮肤的酷儿和跨性别群体是被幸福的白人酷儿和跨性别群体从不幸福的棕色人种家庭中拯
53 救出来的。我们不是一次“营救任务”。但当你偏离原有轨道时，他们会庆祝。这样一来，即使是幸福的棕皮肤酷儿也会变得不幸福。

误导与不满

如果不改变方向以避免让别人不幸福，我们就会成为不幸福的肇因。扫兴鬼又来了。只是因为你不想要那些别人希望你要的东西，扫兴鬼的角色就可能会分派到你头上。而且，如果你不想要那些别人想要的东西（这也是他们希望你要的东西），

---

i　我在《幸福的承诺》（Ahmed 2010）里“忧郁的移民”一章中提出了这一论点，我当时参照了对电影《我爱贝克汉姆》（*Bend It like Beckham*）的解读。在这部电影中，杰西体现了一种幸福的希望，因为她的欲望使她离开了（被叙述为）锡克教家庭的传统期望。关于忧郁症和移民的重要讨论，见程艾兰（Cheng 2001）、伍德尧与韩信熙（Eng and Han 2003）的文章。

你仿佛就在某种程度上拒绝和贬低了他们的愿望。

我们可以再次回到家庭餐桌上。一家人围着桌子聚在一起；这本该是个幸福的场合。我们很努力地维持这个场合的幸福，把桌子擦得干干净净，锃亮到能映出一家人聚在一起的美好画面。这种努力消除了它自身的痕迹：把桌子擦亮是为了抹除擦拭的痕迹。你若没有擦亮桌面，就会妨碍家庭幸福的实现。同样的道理，你若不想要那些正确的东西，就是在玷污这个表面。

难怪：在我开口之前，我就已经是个扫兴鬼了。在成长的过程中，我觉得人们对做一个女孩的要求是具有压迫性的。我发现裙子和女孩的风格总让我有点儿恼火。在十几岁的时候，我经常被叫作“假小子”，尽管现在回想起来，我只是一个对“女孩气”、穿裙子、化妆或谈论男孩不感兴趣的女孩罢了（我在这里不禁又捎上了异性恋，因为异性恋时常会混入对女孩气质的要求）。一个不那么女孩气的女孩被称为假小子，这告诉我们，女孩作为一种新兴的气质类别，是多么受限。如果你将做一个女孩体验为一种限制，那么你什么都不必再说了。当你被要求在一个特殊的场合穿裙子时，你的情感倾向（affective disposition）会替你说出一切——你面露暴躁的神色，或表露出其他非语言的拒绝信号。我记得我在裙子这件事上吵过很多次。

有个派对。

裙子，唉。

扫兴，真让人郁闷。

还不等你开口说话，女性主义扫兴鬼就出现了。你成了扫兴鬼，就因为你不为正确的事情感到开心。或者说，你开心与否并不是问题所在：你得在正确的时刻显得开心。有多少次，别人告

诉你，你暴躁的表情毁掉了好好的照片？那么多顿晚餐；那么多张照片；还有那么多次假期，都被毁了。你因为看起来不够
54 开心而扫了大家的兴。如果人们已经知道你是一个女性主义者，那么你看起来不够开心就会和女性主义这件事扯上关系，仿佛在照相的时候不笑是一种政治抗议（无论这是否是一种政治抗议，二者都会扯上关系）。女性主义可能会是一种性别麻烦（Butler 1990）：拜你的行为方式所赐，你可能不被认作一个女孩，或不被认作一个好女孩、一个快乐的女孩。玛丽莲·弗赖伊认为，压迫包含一种要求，即你要表现出对身处的情境感到开心。弗赖伊谈道："除了最阳光的面孔，任何其他表现都会让我们被视为刻薄、痛苦、愤怒或危险的人。"（1983, 2）这些看法真让人为难。微笑得不够，便成了刻薄。

对我来说，我在派对上不笑，是因为人们要求我做出如下表现：穿上裙子，看起来美美的，甚至只要别人一声令下，我就得一展歌喉。我觉得自己有时是个小丑有时是台机器，有时是个在人前表演的小马驹。我怀疑，我对性别设定的拒斥——觉得此等要求是一种负担，并把派对看成令人郁闷的经历（我可真是扫兴鬼!）——也是一种对人类的拒斥。我如此喜欢马——有许多可以讲述的关于女孩和马的酷儿故事，如伊丽莎白·普罗宾（Elspeth Probyn 1996）所呈现的——的原因之一便是，它们代表了对人类的逃避，因而也代表了对成为女孩这个要求的逃避。我将向你们介绍我生存工具箱中的马——穆尔卡（Mulka）。在把我从一种受人要求的感觉中解放出来这件事上，他起到了相当大的作用。我在成长过程中非常害羞，我感觉人类的社会性容不下我：它几乎就像个上锁的房间，而我没有钥匙。也许

就是这样：性别似乎是某把锁的钥匙，而我没有钥匙，或者说我的钥匙和锁不适配。回想起来，我是在上大学的时候决定开始“自我女孩化”的，因为这种不适配或不适应的感觉令我疲惫。我毫不怀疑，我自己的疲惫与身边全是白人有关，也与我总跟性别定义不合拍有关；这是一种对差异的疲惫。我记得 18 岁的时候，有一天放学后，我第一次走进精品美发店的情形。那是一个相当刻意的决定。我失落地看着镜子，等待一个不同的自己在镜中出现。我已经非常明白：想要被接纳，我可能必须更积极地去占有女性气质，并将其内化为自己的气质。我同样非常明白：不是人人都能这么做。有时候，我们可能会为自己重新定向，以减轻压力，减轻因不参与某些事情而造成的悲伤、孤独或被放逐的感觉。我们会担忧，我们斩断的是自己的未来。

这很难：我并不是说，让自己与某些东西保持一致是错误的，会使你的欲望变得不那么本真。我当然不是说，作为一个女孩，表现出女孩的气质只是为了融入环境（尽管对我来说，事
情的确是这样开始的）。当人们认为你的女孩气质不对劲或不恰 55
当的时候，你甚至感觉自己不得不“去女孩化”（de-girl）。正如乌尔丽卡·达尔（Ulrika Dahl 2015）所探讨的，在一些女性主义空间里，做一个女孩气的女孩会让你格格不入；用我在第三章中的术语来说，你可能必须任性（willful）起来，才能在女性主义的空间里欣然呈现女性气质。我想，现在我可以享受做个有着女孩气质的人了（尽管我仍然不穿裙子；我只是不喜欢穿裙子的感觉），因为这不再是一种要求，也不再是我自己（或其他人）认为的，一种把注意力指向男孩的方式。一个酷儿女孩拓展了女孩的含义。

我并不是说，自我女孩化是非本真的。我是在反思，当我们意识到自己与他人不一致的时候，我们是如何解决这些问题的。女性主义让我们对某些“队列”的敏感度提高了，因此它要求我们自己作出决定，而在以往，这决定可能是先于我们，甚至压根儿与我们无关的。有时我们很累，或者经历了一种预料之中的疲惫：我们小心地站在队伍里，以免越出队伍，因为我们以前也曾“越轨”，而我们没法再承受这种代价了。于是，队伍得以顺利发展，其他事情也随之发生了。还有些时候，我们也许会意识到：我们愿意承担不加入队列的代价，因为站在队列里实在有太多妥协。而且我们会发现，不妥协的路途上，同样会发生其他事情。

正因我们有“越轨”的经历，我们明白了站对位置（alignment）是一种机制。在第二部分，我将探讨站对位置同机构的政策的关系。在这里，我想继续讨论性别问题。当你一开始没站到正确的队列里，你就会有很多种出错的方式，而且这些错误并不全是有意为之的。无论我是否有意，我都常常在性别问题上出错，或者把事情搞砸。有一次，那时我 20 岁出头，我姐姐的孩子出生了，我寄了一张贺卡给她。我们打电话的时候，她相当生气地说：“你为什么总要提出女性主义的观点！”我给她寄了一张蓝色贺卡。而她生了一个女孩。问题是：我不是故意这样做的。我没想提出女性主义的观点；我甚至没有注意到卡片的颜色。但是，或许当你没有立即意识到颜色系统也是一个性别系统时，你就已然是女性主义者了，或者说已然得出了一个女性主义的观点。当性别系统没有成为你的习惯时，这意味着你没能习惯于此。而这就是女性主义的生活方式：没有把性别系统当成是习以为常的。

性别系统不仅影响你表达性别的方式：它还关系到你在一个更广泛的系统中——这个系统将意义和价值与人和事精准匹配——如何表现。一旦你恰当地适应了这个系统，你就可以不假思索；你就能自动拿起正确的贺卡。如果你没有完全适应，你就不得不思考什么才是正确的，以便把事情做对。如果 56
你不去想什么才是正确的，你可能就没法把性别搞对：你会弄错。这就是你为何会在无意中提出女性主义观点。弄错了性别变成做错了事情。[i] 然后：你会扫兴，而这不是蓄意或有意识的行为，你甚至可能只是想加入别人的欢乐。你会扫兴，因为你没有恰当地适应一个社会系统的要求。

还有一个例子：我年轻的时候，有人对我说，我不刮腿毛的行为“提出了一个女性主义的主张”。不顺应某个期望，你就是在提出主张。我认为我们可以从中琢磨出点什么。无论我们是否提出女性主义观点，甚至无论我们是否说话，不遵守那些关于外表的准则都会被认为是在发表观点。你的腿仿佛是一张嘴，在喊着：看我！我不认为我在提出女性主义观点，尽管或许当我不认为我必须把腿剃得干干净净，我的确正实践着一个女性主义的假设。女孩不刮腿毛原本是件稀松平常的事情，但在

---

i 我们可以认为，这种在性别系统中遭到误解的经验为女性主义和跨性别政治学之间的关系提供了另一个基础：把性别弄错和体验到自己拥有错误的性别。在跨性别和同性恋研究中，这种置身于错误身体的叙述——以及性别焦虑症（gender dysphoria）的模式——一直是遭到严厉批评的对象（见 Stone 1996, 228; Halberstam 1998, 145）。然而，我们可以把错误的体验看作在某具身体中感到不自在的身体体验，也就是说，对某个人被指派的方式感到不自在：错误指感觉不对劲；错误指（对某些人来说）变性一样的“感觉”（Prosser 1998, 8）。感觉不对劲，或者把性别搞错了，并不意味着存在一种正确的性别方式；它们恰恰是“存在一种正确方式”这一假定的后果。

某种意义上，这却成了不可思议的。任何不符合事物秩序的行为，都成了一项有关事物秩序的女性主义议程。

做错事情还可能意味着：错误地动情（affected）。我们被自己动情或不动情的方式所误导。阿莉·拉塞尔·霍克希尔德（Arlie Russell Hochschild）在她的经典著作《心灵的整饰》中探讨了这种现象：如果新娘在婚礼当天不开心，甚至感到“沮丧和不安”，那么她正经历着一种“不恰当的情感”（inappropriate affect）（[1983] 2003, 59），或她不恰当地动了情。[i] 她必须用正确的感受来挽救这一天：“由于觉察到她正忍着的实际感受与自己的理想感受相去甚远，新娘提醒自己要开心一点。”（61）能不能挽救这一天，就看新娘能否说服自己或别人：她是幸福的。纠正她的感情就意味着要背离此前的情感（disaffected）：新娘通过阻止自己感到痛苦而使自己幸福。当然，这个例子让我们明白，如果此前的情状（affection）仍然活跃，或者如果一个人在努力调整自己的感情时觉得不安，那么这个人可能就无法全身心地栖居于自己的幸福中，甚至会与自己的幸福疏离。不安（uneasiness）是一种对自己置身的幸福感到忧虑的情绪，它可能会持续存在于你的幸福当中。

在我们应该感到幸福的时候，我们却并不总能让自己感到幸福。“不能”不总是一种限制；“不能”也可以是一种开放。也许你对自己或世界感到失望，因为你没有像人们期望的那样幸

---

i　当然，正是在婚礼当天必须感到幸福、必须承受“幸福的负担”的新娘，启发了我们关于性别系统的认识，也启发了我们关于所谓的“幸福期望”在性别系统内的不公正的分配的认识。这启发了我们去留意那些看似显而易见的东西。如果我们习惯于用新娘的幸福来确证婚礼当天的幸福，那么这就意味着，尽管性别的脚本已经日趋灵活多样，但社会对于女性的“幸福期望”依然与婚姻紧密相连。

福。失望也可能包含一种自我怀疑的焦虑叙事（为什么我没有 57
因此觉得幸福？我出了什么问题？），或者一种对世界的愤怒叙事——这个世界通过将一些事拔擢为好事，来承诺幸福。在这些时刻，我们可能会成为陌生人。当你因为你产生的情感而被疏离（alienated）时，你就是一个情感的异类（affect aliens）。女性主义扫兴鬼就是一个情感的异类。正确的事情没法让我们感到幸福。

不幸福的档案

现在是时候回到达洛维夫人了。你会想起达洛维夫人是如何意识到她自己的生活轨迹的；她是如何在走上邦德街时见证了自己的消失的。结婚生子不仅成了她已经完成的人生大事，也意味着，在面对本有许多可能性的人生时，她在这一路上失掉了自己；变得不再是克拉丽莎。结婚生子：这些不仅是人生的标点符号，也是颇具仪式性的时刻，代表了女人为幸福而做的事情。达洛维夫人并不觉得幸福。她可能对自己的感受不甚明了；她可能不会向自己或他人袒露她的感受；但她并不觉得幸福。她疏离于自己的生活，而只有在生活的各种可能性已然被放弃后，她才意识到它们的存在。这些可能性如同她自己在一天中回忆起的那些老朋友一样，闪烁着光芒。

女性主义中充满了这样的故事：那些女性没有因本应使她们幸福的东西而感到幸福。这并不是说，人人都不幸福，而是说，对幸福的期待，对妇女应该微笑、世界会和她们一起微笑的期待打断了许多事情；使生活止步不前。对幸福的期待不一定会造成不幸福，但它会使不幸福变得更难承受。在 20 世纪末，安·奥克利（Ann Oakley）等女性主义社会学家充分论述了这个问题，即“做母亲会让女性变得幸福”的期望是如何将不幸福病态化的。她把“产后抑郁症”（post-natal depression）描述为“一个对产妇的不满情绪进行描述和意识形态转化的伪科学标签”（1980, 277）。分娩是母亲天大的幸福，这个浪漫神话使母亲的忧郁成了一个社会和生理问题。

这部早期的女性主义著作强调女性讲述自己的故事的重要性，那些驱逐了幸福的迷思的故事，那些不仅有关不幸福，还
58 包含了女性复杂、矛盾而含混的感受的故事。我们也有女工的故事，例如，在霍克希尔德（[1983]2003）《心灵的整饰》中，那些必须以微笑为工作的女性，她们疏离于自己笑容，就像工厂工人疏离于他们那为工业机器服务的手臂一样。我会在第三章回到劳动（和手臂）的问题。在这里，我想探讨幸福何以是一种人们要求你在私人和公共空间中表现出来的情感。我相信很多女孩和女人不带笑颜地走在外面时，都听到过这样的评论：“微笑的女孩运气不会差”。微笑成了一种女性气质的成就。但是，微笑也可能是这样的：当你被认为女人味不足时，你必须用微笑来补救这一点。因为（或当）别人觉得你过于硬朗了，你可能不得不柔化你的外表。一个黑人或有色人种的女性可能更需要微笑，因为她常被认为太愤怒或太自信了：于是，为了消除别人的某种预期，你不得不微笑。然而，你消除预期的努力恰恰证实了这个预期。如果你已经被评判为太过自信，那么即使你展露一抹微笑，这种微笑也可能是太过自信的微笑。

我们可以将作为一种情感劳动形式的幸福浓缩为一个公式：表现出幸福的样子，以使别人幸福。你变得和你表现出来的一

样快乐，这便是此等劳动最成功的时刻；而你越竭尽全力，你的笑容就显得越紧张。女性主义也许是我们可以用来抵制这个公式的事物。我并不是说，成为女性主义者是为了让别人不幸福，而是说，你不再愿意为了让别人幸福而显得幸福，不再愿意变得像你看上去那样幸福。在这一公式的另一端，女性主义可能也十分重要。我这样说的意思是：你不会因为外在的幸福而感到幸福。我们对那些在本该幸福的时候觉得不幸福的女性产生了共感（这种共感是一种女性主义的感觉）。女性主义的共感涉及从不同方向理解不幸福。我们不会将不幸福理解为没能实现幸福，也不会认为这导致了更多的不幸福，而是将其视作一种拒绝、一种要求、一种抗议，甚至只是一些平常之事，一种生活本来的质地。同情不幸福往往会被视为冷漠。我想到了电影《女侍》（*Waitress*，阿德里安·谢利［Adrienne Shelly］导演，2007）。珍娜，一个婚姻不幸的已婚女人，去一个医生的办公室，说她已经怀孕了。医生感同身受地回应了她——向她表示祝贺。他共感的不是她的真实感受（悲惨），而是她应有的感受（幸福）。尽管这种共感符合日常判断（已婚妇女怀孕是一件幸福的事），可这共感却使她被远远疏离了。女侍应生因她自己对怀孕 *59*
的反应而被疏离，因此，共感她的疏离感（送上你的安慰）将意味着分担她的疏离感："可怜的你，就这样被他缠住了。"女性主义的共感，共感那些不容于幸福的疏离。

情感的异类能共感那些格格不入的情感。当对方对我们的共感的根据是我们应有的感受而非我们真正的感受时，我们就会被共感所疏离。我想，这就是为什么女性主义对达洛维夫人的困境有如此强烈的共感。女性主义可能涉及对共感的培养——共感那些对自身处境感到不满的女性。有趣的是，在克拉丽莎的例子中，我们并不清楚她究竟对什么感到不开心。对克拉丽莎来说，成为达洛维夫人是一种可能性的丧失，是一种"无法成为"（unbecoming）或"成为虚无"（becoming nothing at all），但这种相当不可思议的感觉并没有以悲伤的形式进入她的意识。这本书的悲伤——对我来说这是一本悲伤的书——不是以观点的形式呈现的。达洛维夫人没有解释她悲伤的原因。她忙着为她的派对做准备呢。她得忙前忙后，可如此多的悲伤流露了出来。她不能耽溺于悲伤，可如此多的悲伤表达了出来。

正是在派对上，达洛维夫人触碰到了悲伤。使她离开聚会的不是她的悲伤，而是一个陌生人的悲伤，一个她并不认识的人的悲伤。布拉德肖夫人对达洛维夫人说："'就在我们要出门的时候，我丈夫接到了电话，一个非常悲伤的案子。一个年轻人（威廉爵士是这样告诉达洛维先生的）自杀了。他曾在军队服过役。'哦！克拉丽莎想，就在我的派对正在进行时，死亡闯了进来，她这样想着。"（Woolf [1925] 1996, 279）在派对中，话语积累成了一段叙述，讲述了一个死亡的故事，一个自杀的故事，一个痛苦难耐的人的故事。读者已经见证了他的死亡，以及他的痛苦。克拉丽莎没有亲眼目睹他的死亡，但她想象着它，几乎像是想象发生在自己身上的事情一样："当她突然被告知发生了意外时，她的身体总是首先体验到这一切；她的衣服烧了起来，她的身体焦灼不堪。"（280）当别人告诉她那人的死亡细节时，他的死亡成了肉身的死亡："[他跳出窗外，] 地面便像是朝他冲将上来；锈迹斑斑的钉子误扎进了他的身体。他遍体鳞伤，躺在那里，脑子似被击中般砰砰地响，然后陷于一片窒息

的黑暗。”（281）道听途说的暴力成了她遭遇的暴力。事情不仅
是克拉丽莎在感同身受，而且在这一刻，由于死亡得到允许而
闯入，它变成了真实的或物质的。死亡以文字的形式传递到了
世界当中。《达洛维夫人》中不同寻常的一点是，痛苦如何通过 60
另一个人——一个陌生人、一个闯入者、一个没有被请进房间
的人——的到来，从边缘进入了她的意识。痛苦不是简单地或
仅作为自我意识——一个人对自身痛苦的意识——进入的，而
是作为一种意识的擢升、一种世界意识（在该意识中，不属于此
地的人的痛苦扰动了此地的气氛）进入的。

正是在这一点上，当意识具备了世间性质的时候，我们开启了将女性主义视为“不幸福的档案”的意义。我们不会简单地认为，不幸福是一种由内而外的感觉；一种锁定在家庭主妇等诸种形象身上的不幸福；甚至也不会认为，不幸福是通过共感地目睹而得以分享的感觉。不同于此，我们将探索自己如何能够变得更加适应那些已存于世的东西；适应那可能被生活的喋喋不休所掩盖的世界的暴力。来自意识边缘的痛苦告诉我们，意识到痛苦是困难的。当你生活在一个本应幸福但却不幸福、本应充实但却令人空虚的生活中时，要认识到悲伤和失望是一项艰辛的劳动。当一个人已经依照某种想法度过了一生，要放弃这种想法是很难的。我们不单明白，我们能够意识到不幸福，还明白，这种意识如何使我们与世界相连；允许世界去刺破一个封印，我所谓的幸福的封印（the happiness seal）。幸福的吸引和人们对幸福的呼求令如此多的不平等得以保留。仿佛对权力和暴力的反应就是或应该是调整或修正我们的感觉；例如，将一种剥削的社会关系转变为个体意义上的赋权感。

女性主义：我们如何冲破幸福的封印。即使不幸福已是一种我们熟悉的感觉，它也会像个陌生人一样到来，发出暴力的“砰砰”声，刺破宁静。在达洛维夫人的例子中，是一个陌生人扰乱了熟悉的生活。但她自身也脱不了干系。也许，也许这就是为什么这一天如此重要：她准备好了，准备好让生命的光芒闪烁在她的过去中；她准备好把自我拆解开来。一个封印是被各种力量的结合打破的。于是，在她的聚会中，一些并不幸福的事情发生了。如果一个陌生人扰乱了熟悉的事物，那么做个陌生人这件事就会变得熟悉。我将在第五章回到作为一个陌生人的经验。只需注意，当你意识到自己是陌生人时，你不仅与幸福疏离了开来，也与自己疏离了开来。你的到来可能造成了干扰。那么，究竟是什么受到了干扰？奥德雷·洛德为我们提
61 供了对幸福最有力的女性主义批判之一（我将在我的扫兴鬼生存工具包中直接转向她的批判），她展示了过去是如何受到干扰的。

> 街上的气氛很紧张，在种族混合的过渡区域总是如此。那时我还是个很小的女孩，我记得我对某种特定的声音感到害怕——一种嘶哑尖锐的、从喉咙里发出的刺耳声音，一听到这个声音，往往就会有一团令人作呕的灰痰瞬间飞到我的外套或鞋子上。我的母亲用她总放在皮包里的小块报纸把它擦去。有时，她会发一通牢骚，说那些下等人无论走到哪里，都没什么见识，也不讲礼貌，只会朝风中吐痰，她给留下我的印象是，这种羞辱是完全随机的。我也从没怀疑她的解释有什么不对劲。直到在多年后的一次谈话中，我对她说：“你有没有注意到，人们不再像以前那样朝风中吐痰了？”母亲脸上的表情告诉我，我已经误入了那些永远不能提的、

> 秘密的痛苦场所之一。但在我年轻的时候，母亲的行为再典型不过了——如果她阻止不了白人朝她的黑人孩子吐口水，她会坚持说这是出于别的理由。
>
> （1984b, 17-18）

回忆暴力就是将暴力的声音带入当下，那“嘶哑尖锐的、从喉咙里发出的刺耳声音”。但记忆可以掩盖这种被提起的暴力。因为奥德雷·洛德的母亲无法承受谈论种族主义，所以她制造了一种印象，即针对她的黑人孩子的暴力是随机发生的。当孩子提醒她的母亲曾经发生了什么，或者告诉母亲，她认为曾经实际上发生了什么（这是别人告诉她的），当她在谈话中提到这些，她便已经冒险进入了“那些秘密的痛苦场所之一”。当暴力不再被认为是随机的，它就会被视作是有指向性的：指向黑色身体，对奥德雷·洛德来说，指向她自己那具在刺耳的声音中瑟缩的黑色身体。用一些说法来转移痛苦是为了保护我们所爱的人不受伤害。但这种掩饰终究会失败。掩盖不住时，种族主义就会暴露出来。换句话说：过去可能是某种被封印起来的东西。当封印被刺破，痛苦便汹涌而入。

反思我们以前是如何掩饰痛苦的，就是以不同的方式理解第一章中所探讨的意识问题。我们逐渐明白，我们是如何学会不去意识到发生在我们面前的事情的。我们既有的理解事情的方式令我们对正在发生的事情视而不见，哪怕这事情是发生在我们身上的，是一个创伤性的事件。我们可以用“虚假意识” 62
（false consciousness）一词来描述这个掩饰的过程。在这里，虚假意识并不是指个体的自欺欺人：仿佛她自己屏蔽了妨碍她获得幸福的东西似的。不同于此，我们会用这个术语来说明，我们对这个世界的感觉和认识，有一些是虚假的。因此，我们也许会继承虚假意识。我们可以认为，女性主义的意识是一种对隐藏在文明、幸福和爱的语言下的暴力和权力的意识，而非简单地或只是一种关于"性别是一种限制可能性的标识"的意识。你可能因为回忆起一些事情而冒险地进入了秘密的痛苦之所。你可能因为注意到某些东西而招致不幸福。如果你因为注意到某些东西而招致不幸福，你就会意识到，你身处的世界并不是你曾经认为的世界。

结论：一种女性主义的遗产

女性主义书籍的悲伤在于：它是一种教育学。《达洛维夫人》：她触动了一根神经。女性主义：生活在靠近神经的地方。当我想到《达洛维夫人》是如何被我们唤起和回忆的时候，我随之想到的是悲伤如何能成为一种遗产，一种女性主义的遗产。我想到了所有吸引我的书，它们吸引我，不仅因为它们所表达的悲伤，还因为它们在这种表达中所表露出的反叛。没有因为本应使你幸福的东西而感到幸福，这可能是叛逆之举。这种悲伤并不总是或仅仅是个人的启悟；即使眼里噙满泪水，这些泪水也不总能凝结成文字。就连将这种悲伤袒露给自己都尚且艰难，更不用说袒露给别人了，因为它是关于世界的悲伤，因此是身处世间的悲伤。这种悲伤往往散布在一具身体四周；她的身体使周身的空间表现为一种禁锢与限制。因此，如果说我在第一章中将女性主义称作感觉的入侵，那么此刻我们可以想一想，成为女性主义者如何让我们触碰到了那些悲伤，那些呈现出

"未能为系统（这个系统是拥有其他生活方式的可能性的条件）所容纳"的集体失败的悲伤。

当我们很好地适应着一个系统的时候，当我们忙忙碌碌的时候，我们可能不会注意到某些事情。也许这就是为什么女性主义读者可以从《达洛维夫人》中获得如此多的东西：原来，我们并不完全置身于我们本应置身的生活中。以电影《时时刻刻》（*The Hours*，史蒂芬·戴德利［Stephen Daldry］导演，2002）为例。在一个场景中，劳拉·布朗，一个20世纪50年代的不幸福的家庭主妇，正在阅读《达洛维夫人》。一本书成了一种女性主义的陪伴；它是一段尚未消失的历史的痕迹，是一段逗留在此的过去。劳拉与达洛维夫人的神交（companionship）出自一个愿望——从她的生活中抽身出来，在其时间和节奏中停下来：
她想把时间花在读书上，而不是丈夫和孩子身上。一天，一天。 63
又一天。今天是她丈夫的生日；但劳拉想和达洛维夫人待在一起，伴着她入眠。后来，她丈夫走后，她的朋友凯蒂来了，问起她关于这本书的事。劳拉是这样谈论达洛维夫人的："因为她自信人们都认为她很好。但她其实并不好。"劳拉分享了她未向外人袒露的悲伤，这让她同达洛维夫人建立了认同。她仿佛在说：像你一样，我的生活也是在维持美好的表象，这种表象（appearance）的维持也意味着自我的消失（disappearance）。

如你一般

我并不好

正如你一般

当家庭之乐并不能带来快乐时会怎么样？劳拉正在烤蛋糕。她打了一个鸡蛋。打鸡蛋成了一个贯穿整部影片的普遍姿态，连接起了经年累月的女性的家务劳动。烤蛋糕本应是项幸福的活动，一种爱的劳动。但恰恰相反，影片揭示了一种压迫感，这种压迫感在打鸡蛋的动作里挥之不去。家中的物件不仅无法让你幸福，还展现出一种失望感。你打鸡蛋的碗在等待你。你能感觉到它等待的压力。空空如也的碗像一道指责。女性主义的档案中充斥着家庭生活场景，在这些场景中，家庭物品变得古怪，几乎成了某种威胁。

一个似乎装着指责的空碗也许会开启一种女性主义的生活。换句话说，开始过女性主义的生活就会听到指责；听到别人认为你没有以正确的方式履行你的职责。但尽管你的耳朵里充斥着指责，你还是坚持过你的女性主义生活。你继续前进。也许这也是为什么你拿起了那本书，或去看了那部电影，你在荧幕上如出一辙的空碗里找到了慰藉。由此，你知道你并不孤单。当幸福的封印被破除，当暴力闯入幸福的场景，我们开始听到过去的女性主义幽灵之声。女性主义的幽灵在周围大声疾呼；她们环绕着；我们倾听着。

破除封印就是允许过去闯入现在。女性主义的过去近在咫尺；它被带到了你身边。女性主义：我们如何继承前人的拒绝——拒绝以幸福的方式生活。但我们的女性主义幽灵不全是悲惨的。她们甚至可能在错误的时刻傻笑。她们甚至可能以毫不恰当的方式，歇斯底里地笑。毕竟，当你在本不应幸福时感到幸福，这也会是反叛的，你幸福地走上那些大家认为会导向
64 不幸福的道路：此时此刻，不结婚，不生孩子。别人说她“无后”（childless）；可她说自己“生育自由”（child-free）。她的情感寄托对象十分多元。一个情感的异类因错误的东西而获得了

幸福。因此，她的幸福常常被认为是不可靠的：被认为是自私、愚蠢且不真实的，不过是真正的幸福的替代品而已。但她还是坚持这样做了。这可能需要任性地坚持。而我现在要开始谈的正是任性。

第三章

任性与女性主义者的主体性

Willfulness and Feminist Subjectivity

女性主义的历史是情动的：有些感受妨碍了别人对我们是谁和生活应该是什么的期待，它们本不应该被感受到，而我们却将其捡拾起来。难怪女性主义遭到如此负面的指控：反对幸福，反对生活。这并不是说，我们先成为女性主义者，然后变成了扫兴鬼。相反，我们成为女性主义者就是在扫别人的兴；就是妨碍了别人的投资与期待。在过一种女性主义的生活的过程中，我们逐渐了解了那些评判。通过反思这些评判是如何落在我们头上的，我们明白了许多。词语围绕着我们，充满了意义和强度。我们听到了这些词。从人们如何称呼（called）我们中，我们明白了许多。这些称呼也是一种女性主义的召唤（calling）。

词语围绕着我们，充满了意义和强度。在这一章中，我反思了“任性”（willfulness）这个围绕在我们周围的词，一个尖锐而严厉的词。女性主义者经常被称为任性的人；被评判为任性的人、因过多的意志（will）而受苦的人。我们为什么任性？让我与你们分享“任性”的一个典型定义：“主张或倾向于主张自己的意志，反对劝说、指示或命令；受意志而非理性的支配；决心走自己的路；顽固地由着性子，或不通情理。”因为别人的理由没有说服你，你便被称为顽固不化或不通情理的人？对你来说这件事是不是似曾相识？你以前听到过这样的评价吗？

我很熟悉这件事。我曾经听到过。仅仅是女性主义这个词，就会被听成一种“反对劝说、指示或命令”的意志主张。如果女性主义者经常被说成是任性的，那么女性主义就会被理解为一个意志的问题：一意孤行，走自己的路，屡劝不改，走错误
66 的路。任性这个词与其他词有着密切的关系，如执拗（stubborn）、顽固（obstinate）、对立（contrary），以及诸多暗示性格问题的词。如果女性主义者指出一些错误，那么人们不仅认为她的言论是不合理的，还认为这是她执拗且不服从的天性所致。我将在第一章的相关讨论的基础上继续论述——在第一章中，我们讨论了说出一个错误如何被当成犯了错误。当我谈到“女性主义的主体性”时，我在思考女性主义如何被诊断为一种失败的主体性的症候，被认作一个不成熟的意志、一个尚未被规训或理顺的意志的产物。

任性：一种声明某人的主体性成了问题的方式。认为女性主义主体有太多的意志或太强的主体性，或就是觉得女性主义主体“太过分了”，这种认知深刻影响了我们如何体验自己、体验我们所面对的世界。如果做一个扫兴鬼意味着做一个妨碍幸福的人，那么过一种女性主义的生活要求我们愿意去碍事。当我们愿意去碍事的时候，我们就是任性的。在这一章中，我将首先探讨任性的女孩的形象，然后反思女性主义者在我们的集体工作中如何利用、可以如何利用这种任性。我会探讨任性为

何不仅是加诸我们身上的评判，还意味着我们如何将这种评判转化为一项计划。

任性的女孩

成为女性主义者往往意味着要寻找同伴，寻找其他也在成为女性主义者的过程中的女孩和女人们。对我来说，这种寻找女性主义同伴的过程是从书籍开始的；我躲进房间里看书。吸引我注意的是那些任性的女孩。一些我最爱的人物会在这一章出现。在撰写《任性的主体》（Ahmed 2014）一书时，我将自己对任性女孩的追索转化成了一条正式的研究轨迹。一旦我开始追踪任性女孩的形象，我就发现她无处不在。正是通过追踪这样一个人物，我邂逅了新的文本，即使我从前并没读过这些文本，但它们也给我一种幽灵般的熟悉感。其中一篇文章名为《任性的孩子》。这是个凄惨的故事（grim story），是篇格林童话（Grimm story）。让我同那些未曾读过它的你们分享这个故事。

> 从前有一个孩子，她很任性，不愿按照她母亲的意愿行事。上
> 帝因此不喜欢她，便让她生病，而且没有医生能治好她。没过多
> 久，她就躺在了停尸床上。当她被放进墓穴，泥土铺在她身上时，
> 她的手臂一下子向上伸了出来。他们又把手臂放进墓穴，铺上新的 67
> 泥土，但一切都是白费力气，因为她的手臂总是再次伸出来。于
> 是，女孩的母亲不得不亲自来到墓穴旁，用棍子敲打手臂。经此一
> 番，手臂总算被拉了进去，孩子终于在地下安息了。[i]

i 这一版本的故事可在此处下载："The Wilful Child," Grimm's Fairy Tales, Universal Library, posted by John Mark Ockerbloom, accessed February 16, 2015, http://www.cs.cmu.edu/~spok/grimmtmp/090.txt。另见 Grimm and Grimm 1884, 125。

多么了不起的一个故事啊！这个任性的孩子：她有一个故事要讲。我们可以把这个故事当作一种教学工具，也可以把它当作一种教我们认识工具（棍棒，权力的机制）的方式。我们理解了人们如何用任性来解释不顺从：孩子不听话是因为她任性，当她不愿意做母亲希望她做的事时，她便是任性的。在这个故事中，我们并不知道孩子不愿做的究竟是什么事。不顺从并没有被赋予内容，因为不顺从本身就成了一种过错：孩子必须做她母亲希望的任何事情。无论什么事，总归都是她不乐意的。

这个故事的惊人之处在于，即使在孩子死后，任性依然还在：它转移到手臂上，从一具身体转移到某个身体部位。手臂继承了孩子的任性，因为它无法被压倒，因为它不断地伸出来，它获得了自己的生命，即使它是已然死亡的身体的一部分。请注意，棍棒，作为体现了父母或君主的意志的东西，却不被视作是任性的。棍棒成了消除孩子的任性的手段。一种意志把其他意志评判为任性的意志。一种意志取得了消除其他意志的权利。

在此我们可以注意到，对任性的判断如何成了惩戒机制（disciplinary apparatus）的一个关键部分。正是这种判断使人们将暴力（甚至谋杀）理解为照顾和管教。棍棒成为一种用来矫正任性孩子那不听话的手臂的技术。我将在适当的时候回到这条不听话的手臂。她也有着一段女性主义的历史。她也是一部女性主义的历史。

这篇格林童话构成了劝诫文写作传统的一部分，爱丽丝·米勒（Alice Miller 1987）在《都是为了你好》（*For Your Own Good*）中称之为“有毒的教育学”，这一传统假定儿童被原罪所玷污，坚持用暴力来对其进行道德矫正，认为施暴是为了儿童好。

这段历史被浓缩在“放下棍子，宠坏孩子”（spare the rod, spoil the child）这句残忍的格言中。试想一下，在这个故事中，孩子唯一获得平静的时间是她长眠于地下的时候。言下之意是，只有当孩子认输或放弃她的意志时，只有当她停止与她必须服从的人（她的母亲、上帝）斗争时，只有当她愿意服从时，她才能得到片刻安宁。

成为愿意服从的人可以避免不愿服从的代价。那种没有 *68*
出现在这个故事中的心甘情愿的女孩是愿意服从的，也就是说，她甘愿没有自己的意志。心甘情愿的女孩没有出现，但这个故事是讲给她听的：这个故事警告我们不服从会带来怎样的后果。在格林童话的原文中，这个孩子没有被赋予性别；在英文译本中，故事人物有时候被翻译为“他”，尽管小孩子通常是用“她”来指代的。我常常会以此为论据：任性就这样被指派给了女孩，因为女孩不应有自己的意志。当然，男孩的行为也可能会被判定为任性。值得注意的是，《牛津英语词典》将任性（willfulness）一词的“褒义的意志坚强”这个义项描述为过时的、不常用到的。而任性的贬义却是根深蒂固的。因此，任性更具有女性主义而非男权主义的色彩。

也许男孩更可能被描述为意志坚强的，女孩则更可能被描述为任性的，因为人们鼓励男孩取得自己的意志。另一个任性的女孩可能有助于我们理解此种指派的性别特质，她就是麦琪·塔利弗。麦琪出现在乔治·艾略特（[1860]1965）的《弗洛斯河上的磨坊》中，当我在不幸福和任性的历史中旅行时，她一直是我的同行者之一。正如我在《任性的主体》（Ahmed 2014）的“导言”中表明的，我开始研究任性的问题的原因是我非常震惊，麦琪的意志竟然被解释为她烦恼的原因。我们可以换句话说：麦琪的烦恼似乎是她自找的，这与说她在这件事上有任何选择完全是两码事。

当女孩行使自己的意志，她们就会被判定为是任性的。小说对比了麦琪和她的哥哥汤姆；小说并没有表示麦琪任性而汤姆不任性，而是表明，尽管他们的行为方式通常都可能被称为是任性的，但汤姆却逃脱了这些评判的后果。“汤姆从不做与麦琪一样的傻事，他对什么对他有利或不利有一种奇妙而独特的辨别力；因此，尽管他比麦琪更任性、更固执，但他的母亲几乎从没说过他淘气”（Eliot [1860]1965, 59）。叙述者在这里描述汤姆比麦琪还要任性或固执，但却没有受这种评判之苦。汤姆可以“逍遥法外”，而麦琪却不行。性别成了一个后果问题。对男孩女孩来说，做同样的事，却有不同的后果等着他们。

我们从中明白：承受某种评判的代价可能取决于你是谁，而不是你做了什么。麦琪已经被指定为了一个问题儿童（一个不
69 愿意服从的女孩），所以，一旦出了什么事，她就会被认定为幕后主使。“塔利弗夫人的做法是，她指责汤姆的时候，会把他的不端行为想方设法转嫁给麦琪。”（114）任性这一评判就是这样落在某些人身上的：搜寻谁是问题的幕后推手的行为会创造出一个形象，即问题的幕后推手；你会抓住藏在幕后的人，只是因为你期望在那里找到她。任性落在了那些它已然落在的人的身上。

如果说是麦琪的意志将她带上了歧途，那么也正是意志为麦琪提供了一个解决方案。小说里的一个关键时刻是，麦琪读了一本关于放弃意志的基督教书籍，有所启悟。解决她的烦恼

的办法是放弃她的意志，这意味着麦琪不再把自己当作事物的中心："她突然意识到，她年轻时的所有痛苦都源自把心聚焦于自己的快乐上，好像那是宇宙的中心需求。"（306）麦琪断定，她的痛苦与她自己的倾向有关；她任性的意志是一种不大好的、自我中心的（wanting）[i] 意志。她心甘情愿放弃了自己的意志，以此来放弃自己想要的东西。

从父母的角度看来，他们的女儿已经变得很好了，因为她顺从了他们的意愿。"她的母亲感受到了她的变化，对麦琪'成长得这么好'感到疑惑；这个曾经'爱唱反调'孩子变得如此顺从，在坚持己见这件事儿上连连退却，真是让人惊讶。"（309）请注意，变好意味着不再唱反调；它意味着纠正自己的行为方式，不再让自己的意愿与他人的意愿相对立。母亲会爱这个女儿，只要她肯待在背景里，默默支持这个家庭。"母亲越来越喜欢她那高大的棕皮肤女孩，女儿是现在家里唯一能让她寄放自己的焦虑和骄傲的'家具'了。"（309）当你把某人当作家具，你就是把他放在了背景中。要退入背景，需要放弃别人的意志以外的意志，或者学会去愿望别人之所愿。放弃可被认作意志的工作：你必须努力退却，或努力成为背景的一部分。甘愿服从就是甘愿退却。也许这样的女性气质成了一种自愿的解决办法。如果女性气质成了一个意志的问题，那么女性气质就得通过意志得到解决。女孩必须甘愿放弃她们的意志。

麦琪当然没能解决她的问题；甚至变得愿意服从也被评判

---

i　在本章中，作者解释了社会惯于将女性主义者的意志评判为"任性的"意志，这种倾向中包含着怎样的意识形态企图。作者多次用"wanting"一词修饰任性的意志，她在不同语境下使用该词时侧重的含义略有不同，故下文拟根据具体语境给出多种译法，如"不大好的"、"自我中心的"、"充满欲求的"、"野心勃勃的"等。——译注

为任性的症状（她太过乐意以至于没法乐意），她朝着她不幸福的命运飞奔而去。对女孩来说，任性的结局就是不幸或死亡。
70 还有一则关于一个任性的女孩简（Jane）的故事，这个故事告诉我们，任性为何总被用来描述某些类型而非另一些类型的女孩。如此一来，任性成了对女孩的警告：别成为那种女孩。让我们从简本人开始讲起。“简是个任性的女孩。她不会高高兴兴地服从那些她有责任服从的人，而总是想方设法尽可能多地、经常地按自己的方式行事。”（Trowbride 1855, 16）注意，这里的顺从是与好心情联系在一起的：愿意就意味着高兴地顺从。她是开心地愿意，或愿意且乐在其中。不能高高兴兴地顺从的女孩是那种坚持按自己方式行事的女孩。

这个任性女孩的故事借用了古老的语汇。究竟发生了什么事？老师告诉学校的女孩们，不要去果园。老师下这道命令是因为果园里的苹果已经成熟了，她知道女孩们会忍不住去吃苹果。简没有听老师的话：她吃了苹果。她想要它们；她拥有了它们。从偷吃禁果开始，简的故事成了编织任性女人故事的线索：它把我们带回了《创世记》，那个万物起始的故事，带回了夏娃的任性放荡——这是她堕落的根源。女性的任性在这里不仅与不顺从有关，而且与欲望有关：她欲望的力量成了她意志的弱点。在任性的历史中，女性被认为是匮乏而充满欲求的（wanting）。

这个故事让我们对那些被诊断为任性的女孩有了另一重理解。当简“决心”去果园吃苹果时，她通过批判不公正来宣告她的意图。“她宣称，老师不允许他们在那里玩耍是非常不公正的。”（17）我们可以注意到，在这个故事中，宣称这是不公正的成了孩子任性的又一证据。麦琪也是如此，当她谈及不公正的时候，大家觉得她很任性。她说出了她大家庭中的不公正——他们对她父亲失去锯木厂这件事缺乏同情心；她被描述为是放肆而不知感恩的（Eliot[1860] 1965, 229）。说出不公正现象成了任性的又一症候；人们将你的声音听成是任性的，视之为任性的言论，置若罔闻。

最后，简的朋友露西试图劝简放弃她的行动计划，但她的“顽固的意志”带着她朝那个方向走去，仿佛她的意志已经获得了自己的意志。她被她的意志带去了错误的地方。任性在这里变成了意志力薄弱的表现：无力阻止自己做错事。那么简后来怎么样了？当老师意识到简不听话时，没有归罪于她一个人，而是把一班孩子都当成了犯错者。她给他们上了一课，告诉他们谁有管理大家的权力。“在这个教室里，应该由谁的意志说了算？”紧接着，“我从你们脸上的表情看出，你们不希望被任何一个课上学生的意志牵着鼻子走”（Trowbridge 1855, 19）。话说到这儿，老师才开始谈到其中一个孩子任性的不服从。通过把简的 71
任性理解为对他们的普遍意志的妨碍，其他孩子与老师达成了一致。任性变成了这样：某一个体在误入歧途时妨碍了他人的幸福。而在简看来，道德课则是一种变得乐意的愿望。“她也决定，她将努力不再任性。”（20）怀着坚定不移的决心，简认定了一种意愿，即从她自己的个性中消除任性的因子。

简的故事是一个几乎为人所遗忘，但听来却如此熟悉的故事。我从中听到了一些东西：任性是如何被用来评判一个正在成为女性主义者的女孩的。只要她的意志被定义成集体或一般意志的对立面，她的意志就会成为一种任性的意志。人们认为她自己的意志妨碍了集体意志的实现。人们认定，任性的意志将会支配别人的意志。换句话说，她的任性被解释为一种权力的意志，就好像对某件事的抗议恰恰遮掩了她对那件事的渴望似的。当她指出不公正的事情，在人们耳中，她的话只是变相地把自己的意志强加于人。抗议不公正的话成了一块幕帘，在它背后潜藏着一个意志：一个野心勃勃、另有所图的（wanting）意志。

任性的女性主义者

当我们成为女性主义者，任性这个词就同我们如影随形。通过从民间传说和文学作品中选取的三个任性女孩的不幸福命运，我们已然理解了个中缘由。任性指心怀一种野心勃勃的（wanting）意志。言下之意，将女性主义者评判为任性的女性，意在否定女性主义，因为女性主义是潜藏意志——一个野心勃勃的意志——的幕帘。

任性这个词暗示，做女性主义者的问题就在于女性主义者的存在本身。意志的满盈就意味着思想的虚空：仿佛谈论不公正、谈论权力、谈论不平等只是另一种企图得逞的方式。那些碍手碍脚的人常常被评判为得寸进尺。这便将批判和反对通通诊断成了自私自利（有太强的主体性，太过分）。难怪这个任性的女孩的形象，这个正在成为女性主义者的女孩，这个通过为不公正发声来掩盖她自己对权力的渴望或意志的女孩，会给人留下如此强烈的印象。

她确实令我印象深刻。我带着这种印象生活。我拾起这个任性女孩的形象，把她写进文本，因为我曾经就是她。我也曾被叫作任性的孩子。流汗的不仅有概念，还有形象；这些形象成了容器，用来盛装那些困难的，甚至糟糕透顶的东西。一个

词便能唤起一个形象，因为这个词携着一段历史。那个词，我 72
记得那是种什么感觉。我记得它如何作为一种指责，刺耳地落在自己身上。我知道人们如何使用这个词，它曾经被用来对付我。词语可以是工具。词语可以是武器。

我父亲在施暴时经常说我任性。我是家里三姐妹中唯一被父亲家暴过的人；我被单独挑出来，经历这种暴力。如今我发现，我很难将这种暴力与我成为女性主义者的记忆分开。有一次，他用我的尺子打我。尺子上有一些洞：你可以比着它在纸上描出不同的形状；正方形、圆形、三角形。然而，这些形状印在了我的皮肤上；正方形、圆形、三角形。我记得那种感觉，暴力为我的童年标记了特定的形状。我们随身携带着这些发生在我们身体上的历史。

我想，这种具身的历史就是我自己的任性史。它也挑战了“陌生人危险”的话语，这一话语假定，暴力是来自家庭之外的。当然，我们仍然可以用陌生人危险来重述这个故事，将它视为穆斯林父亲的暴力故事。在这里，这个故事变得复杂了：就像有色人种女性主义者那样复杂。当我谈到我们遭遇的暴力时，我们知道，这种暴力很快就会被种族化；我们知道种族歧视将会把这种暴力解释为文化表现，种族主义与宗教因素在这个解释中缠结在了一起。然后，暴力将再次被认定为源于外来者。某些暴力形式变成了文化现象，而其他一些暴力形式仍然是有关个体的，是个人习性：这种区分里的某些便出于种族歧视。在第七章，我将回到种族歧视问题，这一点在对我自己故事的潜在重构中至关重要。我们必须接着讲述这些暴力的故事，因为这种暴力会迅速地被掩盖、被复制。我们必须始终小心谨慎地讲述这些故事。讲述是有风险的：它们一旦失去控制，就很容易成为另一种形式的打击。

在某种程度上，任性是一种为施暴者的暴力辩护的机制。我之所以在这里提到这个——父亲或丈夫在理应安全的家中对女孩和女人施暴的寻常经历（正因这再寻常不过，所以我们必须提到它）——是因为我自己的父亲在打人时总是会说话。他总是问一些带有责罚意味的问题：你想要的东西为什么这么多？你为什么从不知满足？你为什么不能在学校表现得好一点？换句话说，
73 任性的评判是一种在暴力中为暴力辩护的技巧。你是在为你的主体性、为你的存在本身而受罚。你可能会被这个评判击败。

于是：你本身就成了别人对你施暴的原因。不过，我确实想出了该怎么办，找到了自己的方法来阻止它。当他向我走来时，我会开始大声尖叫。我一尖叫，他就会马上停下来。为什么这会管用呢？[i] 人们常常不承认自己的行为是暴力的；我们深知这一点。毕竟，打一个任性的女孩已经被证明是合理的规训和道德指导：这都是为了她自己好。而通过尖叫，我宣告了父亲的暴力。我使之变得清晰可闻。我也从中明白：成为一名女性主义者就是要让人听到，女性主义的尖叫是为了让人听到；尖叫是为了将暴力变得可见；女性主义就是夺得一种发声权。

任性：夺取一种发声权就是拒绝挨打。记忆中，我被人们说成任性的人，这事在学校和家庭生活中都有发生。记得有一次，我和老师发生了矛盾（一个有关语法的观点）。我明白了，老师有“right”（权利）掌握什么是“right”（正确），第一

i　当然，这种策略不是对每个人都有效。有时，你的尖叫声正是别人想要的。

个“right”（权利）的存在意味着，即使第二个“right”（正确）是错误的，老师依然是正确的。我明白了权利的错谬之处。我因为不尊重老师的权威而被送进了校长办公室。我经常被关在那间办公室里：我想，这大概是许多任性孩子的命运。我发现，奇怪的是，我的痛点竟然是语法。这些经历也许给我上了一堂关于意志的语法的课。

还有一次，在一堂体育课上（我多么讨厌体育课啊!），我们中的一些人因为捣乱而惹上了麻烦。我不太记得我们是怎么捣乱、为什么捣乱的，尽管我知道我以前的确总想着逃避运动。但老师没有只惩罚捣乱的人，而是惩罚了我们所有人（简的故事让我想起了这段经历）。我们都被送到了图书馆，写一篇关于体育的文章。比起运动场，我更喜欢图书馆，于是我很开心地写了一篇关于骑马的文章。我对这篇文章颇为用心，并以此为傲。但在文章中我写了一段话，阐述了我认为因某些人的错误而惩罚所有人是不对的。我的老师读到了这一段。她不能理解为什么我会在完成一个任务的同时抗议这个任务。再一次：我回到了校长办公室。这些经历令人疲惫：你渐渐明白，你如何因为指出一个错误而被评判为犯了错的人。你成了一个扫兴的人（spoilsport）。这不仅指我们破坏了他们的体育运动（sport）。被说成是任性的，这解释了我们为什么会搞砸一桩事情。人们认定，我们早晚会毁了自己，也会毁掉别人的东西。被宠坏的（spoiled）孩子的故事常常会表达这种认定；就好像我们之所以
固执己见，是因为有人默许、纵容我们这样做。事实上，正是 74
因为在别人眼里，我们固执己见，我们才没法得到宠爱；事实上，这带给我们的是棍棒、规则和惩罚。

任性的历史就是暴力的历史。经受暴力可能会让我们感觉事情是错误的，而当我们感觉事情是错误的时，我们又会招来暴力的惩罚。因此，一部女性主义的历史也是一部不服从的历史，一部我们因感觉事情是错误的而冒着身受暴力之险的历史。这部历史似乎浓缩于这样一组形象之中：从夏娃到安提戈涅。这些形象不是这部历史的全部，但她们自有一部历史，一部女性主义的历史，那些在规则面前依然充满生命力的女性的历史。

如果女性主义者是任性的女性，那么女性主义就会被判为有太多意志或太多自我意志的人的产物。这一判断认定女性主义是有错的，但也从动机角度解释了女性主义：指出某事是错的，这个行为被理解为一种自我驱动的行为——你不过是想获得自己的所想所愿罢了。弗吉尼亚·伍尔夫（1920）写了一间属于自己的房间，一间我们必须为之奋斗的房间。我们可以认为，女性主义就是必须为获得属于自己的意志而奋斗。

当然，现在当我们听到“一个人自己的意志”这一表述时，可能会认为这是一句个体至上的断言。但在一个假定一些生命是他人的财产（为他人而存在）的世界中，“自己的”（own）这个说法也可以是反叛的：声称某物是某人自己的或有自己的意志就代表着，拒绝甘愿为他人劳动或提供服务。也许“心甘情愿的女人”意味着“甘愿为他人而存在”。当人们假定你为他人而存在时，不为他人存在就会被评判为自私自利。也许可以这样概括“任性”：不愿意为他人所有便是任性的。当你不愿意为他人所有时，人们就认为你只图一己私愿。这就是为什么任性的评判落在了某些人身上而没有落在其他人身上。只有对于某些人来说，坚持自我所属（ownness）意味着叛逆；只有某些自我成了错误的自我。记住麦琪和汤姆：当男孩固执己见时，他们正在成为他们自己，成为自己意味着得到支持，而不是必须给予别人支持。对某些人来说，坚持自我所属则是一种要求——不仅要拥有自己，而且是通过支配他者来拥有自己。

由此我们可以理解，为什么任性是一个如此有用的指控。这个指控将女性主义者变成了我们所造成（cause）的问题的肇因（cause）；几乎可以这样说，成为女性主义者就是通过使自己成为自己的目的（cause），从而给自己造成（cause）问题。[i] 主体性（作为一种有关自因的想象）成了我们必须放弃的东西。于是，出现了一种解决方案：不要让自己成为自己造成的问题的肇因，或不要让自己成为自己的目的，给自己造成问题。于是，还出现了另一种解决方案：将自己的目的等同于别人的目的，让别人的幸福成为自己的目的。扫兴鬼是一个不把别人的幸福当作自己目的的人。当她不愿意把别人的幸福视作她的目的，她就会造成 75
不幸福。我的扫兴鬼宣言就是建立在这些原则之上的。

在这里，有两种意义上的因果关系十分关键。当某种东西产生了某些影响，它就是一个原因；当某种东西被追求，它就是一个原因（目的）。我想，当任性成为女性主义者的性格诊断时，这两种意义上的原因都在发挥作用。一个女性主义者是由她自己的意志造成的（这样的意志是一种任性的意志，是一种有关我们如何开始、如何前行的动机上的错误），她把她自己的

---

i 此句中的“造成”、“肇因”、“目的”对应的原文均为“cause”一词，该词在本段集中出现，有三重含义，特在此辨析：一为动词“造成”，女性主义者造成问题；二为名词“原因”、“肇因”，即女性主义者的存在本身就是问题的肇因；三为名词“目的”，即女性主义者之所以被认为是任性的、成问题的，是因为她们将自我，而非他人，作为自我行为的目的，而这在其他人眼中是不应该的。——译注

意志当作她的目的（这样的意志是一种任性的意志，是一种有关我们决心到达何处的结果上的错误）。当女性主义者的意志被描述为一种任性的意志，女性主义者就会被诊断为以自我为起点或终点的人。她的任性或顽固意味着，她让世界围着自己转。

任性的诊断就是这样指派给女性主义者的：因为你的自我不愿意退却。背上这个诊断会付出很大的代价；我想我们十分清楚这一点。而从我们自己对这些代价的切身体验中，我们也了解到了权力的运作方式：权力不是简单地反对意志，而是经由意志来运作。你会变得愿意去避免任性的代价。在第二章中，我探讨了身体是如何被导向某些目的地的。我们当然也可以从意志的角度来重新思考这个过程。有人会说："你是愿意吃敬酒还是吃罚酒呢?"我们可以从这句话中听出一个意志指令：如果你不愿意，我们就会强迫你。哪怕你横竖都不乐意，被迫去做某事也肯定比心甘情愿去做更加糟糕。当你通过自愿去做某事来避免受强迫时，自愿本身就是强迫的结果。一旦你自愿去做人们强迫你做的事，你背负的压力就会减少。变得心甘情愿能让你如释重负。拒绝变得心甘情愿则需要承受越来越大的压力（人们竭力迫使你做你不愿做的事）。而为了拒绝变得心甘情愿，任性可能是必要的。

这样的意志成了一种道德技术。我们可以回到格林童话。那个故事警告女孩，拥有自己的意志是危险的。事实上，我们可以注意到，这个故事的诊断既是医学上的，也是道德上的：变得甘愿服从，是为了避免生病。任性成为损害孩子的健康或幸福的东西。如果女性主义鼓励女孩们拥有自己的意志，那么女性主义就成了不利于健康和幸福的东西。女性主义变成了一种诊断：它阻止或防止女孩放弃自己的意志，或者说，它允许女孩拥有欲望，这导致女孩因欲望而变得焦躁不安。在这里，变得心甘情愿是指：接受自己的命运，接受作为宿命的心甘情愿。作为一种活动形式的女性主义成了致病的肇因。只消一个诊断，
我们就被弄成了病人。如此多的女性主义者生活在心智健全与 76
疯狂的边界。女性主义者为了不放弃自己的意志和欲望，付出了高昂的代价。因此，女性主义的历史与一部病症诊断史、一部疯癫史或一部关于疯狂的历史密不可分。[i]鼓动着人们这样做的不仅有女性主义者，还有许多在鼓动的过程中越过了理智与疯狂之边界的人（这种越界招致了禁闭和死亡）。许多女性主义者成了沙伊达·卡菲（Shayda Kafai 2013）敏锐指出的“疯狂边界的身体”（mad border bodies），这些身体在穿越时空的过程中，暴露了理智与疯狂之边界的不稳定性。

在这里我想谈谈我的另一个伙伴文本。夏洛特·珀金斯·吉尔曼（Charlotte Perkins Gilman）的《黄色墙纸》（*The Yellow Wallpaper*, [1892]1997）。我们可以将《黄色墙纸》解读为对那篇格林童话的女性主义改写。吉尔曼本人被诊断出患有神经衰弱

---

i 应该在此说明，女性主义文学批评中有一个传统，即把疯狂作为女性反叛的主要隐喻。伊丽莎白·J. 唐纳森（Elizabeth J. Donaldson 2011, 94）非常有说服力地指出，这样的隐喻是有问题的，不仅因为它将精神疾病浪漫化，而且因为它抹去了精神疾病作为一种生活经验的意义。利萨·梅里·约翰逊（Lisa Merri Johnson）也探讨了酷儿理论中“急于求助隐喻”的现象（例如对切割隐喻的使用），她呼吁“酷儿理论家承认，身体健全/思想健全的特权是他们在解释以疾病和残疾为标志的文本时的一个潜在的扭曲因素”（2014, n. p.）。这部重要的著作令我获益良多，我认识到，在我对夏洛特·珀金斯·吉尔曼的《黄色墙纸》的简要解读中也存在这种急于求助隐喻的危险。我还认为，该文本为我们指出了女性主义者的精神疾病史（不仅仅是作为精神疾病的女性主义），这在被称作“女性主义残障研究”的相关著作中得到了探究，我从中受益不少。见兰普（Lamp）和科利（Cleigh）关于吉尔曼作品中的残障歧视的讨论，以及她如何逐渐开始“理解她的残疾源于社会构建”的相关论述（Lamp and Cleigh 2011, 184）。

症，这是一种神经性疾病，自此，大家认为她身陷产后抑郁症。治疗神经衰弱症的方法是休息；这是为了减少刺激。疗愈这种精神状况的方法与对中产阶级和上层阶级女性的女性气质要求十分相似：活动会构成干扰，思想会引发躁动，生活本身就无休止地背离着恢复和保持健康这一任务。《黄色墙纸》讲述了一个无名女人的故事，她的丈夫是一名医生，她的治疗方案是休息。从一开始，她就在训练那种休息的能力，人们认为她就是应该休息：她“被严令禁止‘工作’”。她反驳说：“就个人而言，我不同意他们的想法。就个人而言，有刺激和变化的工作对我有好处。”（1）的确，在言语间不断重复“就个人而言”，这很尖锐；直截了当地表明“就个人而言”，这是对这项医学诊断中的去个人性做法的反叛。

这个故事讲述了女性和女性主义的反叛是对限制的反叛，在围锁着女性气质的高墙中，这种反叛被激活了。她是一个作家；她为我们写下了这个故事；一个女性主义者的生命被诉诸笔端。甚至写作本身也是反叛，她必须偷偷摸摸地写作，否则“就会遭到强烈的反对”（2）。遭到反对的时候，活动就会变得更加费力。女性主义写作：在反抗中写作。

我们立即就会明白，女性主义本身是如何成为一种紧张状况的。女性主义太刺激人心了。这个故事也是一个关于墙纸的故事，任性的墙纸。起初，她一看到墙纸就觉得恶心。它简直令人作呕。它“太过分”（too much）了，令人无法接受；它淹没了她的感官。她能闻到黄色的味道。物体获得了混淆我们区分感官的方式的特质：颜色也有了气味；气味也有了颜色。这是一种威胁，事物拒绝尊重我们人类赋予它的精确划分。墙纸盯视着她。“在我看来，墙纸好像知道自己产生了多么残酷的影响。”（5）墙纸有自己的生命；它栩栩如生。当然，对医生来说，这种感知墙纸的方式是毫无意义的；不过是胡思乱想罢了。女性主义者意识到事物也有生命，然而这可能会被诊断为胡思乱想。当她感觉自己受到限制时，她就太过分了（too much）；她注意的事情太多了；她从盛装她的容器中溢出来了。 77

她太过分了。

她也太过分了。

她也是，全都是太过分了。

她被墙纸包围了，一个女人挣扎着要出去，另一个女人说：“纸面上的图案确实在动，没错！是后面的女人在摇晃它。”（12）图案移动是因为后面的女人在摇晃它。她成了它背后的女人。于是：她自己的生命、她被休息所限制的自由与墙纸的生命联系在了一起。她想把墙纸从墙上扯下来，通过冲破它的图案而挣脱出去。“‘我终于出来了，’我说，‘尽管有你和简。而且我已经扯下了大部分的墙纸，所以你不能再把我放回去了！’”（15）

在那篇格林童话中被叙述为死亡的东西，在这份女性主义的改写文本中变成了解放；在地下，在墙壁后面。她通过承担她被赋予的任务，通过使自己生病，通过用活动刺激自己的意志和欲望来逃脱。女性主义者的任性：当我们注意到墙纸的图案在变化，我们就会意识到其他女性的存在，她们的任性可能藏在摇晃的世界后面。如果像我在第二章中讨论的那样，我们可以逐渐熟悉往日的痛苦的幽灵，那么我们也可以被那些已被丢弃在一边的文字所激发；被那些对“放下手中的笔”这一指令的集体性拒绝所激发。我们可以把女性主义作家当作女性主义者的任性历史的一部分，拥抱她们。在下一节，我将探讨如何重拾（reclaim）任性——将其视作一种集体的能量源泉，一种被他人激发出生命力的方式——并探讨这种重拾为何要求我们在家庭领域之外敞开任性的激情。

重拾任性

任性被用来解释为何主体本身成了自身不幸福的肇因。也许，女性主义需要我们乐意做个任性的人。声称自己是任性的，或者把自己或自己的立场说成是任性的，就是在夺取对这个词的支配，在历史上，这个词被用作一种否定的技术。难怪，女性主义的历史中从不乏自称任性的女性。以 20 世纪初在格林威
78 治村运营的异端俱乐部（Heterodoxy Club）为例，这是一个由不循常规的女性组成的俱乐部。她们把自己描述为“一小批任性的妇女”（Schwarz 1986, 103）。异端指“与公认的信仰不一致的东西”。在这里，任性指愿意宣明你的不同意见，并全力支持它。女性主义者、酷儿和反种族歧视者的历史可被视为将诊断变成一种自我描述的行为的历史——这些人正自愿成为任性的人。

任性：一种自我描述的行为。艾丽斯·沃克（Alice Walker）这样描述“妇女主义者”（womanist）[i]：“一个黑人女性主义者或

---

i “妇女主义”（womanism）是黑人女性主义者艾丽斯·沃克提出的重要概念。20 世纪 60 年代美国的女性主义浪潮以白人中产阶级女性为主体，黑人女性长期遭受的压迫远未得到女性主义的充分关注。沃克认为，黑人女性争取男女平等的斗争必须与反对性别、种族和经济压迫的斗争紧密联系起来。因此，沃克在《寻找我们母亲的花园》（1983）中便提出用“妇女主义”一词代替此前的“女性主义”，并将其定义为“献身于实现所有的人——包括男人和女人——的生存和完满的主义”，以强调女性主义的多元性。值得注意的是，沃克提出了新的用词，但也并没有否定女性主义的一切理论探索。她认为，女性解（转下页）

有色人种女性主义者[……]通常有着反常、大胆、勇敢或任性的行为。她想知道更多、更深入的东西，而不是所谓的‘好’的东西[……]她为人可靠。很负责任。*严肃认真*。”(2005，xi，强调为引文原文所加)艾丽斯·沃克指出，任性这个词传达了做一个黑人女性主义者或有色人种女性主义者的全部意义。黑人女性主义者和有色人种女性主义者可能会因为她们反对的东西而获得某些品质。那些被斥为弱点或不成熟的行为不仅成了她们的力量，而且成了她们不甘心做附属品的标志。她很认真，她明白事情是怎么回事；她很负责任。

一个妇女主义者是一个任性的女人。宣称任性是妇女主义者的特质，这为任性的阴暗历史提供了另一种注解。正如詹姆斯·桑德斯(James Saunders)所指出的："之所以强调‘任性’，是因为长久以来，许多黑人女性不被认为拥有自己的自由意志。"(1988，n.p.)如果你压根儿不应该有自己的意志，那么任何意志都是任性的意志。当人们假定你没有自己的意志，那么任性的意志就正是你所需要的。而且：当一些人拒绝被支配时，任性这一评判便会随之而来。

在唤起妇女主义的关涉时，艾丽丝·沃克准确地识别出了黑人女性主义者或有色人种女性主义者的形象。作为一个非黑人的有色人种女性主义者，我一直在思考她的话，思考将有色人种女性主义者视作该传统的组成部分所产生的丰富影响。[i]我有

(接上页)放运动以来，许多批评家和社会活动家所提倡的“女性主义”并不是一件成衣，“妇女主义”也不是“女性主义”概念上的一个补丁。她这样解释两个词之间的关系：“妇女主义对于女性主义，就像紫色与熏衣草色(淡紫色)的关系一样。”——译注

i　我想强调，作为英国亚裔/有色人种的“非黑”(not black)的意义。此前我曾讨论过，在英国，黑色被用来表示所有不同的有色人种(见 Ahmed 2010, 2012)。有些人(转下页)

责任接过这些影响；我需要意识到，在我们的历史中，存在许多重要的差异。因为沃克也清楚地表明了，妇女主义尤其明显地出自黑人文化、语言和历史。*妇女主义者*这个词出自“黑人口语中母亲会对女孩说的话：‘你挺有女人味儿（womanish），你真像个女人’”（Walker 2005, xi）。在这里，做女人与做个小女孩或是女孩子气（girlish）的人不是一回事，后者是“轻浮的、不负责任的、不严肃的”（xi）。这个黑人的口语表达可以为那篇格林童话提供另一种解释。那篇格林童话中的女儿被认为是任性的，因为她不服从母亲的命令。这个女儿很可能被理解为不负责任的、愚蠢的。而在黑人的口语表达中，女儿的任性具有妇
79 女主义的意味，是负责任的、严肃的。在妇女主义里，“任性”这一表达不是用来描述女孩的不顺从，而是用来描述她何以成长为女人。

因此，任性的妇女主义为我们提供了关于任性女孩的故事的另一种理解。在那篇格林童话中，（从寓言提供的观点来看）任性的女孩是在孤身犯险（going out on her own limb）[i]；她把自

（接上页）把这种对黑色的使用称为“政治性黑色”（political blackness）。在欧洲语境下，这种用法发展起来是有原因的：*黑色*不仅是一种团结的表达，也被用来回应一种共同的抵达，即在所谓的去殖民化之后，从原殖民地抵达帝国中心（“我们在这里，是因为你们曾在那里”）。这种团结对于来自次大陆和加勒比地区的反种族主义活动家而言尤其重要。然而，这种有关“黑色”的说法在欧洲语境下变得越来越站不住脚了（尽管早几代的活动家和目前的活动家团体，如绍索尔黑人姐妹会[Southall Black Sisters]仍在使用这种说法）。我认为，这种转变的部分原因是有色人种社群，包括亚裔社群，对反黑人种族主义（antiblack racism）的认识日益加深。这也反映了欧洲种族景观的变化：欧洲国家的殖民化经历并没有像以前那样提供一个共同的基础。因此，*有色人种*（person of color）这个表述在欧洲被越来越多地采用（以前它被理解为一个美国式的说法），还有*棕色*这个词也越来越多地被用作种某一种族化状况的标志。

i 这句英文俗语的字面意思是“爬上树枝”，一般用引申义：做事冒风险。本段中，作者同时使用了该短语的引申义与字面义。——译注

己的任性转移到了手臂上，在死后仍要跟家里人分开，跟家里人对着干，她的手臂本身便成了这句俗语里面那根“孤零零的树枝”（a limb on its own）。母亲站在棍棒/上帝（rod/God）一边：她拿起棍子，不让女儿的手臂伸出来。如果我们站在任性的妇女主义者的立场上改写这个故事，母亲就会是和女儿站在同一边的。任性成了母女之间的连接组织（connecting tissue）；它是母亲在女儿们身上辨识出的一种生存方式或行为，“反常、大胆、勇敢或任性的行为”（Walker 2005, xi）。这种连接甚至会是不服从的来源。毕竟，正如克里斯蒂娜·夏普（Christina Sharpe）提醒我们的那样：“北美奴隶制下的黑人女性常常被迫与她们的孩子分开，孩子或被卖掉，或被送到种植园的其他女人那里，由他人照顾。”（2010, 18）当历史要求将人们分离开来（母亲与女儿，人与人）时，我们可能需要任性起来，拒绝或抵制这种分离。从这段历史中，我们读出，重拾任性不仅包含对暴力的抗议，还包含对回归的呼求：从家中被夺走的孩子的回归；被切断的手臂的回归。

当人们命令我们分离时，任性就意味着回归；任性不再是断裂（severance），而是不屈不挠的坚持（perseverance）。当手臂坚持不懈，当它不断举起，它维系了一种连接；我们可以把任性的妇女主义理解为这种连接的一种表现。无论如何，艾丽斯·沃克坚持认为，妇女主义者不是分离主义者（2005, xi）。她显然是在回应这样的指责：作为黑人女性主义者的妇女主义者把自己与黑人男性分离开来了。沃克在她的著作中坚持认为，指出黑人男性在家庭、社区中对黑人女性的暴力，这并不是分离主义；即使指出这一点可能会被视为分离主义，即使指出这种暴力仍然是危险而复杂的——鉴于针对黑人男性、女性的种族歧视依然存在。正是因为一个任性的妇女主义者是负责任的，所以无论性暴力和种族暴力在何时何地发生，她都担起了揭露暴力的责任；她揭露暴力是因为她关心人们的生存。如果她的出现对我们的集体生存必不可少，那么她就是集体生存的明证。

在格林童话中，任性的戏码似乎只发生在家庭之内。但其
80 他的权威来源同样被唤起了：医生、上帝。警察没出现在故事中，因为棍棒已经代表了警察。[i]正是这些其他的权威来源，开启了我们重拾任性的意义。如果把任性的妇女主义看成一种对格林童话中的任性女孩的改写，我们就会发现，有毒的教育学是怎样扎根于对人的统治和对儿童的支配中的。[ii]毕竟，我们知道，被奴役和殖民的人曾被视作无知儿童，对他们来说，纪律就是道德指令，他们不应该有自己的意志；他们必须愿意服从。

格林童话就在那里。

她就在那里；她就在那里。

她在那里。

教育无疑是殖民统治的关键技术之一。[iii]因此，那篇关于任性孩

---

i　我将在第八章“女性主义的断裂”中再度回到这个观点——作为棍棒的警察。

ii　我们也可以把对儿童的宰制描述为一种对人进行宰制的首要技术。正如伊莱·克莱尔（Eli Clare）所说：“还有什么比把谁是主宰、谁是从属的说教灌输进儿童的身体里，更能维持某种权力结构——具有白人性、父权制、资本主义、僵化的性别系统的权力结构”（[1999] 2015, 150）。

iii　2014 年，基于这些材料，我在埃德蒙顿的阿尔伯塔大学做了一次演讲。我提到，可以从一种殖民统治形式的角度去思考格林童话，童话故事中唤起的那个任性的孩子可以理解为被殖民者的象征。梅蒂族（Métis）的作家、活动家玛丽亚·坎贝尔（Maria Campbell）在我演讲完毕后站了起来。她告诉我们，她所在的寄宿学校的修女们也曾讲过那个女孩和她任性的手臂的故事，但她不知道故事出处。这个故事就在那里。她就在那里。（译按：梅蒂族是加拿大的一支原住民族群。19 世纪中叶，加拿大政府认为普通的日间学校无法完全使原住民儿童彻底摆脱其父母的影响，于是开始建立系统性的、管理更为严格的寄宿学校，以彻底断绝儿童与原住民文化的一切联系。）

子的格林童话其实在整个殖民帝国流传着。任性的孩子也是属下阶层（subaltern）的故事：她被当作从属阶级的一员。当她拒绝成为那个阶级的成员时，她就是不服从的。孩子应当甘愿服从父母的要求，在这里，这一要求被表述为服从殖民者（他取代了父母的位置）的要求：棍棒开始展现他的主权意志。任性的孩子作为针对整个属下阶层的早期警告系统发挥作用：不服从的后果警告了她；她的命运成为一个警告。而通过坚持，她把这个警告转换成了一种希望（promise）：她不愿意做从属者。正如加亚特里·斯皮瓦克（Gayatri Spivak 1988）的著名论点所示，属下阶层无法说话。我们或许可以补充：她只是没有通过民间传说和寓言所提供的档案直接同我们说话。也许，她的手臂会说话。但，即便如此，手臂也不能被理解为证词。假使我们听到了手臂的声音，那我们也是通过许许多多其他手臂听到的。手臂：一个幽灵、一种威胁、一道痕迹。

如果她坚持己见，她便是任性的。她的手臂就会伸出来。当一段压迫的历史尚未结束时，手臂就会伸出来。手臂证明了，在它所属的身体死亡之后，任性仍会存在。这就是为什么，当我们将任性理解为黑人女性主义者和有色人种女性主义者留下的遗产时，任性便获得了不同的价值。我们不得不遭受的暴力不仅有基于性别的暴力或也许会发生在家里的暴力，尽管它包括了这些形式的暴力。我们遭受的暴力是奴役的暴力、殖民的暴力、帝国的暴力。它要求我们放弃亲属、文化、记忆、语言和土地。我们在拒绝放弃的过程中重拾任性；在拒绝忘记那些断裂的过程中重拾任性——而在殖民者表现和叙述中，那些断裂意味着他们将光明传播到了地球的黑暗角落；手臂的不屈不挠体现了我们的拒绝。

81 我们必须将这种拒绝具象化。暴力的历史依然存在。在今天的英国，人们仍然通过调用任性儿童的形象，来管理（过去的）被殖民者的棕皮肤、黑皮肤的孩子。这个形象的作用是为暴力辩护：主权意志的施行就是消除任性。例如，2011年夏天的那场所谓的骚乱[i]发生时，任性的孩子们立即出现了；那场骚乱实际是针对警察谋杀手无寸铁的黑人马克·达根（Mark Duggan）——这一谋杀行为后来被判合法——的抗议活动。我会在第六章再次谈到手无寸铁的含义。请注意：在政治家和主流媒体的解释中，抗议活动是管教孩子失败的后果，是没有使用棍棒的后果。[ii]“放下棍子，宠坏孩子”这句野蛮的格言变成了“放下棍子，毁了国家”。棍棒作为一个怀旧的对象、一个失落的对象重新出现：人们之前太快放弃了它，现在必须让它重新发挥作用；要用它来矫正不听话的孩子，以使国家机构更加紧密一致，固若金汤。

任性的孩子从何而来，又在何时出现？我们必须从这个问题中汲取经验。她一出现，棍棒就随之而来。她告诉了我们，若我们拒绝放弃，会有什么后果。她告诉了我们，当我们不断出现时，当我们抗议棍棒的暴力时，当我们质疑为何一些人被打，就好像打人是一种权利时，我们会成为什么：黑人的身体，棕皮肤的身体。有些人必须任性起来，才能在历史中幸存。我们

i 指2011年8月6日始于英国首都伦敦的一系列社会骚乱事件。事件导火索是，2011年8月4日，在伦敦北部的托特纳姆，一名29岁的黑人男性平民马克·达根被伦敦警察厅的警务人员枪杀，民众抗议警察暴行。——译注

ii 人们在对所谓的骚乱作出回应时会使用“任性的孩子”这一形象，对这一点的较充分讨论，见我的《任性的主体》（Ahmed 2014）第三章“一般意志”。

无法“不”从那里开始，那里，也就是说，这里。我们必须任性地坚持这段历史还在；它没有消失；它仍在延续。在第六章中，我将谈到我们为何需要任性，以坚持认为有些东西尚未结束。在此，我们可以说，听：在这个残酷的故事中，那条不听话的手臂在同我们说话。她正试图同我们说话。她有话要对我们说。让我们听听她在说什么。

一部关于意志的历史是一部试图消除人们身上的任性的历史——当然，这里的人们是那些被当作不同阶层、不同种族的人。鉴于此，我们也许得从那些消除任性的企图中将其抢救出来。任性不仅是一种会招致惩罚的判断；它本身便是一种惩罚。任性也可以是对惩罚的抗议；没错，它既是惩罚，也是抗议，抗议和惩罚的意义都包含在这个词之中。任性是一种指控（charge）[i]，不仅是负担和谴责意义上的指控，也是重担和职责意义上的指控：它意味着我们如何携带着一些东西前进。当我们遭受任性的指控时，我们可以接受并调动这种指控。由此任性成了艾丽丝·沃克意义上的指控：我们虽身受指控，却当仁不让（being in charge）。接受指控并不意味着同意它，而意味着甘愿承担。

指控可以是你接收到的能量。在第二章中，我已经提到了
人群的势头。让我们进一步思考在人群中走错路的经历。每个 82
人似乎都在走与你相反的路。无须别人推搡你，你就能感觉到人群的集体势头将你推来推去。为了继续前进，你必须比任何

---

i　此处作者实际上利用了“charge”的多义性（指控、责任、电荷等），来阐明“任性”这一判断对于承受者的多重意义，它是一种指控，而甘于、敢于身担此指控，则是任性者所肩负的一项责任、是反叛能量（电荷）的来源。——译注。

一个走对路的人都更用力。走错路的身体妨碍了人群的势头获具的意志。对一些身体来说，仅仅是坚持、“坚定地继续下去”就需要付出极大的努力，这种努力在别人看来可能是执拗或顽固的，是在坚持逆流而行。你不得不变得执着，以逆流而上。而正因你坚持，你被判定为逆流而行。

任性：一种生活悖论。你可能别无选择，不得不成为别人所评判的那样。你可能不得不成为别人评判的那样，以求在铺天盖地的评判中生存下去。评判的结果要求我们履行这一评判。不随波逐流可能需要能量和努力。因此，我们可以区分作为个性诊断的任性（行动背后的肇因）和作为诊断之结果的任性（完成行动所需的力量）。[i]有时，你只有先站稳才能站起来。有时，你只有先变得顽固才能坚持下去。

当我们不愿意随波逐流，当我们愿意造成阻碍，任性就会成为一种政治风格。然而，这不是一个孤独的人与川流不息的社会交通作斗争的故事。不：这不是那样一个故事。如果我们坚持是我们所是，做我们正在做的事，那么孤独可能是我们会面临的威胁。我们会失去一些事和人，我们绝不能被这一威胁所吓倒。重拾任性意味着通过“愿意走错路”这一行为产生出一个我们。艾丽斯·沃克（2005, xi）强调，妇女主义也关乎女性之间的连接，那些从对方身上辨识出任性立场的人之间的爱的连接。爱的连接是活生生的连接，电流般的连接。（任性的）指控可能是你在接近那些受到同样指控的人时收到的东西。但这种接近仍是你为之奋斗的目标；你反对分离。换句话说，指控

---

i　也就是说，你只因为坚持己见，就被评判为是任性的，但在这样的评判中，你为了继续坚持己见，不得不真的变得任性起来。——译注

本身便可能是一种连接：一种与受到相似指控的人相连接的方式。语言可以引导我们：如果任性是一股电流，那么它可以穿过我们每个人，使我们彼此连通。任性是一束火花，点燃我们。

我们可以被它照亮。于是：我们示威；我们罢工。示威和罢工只有在有足够多的身体参与时才会起作用。你的目的是阻止一些东西——经济的运转，人们前去工作，交通的流动。在成为障碍的过程中，身体阻止了一些本在流动的东西。只有当足够多的人聚集在一起，才可能形成障碍；要对抗一个势头，你 83
只能造就另一个与之相反的势头。

也许我们也会愿意阻止一场对话的流动。这就是为什么，女性主义扫兴鬼是任性的主体：一旦我们开口说话，一段对话之流便停滞了。我们也可能会阻止一股女性主义的对话流。这也是为什么，若要重拾任性这一女性主义的遗产，需要以黑人和有色人种女性的经验为中心。因为，人们往往认为我们的声音阻止了一段流动着的女性主义的对话。正如奥德雷·洛德描述的那样，“当有色人种女性说出我们与白人女性的接触中的诸多愤怒时，我们经常被告知，我们在‘制造一种无助的情绪’，‘阻挠白人女性摆脱过往的内疚’，或者我们‘阻碍了互信的交流和行动’”（1984a, 131）。说出对种族歧视的愤怒就会被视为挡了别人的路，阻碍了交流，阻止了所谓的推动和解的进程。正如我将在第七章详细讨论的那样，我们不得不任性地在女性主义内部说出种族歧视。

我们可能必须成为任性的人才能继续前进，才能继续挺身而出。寻常之处需要任性：我们生活的地方；我们工作的地方。任性也是家庭作业。在这本书中，我分享了一些任性的例子，即仅仅是为了成为某个人或做成某件事我们就需要任性（特别是在第五章和第九章中）。有时：为了成为某个人或做成某件事，你正与某些东西作斗争。然而，重要的是，不要把任性简化为对抗。在任性周围，存在一个词族（顽固、执拗、蔑视、粗鲁、莽撞），它创造了一个相似性的结构（我们觉得我们知道她是什么样子的）。词汇的亲缘关系也解释了任性多么容易与个人主义相混淆，并被简化为个人主义。我们需要抵制这种还原论。任性的主体正是被这种还原论所否定的。

然而，否定也可以是一个机会。正因为任性被认定是扎眼的、如此引人注目的，所以，低调地变得不扎眼也成了一种潜在的任性行为。她可能在密谋。她可能明白，在别人眼中，自己倾向于呈现出什么样子（无论她说了什么，无论她做了什么）。她可能会抵制一种不属于她自己的倾向。她可能不会参与“微笑罢工”，或者，她可能会为了罢工而保持微笑。她可能会假装乐意，以表任性。我将在第四章再次讨论任性的传递的问题。

事实上，我们在此应该注意到，尽管任性意味着有太多的意志，但我们在没有意愿、不情愿的时候也常常被称为任性之人。如果女性主义者的意志是野心勃勃的意志，那么女性主义的意志也是不情愿的意志。当我们不情愿参与性别歧视的
84 文化时，我们就是任性的。当我们不情愿参与种族歧视的文化时，我们就是任性的。当我们不愿意去适应时，我们就是适应无能的。也许任性将诊断变成了一种呼吁：别去适应一个不公正的世界！与其他重拾负面词汇的政治行为一样，重拾任性不一定要建立在一种情感转换之上，即把负面词汇转换成正面词汇。恰恰相反，宣称“任性”不仅意味着我们听到了此指控的消极

性，还意味着我们坚持这种消极性：毕竟，这指控是促使我们接近那些暴力的场景的原因。在心甘情愿地接受“任性”的指控时，我们就会接近那些暴力的场景；我们必须这样做。

结论：一支女性主义军队

手臂：它出现在一个暴力的故事里。格林童话中那条引人注目的手臂：它死后复生了。手臂是死后的生命。在残酷的结局之前，手臂在悬置（suspension）的时刻举了起来。尽管这个故事的内核有些病态，但这只手臂却成了希望的象征；悬置时刻的手臂仍在向上举起。即使在这个任性的孩子被打倒之后，一些东西、一些火花、一些能量仍然存在。手臂为这种坚持提供了血肉。手臂必须突破地面，向上伸展，伸出坟墓，伸出墓穴，伸出那场葬礼。任性是被打倒时的坚持。我们必须靠近那只手臂，去触摸那个火花，感受它脆弱的生命脉搏。我们在悬置的时刻抓住了那只手臂。

单纯的坚持可以是一种不服从的行为。然后：你必须坚持不顺从。于是：你的存在本身就是一种不顺从。

孩子并非因为不服从所以任性，而是为了不服从所以必须变得任性。为了坚持她的不服从，孩子变成了自己的手臂。也许，并不是手臂从孩子那里继承了任性。也许是孩子从她的手臂那里承袭了任性。她的手臂：一种任性的生成。她声称，她自己便如同这只手臂一般。难怪这篇格林童话中的手臂显得那么孤独。这就是这个作为意识形态的故事最有力的运作方式：它暗示，若不顺从就必将孤立无援。我们可以任性地将这个故事视为一种恳求：加入手臂的行列，联合起来，展示我们的手臂。我们集结了一支女性主义的军队[i]来回应这一恳求。一支由手臂组成的女性主义军队将洋溢着共同的生命和活力。女性主义的手臂不会伸出它们的手支持旧有的家庭或社会秩序。相反，我们会支持那些不支持再生产该秩序的人。不断出现的手臂可
85 能不愿意做家务，不愿为他维护他的房子，为他腾出思考的时间。当女人拒绝做帮手，当我们拒绝为他打扫卫生，跟随在他身后，当我们拒绝做他的秘书、保守他的秘密的人、他的得力助手，我们就成了任性的主体。

我们会理解，为什么在她所有肢体中手臂十分重要。手臂是使你能够伸展、携带、握持、去完成一些任务的身体部位。历史上，手臂被认定为劳动的肢体，甚至劳动者的肢体。手臂理应愿意劳动。当然，这不是指所有的手臂。阿利·霍克希尔德描述了“工厂男孩的手臂像生产墙纸的机器一样发挥作用。他的雇主将这只手臂视为一种工具，要求控制其速度和动作。在这种情形下，男孩的手臂和他的思想之间是什么关系？他的手臂在任何意义上是他自己的手臂吗？”（[1983]2003, 7，强调为引文原文所加）。当劳动者的手臂成为创造财富的工具时，劳动者就失去了他们的手臂。成为他的手臂就是失去你自己的手臂。工厂主不仅获得了劳动者的手臂，他自己的手臂也得到了解放。我们还可以听出另一层意义，即手臂在罢工。罢工就是握紧拳头，不再任凭使唤。当工人拒绝让自己的手臂成为主人的工具时，他们就会罢工。在世界范围内，紧握的拳头仍然是劳工运动的一个革命标志。格林童话中的手臂同样属于这段历史：

---

i　此处作者利用手臂（arm）与军队（army）两个词的近似性玩了一个文字游戏，这也是一个在本书反复出现的文字游戏。——译注

手臂是革命的肢体；是对未来的希求，是对几乎静止但尚未结束的历史提出的希求。

一个女性主义者不会把她的手给别人使唤；她也会握紧她的拳头。代表女性的标志中的紧握的拳头是妇女解放运动的一个关键形象。紧握的拳头是对代表女性的标志的抗议（通过内含于这个代表女性的标志来发出抗议），也是对女性主义之手作为抗议之手的再诠释。在不会帮助女人去成为助手的意义上，女性主义之手不是帮助之手。当一只手握成女性主义的拳头时，它会在一场运动中贡献自身的力量。

手臂还提醒了我们，劳动、谁为谁工作是一个女性主义问题。劳动包括再生产的劳动：其中有繁衍生命的劳动，还有为他人的生产生存条件的劳动。黑人和有色人种女性；工人阶级女性；移民女性；在工厂、田间、家中工作的女性；照顾自己孩子和其他孩子的女性；这些女性已经成了其他女性的手臂，解放了后者的时间和精力。任何不辜负以女性主义之名作出的承诺的女性主义，都不会通过雇佣其他女性，来使某些女性摆脱工具化的命运。女性主义需要拒绝这种劳动分工，拒绝通过雇佣他人的肢体来解放另一些人的时间和精力。如果时间和精力的解放取决于他人的劳动，那么我们仅仅是把自己的疲惫转 86
嫁给了他人而已。我们可以回顾一下贝尔·胡克斯是如何批判贝蒂·弗里丹（Betty Friedan）为家庭主妇的幸福及“无名问题”提出的解决办法的。胡克斯指出：“她没有讨论如果更多像她一样的女性从家务劳动中解放了出来，获得了与白人男子平等的就业机会，那么谁会被召来照顾孩子、维系家庭。”（2000，1-2）

当从劳动中解放出来的前提是别人的劳动时，别人就为你

的自由付出了代价。这不是自由。一支女性主义军队通过从一些女性的手臂上夺取生命和活力来赋予另一些女性的手臂以生命和活力，这是在再生产不平等和不公正。这不是自由。要使女性主义成为对手臂的召唤，我们就必须拒绝让手臂变成死劳动。我们必须拒绝支持从工人的肢体中吸食血液、活力和生命 87
的制度。我们需要在召唤手臂时听到手臂的声音。号召也是一种悲鸣，是对悲伤和难过的热烈表达。前文提到，任性可能不仅是对暴力的抗议，而且是对回归的呼求：孩子的回归，她的手臂的回归。我们能够开始理解，我们究竟需要什么：需要回归，也需要某种认识——认识到人们从身体和手臂上窃取了生命和活力。这是一种偿还要求。

因此，对手臂的呼吁（call）是一种回顾（recall）。我们可以回顾一下索杰纳·特鲁斯（Sojourner Truth）对妇女参政论者发表的演讲，她不得不坚持自己作为一个黑人女性和前奴隶的身份："难道我不是一个女人吗？"她说。"看看我，"她说，"瞧瞧我的手臂。"据说，索杰纳·特鲁斯在她那场坚定的演讲中"将她的右臂直至肩膀的部分袒露出来，展示她强大的肌肉力量"（引自 Zackodnick 2011, 99）。在《妇女、种族和阶级》（*Women, Race and Class*）一书中，安杰拉·戴维斯（Angela Davis）表明，特鲁斯展示的手臂挑战了那些反对妇女参政的人所使用的"弱势性别"论点。这些论点是建立在那些关于脆弱（flimsy）身体的站不住脚的（flimsy）证据之上的："妇女渴望获得投票权是可笑的，因为没有男人的帮助，她们甚至不能跨过水坑或坐上马车。"（Davis 1983, 61）正如其他人所记录的那样，索杰纳·特鲁斯在演讲中回顾了她自己的劳动史："我耕作、种植、把粮食收到谷仓，没有一个男人能走在我前头［……］我生了13个孩子，眼睁睁看着他们大部分都被贩卖为奴。”（99）她手臂上的肌肉是对历史的继承；奴隶制的历史表现在手臂的力量上，耕作、种植、生孩子所需的手臂，到头来却属于主人。

奴隶的手臂属于主人，奴隶本身也同样如此，他们是不该有自己意志的人。记住：如果你被视为不该有自己意志的人，那么你的任何意志都是任性的。[i] 当然，我们不能简单地把这里唤起的手臂当作特鲁斯的手臂。这只被唤起的手臂并不提供自己的陈词。是弗朗西斯·达纳·巴克·盖奇（Frances Dana Barker Gage），一位著名的白人女性主义者、改革者和废奴主义者，是她为我们提供了关于特鲁斯这场演讲及其“军队证词”的著名描述。这一记述本身就是一种引证：我们只有通过他人的证词才可能接触到索杰纳·特鲁斯的演讲；更确切地说，只有通过白人女性的证词。[ii] 我们从中明白了，要谨慎对待我们为历史上的手臂的劳动和言论作证的能力：我们可能只有以其他肢体为媒介，才能听到手臂的呼唤。这种媒介并不意味着我们无法听到真理。帕特里夏·希尔·柯林斯（Patricia Hill Collins）在她对特鲁斯演讲的描述中指出，这种不可及的情况是一种“限制”。“尽

i 奴隶既是人又是财产；是他人意志的财产，但却拥有自己的意志。在谈到被俘虏的女性时，塞迪亚·V. 哈特曼（Saidiya V. Hartman）观察到如下悖论：她（女奴）必须既“没什么主见，又总能情愿”（1997, 81）。哈特曼将“对被俘者意志的否定”描述为“对主人的任性服从”（81，强调为引文原文所加）。任性地服从指奴隶们愿意去扩展主人的意志。“在主奴关系中，据称具有约束力的热情是以奴隶无法行使她的意志为前提的，除了为她的主人服务，她的热情无处可施。”（84）另见斯皮尔斯（Spillers）关于奴隶的身体与“其动机意志”割裂的重要讨论（1987, 67）。

ii 例如，玛丽亚·萨克德尼克（Maria Zackodnick 2011, 99）指出，对这一事件的其他描述并没有提到特鲁斯袒露手臂。

管存在这种限制，但据说在那次演讲中，特鲁斯对 19 世纪中
期提出的女性一词的定义进行了精辟的分析。”（2000, 12）由此，
柯林斯将特鲁斯的演讲视为一个智力劳动的例子：特鲁斯通过 88
揭露她自己作为非裔美国女性的具体经历与“女性”一词的应有
之义间存在的鸿沟，解构了“女性”这一类别（12-13）。

在不同的手中，手臂可以成为解构的肢体或交叉点。手臂可以体现这一点：我们为何无法跻身某一类别。手臂可能代表着一种坚持，即我们如何坚持跻身某个人们认为我们不够格的类别。手臂可以使一个类别陷入危机。当手臂拒绝工作时，它们就会罢工；当它们拒绝参与自身的从属关系时，它们就会罢工。难怪，我们如果要理解那些奋起反抗压迫的历史，就必须关注手臂。手臂：它们会不断地举起来。[i] 任性：一些人如何运用由自身的从属地位所锻造的肢体，奋起反抗。而且：正是那些不得不坚持做女人的女人，那些不得不任性地坚持成为女性主义运动的一分子的女人，那些有时会展示自己的手臂的女人，为女性主义革命带来了最大的希望。

那些建造房子的手臂就是将会推倒房子的手臂。

i　我将在最后一章的结论中回到作为一种身体交叉点的手臂的象征意义。

第二部分

多元化工作

PART II

DIVERSITY WORK

在本书的第一部分，我探讨了我自己成为女性主义者的一 89
些经历。我一直在思考，我们如何通过过一种女性主义的生活
来生产女性主义理论。生活可以是我们的工作。我们在生活中
工作。过一种女性主义的生活，也就是在工作中做个女性主义
者。于是，在本书的这一部分，我会转向女性主义工作的问题。
大学是我自己的职业生涯“大本营”：我做了大约十年的学生，
二十多年的学者。我所处的位置形塑了我的认知。因此，大学
是这一部分内容里的许多（但不是全部）例子的发生背景。然而，
我希望我的这些论述也能与大学之外的工作环境产生关联。我
们大多数承担着了女性主义责任感（commitments）的人，都在
没有这种责任感的组织中工作。我们常常因为某些未竟的事业，
才担起了这份要做些什么的责任。在工作中，当一个女性主义
者往往意味着要努力改变雇用我们的组织。这个显见的真相带
来了一些很说明问题的结果。我在试图挑战权力时所经历的困 90
难让我了解到了权力的运作方式。

因而，在这一部分，我将探讨自己在试图改变大学的时候所做的一些努力。大学经常用多元化和平等的语言来描述其使命。但嘴上说说并不能直接转化为多元化或平等环境的创设。我们亲历了这种“不转化”（not translation）：这是象征性的承诺和生活现实之间的鸿沟。甚至，这承诺之所以被作出，恰恰是因为它们带不来所承诺的东西。事实上，平等和多元化可以用作一个面具，创造出一种“一切正在转变”的表象。

我们需要挑战这种表象。我调用了我作为一个有色人种女性学者的经历来提出这一挑战。我的灵感来自钱德拉·塔尔帕德·莫汉蒂（Chandra Talpade Mohanty 2003）、M. 雅基·亚历山大（M. Jacqui Alexander 2005）和海迪·米尔扎（Heidi Mirza 2015），学院内部将多元化用作一种建立有色人种和黑人女性主义者的反制度知识（counterinstitutional knowledge）的方式，她们对此提出了强有力的批评。我还受到了古铁雷斯·穆赫斯等人编著的《假定的无能者：学界女性的种族与阶级交织的困境》（*Presumed Incompetent: The Intersections of Race and Class for Women in Academia*, Gutiérrez y Muhs et al. 2012）这一重要论文集的启发，书中的有色人种女性学生和教师对她们的学院经历的回顾让我们对学院的运作有了新的认识。我们需要分享我们进入学院、在学院前进的故事；我们如何进入、退出，如何往前走，如何陷入困境。

这一部分的所有章节都使用了我在 2003—2006 年收集的关于高等教育中的多元化工作的资料。我在《论被接纳：制度化生活中的种族主义和多元化》（*On Being Included: Racism and Diversity in Institutional Life*, Ahmed 2012）中首次介绍了这些资

料。在该项目中，我采访了受雇于大学、负责撰写和传播种族
平等和多元化政策的从业人员。我还参与了可以简称为“多元
化世界”的活动，参加了旨在或计划为整个公共部门从事多元
化工作的人员举办的集会和研讨会。这是我第一次做定性研究，
此前我一直在与文本打交道（不仅是文学和电影文本，还有政
策文件）。[i] 在回顾这个项目（以及这本书）时，我曾经觉得它是
我职业生涯和研究轨迹中的一个特别的阶段，甚至是对我通常
做的工作的一种背离或偏移。在写《过一种女性主义的生活》时，
我意识到这种思考方式并不完全正确。虽然这个项目是我第一
次正式进行采访，虽然我是在这本书里第一次引用自己收集的
资料为例，但我意识到，其实自进入大学以来，我就一直在收
集学校里有关多元化和平等的故事。我想说的是，有色人种女 91
性本身就已经是大学里的民族志学者了；没错，我们既身在其中，
也在旁观着这里，而这往往是因为别人认为我们不属于，也不
安身于这个我们已达到的地方。我们的许多集体幽默来自对大
学里的“土著”的观察，即观察那些白人异性恋学者的特有习惯。

无论我们是否这么认为，我们都正做着我所说的多元化工作。我是在两个相互关联的意义上使用多元化工作这一短语的：首先，多元化工作是我们在试图改造一个机构时所做的工作；其次，多元化工作是我们在不太适应某个机构的规范时所做的工作。[ii] 我将在这一部分依次阐述多元化工作的这两重意义，

i 关于我最终是如何开始进行这个项目的更详细的讨论，见《论被接纳：制度化生活中的种族主义和多元化》（Ahmed 2012）的导论部分。

ii 《论被接纳》一书的结论部分简要介绍过这两种意义上的多元化工作。我将通过讨论这两种意义并思考它们如何相遇，来发展这些论点。

从而展示改造诸如大学等组织的努力与日常存在的关系。有时，努力是为了改变一种存在（第四章）。有时，存在本身便成为一种努力（第五章）。在第六章，我思考了从改造存在的努力中，或说从为了存在而付出的努力中，我们对世界有了哪些了解。我展示了多元化工作者是如何碰上砖墙的，并追问这些墙教我们认识到了哪些关于权力之物质性的东西。我把砖墙描述为“历史的固化”（the hardening of history），描述为权力的建筑材料。

我想在这一部分说明，多元化工作何以是女性主义理论：在努力改变机构规范的过程中，或在努力置身于一个不接纳我们的世界之时，我们了解了权力的技术。

第四章

尝试转变

Trying to Transform

在本章中，我探讨了第一重意义上的多元化工作：当我们试图改变一个机构时所做的工作；或者更具体地说，当我们试图向那些历史上被排除在外的人打开机构大门时所做的工作。我在论述中使用了我与那些受雇于大学的多元化官员的访谈和非正式谈话，以及我自己作为多元化和种族平等委员会委员的一些经历。在本章中，我的核心关切之一是实践：正是通过改变机构的努力，我们产生了关于机构的知识。

作为一个学者，作为一个从事多元化工作的人，我似乎采用了作为学者的我的想法来帮助自己做多元化工作——也就是说，学院给了我理论，然后我作为一个从业者实施这些理论。但事实并非如此。如果两者真有什么关系的话，那么情况可能是相反的：我对机构的运作方式的理论性理解是经由我的工作实践、经由我听其他从业者谈论他们的工作而形成的。当我们试图干预权力的再生产时，我们不得不用不同的方式思考，我们不得不急中生智。我怀疑这是一种学术幻觉（甚至可能是一

种学术自负）：我们的本职是做理论，因为我们能够从立即行动的要求中抽身而出；沉思的时间被默认为是外在于行动的。有
94 一种学术倾向认为战略出自人们停下脚步时的思考。而我从那些多元化工作的从业者那里了解到，战略不仅可以是行动中的思考，也可以是通过行动磨砺出来的思考。

当我们必须进行战略性思考时，我们也必须接受，自己会在行动上成为理论的"同谋"：放弃任何纯洁的幻想；放弃置身事外的安全。如果我们并不外在于所研究的问题，那么我们也就是所研究的问题本身。多元化工作是混乱甚至肮脏的工作。多元化工作也会产生"流汗的概念"，这些概念出自改造机构的努力，而这些机构往往并不像它们表面看上去那样支持这种改造。

让系统运转

被任命为多元化工作人员，或者被赋予促进多元化和平等的职责，就是被置于与机构的倾斜的（oblique）[i] 关系中。你是被一个机构任命来改造这个机构的。在这个意义上，任命标志着一个机构愿意被改造。然而，正如我从自己的经历以及与从业人员的交谈中了解到的事情所表明的那样，有人被任命去改造一个机构，并不一定意味着这个机构愿意被改造。

我开始对多元化和高等教育做定性研究时，正值一项新

i "oblique"本义为倾斜的，作者在书中不同语境下多次使用该词，意在表达形式与本质、社会与个体、行动与思想等对应概念之间的偏差、张力关系。此处的"倾斜"意为：在很多机构的多元化改革中，任命多元化工作人员并非是想从根本上做出改变，多元化工作者往往只是被用作一个政治正确的符号，他们依然是外在于机构 / 制度的。因此，任命多元化工作者这一行为的原本初衷（实现多元化与公平）与实际结果构成了一种"倾斜的"关系。正如下文所说，多元化工作者的出现，恰恰成了机构不去真正实现多元化的挡箭牌。——译注

的平等立法出台，即《种族关系修正案》(Race Relations Act, 2000)。据该修正案，英国所有公共组织皆应配备并传播种族平等政策。随着这一修订立法，高等教育领域任命了许多新的从事多元化工作的人。这些任命不仅是为了让组织能够遵守法律（且为了遵守法律而做某些事与情愿去做这些事往往相去甚远），也是为了让组织内部有人负责遵守法律。多元化工作体现为负责多元化的工作人员的存在本身：只要机构雇了人来做这项工作，就意味着他们做了这项工作。这就是为什么，“一个机构愿意任命人员（来改造机构）”与“一个机构愿意被（其所任命之人）改造”是两回事。一个任命甚至可能是一种表象：授权一些人去做多元化工作就能让一个机构看上去愿意被改造。

我们从我们接到任命的这一情况中明白了一些事情。我大部分采访的开头都是工作人员分享他们接到任命的故事。这是
一位工作人员的故事：“我是三年半前来［这所大学］的，他们 95
任命这样一个人的原因，我想，是为了遵守《种族关系修正案》［……］你来到了这样一个位置，一个人们压根儿不知道会通向何方的位置。你有点束手无策，没人帮助你、支持你。这份工作没有支持机制，而且你懂的，也许你的作用只是待在那儿，因为如果你不在，大学就没法说它有在处理立法问题。”一个任命可能意味着，你并没有得到机构的支持，你好像“只是待在那儿”就足够了。

许多工作人员把他们的任务描述为将多元化融入或嵌入组织的寻常工作或日常事务。换句话说，他们想让自己所做的事情变得普遍化，让整个组织都这样做。另一位工作人员解释说：“我的职能是将公平和多元化嵌入这所大学的惯例。我的意思是，

最理想的状况是，大学不再需要设置我这个岗位了。但我怀疑在短期内这不会发生，所以我不想这么做了，反正，我也没有员工或资金来做这件事。”多元化工作人员之所以有饭碗可端，正是因为多元和平等还不是机构的惯例。你的任务是消除你的存在之必要性，但你的存在对这项任务来说却恰是必要的。

在把多元嵌入一个机构的时候，我们得把这个机构当成一个有形的实体：让多元进入事务的“组织流”。做好多元化工作需要拓展自己的信息传播手段；对于相关工作人员来说，多元化工作往往关乎发展多样的沟通策略（communication strategies）。我们甚至可以说，多元化工作者就是联络员。当然，所有机构性的工作都涉及逐步重新完善系统，以将信息传递给机构的雇员。但是，当你的任务是把那些不太受组织重视的信息传递出去时，传递信息的技术就会更加重要。多元化工作因此成了这样的工作：让信息的通路更加多样，从而使信息更可能到达正确的目的地。一位工作人员如此描述她的沟通策略：“我有一个指向不同人群的信息流通圈，如果一条路走不通，就走另一条。使用两三种不同的信息流通池的策略后，它最终一定会到达目的地。”被堵上的路越多，你需要的路就越多。现在，我们开始明白了，多元化工作和第二章对被引导的讨论之间存在关联。某条道路被清理得畅通无阻，这不仅是为了身体的流动，
96 也是为了信息的流动。哪条通路得到维系、被清理得干干净净，挑战了这一事实的安排就正是会遭到阻挡的信息。

做多元化工作就是做不怎么受到支持的工作。另一位工作人员描述了这项工作是多么需要坚持：“你需要坚持，我认为这就是你需要做的，正因为不是每个人都对公平和多元的问题感

兴趣，所以我认为它更需要出现在人们的面前——好吧，不是直接出现在他们面前，但肯定要与其他考量因素平等地列在一起，这样它就会始终在那儿，最终人们就能不假思索地想到它，它就会成为考量问题的要素之一。”多元化工作的目的是让人们不假思索地考虑到平等和多元的问题。多元化工作者必须坚持不懈，因为这种考量尚且不是不假思索的。由于制度性阻力的存在，我们不得不坚持。坚持成了这一岗位的要求。

即便你是接到任命去带来某种改变，你也会遇到抵抗改变的阻力。在我的采访中，很多受访者将机构称为一堵“砖墙”。一位工作人员非常**有力地**描述道：“很多时候，这是一份用头撞墙的工作。”多元化工作的职位描述就是活脱脱的对墙的描述。做多元化工作的感觉是面对着一个无法推动的东西；一个坚实有形的东西。虽然工作人员是在机构任命之下去改造这个机构的，但她却感觉这个机构就是一堵墙，在阻碍着她的努力。或许并不是尽管她被任命了，但她的努力仍遭到阻挡，而是她的努力恰恰遭到了这一任命的阻挡。那么请注意：机构本身成了你要对抗的力量。官方希望将多元制度化，但这并不意味着机构从此变得开放了；事实上，机构表现得越开放，这堵墙可能会变得越明显，越来越成为一个无法撼动的标志。

当事情不顺利时，当你的目标没有实现时，你必须弄清楚这是怎么回事。你必须找出是什么机制阻碍了对系统的改造，使系统运行无阻。你必须查清事情卡在了哪里。我们可以将多元化工作人员描述为机构的管道工：他们发展出一种专长，即弄清事情如何是卡住的，在哪里卡住了。多元化工作者建立起了一套不同的对机构的认识：他们在实践中了解到了机构允许什

97

一份职位描述

么发生而不允许什么发生的运行机制。正如一位工作人员描述的："有一些潜藏的、无法言明的影响成了阻挠的动因，甚至把对话扼杀在了摇篮中。"正是在系统运行之时，多元化工作机械 97
呆板的那一面得到了最明确的揭示。换句话说，当改造该系统的尝试遭到阻拦时，该系统就正在顺利运行。

策略性工作

多元化工作可能会令人沮丧，因为这份工作会一再遇到那些既推不动也不愿意动的东西。因此，多元化工作总是意味着尝试；它不仅需要努力，而且往往还变得越来越与这种推动改变的努力相关。多元化工作者通常可以在组织内找到能够一起努力的人，他们可以发展出一种势头，甚至发展出一种反势头（countermomentum），也就是说，一种对抗多元化工作者所称的"制度性惰性"（institutional inertia）的势头。

当我们说尝试（trying）时，我们指的也许只是试着做某事；为某事而努力或完成某事。但是，当某件事情令人厌烦或十分棘手、使人的耐心或好意不堪承受时，我们也可以称其为恼人的（trying）。我会在第八章谈论耐心的问题。我们有时说"尝试"是为了把付出的努力和结果分开，或者，是为了珍视那些并无结果的努力（"至少她试过了"）。我认为"trying"一词 98
的所有这些含义都抓住了多元化工作的意义。正是实现某种改变的努力意味着你会遇到特定的困难：多元化工作往往就是这些困难的经历。你必须继续尝试努力，因为它尚未奏效。

多元化工作者开始意识到他们工作中的阻力。在努力克服阻力的过程中，他们会发展出策略。于是，多元化工作者可能会因为这种阻力而“尝试”不同的论证风格或方法（有关多元化的商业案例、社会正义案例，等等）、不同的词汇，甚至不同的着装风格。许多多元化工作者都具备一种批判意识，即对组织来说，大部分多元化工作并不意味着结构性的转变：多元化往往是一种重新安排事物的技术，为的是使组织看上去更好或更让人满意。一位工作人员指出：“所以现在我们会谈论多元，这意味着，每个人都是不同的，但人人又是平等的，这一切都好得让人想要拥抱，在我们还远远没有解决问题的时候，我们也可以感觉很好，感觉我们已经解决了问题。”多元化是一种重组一系列事物，却不会真正扰乱它们的方式。这就是为什么我们可以谈论心目中那幅多元的景象，而且每个人都知道你指的是什么。

对于多元化工作者来说，词汇成了工具；你可以用词汇行事。这意味着，一些策略的目的可能是不造成太大的扰乱。用词的选择取决于其效用：你会使用有用的词语，使用传播力最强的词语，或者方便你传递信息的词语。许多相关工作者对我说过，某些词因过度使用而变得令人厌倦。你越是使用这些词，事情就会越不顺利。你越是使用这些词，它们的作用似乎就越小。正如一位工作者指出的：

> 我认为这个词［公平］（equity）已经变成一个令人厌倦的词了，因为它被用滥了，[i] 我认为［……］我不知道［……］因为我们的标题是公平和社会正义，有一天有人对我说：“哦，人们感到一

i 诸如公平之类的词，即使已经令人厌倦，但也依然可能是棘手的。例如，马林达·史密斯（Malinda Smith，2010）讨论了白人女性主义者的公平仅被用于指代性别公平。感谢马林达·史密斯重要的批评著作。

> 种公平疲劳（equality fatigue）。公平这个词真烦透了。”［……］哦，好吧，这些年我们已经经历了机会平等、反歧视运动——他们已经厌烦了所谓的公平——那现在我们该怎么称呼自己呢？！他们烦透了这个词，因为我们必须一再说出这个词，可这又恰是因为他们没做到公平［笑］。

对旧术语感到厌倦甚至恶心，这是某种制度性的不情愿（institutional reluctance）：你必须重复这些术语，因为他们没有做到这些，而正是因为他们没有做到这些，你又必须重复这些术语。公平疲劳这一说法的含义是，在使用不那么令人厌倦的
词语时，工作人员者本身可能会更有能量，或者被认为更有活 99
力：“这些术语已经令人厌倦了，我认为大家可能会觉得，‘如果一件事变得令人厌倦了，那么似乎你（多元化工作者）也早已对此感到厌倦了’。”因而一个策略是重启（rebooting），即创造更多的能量，或避免变得筋疲力尽。希望在于：你在重启多元化工作者的同时，也重启了系统。

仅仅通过无视那些受命去作出改变的人的意见，你就能阻挡机构转型的努力。他们不听你的，是因为他们已经料到了你会说什么。我们可以将多元化工作者描述为机构中的扫兴鬼。正如这位工作者描述的那样：“你知道，在这些工作中你会经历这样的情况——正当你要说些什么的时候，你就能看到人们说，‘哦，她又来了’。”我俩会心一笑，意识到我们彼此都想到了那一幕。那一幕是如此熟悉：我甚至可以看到别人翻白眼的样子。在第一章，我介绍了这个等式：

翻白眼 = 女性主义教育学。

值得分享的一点是，当我倾听多元化工作者的经历并琢磨他们的话时，我开始把这个等式变成文字了。我反思后觉得很有意思的是，别人可能会用文字将你所经历的事情表达出来。一个扫兴鬼：她经常会从别人那里借用她要说的话。所以，没错，我们都意识到了，这场景对我们彼此来说都似曾相识。这种熟悉感部分来自我自己在女性研究领域的经历——作为书桌上的女性主义者的经历，但也部分来自第一章中描述的、我自己在家庭餐桌上做女性主义扫兴鬼的经历。正如我当时指出的，一个女性主义者，无论她怎么说话，通常都会被视为争论的引发者。又一顿晚餐被毁了。在各种机构里也一样，大家围着桌子坐在一起。围聚在一起时，有些人会比其他人感到更自在。多元化工作者甚至还没开口，就已经被视作对话空间的障碍了：因为她不断地揭露问题，所以她也造成了问题。又一场会议被毁了。

人们看待你的方式（作为一个问题，作为一个造成问题的人）可以是阻碍你传递信息的原因。换句话说，你被认定成了障碍点，这样一来，你甚至都会觉得，是你在阻碍自己传递信息。那该怎么做呢？多元化工作者的策略可以是努力改变她在组织其他人心目中的形象。多元化工作变成了一种形象管理的方式：多元化工作者必须管理她在他人面前的形象。听听这位工作者的话吧："两年半前，也就是我开始工作的时候，这个办公室是性别平等办公室。他们做了一些很好的工作。我当然无
100 意以任何方式贬低或诋毁我的前任，但说实在的，我认为这个工作已经有点陈旧过时了，它实际上已经开始疏离于大学的业务，并在其中被边缘化了。"

过时的语言与疏离有关，这并不令人惊讶；平等工作变得与大学的核心业务疏离了。多元化这个词可能更有吸引力，因为它与那些重述大学本身正在做的事情的语言更合拍。多元化甚至可以被描述为一种合拍的形式。旧的办公室既过时又不合拍；工作者的任务是扭转这种边缘化的局面。因此，这位工作者与之前的平等办公室的工作脱离了干系，由此宣称自己在大学里找到了家的感觉（或可以过得更自在了）："你知道，有人对我说过，他们自认为是平等办公室里的极端女权主义者（feminazis），所以他们面临相当大的阻力，人们不会接纳他们。除了边缘人，他们什么都不是。大体来说，平等办公室没有以一种真正好的方式去与大学这个社群建立联系。"在这次访谈中，令我感到震惊的一点是，为了给另一种工作（"极端女权主义"）创造空间，他们愿意重复"女性主义和平等工作相当暴力"这一刻板印象。[i] 毫无疑问，这种重复中存在对这样一种判断的认同：某些类型的女性主义和平等工作无法起作用，因为它们过于极端了。那些策略与其说挑战了这种看法，不如说是在试着培养一种不同的形象。如果人们认为那些做女性主义和平等工作的人就是这样的，那么你就必须通过创造一个新的形象，来改变这种想法。为了在这个世界中前行，那些试图改变世界的人需要改变自己。

多元化官员不用一种成问题的语言讲话，也不讲一种指出问题的语言，只有这样，他们才能留住自己在桌上的一席之地。

---

i 这里所说的"另一种工作"实际上仍是换汤不换药的、过去平等办公室所做的工作。在人们的刻板印象中，这种工作是极端女权主义的，因此，现在的多元化工作者为了树立一种新形象，减轻工作阻力，有意（甚至假意）重复、肯定这种刻板印象，以撇清多元化工作者与这种刻板印象的关系，表示他们是更包容的、与大多数人"站在一起"的人，从而"明修栈道，暗度陈仓"。——译注

因此，有些工作者的目标很明确，即避免我在第一部分描述过的问题：他们试图通过不说出问题来避免成为问题。当然，他们试图以不那么成问题的语言或更积极的术语来重新定义多元化工作和机构工作间的关系。正如这位工作者所描述的：“我一开始就说‘我是来改变你们的价值观的’，我想这并不是一种有效的发展合作性的工作关系的办法。”从平等的语言到多元化的语言的转变，从对抗性的工作模式到合作性的工作模式的转变，这两种转变是相互关联的。使用多元化的语言是一种规避对抗的方式。但是，我们在规避对抗的同时还规避了什么呢？

然而，我必须指出，对机构及其核心价值观的认同可能只
101 是一种印象。印象可以是策略性的。这位工作者还将自己描述为“反霸权工作者”（counterhegemonic worker）。因此，她重新定义平等办公室和机构之间的关系，是为了创造一种与之合作或和谐一致的幻象，以便更有效地反对机构的规范和价值观。事实上，她的目的是创造一种认同的印象：而创造这种印象本身实则一种不认同的方式。多元化与机构的一致性只在外在层面得到了维持。回到第三章提出的术语：她可能会为了做任性之事而表现得乐于服从。

因此，一些多元化工作者的目标是最大限度地让自己离“机构的扫兴鬼”这个形象远一点。我与某个平等部门的两名成员交谈，他们随意聊起了刚开始干这份新工作时的微笑。该部门的主任说：“我们来到这里做的第一件事就是开心地笑，穿上漂亮的衣服，对任何事情都表示同意。”微笑成了一种策略；微笑就是显得乐意而不是任性，显得高兴而不是不悦，做朋友而不是敌人，让彼此熟悉而不是疏远。我在第二章中提到了阿

莉·霍克希尔德关于微笑如何成为服务行业中的一种情感劳动形式的论述。她思考了对于空姐来说，微笑是如何成为“她工作的一部分”的，工作者是如何由此变得与自己的微笑相疏离的（Hochschild[1983] 2003, 8）。对于多元化工作者来说，微笑可能不具备这样的交换价值：她不需要为了让顾客开心而微笑。但是微笑却成了一种策略，这是因为，拜她的工作种类所赐，工作者被组织所疏离。她面带微笑是为了管理人们对多元的看法。她当然会因为这种微笑的要求而感到疏离，但是她感觉，为了抵消人们对多元化工作者的敌意或不友好的看法，微笑十分必要。

也许多元这个词就是一个微笑（见 Swan 2010a）。因此，对于一些多元化作者来说，多元这个词具有一种实际的吸引力：如果这是一个不那么具有威胁性的词，那么它就可以成为一种突破人们防线的方式。正如另一位工作者所描述的：“我认为这真的很困难，你如果使用一个不为人所接受的术语就什么都做不了。在某种程度上，你如果要尝试和他们一起工作，那么就需要使用一个不会让人感到威胁的术语。”多元取代了其他那些更令人难以接受、感到威胁的术语。另一位工作者解释说，她使用多元是因为“它不是个可怕的词”。我认为多元这个词得以流通，部分原因是它程度轻（does less）：那些传播广的词往往程度更轻（例如多元），而那些难以传播的词往往程度更重（例如种族歧视）。讽刺的是，选择程度轻的词成了一种策略，我们几 102
乎可以这样说，少做一点（doing less）已经是我们能承受的最大重量了。[i]

i　此处作者巧妙利用了“do less”的多义性，来说明多元化工作者的处境和策略。“do less”既指词语的语气程度更轻、更容易被接受，也指多元化工作者能做的实在是太少了。——译注当我们使用的词让我们忽略了我们使用这些词的原因，会发生什么？一些工作者不使用多元这个词，正是因为它是一个更积极的词："多元掩盖了问题。[……] 它可能——多元就像一个闪亮的大红苹果，对吗？它看起来很美好，但如果你真的切开那个苹果，就会发现里面的核已经腐烂了，而你知道实际上整个苹果都正在腐烂，而且这并没有得到真正的解决。一切看起来都很好，但不平等现象并没有得到解决。"

这位工作者的话让我想起了贝蒂·弗里丹（1965）对快乐主妇形象的批判，她满脸的笑容掩盖了一种传染病。我们可以想想那种创造闪亮表面的劳动；我们可以想想这些闪亮的表面掩盖了什么。多元也是一种制度性的抛光的形式：当这种劳动奏效时，形象便是闪亮的。这种劳动消除了劳动本身的痕迹。如果表面是闪亮的，那么内部的很多东西就不会得到反映，就像第一章讨论的幸福家庭一样。通过打造闪闪发光的表面，组织映射出了自己的良好形象。多元化成了一项技术，它让机构看上去是幸福美满的，从而将不平等的问题搁置在了一边。对于一些工作者来说，多元这个积极的词能有效地将人们聚到桌边；而对于另一些工作者来说，这种积极性是成问题的，因为它反倒掩盖了"你希望人们聚到桌边"背后的原因。一些工作者参与了这种抛光的劳动，另一些则试图玷污这个光彩形象。我想把这里的关键区别描述为策略上的区别：也就是说，它们是不同的试图疏通阻碍的办法。

将东西传递出去

策略是多元化工作者为了消除系统中的阻碍而想出来的。

我从自己做多元化工作者以及与多元化工作者的交谈中了解到，你为疏通一个系统而引入的东西是如何被用来重新闭锁这个系统的。这就是为什么从我们自己的具体工作出发进行理论研究很重要：我们需要弄明白，我们引入的东西究竟怎么了。我认为这个过程有点像：你把东西抛出去，然后见证你抛出去的东西会怎么样。这种见证能让你发展和完善自己的理解。这个过程可能并不总是那么精确。也许抛东西的方式就会让你陷入困惑。换句话说，我们的思维方式，甚至我们的思考对象都可能会因为那些并非由被抛出的东西所带来的改变而改变。

某项策略可能完全是徒劳无益的，我们从这一点中明白： 103
机构可能会命名或肯定一些东西，通过这种方式不把这些东西付诸实施。作为多元化工作者，我们也可能会去推进一些事情（一项新的政策、一份新的文件），而这些事情可以为机构提供更多的技术手段，使之看上去仿佛做了一些事情而非毫无作为。这是很困难的：机构可以用我们自己为改造机构所做的努力来证明，他们已经被改造了。

这是我第一次经历这种机制：当时我是一个工作小组的成员，该小组成立于 2001 年，负责编订我们大学的种族平等政策。在编订该政策时，大学正好任命了一位新的副校长。他安排了几次与学校成员的会议，在会上发表了正式演讲。在其中一次会议上，副校长拿着一封信，提到了我们编订的种族平等政策，当时我很惊讶。他带着些许夸张的微笑，在我们面前挥舞这封信（在某种程度上，这种姿势的身体意涵十分重要），大谈这封信的内容，这是一封贺信（或者说他是这么认为的），信中通告，我们这所大学的种族平等政策的等级被评为最高等级。“我们在种族平等方面干得不错。”他指着信说。这是一个感觉良好的时刻，但我们这些撰写文件的人的感觉却并不那么好。一份记录了大学里的不平等的文件竟成了用来衡量良好表现的指标。

事实上，我在研究大学内部的多元化时，开始意识到，组织如何将多元化用作一种公关方式。正如我已经说明的，我的大部分访谈都是在《种族关系法修正案》(2000) 颁布之后进行的，该修正案要求所有公共部门撰写并传播种族平等政策和行动计划。此法案颁布后，还有许多其他法案也随之颁布，到2010年,《平等法案》(Equality Act, 2010) 出台，该法案要求将所有这些不同的政策文件汇集为一份文件，即《单一平等方案》(Single Equality Scheme)。因此，在这十年间，多元化工作者的大部分工作就是撰写文件。负责监督高等教育部门的平等问题的平等挑战小组(Equality Challenge Unit) 对这些文件进行了评估或排名，如上文讨论的那样，对那些(被评估为) 做得不错的机构来说，这种评估可以被用作它们做得不错的标志。

但是，这些评估文件到底能反映出什么？我向一位多元化工作者提出了这个问题，他回答说：“反映出我们十分擅长写文件。”我不假思索地回答：“嗯，是的，我猜也是。”我们都笑了。
104 我们都在想，这些文件评估的是否只是撰写文件的能力呢。这些组织能够将他们的写作能力转化为一种平等能力。正如这位工作者进一步描述的那样：

> 我非常清楚，对我和其他一些人来说，写出一份精彩的、展望美好愿景的文件并不是很难。我认为我们都有很强的写作能力，我们可以做到这一点，因为我们十分擅长这个。这就是我们的专

> 长。当我们意识到这一点时，一种真正的焦虑随之而来，即写作本身成了目的。现实情况证明了这一点，例如，我们制定的政策受到赞扬，但欧洲委员会去年审查我们的计划实施情况时，提出了一些相当严重的批评，比如时间延误，我们没有做到主流化，并且这些议题并没有真正渗透到机构之中，资金只投放到了某些特定领域。而这并不是因为机构里有政策的敌对者；更多是因为存在一种棉花糖般的感觉。

擅长写文件成了一种能力，也成了多元化工作的障碍，因为它意味着，大学会因为这些文件而被评判为好的。正是这种对文件的评判阻碍了行动，产生了一种“棉花糖般的感觉”，一种我们已经做得够多了，或者做得够好了，甚至没什么可做了的感觉。棉花糖，一种柔软的、白色的、胶状的、黏稠的物质，它似乎恰到好处地表达了事情是如何因为变得太舒服而停止发生的。

许多相关工作者和学者都担心撰写文件或政策会成为行动替代品，正如我的一位受访者所说：“最终你只是在写文件，而不是在做事情。”文件成为多元化工作者唯一有空做的事情。然后，文件在组织内流传，常常相互参照，形成了一个文件家族。文件所到之处，留下一串纸上的足迹。在某种意义上，文件的意义在于留下足迹。

多元化工作：纸上的足迹。

正是这种写漂亮文件的倾向可能会阻碍行动，因为文件会被当作我们已经“解决了问题”的证据。正如另一位工作者描述的：“我认为就政策而言，人们的观点是‘我们现在已经有政策了，所以问题已经解决了。这事了结了’。实际上，我不确定这是否

比什么都没有还要糟糕，人们脑子里的想法是我们已经解决了
105 种族问题，但我们显然还没有。”文件正在发挥作用，这种想法可能会让阻止机构认识到究竟需要做什么工作。“文件正在解决种族问题”的想法会让人们以为种族问题已经解决了，而实际上并非如此。因此，恰恰是“我们正在解决种族问题”的想法致使我们不去解决种族问题。

平等被嵌入了一种审计文化（audit culture），其后果之一是平等本身变成了组织的一种良好表现，或一种让组织表现良好的方式。当某一平等政策被评为良好的政策时，这个“良好”等级就会被当作平等的标志，这就是为何不平等的标志从人们的视野中消失了。平等和多元化被用作绩效指标，展示组织的最佳面貌。因此，多元化越来越多地被用作一种公关方式：“有计划地、持续地努力去建立和维系一个组织与其公众间的良好意愿和理解。”[i]

在我与一个人力资源部门员工的访谈中，我们讨论了一个研究项目，该项目在收集平等领域中的所谓的公众感知数据（perception data），也就是关于外部公众如何看待某一组织的数据。这个项目作为大学平等政策的一部分而受到资助。他们从这些数据中发现了什么呢？

> 好吧，是的。它是揭示了对作为雇主的［大学］的看法。［……］［大学］被视为一个老男孩的圈子，就像他们所说的那样，白人男性占主导地位。［大学］提供了什么？给学术界带来了什么？

---

i　定义摘自英国特许公共关系协会网站《什么是公关》（What Is PR）一文（http://www.cipr.co.uk/content/careers-advice/what-pr [last accessed May 23, 2016]）。

他们在这些方面没有正确的看法。我认为大多数外部人士对［大学］有错误的看法。

在又一重意义上，多元化事关形象管理：多元化工作要通过纠正错误的形象，为组织打造出正确的形象。“该机构是白人的天下”，这样的看法被认为是错误的；为了修正这种看法，你要去改变形象。多元化成了改变别人对该机构的白人性的看法，而不是改变组织的白人性的本质。由此我们可以看到一个关键困难：即使多元化是改变组织的尝试，但它同样可能成为维持现状的技术。改变的表象（一个新的拥有更多肤色面孔的组织）恰恰在阻止真正的改变发生。

一项新政的通过可能不会带来任何改变。通过一项新政也可能是一种不做出任何改变的方式。另一位工作者向我讲述了一个表面上在制度层面取得了成功的故事：大学的平等和多元委员会一致通过了一项决议，所有学术任命小组的内部成员都应 *106*
该接受多元化培训。这一决议可以说是项好举措。拥有决定权的委员会（平等和多元委员会，其中包括高级管理团队的成员）合理地作出了这一决议。然后，会议记录移送理事会批准，因为只有理事会有权将建议变成政策：

我刚来的时候，有一项政策规定，每个小组必须有三个人接受过培训。不过，在我来这里之前，有一项决议规定的是，所有人，所有小组成员，至少内部人员都应接受培训。他们在平等和多元委员会的会议上作出了这项决议，有几个高级管理团队的成员也在委员会当中。但后来人力资源部门的主任认为我们没有资源来支持这个决议。这项决议在没有反映人力资源部门的意见的情况下被提交给了理事会，同时他们又告诉理事会，如果每个小组只有三个培训名额的话，他们会乐于接受这项决议。理事会中，只有一个作为多元委员会外部成员的人对此大发雷霆——我不是开玩笑，是真的大发雷霆——他说会议记录没有反映会议上发生的情况，因为会议记录所描述的决议与实际情况不符（顺便说一下，不是我做的会议记录）。因此，他们不得不通过这项决议，但又不按此执行。而理事会的决议是，所有的人都应该接受培训。尽管这样，我还是坐在会议上——他们仍然坚持一个小组中只能有三个人接受培训。然后我说："但是不该这样，理事会改变了他们的观点，我可以给你看会议记录。"他们就那样看着我，好像我在说一件非常愚蠢的事情。这种情况持续了很久，尽管理事会的会议记录明确表示所有小组成员都应该接受培训。说实话，有的时候你只好放弃。

似乎存在一种制度上的决定。机构内的个体必须像仿佛已经作出了决定那样行事，决定才算是真正作出了。如果他们不那样做，决定就是一纸空文。当下作出的关于未来的决定（在"我们将"的承诺牌下）可以被过去的势头所推翻。过去就像第一部分中讨论的人群一样：一种势头不仅会成为一个方向，而且会成为一道指令。不一定非要发出一道指令才能确保事情往某个方向发展，事实上，一道指令也不会阻止事情往某个方向发展。也许，"好的"很容易说出口，因为过去的重量不会允许这个"好的"获得让事情真正落实所需的力量。我把这种机制称为

“无操演性的”（non-performativity）[i]机制：命名某物不会使某物生效，或者（更苛刻地）说，命名某物就是为了不让某物生效。 107
当“好的”并不能使某样东西生效时，这句“好的”就在生效的表象下隐藏了这种无效。

当某句“好的”拥有的力量较小时，它甚至可能更容易被人说出来；或者说，当“好的”的力量被抽空后，它可能才会被说出来。换句话说，正因为那句“好的”背后空无一物，某个机构或机构中的个人才可能更容易说“好的”。我将在第六章中再次讨论这个例子，因为它对我们理解制度性的墙（institutional walls）启示良多。

执意强求的（pushy）工作

我一直在描述，当你被任命去改造这个世界时，世界何以呈现出某种特定的外表。因此，多元化工作者与机构有一种倾斜的关系。机构也是垂直化（straightening）装置：当事物都在一条线上时，它们就会隐身而去。想想描图纸：当所有东西都排在一条线上时，你就只能看到一组线条。由于她受到任命，一个多元化工作者开始见证那个生产某组线条或某条制度性线条的机制。难怪事情会显得古怪。她看上去就很古怪。

从那些被传递出去的东西的遭遇当中，我们逐渐明白一些事情。例如，我们了解到，即使多元化工作推动了新政策的通过，这些政策也不一定会真正颁行。在组织内部，言与行之间存在

---

i　这是一个对标朱迪斯·巴特勒的“操演性”的术语。简言之，成功地以言行事的话语即为操演性的话语（例如结婚典礼上的宣誓“我愿意”），相反，并未施行或实现其所表达的效果的话语即为无操演性的话语。——译注

鸿沟，组织说要做的事，或承诺要做的事，与他们正在做的事之间存在鸿沟。即使话语成了行动的替代品，这些话语也仍然可以发挥作用。一位工作者谈及了她如何将“承诺声明”用作“大学要据此行事”的原则。因此，如果组织在说，他们在做什么，你可以表明他们没做到他们所说的。多元化工作者经常生活在这种言行之间的鸿沟中，试图让组织的行动跟上其言论。

多元化工作：小心鸿沟。

另一种说法是：各组织并不支持在多元化工作者的努力之下所推出的各项政策。这里的支持指一种实质性的承诺。

用身体去思考。身体思考。

身体越是支持某项行动，就越不需要有意识地努力去实现该行动。比如说，当你全心投入网球运动的某个特定动作，支持这个动作的势头便足以完成这个动作（事实上，停止完成这个动
108 作所需的努力比完成这个动作所需的努力更多）。多元化工作者必须不断地提示、提醒和推动，这一事实表明，机构鲜少对工作者们所提出的东西作出承诺。因此，结构性或实质性的变化（我认为任何与任命程序有关的变化都是结构性的，因为它们是重新组建集体机构的机制）是脆弱或不稳定的：这种程序的变化可能永远不会生效，要不然就是半途而废。

因此，即使极力促成的政策已被采纳，多元化工作者也必须持续推动它。即使组织已经采用了某项政策，该政策也可能会被视为一个组织的外来者。我采访的一位工作人员在她的大学里被称为“平等或多元官员”。她是一名人力资源管理者，多元化和平等相关事务是她的众多职责之一。在她之前担任这个职位的人被称为“平等官员”。为什么会出现这个新的工作头

衔？她向我解释了原因。“我们的总负责人不希望我被看作一名公平人士。”成为“公平人士”可能会带来一个问题，因为这意味着，公平只是这个人的事情。当一个人成为“公平人士”，其他人就不必做“公平人士”了。这里使用的逻辑是主流化的逻辑：平等和多元现在被她的大学视为所有大学雇员都应该做到的事情。大学里不再有平等和多元官员或办公室；他们“试图让所有人都分担它”。

但主流化没起作用。这位工作者没有提供更多必要的细节来表达它为什么没起作用：“我们没能像我们希望的那样给予它足够的关注。”除了本身就关注平等和多元的人，其他人往往不会关注这些。与我交谈过的许多工作人员都怀疑，主流化是一个意在削减成本的做法，借此，机构便可以不为平等和多元化工作提供资源上的支持（我已经注意到，虽然多元化工作者的任命不等于拥有支持机制，但为了建立支持机制，任命仍然是必要的）。正如另一位工作者所描述的，管理者用主流化暗示：“不需要像我们这样的专家了，因为一切都已经很好了。但事实并非如此；我们知道，特别是在种族方面，情况并不好。”多元和平等并非主流，把它们当作主流来看待只意味着，改变的信号不会被传递出去。没有制度性的推动，没有推动者，什么都
不会发生。若没人迫使多元和平等进入议程，它往往就会从议 109
程上消失，这个将其加入议程的人通常是多元或平等的实践者。当然，只要某些东西是被强行列入议程的，那么它显然就还不是主流。主流是无须强迫的；当某件事情成为组织流程的一部分（事情就是这么办的），它就是主流。因此，主流化并不能描述多元化工作所包含的那种工作：必须真正推动或促进那些组

织常挂在嘴上表示支持、实际上却并未支持的议程。

多元和平等需要相关部门和官员不断推动；否则，事情压根儿不会发生。正如我在第三章指出的，如果你在一群人中走了错误的路，你就必须比那些走了正确的路的人更努力。做事所需的努力不是均匀分配的。因此，推（push）就是抵制（push against）一种方向。这就是为什么“推”蕴含一种独特的时间性和情感特性（我认为“推”是一种令人筋疲力尽的时间性，你必须竭力去够某种未来）。当你在推的时候，你往往是在对一些东西提出强烈要求（pushing for）；我们所强烈要求的可能是一种可能性。如果你不去推，那种可能性仿佛——至少有时候——就会退却。为了使某些可能性成为现实，相较其他可能性，我们需要对其施加更大的推动力。推动之所以必要，是因为一些东西会随着时间的推移变得越来越坚固，正如我在第六章中详细探讨的那样。你必须更用力（harder）地推，才能把已变得更加坚固（harder）的东西推开。

有些工作比其他工作更难，因为有些东西比其他东西更难祛除。多元化工作是个执意强求的（pushy）工作，因为你必须去抵制已经建成的东西。我们必须对现有的安排进行调整，让机构向那些历史上被排斥在外的人开放。正是调整的必要性教会了我们如何建立组织。可及性（access）是一种教育学。我们必须对空间和建筑进行调整，因为它们已经预设了某些身体；我们可能必须对人行道进行调整，让坐轮椅的人也能通过人行道；可能必须对讲台进行调整，让那些身高不合适的人也能使用；可能必须对时间表进行调整，让那些负有照顾孩子的责任的人也能获得支持，等等。

多元化工作就是重建机构，让人们更容易进入机构。正如塔尼娅·蒂希柯斯基（Tanya Titchkosky 2011）观察到的，可及性不仅是一个简单的官僚制程序，它还表明了空间是如何面向某些身体的。可及性可以是你在进入一个世界时可能需要满足的正式要求。但可及性与不可及性也是那些已凝结为习惯或公认的常规的历史的结果。而这些历史往往是关于缩小或限制身 110
体行动的历史。比如说，坐在桌子前、开漫长的会议再正常不过了。这个惯例假定身体能以这种方式坐着；它假定身体不需要中场休息。请注意，在更全面的意义上，可及性的实现可能需要行为或举止风格的多元化。可及性关乎一系列放松的要求。

在推动的要求和限制的狭隘性之间存在一种密切联系。你必须去推动，为那些在这一限制中无处容身的人腾出空间。那些在这些限制中已经获得了准入资格的人由此碰到了来自多元化工作者的推力。因此，女性主义扫兴鬼形象（以及作为机构中的扫兴鬼的多元化工作者的形象）可以与另一个形象联系起来：执意强求的女性主义者（pushy feminist）。作为女性主义者，我们如果要去做我们的工作，就必须去推动；我们必须持续地推动，哪怕我们似乎已经带来了一些改变。在这第一层意义上，女性主义者就是多元化工作者：我们试图通过挑战机构所容纳的对象来改变机构。我们之所以有女性主义中心和项目，是因为我们没有女性主义的大学：也就是说，是因为性别歧视、性别不平等和性骚扰仍在结构着大学环境。我们之所以有女性主义中心和项目，是因为我们需要更用力地克服那些已变得更加坚固的障碍。女性主义者的工作也是“用头撞墙的工作”。关于我们的工作的描述活脱脱就是关于一堵墙的描述。

正如我在上一节所描述的，你为了处理一个问题而引入的工具会被视作衡量问题已得到处理的指标。我所在的学院成立了一个新的女性主义中心，某种程度上这是为了应对性别歧视、性骚扰和性别不平等的问题。在一次会议上，人们认为该中心的存在即证明了学院对平等和女性主义价值观的承诺。为应对一个问题而成立的项目成了解决问题的标志。那么，当这个问题并没有得到解决时，这种解决办法就成了问题。

解决办法成了问题。在随后的章节中，我将描述我们围绕性骚扰所做的工作，以及我最终决定辞去教授一职，以抗议性骚扰问题未得解决的情况。学院是如何回应我的辞职声明的？他们发表了自己的声明，提到了学院自己的承诺、价值观和在平等方面的成就。“我们严肃对待性骚扰”；“包容性是一个不会改变的主题”；“我们是英国聚焦性别、性、种族和民族等课程
111 的主要提供者之一”。该声明提到了由女性主义活动家安娜·布尔（Anna Bull）、蒂法尼·佩奇（Tiffany Page）和莱拉·惠特利（Leila Whitley）组织的一次会议，以此证明其已解决了性骚扰问题。正如他们在回应我的声明时指出的那样：“正因为没有人愿意组织一场关于性骚扰的活动，所以我们才自己行动。”[i] 这场活动起于学院未曾做的事情，而它被用作学院正在做这件事情的证明。女性主义用来处理机构之失败的工作，被挪用为机构

i 金史密斯学院网站《关于性骚扰的声明》(Statement on Sexual Harassment)，在线阅读：http://www.gold.ac.uk/governance/official-responses/statement-on-sexual-harassment/。安娜·布尔、蒂法尼·佩奇和莱拉·惠特利的回应《金史密斯学院关于高等教育中的性骚扰的声明》(Statement on Sexual Harassment in Higher Education [SHHE] at Goldsmiths)，可在会议网站上在线阅读：https://shhegoldsmiths.wordpress.com/statement/(last accessed July 3, 2016)。

之成功的证据。女性主义的批判工作到头来支持了你所批判的东西。你所做的那些旨在揭露未完成之事的工作，被当成此事已了结的证据。

我们继续推动

依旧坚持抵抗

几十年来，学界的女性主义者一直在推动课程改革。我们已经表明，大学往往等同于男人们的研究。普遍性 = 男性。格洛丽亚·韦克（Gloria Wekker）在她对作为“一种文化档案”（a cultural archive）的白人性的重要批判中表明，通过摒弃种族和种族歧视，并将其转移到“其他地方”，白人性成了女性和性别研究中的一个参照点：某些身体和语言不被允许进入该领域或课堂（2016, 75-76）。因此，女性和性别研究会行使自己的普遍性。普遍性 = 白色。一种普遍性可以是不同力量的组合；我们可以具体指出下面这个公式中的组合。普遍性 = 白人男性。在列这道等式时，我们表明了，一种普遍性不仅是从某些特定身体中概括出来的，而且是一种对这些特定身体的邀请，为他们提供容身之地。普遍性意味着一些人是如何顺利通过、安然容身的。在第六章中，我将论证“白人男性”是如何成为一种制度的：一具随着时间推移而产生的身体。在这里，我们也可以想起西尔维娅·温特（Sylvia Wynter）那有力的关于人类起源的考古学。她展示了欧洲人是如何得到“过度呈现”的，仿佛欧洲人就是“人类的样子”（2006, 119）。凯瑟琳·麦基特里克（Katherine McKittrick）在介绍温特的著作时，描述了这个“人的形象”是如何成为“衡量所有其他生命的标尺”的（2015, 3）。当我们把这个形象的历史还原出来，它就不再能发挥同样的标尺功能了。

人们可能会期待，几十年来，人们对“各个科目（subjects）是如何以学科（disciplines）形式组织起来的”的强烈批判会改变这些学科的本质。[i] 在我的院系里，我一直教授一门关于种族的课程，这门课强调种族是如何从欧洲帝国主义的历史中出现的。[ii] 我教授黑人作家和有色人种作家的作品，特别是黑人女性主义者和有色人种女性主义者的作品。每一年我上这门课的时候，都会有黑人学生和有色人种学生跑到办公室告诉我，这是他们第一次感到，课堂上教授的材料可以和他们自己的经历
112 联系起来。这还是在一个受英国文化研究的知识传统，特别是黑人理论家斯图亚特·霍尔（Stuart Hall）的遗产所塑造的院系。

---

i　当然，这将是一个过于乐观的期望，尤其是在英国（尽管这种过于乐观的期望仍然可以给我们一些启示）。在英国，所有单科荣誉学位的本科女性研究项目都已被叫停（尽管我们有相当多的研究生的性别研究项目）。且在此期间，他们并没有引入批判种族或批判民族研究项目或黑人研究学位（尽管他们引入了零星几个研究中心和研究生项目）。在英国，对课程进行去殖民化的呼吁是最近才出现的：其中一个例子是 2014 年在伦敦大学学院发起的“为什么我的课程表是白色的”倡议。见此他们的视频资料：ucltv, “Why Is My Curriculum White?,” YouTube, November 11, 2014, https://www.youtube.com/watch?v=Dscx4h2l-Pk。（译按：有关单科荣誉学位［single honors degree］的介绍见本书第 270 页译注。）

ii　正如我在《论被接纳》一书的“导言”中所解释的，在我的职业生涯中，有过两次学术任命，都是让我教授关于种族的课程（一次是在女性研究学系，一次是在媒体与传播学系）。当你接受这些任命时，你很容易成为“种族人士”。我们需要讲述我们到来的故事。在这两种情况下，被任命的经历感觉就像是被白人任命：有色人种经白人小组面试，从事关于种族的工作，向白人听众讲述我们的工作。实际上，在这两种情况中，这种经历是同那些不得不面对这种情况的人的相互声援。白人性可能是我们曾经或正置身其中的一种境况；而当我们能说出这种境况（甚至能对此开玩笑）时，我们就会意识到，我们彼此都是这个机构里的陌生人，我们在这种疏离中惺惺相惜。当然，与此同时，我应该在此强调，我们确实希望有人发关于种族和民族议题的帖子。而且我们希望不止有一个人；我们不想孤军奋战。在过去的几年里，我所在的部门已经任命了一些黑人和少数民族员工——这些同事们也在以不同的方式为种族问题而工作。虽然我们不能把多元化简化为身体的数量，但身体确实是有价值的。不再孤军奋战，已经是一种慰藉了。

在这里，白种人仍然像过去那样工作；像过去那样做教育。我们仍然在这里做多元化的工作，因为这房子赖以建造的基础创造出了陌生人；那些在社会经验的边缘经过的人；那些当他们在教学材料中遇见自己时，会为以前没有遇见自己而感到悲伤的人。[i]

在过去的几年里，许多学生向我反映，他们很难在自己的系所（甚至那些以拥有大量女性主义教师而闻名的系所）里接触到女性主义理论，也很难在里面做女性主义项目。一些学生对我说，女性主义本身往往被认为是过时的（passé）。这种认为女性主义已经“过去了”的感觉，是女性主义最终不再被教授的原因；学院中存在一种有关“女性主义消化”（feminist digestion）的幻想，即好像女性主义的观念已经被吸收并透彻地融入了身体，因此不再为人所需。女性主义消化幻想有点像多元化：一个被折叠起来的幻想（Ahmed 2012, 163）。一个幻想被折叠了起来，这意味着一些身体会继续被拒之门外。

换句话说，关于接纳的幻想是一种排斥的技术。最近，我在更仔细地研究文化研究的课程，令我感到震惊的是，有那么多的课程是围绕着，甚至直接作为欧洲白人男性谱系来组织的。我进行了更深入的观察，发现这种情况似乎比以前更多了；随着时间的推移，一些课程变得不那么多元了。仿佛修整学科形态的压力一旦消除，它们很快就会被“打回原形”。我们必须持续推动；否则事情就会很快退回老样子。推动可能是阻止倒退的

---

i　我要感谢付出了此等努力的同事，特别是莉萨·布莱克曼和理查德·史密斯，他们正使我们的课程变得激进。正典（canon）就像一堵墙：我们必须一点点拆解，不停地拆解，直至拆除它。

必要手段。即使新政策被采纳，或新书被列入教学大纲，我们也明白，我们必须继续推动它们；新政策的到来可能是脆弱的、不稳定的。如果我们不持续地推动一些事情，那么它们甚至在达成共识之后，仍可能很快被放弃。为了使一些已经出现的东西不再消失，我们必须持续施压；我们得成为那个施力点。

这也是我在女性研究领域工作的经验：我们必须不断地推动事情发展，已有的成果才能得到保留。直到大学不再只是男人的研究天地，作为一个项目的女性研究才算结束。女性研究的基础不稳定，这也并不奇怪。建立女性研究，就是去建设一个需要被女性研究改造的环境；女性研究的意义在于改造女性
113 研究的基础。所以我们必须撼动地基。但是，当我们撼动地基，持续向前也将变得更加艰难。

当我们的努力创造了一些脆弱的东西时，我们必须小心翼翼，不去破坏我们所创造的东西。我将在第七章中再次讨论女性研究的脆弱性。但请注意，为了保卫我们自己的“胜利果实”，我们仍需努力。我们必须持续推动：保持，保持它。也许我们愿意这样做。抑或，我们会变得筋疲力尽，决定转而去做其他事情。回弹机制（spring-back mechanism）的历史与我们作为多元化工作者的疲惫的历史密切相关。这也就是说：不得不去推动一些事情、使之成为可能的必要性，可能会是（最终）使这些事变得不可能的原因。如果我们不能维持必要的努力，事情就难以维系。某些事情可能不会发生，不是因为他人阻止我们去做这些事（官方甚至可能会鼓励我们去做这些事），而是促使该事情发生所需的努力实在太多，多到我们难以为继。

结论：多元化工作亦是任性的工作

当你尝试去做的事情遇到阻力时，你可能必须任性地努力下去。因此，多元化工作可以被描述为任性的工作。你必须坚持下去，因为有人在抵制你的努力。而且多元化工作者往往会被评判为任性的人：好像我们通过强烈期望某些事情可以或应该被修正，来强加自己的意志。我们从中了解到：像以往一样，任性是我们的认知方式。我们注意到，为扫清空间中的障碍而对其进行的修改揭示了空间是如何被居住在其中的身体所塑造的。已经得偿所愿的需求不会被看作是任性的。要求空间向其他身体开放，这种修正往往被记录为对那些原先就在这里的人提出的过分要求。多元化工作者最终会挑战那些给予人安全、温暖、地方和地位的东西。他们成了机构的扫兴鬼，不管他们的目的是什么，不管他们看上去多大程度是情愿的，不管他们的言语和穿着如何；做多元化工作就是接受这种指派。如果我们在做多元化工作时，是在试图改变已经存在了一段时间的东西，那么人们对多元化工作的判断就会是，它不仅来自外部，而且是由“外人”带来的（即使多元化工作者是在正式任命之下做这项工作的）。做多元化工作的过程中遭受阻力的经验成了使这项工作奏效的内在要素。你所遭遇的这一切让你学会了说一种更幸福的多元化语言。你遇到的阻力越大，你可能就越得奉上笑脸。
你必须找到其他穿透阻力的方法。你越是受阻，你就越要变得 114
有创造力。

如果我们要为那些没有被接纳的人打开空间，那么我们就必须继续推动。或者说，即使那些没有被接纳的人表面上受到了接纳，我们仍要继续推动。例如，即使有的大学制定了无障碍措施，但往往还是只有残疾学生会去了解这些政策，询问每一场活动的无障碍安排。[i] 由于查明入场权限太费劲了，最终活动变得难以企及。可及便会再度变为不可及。无论那些没被现有系统所接纳的人是否有意修正系统，多元化工作都会落到他们头上。这就是我所说的多元化工作的第二重意义。我现在要谈的就是这层意义。

i 我受到“残障博士”博客上的这篇博文的启发：《活动组织者：请在前面给出无障碍通道信息好吗？》（PhDisabled, “Event Organizers: Give Access Information up Front. Please?,” October 30, 2014, https://phdisabled.wordpress.com/2014/10/30/event-organizers-give-access-information-up-front-please/）。感谢参与这个博客和这个项目的博士生。

第五章

受到质疑 *115*

Being in Question

规范是我们栖身其中的东西。我认为规范就像一间房或一个住处：它给身体提供居所。在这一章中，我将探讨多元化工作的第二重含义，即当我们不完全被一个机构的规范所容纳时，我们所做的工作。不为一种规范所容纳（或不完全容身于一种规范）的体验就是不大容易在你所居之处安身。人们可能会向你提出问题；你可能会感觉自己受到了质疑，所以你会觉得你不属于你所居住的地方，那个你把它当成家的地方；你来到这里，却不被允许进入，或者发现这里太不舒服，你待不下去。的确，我将探讨规范是怎样——通过用某种方式对待那些不完全容身规范的人——得到维持的。规范可以是由组织生产出来的（作为一套正式的规则或安排），它也会在身体被抛入的日常环境中起作用。的确，不为某个规范所容纳（或不完全容身于某个规范）往往是一种被抛出的体验。

因为我们被抛诸其外，多元化工作往往成了我们不得不做的事。本章通过思考存在本身是如何成为一种政治劳动形式的，来展开我对多元化工作的描述。被质疑就是尝试去存在；被质疑催生了存在的尝试。我特别探讨了被质疑往往事关通行：为了顺利通过（一条街道、一个社区、一个组织），你必须假装成某种你所不是的东西而通过。

116 你从哪里来？

在深刻弘远的意义上，我们都是临时居民。我们降生于世，又纷纷离开。生活就是来来去去，以及其间发生的事情。我们穿行于一个世界。在穿行于世时，我们中的一些人会被拦住，经受提问。为了顺利通过，你可能得在另一层意义上通过：作为"某种东西"通过。当我们没能过关时，我们便被拦住了。那些没有被拦住的人，人们默认他们合理居住于某个地方；他们成了永久居民，尽管他们的居所也并非永恒不变。

我们可以从问题开始。这些问题裹挟着我们。你被问过多少次这个问题："你来自哪里？"下面是我遇到的一次。

我正走在卡迪夫（Cardiff）的一条街上，一个人拦住了我；他走在另一条路上。他看起来兴致勃勃。是什么令他感兴趣？我是那个"什么"吗？"嘿，你来自哪里？"他问道，微笑中带着好奇。我踌躇着，来回变换两脚的重心。这是个熟悉的问题，不过，这是一种令人不适的熟悉感。我知道这个问题在问什么。我不愿给出别人想要的答案。"澳大利亚。"我说。"不，我是说原籍。""我出生在索尔福德（Salford）。"提问者不耐烦地皱着眉："那你父母是哪里人？"他知道我明白他在问什么。我想继续往前走，所以投降了："我父亲来自巴基斯坦。"这下好了，谈话总算结束了。我交出了正确答案，他在等待，甚至期待的答案。

被要求解释你自己；对自己作出解释；你感觉不得不对自己作出解释。问题是如何降临的？它们落在谁的头上？岁月流逝，而对我们中的许多人来说，类似上述事件的时刻仍反复出现。我现在依然会被问到这类问题，尽管比以前少得多了，而且现在这些问题很少出自那些匆匆日常中我在街上遇到的人。现在更常见的情况是，我报上我的姓氏，这类问题便随之而来，出自那些我常打照面，但还没熟到能直呼其名的人之口。

被提问，成为可疑之人，有时你会觉得这些像一处居所：一个问题成了你的栖身之地。住在一个问题里，就像是，你并不存在于你实际身处的地方。你不是来自这里，不是吗？或者说，成为“不是”（not）就是被一个断言所裹挟。问“你来自哪里？”就是在告诉你，你不属于这里。只有当你解释了自己的来路，提问和审讯才会停止。对我来说，解释我自己，解释我来自哪里， 117
不仅要说明我不是来自这里（说我来自澳大利亚而非英国是不够的；说我出生在这里，在英国仍是不够的），而且要说明我的棕色皮肤究竟来自哪里。棕色标示着异国的；棕色意味着别处。

别处是哪里？洪宜安（Ien Ang）那篇精彩的文章《论不讲中文》（On Not Speaking Chinese）描述了从“你来自哪里？”展开的对话，在这一问题后面，往往是“你到底是从哪里来的？”她指出，这样的问题对于生活在欧洲的非白人来说十分“典型”（Ang 2001, 29）。这些问题看似是问题，但它们往往意味着一种断言。当你被拦下时，拦下你的权利早已是确定无疑的了。此等坚决的言语行为（speech acts）把你划为了可疑的人、可以质疑的人、理应愿意接受质疑的人。一具身体可以成为一个问号。从问题所具有的断言功能中，我们明白了这是怎么一回事。有些人不会被拦住，有些人可以一路前进，因为他们的出现与“什么或谁应当出现在这里”的预期一致。谁会遭到阻拦，谁不会遭到阻拦，这些都可以将一个“这里”（here）变为一种断言。

被变成一个陌生人：我这样说是什么意思？在第一章中，我谈到了警察问我“你是原住民吗？”的经历。回忆这一经历有助于我思考，陌生人为何不是泛指任何人（anybody），而是特指某些人（somebody）；陌生人的形象是如何指向某些身体（some bodies）的。作为一个匿名的形象，陌生人在“陌生人危险”运动中得到了运用。“*匿名*”一词出自“*名字*”：一个陌生人是没有名字的。但是，只有某些无名者会遭到阻拦；只有某些无名者会被判断为没有合法目的人。被认定为陌生人就是被认定为并非来自这里或无权待在这里的人；你被认定为会危及这里的人。一言以蔽之：*外来者*（not from）*危及本地人*（from）。或者说，贴上危险的标签是一种制造外来者的方式。

成为一个陌生人就意味着不能通过。若想通过，你往往需要跳出陌生人的形象。我在第一章分享的我自己的陌生人故事其实就是一个关于通过的故事。如果我打一开始就被识别为陌生人（该地区曾发生过盗窃案），如果我被拦下、接受提问，我就能继续前进。为什么，怎么会呢？当他们问我是否是原住民时，我回答说我不是。如果我是原住民，并且确认了自己的原住民身份，他们就不可能允许我继续往前走。这个问题会导致进一步的审问。换句话说，能够继续往前走是项种族特权：如果我是棕色人种（却不是原住民），那么我就是个棕皮肤的殖民者。一个棕皮肤的殖民者总归是殖民者。

118 种族是一个复杂的称谓。第二个警察带着调侃的腔调接着问道："还是说它（it）只是晒黑了？"这句话里的"它"就是肤色（所有一切皆因"它"而起）。肤色成了我们必须解释或辩解的东西。这个问题本身就是一种解释。如果肤色是被晒黑的，那么它就是一种文明的颜色（domesticated color）。一个晒黑的女人是一个以其他澳大利亚人的方式获得肤色的女人：她的肤色不是她生命中的一个污点；她的肤色不是具有异域风情的肤色；她的肤色甚至表达了一种国族性格，体现了我们的闲暇时光。

有时，我们会给出一个不属于我们自己的解释，让自己免遭质疑。所以我能够通过，再次出发，与别人并无两样，作为白人通过（晒黑的女人是主动获得她肤色的人），从而进入白人的空间。一个日晒后有了肤色的白人女性，她的皮肤应该是古铜色而非棕色的。我记得我在成长过程中听过很多关于晒黑的议论，它们往往是肤浅地表示欣赏的或积极的议论：哦，你真幸运，这么容易就能晒出棕色皮肤，实在太幸运了；我求之不得呢，瞧瞧我，被晒得白里透红的。

我求之不得啊，我巴不得能这样

她们笑着说

当人们以一种弥补的口吻表达欣赏，欣赏就不是欣赏。努力不去表示抱歉，这本身就是在表示抱歉。

噢，亲爱的

但你很幸运，亲爱的

这样的议论应该被归为礼貌的种族歧视，这是一种致力于转移人们对种族的注意的文体，好像种族本身就很尴尬，不能或不应该在礼貌的社会中被提起。这样的言语行为可以被翻译成：你的肤色不是你生命中的污点；我们会把你往好处想，假设你的底色是白人，或者至少我们会假装认为你的底色是白人，如果我们不这样假装，事情就会更麻烦，因此我们很难不去假装。

白人性：肤色是某种后天获得的东西

变成棕色而非本来就是棕色

变成而非本来

在第二章中，我提到了“异性恋假定”——人们会善意地假定你是异性恋，除非你自己否认。礼貌的种族歧视致力于打造假定的白种人。假定你是白人，人们认为这是更礼貌的行为。这是一种礼貌认证：除非你看起来像黑人，否则假定你是白人是更有礼貌的做法。对种族进行模糊化处理成了约定俗成的做法：
119 这种预设的白色假定了一种想远离黑色的愿望。因此，这样的议论也意味着：我没把你看成棕色人种，你只是像我一样晒黑了，而这也通常意味着，我没看到你。当人们声称他们没有看到种族，这往往意味着他们没有看到那些被认为带有种族属性的人（白人：非有色人种；种族：有色人种）。因此，“我没有看到种族”可以翻译为：我不把非白人看成非白人，这也可以翻译为：我无视非白人。为了不从别人的视野中消失，你必须把你的棕色变成一种任性的断言。再次：有些人必须成为任性的人，而这只是为了能够出现在人们视野中。

在这次相遇中，我如何能够穿行或通过，这还关系到更多东西。我还想到，我以我的口音说话，说我自己的看法，我由此确认了自己的中产阶级身份，我是属于这个社区的人，是他们会保护的人，而不是他们会反对的人。这就是交叉性（intersectionality）在实践中的含义：你由于看上去可能与某些类别的人有关（非白人、原住民；非中产阶级）而被拦住，又由

于看上去可能与其他类别的人（非原住民；中产阶级、白人）有关而能够再次出发。[i]

交叉性是混乱且具身的。在一篇精彩的访谈文章中，露丝·弗兰肯伯格（Ruth Frankenberg）和拉塔·玛尼（Lata Mani）反思了后殖民性是一种位置的政治，由多种历史轨迹形塑而成。一个位置是不稳定的；个体的历史受更长的殖民主义历史所塑造。拉塔·玛尼（她以在美国工作的印度女性主义者的身份写作）在一场演讲中谈到了她下班后到达她的大学的两个瞬间。第一个瞬间：一位白人男性教授打开门，拒绝她进入。"他不能让随便哪个街上的人进来，天知道你会做什么。"（Frankenberg and Mani 1993, 296）第二个瞬间：一位菲律宾女工正在打扫走廊。"她抬头看着我，微笑着，一言不发为我打开了门。"（296）

无名之辈：不三不四的人。

大人物：微笑，请进。

交叉性：停下，开始，无名之辈，进来，大人物，出去。

在前一个瞬间，你因为别人眼中的你的样子（你是一个陌生人；你有棕色的皮肤；你可能是无名之辈）而不被允许进入。而在后一个瞬间，你被允许进入，同样是因为别人眼中的你的样子（你是一个教授；你是棕色人种，但属于较高阶层；你是大

---

i 交叉性是黑人女性主义的一个关键概念：这个词是由金伯利·威廉姆斯·克伦肖（Kimberlé Williams Crenshaw 1989）首次提出的，尽管在这个词出现之前，作为一种方法和政治的交叉性已经存在了。一些对交叉性的批判将其与身份认同和稳定性联系在一起（例如，Puar 2007）。我认为最好将这些批判理解为对"交叉性已经被制度化了"的批评（见 Bilge 2013）。但这个词和概念并没有被这些批判所耗尽：交叉性可以让我们重获新生，因为它充满了生命力。关于对交叉性如何挑战了"线性加和模型"（additive models）的有益阐述，见 Brewer 1993。另见布拉赫对交叉性做出的出色的"绘图式"（cartographic）解读（Brah 1996）。

人物)。你能否进入取决于谁遇到了谁。当然，掌握着这个机构的大门的终归是教授，而不是清洁工；谁决定谁可以在那里居住，可以在那里合法就业。当你没能通过，有些人却顺利通过了，这取决于谁遇到了谁。当我们谈论通过时，我们谈论的是门。对一些人来说，要通过门，进入一个空间，需要得到把
120 持那扇门的人的允许。门不仅是一个在合叶上旋摆的物理实体，还是一个能够打开和关闭的机制。当这个机制在工作时，某些人一定会通过。

我说某些人是指：不是所有人。“我们都是过客”这句话是行不通的，即使在某种意义上我们的确都是过客——因为就像我之前提到的，我们都是临时居民。例如，我们可以说，所有的女性都是作为女性通过的：我们通过被指派为“她”或将自己指派为“她”而进入或穿行于“女性”这个类别。但是，如果你的合法性没有不断地遭到质疑，如果你没有总是不断地、反复地被问到“你是不是女人”，如果你在试图进入那个房间时，没有被当场关在门外，那么你在作为女人通过时，就不用必须与别人的面貌保持一致。由于或当你的合法性受到质疑，通过就会是你不得不做的事情。由于跨性别女性的合法性遭到了持续的质疑，因此她们可能不得不以某种方式通过，而一些顺性别女性则不需要如此。当然，在这里，“通过”并不一定意味着要作为女性通过，仿佛跨性别女性不是女性似的：尽管“跨性别女性不是女性”的看法的确会对生活产生实际影响。朱丽叶·雅克（Juliet Jacques 2010）借鉴了朱莉娅·塞拉诺（Julia Serano 2007）的观点，她探讨的正是这个问题：“通过”的叙事将跨性别女性塑造成了骗子或有欺诈性的人（另见 Jacques

2015, 182-89)。但正如雅克自己指出的，有时候你为了免遭骚扰，不得不努力通过。作为顺性别者通过（或试图这样通过）就是指在真实性别身份不为人所察觉的情况下顺利通过。因此，通过可能需要某种自信：要制造一种印象，让人觉得你有资格待在那里。

你经历了一种要求，即以你的存在方式为你的存在本身正名。多元化工作可能归根结底与一种存在方式（manner of being）有关。多元化工作可能归根结底与规矩习俗（manners）有关。

作为一个问题

有时，你无论是否受到质疑，都会觉得自己有问题。也许你已经被质疑了太多次；你开始预期会受到质疑；你开始把你的生活当作一个问题。你觉得自己是一个问号；你觉得自己被问题所标记。有时，你可能因为和谁在一起，或者因为你和他们在一起的方式而受到询问。有很多次，我和我女朋友走进当地的商店，人们都会问我："她是你妹妹吗？"她是谁？这可能是一种说"你们俩是什么关系"的方法。一段关系也可能是成问题的。姐妹：一种看到或无视女同性恋的方式？姐妹：一种唤起某种亲密关系却不去命名它的方式，作为委婉语的姐妹？
新来的邻居问一对女同性恋情侣："你们是什么[关系]？"一种 121
关系可能就像任性的碍眼之物，它强行侵入，十分扎眼。

当你是异性恋时，人们可能不会要求你解释你是怎样成为异性恋的。当你作为女同性恋、男同性恋或双性恋出现时，人们可能就会要求你解释你自己。性学科学将这种要求制度化了。

我们怎样才能解释性偏离？性偏离的起源是什么？谁是性偏离者？你是一个性偏离者吗？或者我们可以说：在成为一个性偏离者的同时，你成了一个有问题的人，你的生平经历证明了你是有问题的。你生活的一点一滴都可以成为被揭露的真相。

当你偏离一条直线，你就不得不去解释这种偏离。在《酷儿现象学》中，我分享了一个小故事，有人向我提问，这次的发问者是一个邻居。让我再次分享一下这个故事。

我回到家。停好车后，朝前门走去。一个邻居叫住了我。我些微紧张地抬起了头。因为我还没有和邻居们搞好关系。我在这里住的时间不长，还不太熟悉这条街上的这种半公开的生活。她喃喃地说了几句话，我没听清，然后她问道："那是你妹妹，还是你丈夫？"我没有回答，冲进了屋里。

两个女人住在一起，独处一室，出双入对。你对此怎么看？邻居的第一个问句把这两个女人解读为姐妹。通过把我们看成姐妹，这个问句把我们构建成了一对长得很像的姐妹。这样一来，这种解读既避免了提及女同性恋，但也为这种关系提供了一种替代的说法，因为它重复了人们所熟悉的将女同性恋伴侣建构为姐妹的做法：有时人们将女同性恋关系描述为情同姐妹的关系，因为她们具有家族相似性。姐妹相像的幻想（在我们寻找作为生物性联结的标识的相似性的意义上，这是一种幻想）取代了另一种幻想，即女同性恋伴侣是相像的，而且，她们是如此相像，甚至有可能融为一体。有一次，我在一个会议上分享了这段故事，一位女士说："但这太不可思议了——你们种族不同啊！"虽然我当时没说种族的问题，但这条评论是指向我的。我的女朋友是白人。我是棕色人种。认为我们是相似的或情同姐妹，这意味着忽略了一些差异的标志。

这位邻居在第一个问句后，没有任何停顿，也没有等待我的回答，紧接着就问出了第二个，我直到现在都觉得，这一点十分耐人寻味。她若不是你的姐妹，就是丈夫。第二个问句拯救了说话者，因为他没有把我的伴侣假定为女性，而将其默认为男性（因为如果说她是女性，即使说她是我的姐妹，也可能冒有暴露未命名之物的风险）“我的丈夫”的形象被用作一个合 122
法的性他者——我的另一半，一个可以拥有公共面孔的性伴侣。这个问句还可以是一个更有趣的问题，在这个问题中，丈夫的形象不一定指向“男性”：也就是说，丈夫可以指男性化的爱人。在这一指称中，只有充当了丈夫的角色，男性化的爱人才是可见的。无论以哪种方式，这段话都重新解读了女同性恋情侣的倾斜形式（oblique form）[i]——通过将该形式拉直，使其看起来是直的。事实上，这段话甚至也不是从一种酷儿的斜角视角转向了异性恋的直线视角。这段语的排列本身给出了两种对女同性恋伴侣的解读，这两种解读都发挥了“拉直”的效力：如果不是姐妹，那就是丈夫和妻子。

那一刻已经过去很久了。但当我们走在街上时，各种问题仍然如影随形。或者应该说，当她和我置身于“我们俩”的关系中、作为两人中的一个出现时，问题便环绕着她和我。“你是男孩还是女孩？”他们问她，这一次，这个问题充满了嘲弄和敌意。一个绕着性别转的问题：为性别身份所不容，为性别身份

i 这里作者再次用到“oblique”一词，意在表达女同性恋者与异性恋正统主义之间构成的偏斜关系。正如作者遭遇的那样，邻居会重新解读她和女朋友的关系，将其倾斜的形式“捋直”，成为能够为异性恋意识形态所认同的关系形态。——译注

所排斥。其中一些问题将你从一具自觉栖居其中的身体里驱逐了出去。一旦你遇到过这些问题，你就会时刻等着它们出现；等待被驱逐，这改变了你与居所的关系。性别身份可以被重述为具体的“接纳条款”。

你可能在一个现有的指派中找不到家的感觉。为了找到家的感觉，你可能不得不变得执着。如果你是跨性别者和/或不符合性别要求的人，那么当人们为你指派了错误的人称代词时，你可能不得不坚持做“他”或“她”，坚持“不是他”或“不是她”；你可能不得不一直坚持下去，因为在你表明你的代词偏好时，没有人会听。在同性关系中，也可能遭遇“代词的斗争”，这种斗争既是个人的也是政治的：当你的伴侣被假定为“他”或“她”时，你必须纠正这种假定，而你的纠正在别人耳中成了一种要求，一种非分的或强加于人的要求。被听成要求：这是这样一段历史的“缩写”，即一些人的更正诉求是如何被当作对他人的强求的。就这样，政治正确被用作一种强加于人的、用于规范他人行为的命令。对某些人来说，他们的存在就是对其他人的自由的非分要求或限制。这种纠正的劳动令人筋疲力尽，而这种劳动又是必要的，因为关于人们该如何存在，又该怎样聚集，某些规范仍然在起作用。我们也明白：虽然对更正常的生活的渴望未必意味着认同这些规范，但想要躲避那种为了生存而不得不坚持的疲惫，亦是人之常情。

你如果不居于现有的规范中，就会感到不舒服。我经常通
123 过椅子来思考“舒适的政治”：家具总是很好的思考工具。想一想舒适的感觉：比如说你让身体沉沉地陷入一把舒适的椅子。舒适意味着身体和物之间的契合：我觉得舒适的椅子，对有着

不同形态的身体的你来说可能是别扭的。舒适与多个身体间的相遇有关；它是一个你可以放心下陷的承诺。异性恋正统主义以一种“公共舒适”的形式发挥作用，它允许身体延伸到已被形塑的空间。这些空间待着很舒服，是因为它们允许身体融入其中；社会空间的表面已经印压着这些身体形状的印迹（就像某些身体反复坐在一把椅子上，这把椅子就会被塑造成型一样：我们几乎可以看到身体形状在椅子表面的印迹）。空间延伸至身体，身体又延伸至空间；空间表面的印迹作为这种延伸的痕迹而发挥作用。吉尔·瓦伦丁（Gill Valentine 1996, 49）论证了，形形色色的重复出现的异性恋引导（广告牌上的图像、播放的音乐、对异性亲密关系的展示等）使得街道之类的公共空间的“异性恋化”（heterosexualisation）变得自然，而这是一个往往不为异性恋主体所注意的过程。街道记录了行为的重复，也记录了某些身体而非其他身体的经过。

异性恋正统主义也成了一种舒适的形式：面对一个已接纳了自己的世界，人们当然会感觉温暖，感觉更好。当一个人已经被这个世界所塑造，甚至已经获得了它的形状时，他就不会注意到这个世界的存在了。规范或许不仅是一种淡出视野的方式，也可能是一种我们不会有意识感受到的东西。如果你不栖身于异性恋的世界中，那么在面对异性恋的舒适时，你可能不会感觉舒适（你的身体无法陷入一个已具有形状的空间）。人们可能会要求同性恋不要让别人不舒服，不要表现出任何同性亲密关系的迹象。人们可能会要求你淡化它，或者你可能会决定淡化它，以免造成不适。让某些身体感到舒适，其代价可能是其他身体的艰辛与苦苦隐瞒的负担。

你是谁？你是什么？解释你自己。问题是可以带有情绪的：抛向你的尖锐话语足以令你头晕目眩。而你自己似乎成了那个坏脾气或情绪化的人，于是问题又来了。有人可能会说："怎么了？"或者他们可能会说："哪里不对劲？"也许这个问题来自亲密关系：她问，"怎么了？"因为她可以透过你的语调和表情看出你不对劲。但有时，我们可能在"某些事情是否不对劲"的问题上出错。如果问题能探察出某种感觉，它就能赋予那种感觉
124 以形式。你可能感觉无事发生；你可能没觉得沮丧。然后：人们问你"怎么了？"，好像只要有点风吹草动，你就会沮丧。"没什么。"你暴躁地说。你反驳别人的评判，这一行为却印证了评判；探察即赋形。

当你被问及哪里不对劲，这个问题指向的可能是你的性情；人们认为，你的表情和身体似乎在声明，某些事情不对劲。你可能的确是声明，某些事情不对劲。但是，"你怎么了？"这个问题并不总涉及情绪或性情。一个问题可以是一种情境。也许你在医院——一个当你出了问题时才会去的地方。正确和错误可以是健康问题。生病的时候，你需要解释自己感觉哪里不对劲。这就是我不对劲的地方。

一个问题可以是某种未被说出的东西。也许，当一个"错误"成为一个问题时，这意味着我们有某种关于"正确"的看法。你是错的，因为你不对；有些东西是不对的。一个正确的身体应该具有完善的功能；一个正确的身体是挺拔的；是健全的。一个婴儿降生时，为了确认一切正常，人们会逐一检查他的脚趾和手指。

一切都在

她完好无缺

所有的手指，所有的脚趾：一个完美无缺的正常孩子；一个正确的孩子。正如罗斯玛丽·嘉兰－汤普森（Rosemary Garland-Thomson）所指出的，根据安德鲁·所罗门（Andrew Solomon）的著作，残疾儿童可能会成为家庭中的外来者或陌生人。残疾儿童成了错误的孩子："这并不意味着残疾人在家庭或社区中不被爱或不被接受，但它表明了另一种方式，即先天性或早发型残疾可能会被理解为某种形式的错误，通常是一种善意的错误，因为它违反了预期中的同一——家庭的非残疾状态——的连续性。换句话说，先天性残疾似乎是一种错误属性，它基于这样一种叙事——这个家庭得到了一个错误的孩子，期望中的健全儿童被调包了，成了丑陋的'换生灵'（changeling）[i]。"（2014, n. p.）对健全儿童的期望使残疾儿童成了错误的孩子。当你的存在是错误的，你就会遭到错待。嘉兰－汤普森还注意到，残疾主体总是被问到"你怎么了?"。这个问题要求他们对错误作出解释。残疾人的经历的一部分就是被要求解释自己，解释自己是怎样变成这样的。一种答案可能会是，我生来便如此。嘉兰－汤普森指出，即使一些残疾是先天的，这些残障人士本不认为自己是不正常的，但当他们不被环境所接纳时，也会觉得自己是有缺陷的。历史就是这样变成坚实的"混凝土"的，我会在第六章详细讨论这一点。如果筑造环境是为了支持一些身体去做 125
他们力所能及之事，那么环境也可以阻止一些身体做事：一些

i　换生灵（changeling）又称调换儿、妖替子等，是来自欧洲的一种民俗传说。换生灵是妖精、魔鬼或其他传说生物的后代，丑陋畸形，妖怪秘密地将他们留在人类家庭当中，换走人类健康美丽的婴儿。——译注

身体与环境相遇的方式是不能。

一个人如何回答“你怎么了?”，这很重要。一个被弄成了个人问题（你怎么了）的错误可以证明，一个人是如何栖身于环境中的（对我来说不对劲）。我们可能没法躲避这些提问：遭到质疑的含义也在于此。于是，政治斗争就变成了：找到一种更好的回答问题并质疑问题的方式，因此，这个质疑某些存在的世界就成了我们质疑的对象。

机构性的工作

我们以一种与机构的规范不一致的面貌出现，具身体现了多元。在将一种安排正式固定下来的过程中，机构为某些身体而不为另一些身体打造居所。你可能会成为机构中的一个陌生人，或者——借用尼马尔·普瓦尔（2004）耐人寻味的术语——一个“空间入侵者”。多元化工作就是你的工作，因为你不符合现有的一系列安排。罗斯玛丽·嘉兰－汤普森这样描述“格格不入者”（misfit）：“当身体进入某个环境，而环境却不支持该身体的形状和功能时，格格不入者便出现了。身体和世界之间的互动产生了如鱼得水者或格格不入者，这种互动汇集于一些时空交汇点，动态但相对稳定的身体与环境在这些交汇点相遇。我们通过已建成并安排好的空间来定位自己的生活，而这些空间往往倾向于为多数人的身体提供适合的环境，却将少数的具身形式（例如残疾人）塑造成了格格不入者。”（2014，n. p.）当身体与事物或身体与世界之间的关系不协调时，我们就会格格不入。在早先的一篇文章中，嘉兰－汤普森将格格不入描述为“两个事物之间的不协调的关系：方枘圆凿”（2011, 592-93）。当你试图去适应一个其形状压根儿不适合你的身体的规范时，你就会创造一种不协调性。你就会成为一个不协调因素。正如我在第四章的结论中指出的，可及性成了第二种意义上的多元化工作：有些人必须更努力地工作，而这只是为了被接纳。

我想到了身体和衣服。随着时间的推移，一件衣服会更贴合穿着它的身体。一件衣服甚至会紧贴着身体。一件衣服越是紧贴身体，身体和衣服就越是协调。也许一个机构就像一件旧衣服。那些爱穿它的人塑造了它的形状；你如果有同样的形状，就更容易穿上它。我们可以用这些概念来重新思考特权：更容易穿。特权是一种“节能装置”。拥有特权意味着你的存在或行 126
动没那么费劲。如果你来路不明，别人不希望你待在那里，那么你的到达就已然不符合别人对于“你是谁”和“你能做什么”的种种期望了，那么对你而言，这个机构的形状就是不对劲的；这件针织衫不合身。你烦躁不安，试图让它变得合身，但你的烦躁更加表明了它有多么不合身。安妮特·库恩（Annette Kuhn）描述了一个就读文法学校的工人阶级女孩为何感觉“明显格格不入”（[1995] 2002, 111）。她给我们讲述了她校服的故事，描述了这种格格不入的感觉；当她那不合身的校服终于变得合身时，那件校服已经变得“寒酸”而“邋遢”了（111）。穿（wear）这个词最初源于日耳曼语中的“衣服”。持续穿着会损耗衣物，因此，“wear”一词又获得了“用尽，逐渐损坏”的引申义。当你终于能穿上某件衣服时，在引申义层面上，这也意味着这件衣服变得不太能穿了。它被磨破了；而你也累坏了。

你在试穿某件衣服时，你会看看衣服是否合适。尝试意味着承受压力。难怪：拒绝继承特权是一种尝试。

去具身体现多元也可以是一种尝试。你的身体成了机构的一项绩效指标。你成了打在方框里的一个勾。你可能是这么多进入大学的拥有工人阶级背景的学生之一；是这么多被大学雇用的有色人种之一；是这么多担任高级职位的妇女之一；是这么多残疾学生或工作人员之一。你可能已经很熟悉自己作为上述类别的一员这个身份了。也许作为少数族裔一员的你已经成了教授。我们可以把你称为“过客教授”（passing professor）。皮埃尔·W. 奥雷勒斯（Pierre W. Orelus）思考了人们为何常常对他作为一位有色人种教授的身份感到惊讶。他写道：“我在课堂上正式介绍自己后，有本科生用惊讶的语气问我，‘您真的是教授吗？’我有时会听到他们问自己的同学，‘他真的是教授吗’？”（2011, 31）。真的：真的？你确定？奥雷勒斯将这种提问方式——这种好奇心和惊讶感——与通常对移民提出的问题作了比较。被问及你是否真的是教授，这是另一种被变成陌生人的方式，陌生人即一具被置于压力之下的、格格不入的身体。

你必须陈述声明。“是的，我是一名教授。”你可能需要不断声明，因为在声明自己是教授的时候，你的说话方式可能并不像一名教授。“过客教授”是最需要坚持声明这一点的人。

有些人不得不坚称自己属于某个类别，因为这个类别本是为别人准备的容身之地。另一个故事：我们在系里与新生一起开会。我们一个接一个走上讲台，谈论自己的课程。会议主持
127 者则依次介绍我们每个人。她说，这位是某某教授。这位是某某教授。碰巧我是这个特定场合中唯一的女教授，也是房间里唯一的有色人种教授（后面这点倒并不令人惊讶，因为我是该系唯一的有色人种教授）。轮到我上台时，主席说：“这是萨拉。”

我是唯一的他们没用“教授”头衔介绍的教授。你在这里做什么工作？你该做些什么？多元化工作就是我们填补这种称呼中的空缺或犹豫的方式。如果你指出这一点，或者如果你要求他们在称呼你时使用恰当的头衔，你就是非得执意索求那些对别人来说很容易被给予的东西；不仅如此，人们还会觉得你这人没完没了，甚至，就这件事而言，你仿佛在自卖自夸（因为你坚持索求你应得之物）。也许有些人必须自卖自夸，因为其他人得益于其在社会团体中的成员身份，自然而然地得到了推介。你不仅得没完没了地提出要求，以便得到那些其他人自动获得的东西，而且你这些没完没了的要求恰恰证实了，你待在这儿是不正当的。而对于那些默认拥有居住资格的人，我们往往对他们获得的支持习焉不察。

或许，当你自己未获得默认的居住资格时，你会注意到这种支持。在第一章中，我提出，注意将你置于一个不同的世界。在这里，我想表明：你之所以会注意到一些东西，是因为你的身体将你置于一个不同的世界。还有一次，我和一个白人男性教授一起走进一个房间。我注意到大家的目光如何落在了他身上。这感觉就像飞机降落。啪嗒，啪嗒。你们一起走进去，但你们并没有得到同样的对待。也许他们认为你是一个助手，或者一个学生。他们把他看作教授，因为在他们的期待中，教授看起来就是这个样子的。他可能留胡子，头发花白。当然，他不只如此；毫无疑问，还有一些他们没有看到的东西。没错；这就是问题所在。当他被看作教授时，他也在另一种意义上没有被看到。他们看到的是他们希望看到的东西；他们把某个人而非另一个人看作教授。教授来了；他是教授；教授，您好。

多元化工作也许因房间里你的“消失”而起。你必须为了被看见而工作。或者，多元化工作可能是“你必须解释自己”的要求：你是如何到达某个地方的。又或者，多元化工作是你为了避免必须解释自己的到来而做的工作。有一种方式能让你无须再解释你的存在，这就是我所说的制度性通过（institutional passing）。制度性通过大体与此有关：努力不去引人注目，别那么与众不同（尽管努力不去引人注目又恰恰让你引人注目）。当你由于你所不是（因为你的身体、你的历史，或其他任何原因，所以你不是）而无法通过时，制度性通过可能就是你终究得完

128 成的事情。无法通过往往是因为你在某方面特别显眼。你可能因为太显眼的黑皮肤而不能作为白人通过；因为太显眼的残疾而不能作为健全人通过；因为太显眼的酷儿气质而不能作为异性恋通过；因为太显眼的跨性别特质而不能作为顺性别者通过。当你因不具备某种身份而无法通过时，你就必须更努力地工作，以进入或通过组织的大门。你可能会尝试不做少数群体的一员——那种强调自己属于少数群体的人——以求通过。你可能会尝试不去提要求，因为你知道在你出现之前，他们就认为你心怀苛求了；因为你出现了。

也许你通过不谈论自己的少数群体身份而通过了：仿佛通过忽略你之不是（being not），你对他们的侵入感就会减少；或者，仿佛通过忽略你不是白人、健全人、男性、异性恋、顺性别者，你就不会因为你所不是的面貌而被当成他者。当你不能消除使你成为陌生人的因素时，你允许别人忽略那些使你成为陌生人的因素。为了生存，为了安全地通过，更是为了不断前进，你可能会这样做。有一次，我试图为黑人和少数族裔教职

员工建立一个讨论小组。只有一个人参加了。当与同事讨论这一情况时，他说，许多黑人和少数族裔教职员工感觉，白人同事已经在把他们往好处想了；他们必须证明他们是凭自己的能力来的（而不是因为他们是黑人或少数族裔）。如果别人把你往好处想，那么你必须确保你的作为配得上这一看法。你可能必须与那些认为自己是少数族裔，并将“我是少数族裔”宣之于口或融入职业身份的少数族裔保持距离。制度性通过意味着，在一个机构内生存并实现职业发展，可能取决于不去挑战规范，甚至可能取决于我们能在多大程度上靠近规范（通过以正确的方式行事，对白人的靠近往往会转化成靠近某种可敬的中产阶级行事风格）。你需要看起来（更）像那些居于上位者，这样你才可能往上爬。若将这种努力视为同化（assimilation），想法未免太过简单。那些具身体现着多元的人会为他们不适应制度性的规范而付出越来越大的代价，这种想法将进一步加剧不公正，即规范将更支持和促成某些人的职业进步，而非另一些人。[i] 简单来说，一些人不需要为了确保自己的进步机会，而努力去靠近规范。而你则会接续这种靠近；的确如此，以后仍将这样。

有时，通过是为了试图不那么引人注意。我们只有在我们太显眼的时候才需要尝试不被注意到。而具身体现多元就是要引人注意。正如我们所知，多元往往是作为一种邀请提供给人们的。它可能是一句时髦的口号：欢迎少数群体。你们来吧，进来吧！受到欢迎是因为尚未成为群体的一分子，你是 129

---

i 值得说明的是，我见证了这种不公正。我曾经听到一个听众提出的问题，谈到黑人员工与组织价值观的“共谋”，仿佛因为他们是黑人，所以注定应该扮演反叛的角色，理应冒牺牲自我利益的风险，坚决不做组织的“共谋”。

一个客人或陌生人，你能否加入，全凭主人的欢迎（“欢迎”[welcome]这个词意为“友好的问候”，它出自“意愿”[will]一词，可以解释为“一个人的到来符合另一个人的意愿”）。的确如此，欢迎可以将我们引入一个不稳固的境地。“不稳固”（precarious）这个词来自“祈求、恳求”（pray），意为“一种倚仗另一个人的恩惠或意志而得以维持的境地”，这就是这个词具有“风险、危险和不确定”之意的原因。难怪：一个人的到来可能是不稳固的。如果你倚仗一扇开着的门，那么这扇门也可能很快把你关在外面。

我们又回到了那扇门，那个使一些人能够决定谁被放进来、谁不被放进来的机制。但是，他们邀请了你，单单这一点并不意味着他们希望你出现。一个有色人种出现时会发生什么？哦，在白色的汪洋大海中，我们是多么扎眼啊。

> 当我进入房间时，人们的脸上露出震惊的表情，因为他们以为进来的会是一个白人。我假装什么都没察觉到。但在面试中，人们有点坐立不安，因为他们没想到出现的会是我这样的人。所以这很难受，也很不舒服，我可以看出他们的不安和躁动，因为他们来来回回摆弄着笔，他们的面部表情也同样透露出这一点。他们不舒服是因为他们没有料到我会来——他们如果知道我是黑人，也许就不会邀请我，当然我也感觉非常不舒服。我在想他们是否对我心怀偏见。

他们并不期待你的到来。不舒服包括难以适应。烦躁不安、摆弄抽动，对一个不速之客的身体反应。

我假装没察觉到什么：多元化工作意味着努力不去注意你自己的到来所带来的麻烦。这涉及假装；这不是假装自己之所不是，而是假装没注意到你不符合他们的期望。如果你引起了不适（因为没有满足人们期盼中的白人性），那么你必须努力让他们觉得舒适。你必须在白人性当中找到一条你的路——不是成为白人，而是将差异的迹象最小化——由此通过。另一位有色人种的女性描述道："我认为，人们在面对有色人种时总是心怀疑问，这个女人的真实面目究竟是什么。[……]他们对任命有色人种担任高级职位感到紧张。因为如果我有点与众不同，穿着纱丽[i]，想有祈祷时间，开始惹乱子，坚持自己的文化，我相信他们会采取不同的态度对待我。"某些形式的差异被认为是过分的，是在惹乱子。某些形式的差异被清晰地辨识为任性 130
与顽固，似乎你同大家唯一的区别就是你坚持己见（表现出不同）。压力迫使你不去坚持自己的文化，这成了你通过或融入群体的要求。请注意这种压力何以具有情动的性质：你把潜在的紧张体验为一种威胁；你试图不让别人的某些担心应验，借此回避那些焦躁的目光。也许你不再穿纱丽；你不再想要祈祷时间，等等。或者，你可能还是做了这些事情，因为你无法选择不去做这些事情，这样一来，你就又会去找其他不惹乱子的方法。

有时，正因为你尝试不让自己看上去像个陌生人，你看上去才更像个陌生人。当你因为外表而受到关注，多元化工作就是情感劳动。为了不落入别人对你的成见，你不得不管理自己

i　纱丽（sari）是印度、孟加拉国、巴基斯坦、尼泊尔、斯里兰卡等国妇女的一种传统服饰。——译注

的身体。下面这段话出自一位黑人男性多元化培训师之口：

> 作为一个黑人培训师的另一个重点是，我必须建立融洽的人际关系。那么，我是通过成为游走于黑白之间，两头讨好来做到这一点，还是通过努力用我的学识赢得尊重来做到这一点？我是用友好的方式呢，还是摆出一副冷漠、事不关己、孑然独行的样子呢？这一切对身边的人们又意味着什么？在我看来，我的行为很可能与房间里的人无关，因为实际上，他们脑子里的刻板印象早已准确稳固地落地生根了。

刻板印象让建立融洽的关系成了一种要求，而无论你遇到的是谁，刻板印象又似乎是固定不变的。建立融洽关系的要求采取了一种永久的自我质疑的形式；一种情感劳动——当别人对你持有不变的看法时，无论你怎么存在于世，你都得问问自己，到底该做些什么。事实上，在某种程度上，我们将种族主义的后果视为一个自我呈现的问题来应对：你试图不去满足于某种刻板印象，它是某种关于你是谁的想法、某种关于你将如何的期望，它固定在别人的头脑中。正如他进一步描述的那样：

> 不要用令人不悦的眼神直视白人；不要向他们展示攻击性的身体姿势。我的意思是，比如说，我打算去买一副眼镜，因为我知道眼镜可以柔化我的脸，我留短发是因为我的头发日渐稀疏，总之，我需要一些东西来柔化我的脸。但是说白了，我其实是在——反击一种刻板印象；我在反击关于黑人男性的性别刻板印象，没错，我搭上了所有的时间来反击这种刻板印象，我让我的语言、行为和语

调都尽可能地带上英国风格。我非常小心，就是非常小心。

在第二章中，我提出，当人们认为你过于强硬时，微笑就成了
柔化外表的必要手段。在这里，通过意味着柔化你的外表。你 131
必须努力不表现得有攻击性，因为在你出现之前，别人便默认你有攻击性。收敛攻击性的要求可以被体验为一种身体政治的形式，或一种言语政治（speech politics）：你必须小心注意你说的话、你的外表，以便最大限度地拉远你和他们对你的看法之间的距离。在白人性的机构中当一个陌生人的经历就是永远保持警惕的经历；就是这样的经历，即你不得不保护自己，以应对那些把你视作危险来源的人——他们觉得为了保护自己，应当远离你。然而防御并不总会奏效；我想我们明白这一点。

多元化工作就是你不得不尝试让别人对你存在这个事实感到舒适。制度性通过也可能需要在自己的身体上下功夫，以努力做到好说话、可通融。重新安排自己身体的努力成了重新安排过去的努力。但过去不仅难以改变，而且对于你将要出现在他们面前的人来说，你的过去往往是他们所不承认的存在。

制度性通过可能事关把你与制度性规范的差异迹象最小化。或者说，制度性通过需要把你与人们的预期（对于与规范相异者的预期）的差异最大化。于是，制度性通过也会包括你为了通过而跳出人们的预期所做的工作：你试图不做愤怒的有色人种，不成为惹麻烦的人、难缠的人。你必须证明，你愿意主动减轻你的不同给别人带来的负担。在这里，扫兴鬼也出现了，不过，此处的他是我们必须放弃的形象；由于或当人们认为我们太严苛，制度性通过就是去履行幸福的责任，柔化我们的外表，

保持微笑。我们的微笑是对他人的补偿，我们几乎仿佛是在为自己的存在道歉。当然，如果我们需要假装幸福，那么我们压根儿就不幸福。有时，我们拒绝放弃扫兴鬼的形象；我们声称她存在，伸张她在场的权利；我们甚至可能自称是她，或者以她为业。扫兴鬼可以任性地出现，从这一情况中我们明白：有时，我们无法承担以扫兴为业的代价，无论我们是否被指派了扫兴鬼的形象。

结论：质疑存在

问题在四周徘徊，这是一种喃喃的嘀咕，随着某人到来，这嘀咕声更响亮了，清晰可闻。也许我们能料想到这种嘀咕声；也许我们也嘀咕着；我们成了“问题合唱”的一个声部；我们也许会开始质疑自己。我属于这里吗？我会被挑出来吗？我适合这里吗？于是，“我是 / 我存在”变成了“我是吗？/ 我存在吗？”

132 也许我们中的任何一个人都能感受到那些关乎自身，也须由自己独立承担的问题的重量。无论人们向我们提出了什么问题，我们亦可以寻求提出这些问题。毕竟，教育的目的是把生活作为一个问题再度抛出；事物重构之前的悬置时刻，就是被抛出的时刻。抛出东西意味着被打开。有许多种将我们抛出的方式：我们遇到的事，我们遇到的人。也许特权提供了一些保护，使人们免于被质疑或成为可疑的人：缓冲区就是一个没有问题的区域。也许我在这里描述的质疑模式涉及一个身体如何被识别为与某个居所中的受质疑的群体有关。这就是你为何会继承一个问题，为何会在到达之前就已经是一个可疑的人。

如果我们的身体完全符合别人的预期，我们大概就不会对发生的事情如此感兴趣。作为一门学科的文化研究缘起居无定所的生活经历，缘起不被栖居之地接纳的经历，缘起工人阶级的孩子进入精英机构的经历，缘起离散的孩子们最后汇集于同一机构的经历。当你不适应，你会烦躁不安。躁动的身体多么迅速地表现出了你不在正确位置的样子。眉毛都竖起来了。真的；真的？你确定？

我所说的多元化工作包括将问题转化编写为一本目录。目录并不假定每个问题都是相同的问题，但它是一种听到连续性和共鸣的方式。它是一种思考问题何以累积的方式；一种思考它们如何对接受提问的人产生累积效应的方式。你可能会因为被要求给出答案、解释自己而筋疲力尽。编目这些问题不是一项忧郁的任务，即使有些问题被体验为创伤性的、困难的或令人疲惫的。厘清、叙说我们无所栖身的经历不仅是一堂悲伤的政治课，也是一堂去弄清“我们为了继续前进，不得不放弃哪些东西”的课程。无论如何，想想这些吧：为何我们因为不得栖居，反而对机构中的生活有了那么多的了解；为何当你不完全属于某些类别，我们所属的类别反倒变得那么清晰可辨。当我们不再隐没退回自己的出身，而突破它或与之分离开来，我们就能将我们的出身从幕后带至台前：在我们去应对某些问题之前，我们必须直面，这些问题在多大程度上取决于你的出身。

一次质疑可以成为政治兴奋和兴趣的来源。想一想：当你不能沉下身心，当你烦躁不安，四处走动，藏在出身和背景中的东西就会跳到你面前，化为一个以特定方式聚集起来的世界。换句话说，不适感能令事物移动。我每次对世界的敞开感到愉悦和兴奋的经历，都是从这种稀松平常的不适感开始的，椅子 133

坐得不太舒服，没空位了，一个人坚持自己的立场。如果我们的起点是一个无法放松陷入椅子的身体，那么我们所描述的世界就会是完全不同的。也许在这里，我们说的是关于重新定向的承诺。

或者，迷失方向

闪烁踟蹰

从无法沉入一个世界的角度来描述一个世界把寻常之物变成了问题。当我们受到质疑，我们也会提出质疑。回到第一章的讨论，在事物没有退却的时候，我们也许会对它们感到疑惑。你知道壁炉架上有个花瓶。当它消失时，你会注意到。它的不在场将它变得引人注目；由于事物不在它应该在的地方，你会突然意识到它的存在。花瓶怎么了？它去哪儿了？这便是一个故事的开始：有些东西不见了；你察觉到它了。

许多政治工作都是从迷失方向的时刻开始的。迷失方向包括那些没走通的方向：身体居住在没有扩展其形状的空间，或使用没有延展其范围的物体。在这个失败的时刻，“这里”变得奇怪。例如，不遵循白人性的标准的身体可能会在自身的轨道上被拦住：这不一定意味着你被阻止前往某地，但它确实改变了你同这里的事物的关系。当你成为陌生人，成为一个显眼或与众不同的人，世界并没有退却。哪怕对你来说，当陌生人的感觉已经成为一种熟悉的感觉，周遭的事情仍旧可能变得倾斜。因此，迷失方向可能会四下移动；它不仅意味着身体成了物体/客体，而且涉及物体/客体如何聚集，以创造一个地平面，或在地平面上清理出一块自己的空间。如果你的到来会搅动整个画面，那么作为到来者的你就会感到万分不安。

弗朗茨·法农（Frantz Fanon）在他对西方本体论（对存在的研究）的有力批判中前行，这一批判开篇描述了巴黎的一个黑人遇到一个白人小孩的日常。成为一个黑人就是被“封入那毁灭性的物性中”，被白人性所封印（Fanon[1967] 2008, 109）。

被白人性所封印

作为封印的白人性

我们从弗朗茨·法农那里了解到迷失方向的经验，作为物体泯于其他物体的经验，被打碎的经验，被白人凝视中的敌意切成碎片的经验。法农表明，白人成了普遍性。或者就像刘易斯·戈 134
登（Lewis Gordon）所描述的：“据说，白人是普遍的，而黑人不是。”（1999, 34）黑人：不是普遍的。不普遍：特殊。不是白人：特殊。特殊意味着继承了一个要求，即讲述你那段特殊的故事。他们想从你嘴里听到你的故事。如果你开口说话，那么无论你说什么，都会被认为是在说你自己。成为特殊的人意味着被锁在一具身体里。如果我们从这个要求说起，如果我们捕捉到了我们是如何被掌控的，那么我们就是在任性地顶嘴。这是一种期盼：那些被锁定为特殊者的人能让普遍性走下神坛。我们可以通过展示我们是如何被锁住的，我们是如何被封印在客体或物中的，我们何以不是主体、不是人类；不是普遍的，来解开（dislodge）一个闭锁的屋子（lodge）。我们有许多历史，在不同的时刻来到这里，我们中的那些人以某种方式发现了自己的种种“不是”。“不是”可以成为反叛的基础。不是，不存在，受到质疑；这可以是一串我们背后的密切关联。这串密切关联可以是受到质疑、作为一个问题而存在所带来的惊愕。

受到质疑就是质疑存在。

第六章

砖　墙

Brick Walls

到目前为止，我已经在两种意义上仔细思考了多元化工作：当我们希求改变一个机构的规范时，我们所做的工作；当我们不完全栖身于这些规范中时，我们所做的工作。这两种意义往往交汇于同一个身体：那些不完全栖身于机构规范中的人，常被赋予了改造这些规范的任务。

这个交汇点往往是我们的发力点（laboring point）。如果你不是白人，不是男性，不是异性恋者，不是顺性别者，不是健全人，你就更可能出现在多元化和平等委员会里。你拥有越多的“不是”（nots），就可能会出现在更多的委员会中。不做这些“不是”的人，就意味着不大可能去做这类工作。鉴于多元化工作通常不受组织的重视，那么不做这个，就意味着有更多时间去做更有价值的工作。我认为这一点非常重要：我们必须做的很多事情，都源于我们因“不是”而得不到认可。当我们在两种意义上都是多元化工作者时，这两者往往都被掩盖了，好像做多元化工作只需要充当多元化的存在，或者好像充当多元化的存在就是我们要做的一切。事实上，正如我在第五章中所展示的，对于多元化工作者来说，存在从来不是“待着就可以”。你必须去做很多事情，才能使自己存在。

在第二章中，我提到了一位从业者对多元化工作的描述，“用头撞墙的工作”。当我们在做多元化工作时，墙经常出现。相关工作者经常使用与墙相关的表达来描述他们的工作。在这一章中，我想对墙、砖墙、制度性的墙进行反思；那些历史的
136 固化变成了现在的障碍：那些被我们体验为有形之物的障碍；那些实质性的障碍。我们经常使用有关“墙”的诸种表达，来谈论那些阻碍我们实现愿望或完成行动的障碍（一个明显的例子是马拉松运动员使用的表达——“撞墙”[i]）。在本章中，我将说明，通过认真讨论“墙”——作为一种隐喻，但又不仅作为一种隐喻，我们可以提出一种唯物主义，论证历史是如何变成“混凝土”的。墙促使我们思考障碍何以是有形的，思考在这个世界上，这些障碍又如何只是针对某些身体的障碍。如果多元化工作的两种意义在我们的身体中交汇，那么它们也在这里交汇：砖墙之上。

坚硬的历史

我的工作常常与多元化工作是一种“用头撞砖墙的工作”这一描述如影随形，我们就从这里说起。这个说法中的砖墙的作用是什么？当我们使用这种说法时，我们并不是说在我们面前有一堵真正的墙。那里没有惹人注目的奇观，也没有高耸入云的

---

i “撞墙”（hitting a wall）是马拉松比赛中的一种常见现象，指跑步过程中出现的糖原消耗殆尽，伴随极度疲劳和低落的情绪，难以继续完成比赛的一种身体反应。——译注

东西；没有任何可以让我们指着说“它在那里”的东西。我们可以从这里入手，那些我们未提到的东西暗示：砖墙是一个隐喻。这个表达暗示，做多元化工作就像用头撞砖墙。这个隐喻似乎指向一种感觉的性质：做多元化工作的感觉就像这样。

但我们仍然可以问：这个隐喻是什么意思？我在写《论被接纳》的时候，编辑建议我在讨论墙的时候把有形的（tangible）这个词去掉，因为我所指的墙是隐喻的墙，而不是字面意义上的或实际的墙。在被用作隐喻时，在有形的意义上，墙不是真实的，不是可通过触摸感知的东西。但在表达这些制度性过程是如何成为某种可被触碰到的东西时，这个隐喻（某物像某物）似乎很重要。墙是你要面对的东西。它是一种物理的接触；一种发自内心的遭遇。当我写下这些话的时候，我一开始可能并不是在谈论字面意义上的墙。墙是一种迎头撞上的效应。

相似性就是这种效应。

现在我们正在谈论它。

我想回到第四章中讨论的一个例子，以此作为一个撞上砖墙的例子。在这个例子中，一个组织通过了一项新政策，要求学术面试小组的所有学者都要接受多元化培训。这位从业者谈到了，
人们用了哪些方式几乎阻止了该政策的实施。一项政策必须 137
在组织中通过：它必须被写成提案，在委员会中得到讨论，在会议记录中被记为同意，并在成为政策之前传达给更高级别的委员会。在这种情况下，最终，经过多方不懈努力，一项政策得到了上级委员会——一个可以授权其他委员会下决定的委员会——的同意。但仍然没有任何改变发生。就好像根本没有人听说过这项政策一样。在这个例子中，有很多事情都可以阻止

事情的发生。可能是会议记录中被删除的内容；可能是同意该政策的多元化委员会成员里没有人在上级委员会中；可能是上级委员会中没人注意到被删除的内容；但这些都不是问题所在。问题只是：尽管这项政策已经通过了，但那些受雇于该机构的人表现得好像这项政策并没有通过一样。

我们需要理解这些机制。我们需要把僵局或阻塞转化为能让我们深入思考的情境。我们从这个例子中了解到，通过某些事情、达成一项协议恰可阻止这些事情的发生。做多元化工作让我明白，同意某件事是阻止某件事发生的最佳方法之一。同意某事是一种有效的阻止该事发生的技术，因为这样组织便能规避不同意此事的代价。

砖墙不仅事关阻止了什么，也事关怎样去阻止某事。一堵墙即一个防御系统：如果这里的堵塞物被疏通了，那么它会在其他地方重新出现。作为机构中的一名“管道工”，你常常会觉得落后于你所遵循的东西。我怀疑，在落后于机构的感觉和那种在快速前进时被拦下的扫兴鬼的感觉之间，存在一种联系：好像你必须快速地追赶别人。你确实必须赶路：阻碍你的东西似乎就在你前面。墙指的是一种保持在原位或停在原地的东西；它是静止不动的。然而，阻拦的机制本身却是移动的。要使某物保持不动（要使一个机构不被改造它的努力所改变），防止它移动的手段就会随之动起来。

墙是一个发现。让我总结一下这个发现：那些去阻止运动的东西

自身会移动。

我们从中明白：当你注意到某物在动时（运动往往是会吸引我

们注意的东西），我们并没有注意到那些留在原地的东西。

我仍然可以听到这样的观点：但砖墙难道不是一个隐喻吗？并不是真的有一堵墙啊；它不是一堵真正的墙。这是对的。真实的墙虽不存在却胜似存在，因为存在于这里的东西，其影响跟墙没什么两样。但又不对：如果有一堵真正的墙在那里， 138
那么我们便都能看到它或触摸它。墙只是一个隐喻，这一看法使得机构的墙变得愈加坚硬。因为你要面对的是别人看不到的东西；而且（这更加艰难）你要面对的是人们通常煞费苦心去无视的东西。毕竟，如果不是多元化工作者试图改变现有政策，这堵墙就不会出现。墙的出现是对修正现有安排之努力的回应。没有修正的尝试，墙就没有存在的必要；没有什么需要被拦下或阻止。

多元化工作是艰难的（hard）[i]，因为你迎头撞上的东西对别人而言并不可见。我一直在说，在困难的意义上，多元化工作是艰难的。但是，砖墙是坚硬的（hard），这是在其他意义上说的。在物理学上，硬度是指材料在力的作用下对变化的抵抗力。一个东西越硬，我们需要施加的力就越大。当我们使用“用你的头撞砖墙”这个描述时，我们指的是你所遭遇的东西很坚硬。让我们谈谈实际的墙。墙很坚硬；重要的是，墙是由硬的东西砌成的。比方说，这堵墙是用水泥砌成的。水泥是一种黏合剂：一种会凝固和硬化的物质，它能够将其他材料黏合在一起。水泥可以让砖块牢固地黏在一起，成为墙壁。对于墙的功能或作用而言，硬度是必要的。一堵墙有其职责。它也有自己的职位

---

i 本章及后文中，作者常常使用“hard”一词的多义性，形容多元化工作因面临“坚硬”的墙壁而变得异常“艰难”。——译注

描述。

你可以见证墙壁的硬度。假设你往墙上扔东西：一个小物件。你可以通过扔出物的情况来判断墙有多硬：墙的表面可能因为撞上去的物体的力而被划伤。而这也是做多元化工作的感觉：划伤坚硬的表面，被坚硬的表面划伤。物体可能会因为它遭遇的力而分裂破碎。在这里，硬度是一种通过事物间的相遇而显示出来的特性。多元化的工作当然涉及事物间的相遇：我们的身体也可能是那些被扔到墙上的小物件，墙即那些沉积的历史。看看会发生什么。哎哟。而且它也许会一次又一次发生。用头撞墙——我们感觉这个短语的关键是一种重复的痛点。墙屹立不动，因而感到酸痛难忍的人是你。我如果试图去改变一些随着时间推移变得愈加坚硬的东西，就会撞上一堵墙。我真的是这个意思：墙是抵抗“强力改变某事”的物质阻力。抵抗转变的物质性：多元化工作者非常了解这种物质性。我们就生活在这种物质性中。

物质性：如果我们被什么东西击中，我们就会意识到它。
139 当然，我们从《达洛维夫人》那里明白了，你可能在意识到某些东西之前就被它所击中了。如果我们一次又一次地被某物击中，那么我们的身体可能会把这种冲击视为一种预期：墙壁会出现的。多元化工作者意识到砖墙，是因为在官方对多元化作出承诺之后，砖墙依然屹立不倒。时机很重要。正是为改造机构付出的实际努力使这堵墙变得清晰可辨。

让我们在这里明确一下，这种实际努力是某个人的努力：这是一个多元化工作者的努力；是她的血、汗、泪。我之所以能够分享这个故事也得益于一个多元化工作者的努力。我曾经认为，作为研究者，我是在生产关于多元化工作的数据，但后来我认识到，多元化工作生产了它自己的数据。我们正在通过展示机构何以是厚重（thick）的，来丰富（thickening）我们对机构的描述；在这里，厚重指一个深厚或沉重的团块（mass）。

多元化政策没能导向任何改变的故事是一个让人干着急的例子，它具体实际地说明了经常发生的事情。但是，虽然这个故事使一些东西变得有形，但它也向我们展示了一些东西是如何通过顽固地保持无形状态而得以再生产的。毕竟，多元化工作者必须努力说服别人相信政策的存在，尽管她有该政策存在的书面证据（“我可以给你看会议记录”）。她有证据；她可以指着它；但她却好像没有东西可以展示一样。我们从中了解到：无形性可能正是抵抗的产物；它甚至可以被描述为一种制度性的成就。

多元化工作：你了解到，有形性是一种如此重要的现象。例如，近年，我参与了一项应对大学中性骚扰问题的行动。而这也是一次一再碰壁的经历。正如莱拉·惠特利和蒂法尼·佩奇（2015）所表明的，在为性骚扰问题定位时有一个问题。首先，一堵墙会出现，它会阻止学生投诉。在明言劝告或潜台词劝告后，学生往往会被有效阻止：你如果投诉，就会损害你的职业生涯（这可以作为一种威胁发挥作用：你会失去那些能助你进步的社会关系）；或者，你如果投诉，就会害了你的教授（他的声誉会受损）；或者，你如果投诉，就会毁掉一个中心或集体（通常是那些与批判性和进步相关的集体）。而一旦你投诉了，另一堵墙就会出现。证词被认作对教授声誉的伤害，会阻止他获取应得的利益。关于性骚扰的投诉不会被公开，这是一种保护组

140 织不受损害的方式。即使投诉成功，即使（侵犯者的）合同被终止（这很罕见），或有人没有面对法庭而是选择了就此走人，人们也会觉得仿佛所发生的事情从未发生。任何人都不允许谈论它；没有人说起它。一堵墙可能是为了阻止投诉被提出而做出的努力。如果投诉被提出，那么墙就成了应对投诉的东西；有墙的存在，投诉就不会扩散到整个系统。

事实上，仅仅是谈论性别歧视和种族歧视，往往便会被认作对机构的损害。如果谈论性别歧视和种族歧视被认为作对机构的损害，那么我们就得去损害机构。而机构的回应则往往会采取限制损害的形式。这就是为什么多元化常常以机构的形式出现：限制损害。

当你试图改造已经成为物质性的东西时，你会遇到抵抗改造的物质性。性骚扰具有物质性。它是一个阻止信息传播的网络。它是一套同盟机制，当需要阻止一些事情时，它便自动激活；它使投诉被搁置或成为机密，从而使其永远不会出现在公共领域。请注意：有这么多复杂的事情在同时发生。这不是由哪一个人组织起来的活动，甚至也不一定是一群人的秘密会议（尽管可能确实有人在开秘密会议）。所有这些活动，无论多么复杂，都维持一个方向不变；它们各有其出发点。方向并不要求某些事物从一个单一的点出发：事实上，一个方向正是通过看似不相干的点之间的一致性而得以实现的。事物结合在一起，形成了某种坚实而有形的东西；纽带成为约束。如果某一个元素不能提供支持，或发挥约束作用，那么另一个元素同样会提供支持或约束。这个过程颇像用于造墙的水泥：某些东西凝固成了一种提供支撑的模式。这是一种使事物硬化的设置。也许当人们注意到复杂性，甚至低效和无序的时候，他们并没有注意到（用于固定与黏合的）水泥。当你说存在一个模式时，你会被视作偏执狂，仿佛在你的想象中，所有这些复杂性都衍生自一个单一的点。

一种被体验为重量的模式。我们从中了解到：试图让某人承担责任，这一行为要面对的不仅是个人，还有历史——那些已经硬化的历史，它阻止了那些试图阻止正在发生之事、希望使其不再发生的人。这段历史的重量可能会扔到你头上；你可能会被它击中。请记住，“骚扰”（harass）这个词源于法语的“harasser”，“累坏了，烦死了”。当你谈及骚扰，到头来你可能会变得浑身筋疲力尽（harassed）。骚扰是一个网络，它通过增加信息流通的难度来阻止信息的传出。它通过让某人筋疲力尽来阻止他。发生在政策上的事情也会发生在人身上。尽管有书面记录，尽管有证据，但政策还是会消失，或者甚至正因为有 141
证据，所以政策消失了。他们使之浮出水面的东西、他们试图让人看到的东西也会让人消失。有时你作出这些选择：习惯它，或者摆脱它。难怪，如果这是唯二的选项，那么很多人会选择摆脱它。

性骚扰——更普遍的欺凌同样如此——通过增加对抗某些东西的成本来发挥作用，它使接受某些东西比对抗某些东西更容易，即使这种接受本身即你的削损之所；你占据的空间越来越小了。正是因为我们感知到了这堵墙，我们最终不得不修正我们的感知（也许这就是“习惯”的意思）。你也许感觉自己没法承受与周围人疏远的代价；你不仅可能因此失去获得物质资源的机会（推荐信、奖学金、教授的课程），而且可能失去朋友，失去重要的关系。也许你还会开始觉得，这堵墙存在于自己的脑子里。我会在第七章再次提到这个内在墙壁（inside wall）的想法。这一切都好像只与你有关，其他人似乎一切照旧。你可能最终会怀疑自己，疏离自己。也许到那时你会努力不再提出问题。但留下一种令人作呕的感觉萦绕在你身边。

因为在你周围，人们也部分地看见了墙壁，而这种部分地看见同时也是一种辩护：哦，他有点好色；哦，是的，有人警告过我要小心他；哦，那不过是醉话；甚至，那可能只是一个微笑、一个玩笑，甚至也不排除真的存在某种特定的感情（affection）。这种感情被结构为一种对学生——那些考虑着、在披露事实的边缘徘徊的学生——的吁求：让这事过去吧；放过他。围绕着这种感情，建立了一种文化，也就是说：骚扰者通过被宽恕而得到支持，仿佛他们的恶习即我们的美德。而那些知道这不对的人，尽管他们试图说服自己不这么想，即使他们试图尽量弱化那些大量存在的虐待，但他们依然会感觉一切都变得越来越不对劲了，会感受到这种错误强大的力量，当墙壁最终进入视野：她不好；我不好；这一切都不好；“我怎么就让它发生了？”

内疚；羞耻；它们会泄漏出来，洒得满地都是。也许有时候我们就是做不到这一点；这意味着，我们要做好被拆解开来的准备，而正如我在第一章中讨论的那样，我们并不知道我们是否做好了将自己重新组装起来的准备。我在那一章中还探讨了暴露问题为何就是提出问题。我们现在可以理解了，如果暴露一个问题就是提出一个问题，那么你所暴露的问题并不会被人看见。暴露本身成了问题。如此一来，那些不会撞上墙的人把那些谈论墙的人当作墙的筑造者，这就不足为怪了。我们又回到了女性主义扫兴鬼。她很快就会出现了。女性主义扫兴鬼被理解为墙的筑造者。筑墙者是使事情变得比原本所需的难度更难的人；她使事情对她自己来说变得更难了。只需回顾一下多元化工作者的话就知道了："他们就那样看着我，好像我在说一件非常愚蠢的事情。"当她指出政策的时候，当她试图表明有机构在支持她的时候，我们都可以想象到人们在翻白眼。 142

一堵墙出现了，它被重塑成了非物质的墙，成了幻影，成了我们阻止自己被接纳的方式，成了我们阻碍自己的行为或存在的方式。通过制度性的砖墙来思考物质性，目的是提供一种不同的思考身体和世界之间的联系的方式。物质性与什么是真实的有关；它是某种真实的会妨碍运动，从而阻拦进步的东西。但这个东西并不总能为人所理解。它可能是一种对事物的安排，一种社会性的，同时也是物质性的安排，它阻拦了一些事情的发生，或一具身体的通过，或信息的流出。它可能是某种势头的力量，它裹挟着某些东西向前，一路捡拾越来越多的东西，从而获得越来越大的重量，以至于几乎无需个人意志，事情便偏向了那条路，身体也偏向了那条路。我会在本章的最后一节回到了这个"几乎"（almost）。这意味着，那些真实之物，那些具象意义上的最为坚硬的东西并不总是一个现成的可（从某些视角）感知的对象，也并不总是一个现成的可触碰（甚至是被那些坐在同一张桌子上的人触碰）的对象。对某些人来说最坚硬、最困难的东西，对其他人来说甚至并不存在。

一份生活描述

第二种意义上的多元化工作也涉及碰壁。当我们无法居于某个规范中时（当我们被质疑或质疑自己是否是“它”，是否能通过或进入“它” 时），它就会变得更加明显，就像那堵机构的墙：它不允许你通过。

一份职位描述可能是在描述一堵墙。

一份生活描述可能是在描述一堵墙。

我已经指出了，墙是如何在多元化工作者谈论墙时变成幻影墙的，仿佛只是因为我们谈论墙的存在，墙才开始存在的。当并没有什么东西真的挡了我们的路时，挡路的就是我们自
143 己。我们必须把我们知道的呈现出来：墙并不只是那些感知（perceptions）。但感知仍然是重要的。有些感知便是墙。别人对你的存在的感知便会阻碍你的存在。

让我们回到我在第一、五章中对陌生人危险的讨论。基于一些技术——身体技术、惩戒技术——某些身体被认作陌生人，是“不在其位之身”，是不属于某些特定地方的身体。这些技术在邻里守望计划（Neighborhood Watch programs）中被正式化了，在这个计划中，公民必须辨识出陌生人以保护他们自己：他们的财产、他们的身体（Ahmed 2000, 2004）。辨识陌生人成了一项道德和社会命令。一些身体瞬间被判为可疑或危险的身体，令别人感到害怕的对象，这种判断是致命的。对一个身体来说，没有什么比这更危险了——社会一致认为该身体是危险的。简言之：被看作是危险的，这很危险。

有太多这样的案例。试看一例：2012 年 2 月 26 日，一个年轻的黑人男子特雷沃恩·马丁（Trayvon Martin）被乔治·齐

一份生活描述

默尔曼（George Zimmerman）开枪打死。齐默尔曼是他所在的邻里守望计划的核心人物。他正在履行公民的邻里责任：找出可疑的东西。正如乔治·扬西（George Yancy）在他那篇重要的
144 文章《作为黑人行走》（Walking while Black）中指出的，我们从齐默尔曼打给调度员的电话中了解到特雷沃恩·马丁在他眼中的形象。齐默尔曼说：“‘有个非常可疑的家伙。’他还说，‘这家伙看起来不怀好意，他或许在吸毒或干别的什么勾当。’当调度员问他时，他立即回答‘他看上去是个黑人’。当被问及他穿什么衣服时，齐默尔曼说‘一件深色卫衣，好像是灰色的’。后来，齐默尔曼说，‘他正朝我走来。他的手放在腰带上’。接着又说，‘而且他是个黑人男性’。”（Yancy 2013, n. p.）如果说有些问题是变相的断言，那么有些断言就是：断言本身。注意那些棘手的语义滑动：可疑，“不怀好意”，朝我走来，他看上去是个黑人，一件深色卫衣，穿黑色衣服，是黑人。最后一句描述准确地陈明了齐默尔曼打一开始就看到的人。他看到的是一个黑人，他的第一句描述——“有个非常可疑的家伙”——已经暗示了这一点。他不怀好意：他的手放在腰带上；因为他在这里，所以他随时可能掏出枪。不管这个手无寸铁的（unarmed）黑人是否持有武器，人们都会认为他持有武器。他被看作全副武装之人（armed）；被看作武器 / 手臂（arm）。不听话的手臂又出现了。当你的整个身体被看作一种潜在的武器时，你就成了手臂。手无寸铁；全副武装；武器 / 手臂。

让我再重复一遍：对一个身体来说，没有什么比这更危险了——社会一致认为该身体是危险的。后来，当齐默尔曼没有被证有罪时，人们对这一法庭的意见有了追溯性的认同：齐默

尔曼感到恐惧是对的，他对这个年轻人的谋杀是自卫，因为特雷沃恩是危险的，因为正如扬西所描述的那样，人们已经基于他现身的方式、他何以如此现身而对作为黑人行走”的他下了判决，判处了他死刑。种族歧视是一个感知（perception）问题，正如克劳迪娅·兰金（Claudia Rankine 2014）那生动而令人信服的表达：一个黑人的身体被放大了，它看起来更巨硕了，像个恶魔；移民似乎也越来越多，像一片沼泽，四处扩散。这种感知无论有多么错误，法律都会使之成为一种权利；杀人的权利是将对方视为错误或错误地感知对方的权利。种族歧视使一个错误成为一种权利。[i] 如果种族歧视是一个感知的问题，那么感知就是重要的。

陌生人是一个黑暗（dark）的暗影中的形象。我在这里特意使用了黑暗这个词：这是一个无法与种族化的历史脱钩的词。以一种仿佛能够摆脱那段历史的姿态使用这个词，恰恰意味着被那段历史缠住了。由此，这种对他人的感知本身就是对他人的印象：以陌生人的身份出现就是以一种模糊的形象出现。陌生人的形象越模糊，可以被识别为陌生人的身体就越多。种族歧视是一种钝化的工具。例如，拦截和搜查就是一种以这种钝感为其要点的技术：站住！你是棕色人种！你八成是穆斯林！你八成是个恐怖分子！这种工具越钝，被拦住的身体就越多。因
此，要探究身体为何在到来之前就被视为是危险的，我们不能 145
从遭遇（一个身体被另一个身体影响）之时开始，而是要追问，遭遇是如何以这种或那种方式发生的。身体反应的即时性受在

i　此句原文为“Racism makes a wrong a right”，“right”一词有双关之意，既指权利也指正确，因此，这句话也可理解为“种族歧视使错误变成正确”。——译注

主体之前便已存在的历史的影响，在某些身体的到来会得到怎样的关注这一问题上，这些历史是至关重要的。我们最直接的身体反应可以被视为一种教育学：我们通过了解它们是如何变得如鱼得水、变得不假思索，来了解很多观念。没有什么比即时性更具影响力。你可能会被一种感知拦住。你可能会被一种感知杀死。

陌生人不仅成了感知的对象，还成了治理的对象：被管理的身体。在管理之下，你可能不再存在。绅士化（gentrification）[i] 就是一种管理陌生人的公共政策：一种清除那些有碍观瞻的人的方式；那些会降低社区价值的人；他们的靠近会被标记为一种代价。我们从中明白了一些事情。有一些技术可以防止我们受到某些身体的影响；那些可能会妨碍我们占有空间的身体。我们甚至无须转身离开那些会碍事的人。

墙意味着，某些身体压根儿就不会遭遇它。

墙意味着，其他身体在遭遇它时被阻拦。

事实上，要探索墙之政治作用，可能首先要探索作为边界的墙：一个有墙护卫的国家，一个有墙护卫的社区。正如温迪·布朗（Wendy Brown 2010）所指出的，由混凝土和铁丝网建造的墙作为路障发挥作用。墙是政府设置的控制人流的机制。布朗证明了，作为主权权力之鲜明形象的墙如何提醒了人们，这是一个失败的主权。当边界受到威胁时，人们就会以最暴力的方式建立边界。

---

i 绅士化是城市化过程中的一种普遍出现的社会现象，指一个原本聚集了低收入群体的老旧社区，经政府的城市规划改造重建，而后地价及租金上升，吸引了收入较高的群体迁入，取代了原有低收入者。——译注

一堵墙的出现是为了保护某物不受某人伤害；墙是防御机制。

一堵墙变得十分必要，否则错误的身体会通过。

即使在那些将阻拦和封锁的意图具体化的实体墙的意义上，各种墙也是有区别的：如果一些身体被允许通过，那么这意味着，即使有一堵字面意义上的实际的墙立在那里，它也不会以同样的方式出现。此时，在与人的遭遇中，这堵墙并不是一堵墙：它是一扇打开的门，一个开放的通道。但墙仍在发挥作用：对于被允许通过的身体来说，这样一堵墙的功能是阻止其他人通过。正如莱拉·惠特利（2014）所探讨的，对于那些在门没有打开、合法文件未予准许的情况下通过的人来说，身体就成了一道边界。身体可以是一份文件：如果你的证件没出现在正确的地方，那么你也没出现在正确的地方。惠特利表明了，那些设法在没有正确证件的情况下通过的人是如何体验边界的，边界 146
总是潜藏着，时刻在逼近，可能在任何时候出现。当你知道你可能在任何时候被拦下时，墙就无处不在，无可逃遁。这样一来，边界就不是你越过之后、留在身后的东西；无论你前往何地，边界会始终跟着你。我会在第七章回到另一种令身体本身成为墙的方式。

有些身体即使持有正确的证件，也会显得不对；正如我在第五章中指出的，种族歧视的历史就浓缩在陌生人的形象中，因为他们在通过时无法与白色融为一体。一堵墙可以是阻止你居住在某个地方的方式。或说，一堵墙可以是你一旦来到这里，就会经历的东西。

我们可以把白人性想成一堵墙。你知道这种经历：你走进一个房间，它就像一片白色的海洋。一片海：一堵水墙。你感觉它仿佛在拍打你。这不仅是你打开门看到了白色，而且是你感觉，门仿佛摔在了你的脸上，你吃了闭门羹——无论它实际上是否如此。这意思并不全是，你不被允许进入。你甚至可能会受到欢迎；毕竟，你保证会为一个活动增加多元性。但你会感到不舒服。你会显得格格不入。因此，你可能会主动离开这种情境，因为留下来太不舒服了。当你离开时，你就把白色留在了身后。

对于那些非白人来说，白色可以被体验为墙：一个坚固的东西，一个有质量的身体，它会阻止你通过。白人也许就像我在第二章讨论的人群一样：许多人形成了势头，许多人形成了（有方向的）运动。你如果按照事情的流动方向前进，就会一路畅通无阻。如果你不走那条路，人流就会变得厚重，获具某种坚固物体的密度。此时，这变得密实的人流，对于某个身体而言，是固体，对于另一个身体而言，却只是空气。

有堵墙；没有墙啊。墙就在那里；那里什么都没有啊。

飞行、明亮、轻盈、白色。

有人说，墙就在那里；有人却说，那里什么都没有啊。难怪“那里”会变成绝望之境。

沉重、缓慢、下沉、棕色。

你在谈论白人性时，仿佛是在无中生有。我们谈论白人性。我们一直在谈论白人性。于是墙壁出现了。墙壁不断出现。有一次，在我做了一个关于白人的演讲，听众中的一个白人男子说：“但是，你是一位教授吧？”你可以听出这句“但是”的言下之意，但是：但是看看你，艾哈迈德教授，看看你已经走出多远了！我们多么容易成为多元化海报上的儿童！我们多么容易作为例子被举出（held up），以证明有色人种女性并未受到阻碍（held up）！
作为一个多元化海报上的儿童：它可以使你所遭遇的世界退却，147
仿佛你的出现已经让它走到了尽头；仿佛我们的到来和进步使
白人性不复存在了。

看看你：看，看啊！

一个多元化海报上的儿童。

我似乎应该报以微笑。

但是我笑不出来。

你自己的身体成了你所说的墙不存在或不再存在的证据；仿佛你已经通过你自己的进步消除了这些墙。你顺利通过了，所以那里并没有墙。上一节讨论的筑墙者的形象被转化为了破墙者：仿佛我们通过进步、通过成为教授，把墙推倒了。

当有色人种女性成为教授时，这并不是我们得到的唯一反应。当我的一位同事，一位有色人种的女性主义者成为教授时，有人对她说："现在随便什么人都能当教授了。"因此，在某种情况下，你实现了优绩主义（meritocracy）的幻想，一个棕色身体成了包容性的证据，快乐而闪亮。在另一种情况下，你的到来这一事实本身就侵蚀了你所加入之地的价值，玷污了一些闪亮的东西。恰恰因为她成了没有墙的证据（看：她没有因为是棕色人种或女性而遭到阻拦），或恰恰因为她的进步成了一种通货膨胀（看：如果她能成为教授，那么任何人都可以），一堵墙立起来了。

难怪，当你提出有墙存在的时候，有些人只是眨眼。这是另一种可能会让你遭遇别人的惊愕的方式：他们惊讶于你提出的东西，也惊讶于你的到来本身。我们在这里谈论的不仅仅是观点的差异；有些人以这种方式看世界，有些人以另一种方式看世界。在提到墙的问题的时候，你是在挑战那些能减轻一些人负担的东西；你是在质疑空间是如何被某些人占据的。当你指出一种进展是如何被减缓的时候，你就威胁到了该进展的减缓。

碰壁告诉我们，早在身体的遭遇发生之前，社会类别便一瞬间决定了身体的出场方式。这就是事情变得真实的地方。我们有办法回应这样的论点：性别和种族不具有物质性[i]，阶级才具有物质性，这样的论点经常得到阐述，以至于它仿佛成了另一堵墙，另一个阻止我们通过的障碍。这些墙恰恰证明了种族和性别的物质性；当然，这是一种只有一些人会遭遇的物质性。最近的许多反对交叉性、身份政治等话题的论点（这里的“等”字不是我自己会写的字：我不会将文字如此黏合在一起，作为
148 黏住某些特定身体的方式，这是我在某些马克思主义作家最近的著作中读到的文字，我说的是某些）认为在某种程度上，交叉性与身份政治不如阶级这一维度重要，这种论点可以被理解为一种“特权的颁行”，一种身体与世界的结盟。如果你是白人，那么种族可能看起来就不具物质性或不那么具物质性；如果你是顺性别者，那么性别可能看起来就不具物质性或不那么具物质性；如果你是异性恋，那么性行为可能看起来就不具物质性或不那么具物质性；如果你身体健全，那么健全与否可能看起来就不具物质性或不那么具物质性，等等。如此说来，阶级也可以用这些术语来理解：如果你受益于阶级特权，那些特权的

---

i　原文“material”既有“物质的”之意，又有“重要的”之意，作者在双重意义上使用该词。——译注

关系网络和缓冲区；那些生活方式（身体通过这些方式适应了一套中产阶级的要求），那么阶级就可能看起来就不具物质性或不那么具物质性。

如果墙是阻拦一些身体的方式，那么墙就是当你通过、没被拦住时，所没有遭遇的东西。再一次：对某些人来说最坚硬、最困难的东西，对其他人来说甚至并不存在。

学术界的墙

在这一节中，我想更多地思考学术界的墙的问题。大学也有墙，我说的不仅是成为警察，成为邻里守望者；还有带着怀疑的目光审视学生，清点统计国际学生的身体——他们都在吗；他们都在——尽管我们的讨论可以而且必须包括这一任务。[i]正是在学院中做多元化工作让我明白了墙何以是一系列机制；明白了事情为何纹丝不动。我在这一节所描述的多元化工作主要涉及指出引用实践中的性别歧视和种族歧视（我指的不仅是书面文本的引用者，还包括活动中的发言者）。在本书的“导言”中，我把引用描述为学术砖头，我们用它建造房屋。当引用实践成为习惯，砖头便筑成了墙。我认为，作为女性主义者，我们可以期盼在引用的四周创造一种危机，哪怕只是一丝犹豫、一次疑惑都可能会帮助我们避开循规蹈矩的引用之路。如果你的目标是在引用中创造一种危机，那么你往往会成为这种危机的原因。

当我们谈论我们遇到的问题时，我们就会遇到我们谈论的问题。

---

i 在英国，越来越多的大学被要求当“边境警察”，报告国际学生的在校情况（见 Topping 2014）。

另一种说法是：当我们谈论墙的时候，墙就会出现。

多元化工作往往在于提出观点；我们可以把这些观点称为痛点（sore points）。你把你注意到的东西公之于众。你可能会指出，那些表面上开放或中立的聚会实则只限于某些身体参加，与其
149 他身体无关。而当你指出这些限制时，你往往会成为一个痛点，仿佛不指出这些限制，它们就不会存在一样。简单地说：当你注意到一个限制时，你就造成了一个限制。

例如，当你在公开场合观察到某个活动的演讲者都是白人或除开个别人都是白人，或者当你注意到，学术论文中的引文都来自白人或除开少数条目都来自白人，对此的反驳往往不会采取对立的说法，而是解释或证明：这些是刚好在那里的演讲者或刚好被引用的作者；他们恰好是白人。你说：在这个事件背后存在一种结构。回答变成：这就是一个事件而已，不是一种结构。仿佛通过描述这个事件有一个结构，你就把结构强加给了这个事件。即使你把一个聚会描述为“白人男性”的聚会，人们也会认为你把某些特定类别强加在了身体之上，你减弱了，或者说你无法把握一个事件的异质性；你用自己的描述将一些流动的东西固化。

当你把稳固化描述为是事关世界的，是一种对这个世界上哪些人得以聚集在一起的限制，人们就会认为，你仿佛把世界当作一个事物，稳固化了这个世界。社会的很多投入都用在不去注意到社交聚会和机构中的聚集是如何被限制的。有一种我们可以称之为善意的假设的东西，即事情就这么降临了——就像一本书可能翻开停留在任何一页一样——它也可能轻易地以另一种方式降临在另一个场合中。当然，这个书的例子很有启发

性；一本翻开的书会倾向于停在阅读次数最多的那一页。正如我在第二章中探讨的，倾向性是通过重复获得的。倾向是一种方向：它是向那边倾斜，朝那边降落，往那边前进。一旦获得了某种倾向，人就不再需要有意识地努力去走那条路了。事物几乎会自动朝那个方向降落。同一件事的再生产恰恰是不需要有意为之的。难怪大家都煞费苦心地不去承认，限制是如何被已作出的决定所结构的。这些限制恰是那明确进入了人们视野的东西。也难怪多元化工作如此艰难：它需要有意识地下定决心付出努力，以避免再生产出这种遗产。

在上一章中，我把多元化工作称为一种事件的编目。

一面墙就是一份目录。

一部关于发生之事的历史。

有一次我在某个性别研究会议上指出，演讲者都是白人。有人回答说，我的说法没有认识到演讲者的多元。当感知到白人性就等于感知不到多元时，多元就变成了一种不去感知白人性的方式。

还有一次，我在推特上发起了一个练习：翻开手边一本书 150
的索引，数一数分别有多少条参考文献来自男性和女性。我用一本书做了这个练习，当时那本书正好在我桌子上（我正在为我关于功利的研究阅读这本书）。在索引中列出的上百个引用对象中，我只找到几处对女性的引用。其中有两处很说明问题：一个女人作为男性艺术家的伴侣被引用；一个女人作为男性神的女儿被引用。

性别歧视：女人只存在于与男性的关系中；女人只作为女性亲属而存在。

我把这个发现发在了推特上，那本书的作者回复说，我对这些模式的描述没错，因为“他们存在于那些影响了他的传统中”。有趣的是，为性别歧视辩护是为数不多的时候，被动性（我读到的东西是X，所以X在我写的东西里）竟成为一种男性的、学术的美德。性别歧视由此得到了辩护：它是人们接收到的东西，因为它被认为存在于人们接收到的东西之中。性别歧视成了一种顺理成章地接收到的智慧。换句话说，由于作为模式或传统的性别歧视已经为人所接受了，因此，性别歧视变得不但可接受，而且不可避免。

性别歧视：继承和再生产之间的鸿沟消失不见，无缝衔接。 有一次，我指出了新唯物主义领域的白人性现象。一个研究该领域的人回答我说，把该领域描述为白色的或许是对的，但这种白色“不是有意的”。引用的特权：你不需要有意实现你自身的再生产。一旦某样东西已经被再生产了，你就不需要有意地进行再生产。仅仅不去有意再生产白人性是不够的，你必须做更多的事才能不去再生产白人性。除非我们试图阻止事情以它们所倾向的方式降临，否则事情往往就会以这种方式降临。由于这种倾向和趋势的存在，我们需要有意主动地去做事。

还有一次，我在脸书上与某人就某一哲学领域的男性本质进行了交谈。他们的回答是“嗯，当然”，仿佛是在说，嗯，当然是这样的。这就是技术哲学。我已经开始把这类论点称为学科宿命论（disciplinary fatalism）：假定我们只能再生产摆在我们面前的路线。学科宿命论建立在第一章讨论的性别宿命论的基础之上，“男孩总归是男孩”变成了“研究玩具的男孩总归是研究玩具的男孩”。在这里，我们可以注意到，宿命论的论点是如何使一些事情走向不可避免的：它总归是这样的。然后他们把他们的论点的结论记录下来，作为论点的证据：它就是这样的。证明某物具有某种内在本质的技术，成了一种固有的将某物变成其所是的东西的技术。一个势头几乎足以让事情向着那个方向发展；辩护、否认、提示、劝说都补充了这一势头的力量，都有助于维持这个方向。势头减少了实现某事所需的努力 151
（正如我在第四章中描述的那样，它增加了不实现某事所需的努力）。也许在那些偏离的时刻，在一条道路的正确性受到质疑的时刻，个体的努力仍然是必需的。这时可能会出现一只手，阻止事情偏离原来的方向。

还有一次，我受邀在一个现象学会议上发言。我收到了论文征集通知，通知引用了十二名白人男性和一名白人女性。我指出了这种引用的做法，邀请我的人非常抱歉；他说我的观点让他“感到有些羞愧”。也许我们可以从这个回应中了解到，女性主义如何成了一种令人嫌弃的道德化：仿佛提出女性主义的观点是为了羞辱他人，让别人感觉糟糕。道德化的话语与人们如何接受女性主义思想，而非与人们如何提出这些思想有关。毕竟，你可能会因为无所作为而感觉糟糕，而我们发出这些信息是因为我们本希望能有所作为。

种族歧视和性别歧视的历史中堆满了好意图和坏情绪；它们似乎以某种方式结合在了一起，似乎在说：“我感觉很糟”的意思是，我的本意是好的。

这份邀请并不是新鲜事：我曾多次受邀在活动中发表演讲，而论文征集信只提及白人男性（或者除了个别人全是白人男性）。你也许会受邀去再生产一些你并没有继承的东西。破壁者即将在这里再次登场。此等假设会再生产白人性：他们将通过邀请你（某个非白人）来终结白人性。白人性：只是通过邀请来终结。我们并没有终结它。尽管或甚至它向不属于该谱系的人发出了邀请，但这个谱系依然不会变化。邀请那些不属于白人的人来把他们自己嵌入白人性，这是一种白人性得以再度嵌入的方式。

如果我们对谱系提出质疑，我们就会了解到其再生产的技术。邀请我的人在他的电子邮件回信中写道，他知道有女性主义者和有色人种的学者也研究这一领域，并解释了为什么他没有引用他们："我想，我主要提及白人男性及其理论上的缺陷是——以一种未经反思的口吻——出于这样一种情况，即我的确也在试图迎合我那些更保守的同事，我觉得他们可能需要一种肯定，这种肯定通过引用他们所熟悉的人来实现。"作为引用实践的性别歧视和种族歧视也是一种"餐饮服务系统"；一种肯定的形式，一种为那些想保留熟悉感的人留住熟悉事物的方
152 式，它是合理的。这些实践是一种维系熟人的方式、一个友谊网络、一个亲属关系网络，是白人男性代表其他白人男性做的事情，为的是让他们放心，他们在其中再生产自己的系统将会得到再生产。

我们所熟悉的系统是一个熟人系统。

友好的，喜欢的。

白人男性：一种引证的关联。借用伊芙·科索夫斯基·塞吉维克（Eve Kosofsky Sedgwick 1985）那本有关同性社会性（homosociality）的重要著作的标题，也许这样的思想变成了发生在"男人之间"（between men）的东西。知识分子的生活被认为是男人之间的生活，我在学术界的太多经历都与此相关。还有一次，一位男教授写了一封邮件，提到他所在的中心新任命了

一位女同事。他注意到了她的资历。然后他写道，她是某某男教授的学生。为表强调，他还补充说："是的，那个"某某男教授，他在另一个某某男教授门下学习过，和又一个某某男教授是朋友。是的，那个：这封邮件对男人赞不绝口，而很快便将女人一笔带过，进入正题 / 男人的话题（main point/men point）。她只在与男人的关系中被提及：而男人之间的关系（这种关系读起来像一个封闭的圈子，或一个圈子的封闭：男性老师、男性朋友、男性同事）则被建立为主要关系。

性别歧视：对女性的介绍如何只是为了跳到下一个话题。

还有一次，我正在采访一位工作者。她与我分享了一个故事。她一直在看她大学的高级管理团队的新网页。他们刚刚上传了每个团队成员的照片。她的朋友焦虑不安，问道："他们有关系吗？"他们有关系吗？真是个好问题。好吧，也许他们不是在我们通常使用的"关系"这个词的意义上有关系。他们没有关系。还是说，他们有？这个团队的每个成员都可能是独一无二的。由这个问题或在这个问题中显露出的外表的同质性指向另一种意义上的有关系：作为相关性的存在。他们恰好都是白人男性。我使用"白人男性"这种表达并不是为了概括一种关系；这种关系本身就是一种概括（机构何以围绕一小簇的点来建立）。这张照片给了我们一份概括之概括：这就是这个机构的身份；这就是这个机构的服务对象。当然，人们也可以在不改变任何事情的情况下改变一个形象。这就是为什么多元化常常是一张海报：正如我在第五章中所讨论的，你可以改变一个形象的白人性，从而使事物本身的白人性得以保持。

当我们谈论白人男性时，我们在描述一些东西。我们在描

153 述一种制度。一种制度通常指一个持久的结构或社会秩序的机制，它管理着特定共同体内的一系列个体的行为。因此，当我说白人男性是一种制度时，我指的不仅是已经制定或建立的东西，还有确保该结构持续存在的机制。一座建筑受一系列规范性准则的塑造。白人男性也指行为举止（conduct）；它不仅是谁在那里，谁在这里，谁在桌子上得到了一个位置，而且是身体一旦到达后如何行事。

在一门我每年都会开讲的课程中，一些被分配到我的研讨班的学生不会来上课。相反，他们会出现在白人男性教授的课堂上，去上他的课，尽管他们被分配到了我的课堂。我很想知道他们会怎么解释这事，所以当其中一个学生来我办公室时，我问她，为什么去上他的课。“他简直是个摇滚明星。”她向往地叹了口气。然后，仿佛是为了给她的赞赏赋予实质内容，仿佛是为了用更有教育意义或至少具有策略性的表达来解释这种赞赏，她补充说：“我想去美国读博士。”无须多言。她的目标解释了这个决定。她估计，如果有一份白人男性签名的推荐信，你在学术生活中晋升或前进的机会就会增加。她已经消化了一种制度性的饮食习惯，这同时也是一种社会饮食习惯；更高=他。估计某种价值即将增长，仅仅是提出这一点，就足以增加这种价值本身。

白人男性：“投机哲学”的起源，人们可能会去投机。

投机，不断积累。

另一次，两个学者——一个棕皮肤女性和一个白人男性——正在介绍一个共同研究项目。他们在这个项目上是平等的合作者；但他的职位更高，非常尊贵，这是众所周知的；也许他也是一个

“学术摇滚明星”。在报告的最后，他开玩笑地把她称为“他的妻子”。他用玩笑来描述他如何看待他们之间的关系：丈夫是作者，是思想的发起者；妻子则是站在他身后的人。也许她会搭把手；也许她负责泡茶。她当然不是这样的；她提供了想法；她有自己的想法。她的智力劳动被一个笑话所掩盖；这个笑话展现了她的劳动是如何被掩盖的。

不好笑的时候，我们不会笑。

我在第二章中指出，如果你不参与某件事情，人们就会认为你对某件事情持反对态度，无论你是否对此感到反对。当你谈论白人男性时，别人会将其听作对他的指责。好吧，也许我就是在谈论他：一个代词即一种制度。他：对一些人来说，成为“他”就是融入“他们”，一个单数代词，一个具有普遍性的身 154
体。谈论白人男性，就是谈论什么以及谁已经在普遍性的意义上被集合起来了。这并不是说，白人男性没有不断地重组；你们可能会在当下相遇；你们可能会在未来相遇，因为过去分裂成了资源。

也许一块砖头就是一个旧团块（block）的碎片。我们可以通过这个表达来理解再生产和亲缘谱系，“一个旧团块的碎片”，就相似性而言：相似出自相似。如果一个碎片来自一个团块，那么这个碎片也可能成为另一个团块，而这又是另一个碎片的来源：相似通往相似。多元化工作者必须切凿这个团块，或损毁这个团块。

切凿，损毁。

尖刀利刃。

四分五裂。

我将在第九章再次提到“旧团块的碎片”这一表述。多元化工作让我们了解到这一团块；组织是如何围绕相同的身体、从相同的身体中得以再生产的。我采访的一位工作者将这种机制称为“社会克隆”，即组织如何依据自己的形象进行招聘。我参加了一门多元化培训课程。一位学员谈道，她所在部门的成员会问，潜在的求职者是否是“那种你可以带去酒吧的人”。成为一个可建立关系的人就是在限定一种关系；你可以与这些人建立关系，因为他们不仅在会议室或研讨室里，而且在社会空间里、在有他们自己历史的空间里，都是自在的。空间越是随意，规范可能越有约束性。

我们在规则松动之时遭遇规则。

突然畏缩。

那么“白人男性”是如何建立起来的？或者，“白人男性”是如何成建筑物的？另一位工作者向我转述了她所在的机构如何命名建筑物。她说，都是以已故白人的名字来命名。我们不需要通过这些名字便能了解，空间是如何为了接受某些特定的身体而被组织起来的。我们不需要通过这些名字便能了解，建筑物是如何或为谁而建的。如果引文是学术砖头，那么砖头也会引用；砖头也可以是白色的。

白人性：一砖一瓦，重组。

还有一次，我指出一个活动的发言人名单中只有白人男性。我应该补充一点，这个会议是在我工作的金史密斯学院举办的，这种“只有白人男性”或“除了个别人全是白人男性”的活动经常在这里举办，我怀疑这是因为那些机构（身体）类别倾向于在批判理论的名义下组织起来。有人在回复中说，我的话听起来“非常 80 年代”，他认为我们已经“克服”了身份政治。我们可能不仅要挑战作为一种政治漫画形式的身份政治，而且可能还想仔细思考这个问题。女性主义和反种族主义的批评被认为是过时的，这一观点的基础是，我们的身份类别被认为已经过去了。有些词在别人耳中是过时的；而使用这些词的人则成了落后的人。 155

这就是为什么：在人们心中，指出一个活动只有白人男性发言的行为，比只有白人男性在这个活动中发言这一情形本身是更过时的。我怀疑，批判的危险性——那种认为我们只要在批判，自身便没有问题的自我感觉，或那种认为我们只要在批判，就已经克服了问题的自我感觉——经常在这样的学术空间中得到使用和操演。我把这称作批判性的种族歧视和批判性的性别歧视，即那些认为自己太具批判性因而不会再生产种族歧视和性别歧视的人所再生产出的种族主义和性别歧视。

在人们耳中，诸如种族歧视和性别歧视这样的词是忧郁而怀旧的：仿佛我们仍坚持抓住某种已经过去的东西不放。我曾听过女性主义者阐述这种观点：关注种族歧视和性别歧视是一种过于消极和过时的与世界相连的方式，是一种不好的习惯，甚至是女性主义者对传统的一种“膝跳反射”，我们本应用更多的爱和关怀来拥抱这些传统。[i] 如果女性主义者对种族主义和性别主义的批评是膝跳反射，那我们可能得肯定女性主义者的膝盖的智慧。即使在女性主义内部，也有一种感觉：我们如果能把这些话和批判的冲动抛在身后，就会做得更好，走得更远。也许批判的冲动、批判某种事物的冲动成了另一个版本的任性：

---

i 一些女性主义者将对性别歧视的批判视作膝跳反射或者一种坏的女性主义习惯，对这一问题的更深入讨论及具体事例，见我的著作（Ahmed 2015）。

仿佛她之所以反对事物是因为她就爱唱反调，仿佛她的批判已自成一位自动驾驶员，仿佛她由不得自己。由此，我们也明白了：理论是一种与其他社会景观没区别的社会景观。也许真的是这样，你越少使用种族歧视和性别歧视这样的字眼，你就会走得越远。不使用这些词的女性主义作品更可能回归更广阔的学术话语。有些词比较轻；有些词则令你感到沉重。如果你使用沉重的词，你就会放慢脚步。沉重的词提出了那些我们应该克服的历史。

现在有许多宣布“种族主义和性别歧视已经过去了”的策略。在《论被接纳》(Ahmed 2012) 中，我把这些策略称为“让事情过去”(overing)，这些策略暗示，只要我们能克服(get over) 这些历史，这些历史就会过去。因此，“让事情过去”变成了一项道德指令。人们要求你克服它，仿佛就是因为你没克服它，所以它才没过去。例如，我经常听到的一个观点是——无论是明言还是暗示——种族和性别是人类的问题，所以后人类意味着在某种程度上成为后种族和后性别，或者说，性别和种族是关于主体的，所以克服性别与种族的指令变成了“克服我们自己”。我们可以把这称为“克服主体性 / 过度主体性”
156 (oversubjectivity)。我在第三章中讨论过，认为女性主义者拥有太多主体性（即过分主观）的看法变成了一项对放弃这种主体性的要求；放弃。

这条任性的格言是对这一禁令的拒绝：如果你没有克服它，就不要让它过去。所以是的：当历史没有过去的时候，我们可能得任性地坚持下去。当我们不放手的时候，对我们的判断是，我们在做身份政治；当我们为某些问题费尽心思的时候，人们会默认这是因为我们总是愤愤不平。

正如我已经指出的，当我们描述只有某些特定的身体在活动中发言时，我们是在指出一个结构。指出结构被视为对身份认同的依凭。也许我们正在见证：身份认同之下的结构被抹除了，不是被那些参与所谓身份政治的人，而是被那些用身份政治来描述他人的参与场景的人。或者，说得更强硬些，当你指出结构时，你所做的似乎只是把你自己的身份认同投射到情境中，这样一来，当你在描述缺席之人时，你只是在关心自己的缺席。白人男性的谱系得到了这种假定的保护——假定任何挑战这种谱系的人都不过只是陷入了自我迷恋。这很讽刺，真的，或也许不是：你不需要声明自己的主张，因为这个谱系已经为你安排妥当。还要注意，多元化工作的两种意义在这里变得模糊不清：仿佛你只是因为自己是多元化的存在，因为作为一个有色人种或女性的你（或者你两者都占，你是个有色人种女性，这样，你的存在便太过分了）所做的一切只是为自己被排斥在外而忧心，所以才去做多元化的工作。

耐人寻味的是，身份政治会多么迅速、多么容易地沦为一种指控、一种听起来本质上具有负面含义的东西。有时，你哪怕只是提起种族，也足以被判断为在搞身份政治。还有一次，我在脸书上回复了一篇主张将本体论与政治分离的博文。该博文声称："大白鲨吃海豹只是发生在世界上的一个事件。只是某件事刚好发生了。一个人射杀另一个人，在本体论层面上，也只是一个恰好发生的事件。"我在另外一个用户的评论区回复道，"我会给出更多细节，说明事情倾向于如何发展：如果是一个白人警察射杀一个黑人，那么你的本体论事件就不是单纯的偶然事件。”我给出了一些不同的细节（大白鲨变成了一个白人警察。我想让人与人的遭遇和鲨鱼与海豹的遭遇相呼应），以表明只有当事件是假设的，只有当我们剥除了主体和客体的任何属性时，事件才可能是“纯粹的本体论”。

157 接下来发生了什么？许多纠缠不清的讨论。我自己使用种族的例子，被这位博主解读为对他的指责。“你出于某种特定的原因，修辞性地选择了这个例子，试图将我定位为支持种族歧视或对此漠不关心的人。”亦有跟帖说：“我们已经习惯于进行浅层次的搜索，寻找或最明显或最吸引人或最时髦的噱头来进行解释。”还有跟帖说：“她在回应［博主］时采取了非常明确的立场，即他观察到枪击事件的存在却没有立即呼吁身份政治是邪恶的。”还有跟帖说：“［博主］认为，被称为‘枪击’的东西是存在的。这显然不是轻描淡写，因为这是一件有争议的事情。艾哈迈德的反应实际上是——不，你不能说事情存在；你必须选择我最喜欢的政治镜头，透过这一镜头来谈论它们。”还有跟帖说：“像萨拉［原文如此］这样的人，会倾向于忽略其他也许更有说服力的对象和轨迹，因为他们已经通过他们过分绝对的政治镜头找到了对他们而言必要且充分的原因。没有什么新鲜事；我们早预料到萨拉［原文如此］会得出这个结论。”人们也许会在这里议论，那些隔着博客和防火墙的虚拟对话是多么可恶乃至骇人。举出种族歧视的例子变成了对某人的指控（不解决种族歧视问题的最有效技巧之一，就是把种族歧视听作指控）；一个阻止我们去寻找更复杂的原因的时髦噱头；一个政治镜头，它扭曲了我们能看到的东西；一个早已得出的结论。种族歧视变成了一个外来词，一个外来人才用的词：它妨碍了我们的描述；它强加在本是中性的，甚至快乐的情形上（那些只是恰巧发生了的事情）。

一堵墙变成了一个防御系统。为性别歧视和种族歧视的再生产而辩护的技术再生产它们。当这些话遭到驳斥时，我们看到的是对现状的辩护：这只是一种说法，这没有什么错；错的是“这不对劲”的判断。性别歧视和种族歧视十分体系化，正因如此，其十分体系化这个特质反而被掩盖了：有那么多让我们筋疲力尽的事件，那些我们没有说出来、我们已经学会不去说出来的事件。我们已经学会了切断这个事件和那个事件之间的联系、这段经历和那段经历之间的联系。因此，建立联系是为了恢复已经失去的东西（这里的“失去”应该被理解为一个积极的过程）；是为了创造一幅不同的图景。表面上不相干的现象、看起来“只是恰好发生了”的事情，它们以这种或那种方式突然发生，成为某个有效系统的组成部分。这个系统流畅平稳地发展着，因此，这是一个有效的系统。我们需要阻挠这个系统的运 158
转（throw a wrench in the works）[i]，令它停止运作。或者借用萨拉·富兰克林（2015）令人回味的术语，我们需要成为一把“工作中的‘扳手’”（wrench in the works）。在我们能够做到这一点之前，在我们能够成为这样一把“扳手”之前，我们必须认识到，存在一个系统。而且我们必须认识到，它正在发挥作用。

人们投入其中却全无察觉的结构，正是女性主义、反种族主义论点所要指明的结构。这就是制度性的砖墙：一个许多人投入其中却全无察觉的结构。这不仅是说，许多人没有为这个

i ”wrench“本意为”扳手“，这句短语意为“阻碍、阻挠”，作者在后文提到“扳手”是一个文字游戏。——译注

结构所伤。而且他们通过再生产这些非有形可感的东西得以不断前行。当我们谈论性别歧视和种族歧视时，我们谈论的是那些支持某些身体前行、使他们的前行更容易的系统。

性别歧视和种族歧视也可以通过劳动的分配，让某些身体的前行更容易。我记得我读过一份学术参考资料，其中一位年轻的白人男性学者被描述为"下一位[男性教授]"。我毫不怀疑，这种预期可以被体验为压力点。但想想"下一位"这一叙述方式：人们等候着下一位这样或那样的人，因此，当一个可以继承这个位置的身体出现时，他就会被赋予这个位置。由此：如果人们认为你是下一个这样或那样的人，那么你就可能会被给予更多的时间来成为他。性别歧视和种族歧视成了一个继承体系，这个体系向白人男性开放，让他们去接替其他白人男性的位置。有更多的时间去成为他，就意味着有更多的时间来发展你的想法、你的思想和你的研究。一条道路被清理了出来，这使某些身体的前进得以实现或变得更加容易。而这条路被清理出来，则是通过要求其他人做低价值工作和家务劳动换来的；那些顺畅前行的身体需要这些工作来维持自身的再生产。如果你的路没有被清理出来，那么你可能终归会成为其他人的"清理系统"，为他们清扫道路。你做了那些工作，他们就得以从中解放出来。性别歧视和种族歧视使一些人能够更顺畅地行进。性别歧视和种族歧视使其他身体慢下来；拖住他们，阻止他们以同样的速度前进。

结论：主人的住所

我想回到第三章讨论的格林童话《任性的孩子》。这个故事也是一个制度性的故事。它是一个在制度和习俗中流传的故事。它提供了一个警告、一个威胁：你如果大胆发表自己的意见，就会被打。但这个故事也是对那些可能会被认作不听话的手臂的人的邀请：成为棍子是避免被打的一种方式。成为棍子：这句话中有太多暴力的缩影。但我们见证了无休止的邀请，即邀 159
请我们去认同那些管教者，以避免在管教中挨打。难怪：每当出现对制度性意志的质疑时，这个任性的孩子就会跑出来。比方说，每当她提出性别歧视或种族歧视时，任性的孩子就会迅速追过来：似乎在说，如果你说出来，她的下场就是你的命运。在机构中，有许多人无法承受这种命运；有许多人无法举起手臂抗议，哪怕机构的意志被揭露为暴力，哪怕这种暴力是针对许多人的暴力。我们需要支持那些愿意揭露机构的意志之暴力的人；正如我会在第三部分详细探讨的那样，我们需要成为我们自己的支持系统，这样一来，当她大胆说出自己的意见的时候，当她像故事里的她一样，迅速被视作“活该的任性的孩子”的代表的时候，当她因她的意志不成熟、毫无新意而惨遭棒打时，她将不会是一个孤零零举起来的手臂；她将不会是一个孤立无援的手臂。

在第三章的结论中，我组建了一支女性主义手臂的军队。也许这篇格林童话中的手臂也是一个女性主义观点。提出一个女性主义的观点，就是出手相助。难怪这只手臂会不断伸起。她指出了一个痛点。她就是一个令人痛心的点。我们一直在说，这是因为他们一直在做：组装同样的旧机构，做一成不变的旧事情。她不断出现，这是因为有这么多历史需要被指出来。但当她出现时，这段历史却尚未被揭示。她的手臂引人注目；当她提出这些观点时，她成了奇观。她的痛楚成了奇观。这也难怪：在她举起手臂后旋即出现的东西管教着她。也难怪：在她举起手臂之前便出现的东西警告着她。如果我们要把墙推倒，我们就必须愿意不断出现，无论身前身后有什么。

当手臂伸起，它们就会碰到墙：墙是使主人的住所屹立不倒的东西。努力反抗着的手臂向我们表明了，什么东西尚未过去，什么东西我们尚未克服。我们可能需要任性地坚持这个“尚未过去”（not over），因为主人不会承认这个世界是他们的住所。承认这些墙会妨碍他们的地位，因为这会明确一个事实，他们的地位（比如作为智力超群者的地位，比如作为思想发源地的地位，比如……）取决于历史，而这些历史已沉淀为其他人前行路上的物理障碍。当我们推倒这些墙时，我们推倒的是对于已被赋予居住权的人而言并不可见的东西。我们试图通过展示那些勇敢反抗的事例来推倒房子，就像推倒将暴力的过去变为纪念的雕像一样，[i]而当我们做这种多元化工作时，是会有后果的。任性的评判会找到我们。哪怕只是质疑什么或谁会成为一个破坏者，我们就会成为一个破坏者（vandal），一个“故意破坏美丽

i　这句话是为了声援“罗斯必须倒下”（Rhodes Must Fall）的抗议活动。这场抗议活动起于南非开普敦，随后传至英国牛津大学和爱丁堡大学等其他大学。推倒大学校园里的罗斯雕像，是一种呼吁对教育（包括其所有的结构和空间）进行全面去殖民化的行为。正如格雷斯·阿尔蒙德（Grace Almond）写道：“该运动并不寻求通过拆除雕像将罗斯从公众的历史记忆中删除。相反，该行为将通过努力使我们的集体良知去殖民化，来处理我们的殖民历史”（2015, n.p.）。（译按：塞西尔·罗斯［Cecil Rhodes］是 19 世纪的英裔南非商人、矿业大亨与政治家，1890—1896 年曾任英国开普殖民地总督。罗斯是英国帝国主义的拥戴者，他的不列颠南非公司在当时控制了今日的津巴布韦及赞比亚地区，他在当地成立了以其命名的殖民地。“罗斯必须倒下”的抗议活动于 2015 年在南非开始，最终开普敦大学移除了校园的罗斯雕像。）

或可敬事物的人”。[i] 当任性的评判找到我们时，我们通过这个评判找到了其他同路人。 160

手臂：我们需要不断伸起手臂。不断从坟墓里伸出来的手臂、从已经和即将成为一项集体任务的死亡中伸出来的手臂标志着坚持和抗议，或者，也许更重要的是，它们是作为抗议的坚持。我们需要给手臂一些能抓住的东西。或者说，我们就是那些被手臂触及的人。毕竟，我们知道我们中的一些人现在之所以还在这里，是因为历史上有些手臂拒绝继续劳动，拒绝继续建造或撑起保护主人住所的墙壁。我们之所以在这里，是因为手臂在罢工；因为手臂在罢工。历史上的手臂，紧握成拳的手，作为抗议标志的手臂，作为致敬的手臂，说着“不要开枪”的手臂。我们中的一些人之所以现在还在这里，是因为历史上的那些手臂发声了，一段发生在当下的历史，一段静止不动的历史。

我们击打那些静止不动的事物。奥德雷·洛德的一篇文章的标题宣称，“主人的工具永远不会拆除主人的房子”（1984a, 110-13）。这句无所畏惧的“永远不会”是对手臂的召唤：不要成为主人的工具！

---

i　这里采用的“vandal”一词的定义来自“在线词源词典”网站（Online Etymology Dictionary, http://www.etymonline.com/[last accessed May 24, 2016]）。

第三部分

承担后果

PART III

LIVING THE CONSEQUENCES

在本书的最后一个部分，我探讨了做女性主义者也关乎承 161
担做一个女性主义者的后果，或承担把自己描述为一个女性主义者的后果。这些反思关乎我们需要如何用女性主义来处理那些针对我们的女性主义者身份的事情。这部分的另一个标题可以是“抵抗反对”（Upping the Anti）。

我已经习惯了这种反对（anti）。我一直和这种反对生活在一起。在我学术生涯的前十年里，我是一名女性研究的讲师。我听过了——无论是学界内还是学界外——人们对女性研究的反应。这给了我很多机会去听人们是怎么看待女性主义的：人们的反应有揶揄打趣的（“啊，那里是你教女人如何熨衣服的地方吗?”；“啊，现在任何东西都能在大学里学到了”；“哦，我可以选这个课程吗，我有点喜欢这个”），也有敌视的（“哦，一群讨厌男人的女同性恋者”），偶尔也有好奇的（“哦，有这种东西？女性研究?”）。

捡起好奇心的碎片是一种女性主义的天赋。但你也必须想 162

办法处理那些揶揄和带有敌意的回应。我在考虑过一种女性主义的生活时，我想到的一件事就是把女性主义视为一个手柄（handle），或者一种应对那些指向我们女性主义者的各种性别歧视的方法，起初正是这些性别歧视让我们走上了成为女性主义者的道路。女性主义：我们需要用它来应对做女性主义者的后果。虽然脆弱性是这一部分的三章内容中的第一章的明确主题，但脆弱性将以不同的方式贯穿于所有章节。我想细察我在本书开篇提出的论点的后果：把我们带往女性主义的历史，就是将我们置于脆弱状态的历史。

在本书的这一部分，我想思考作为一个女性主义者的后果，不仅是在被我们遭遇的事情弄得筋疲力尽的意义上的后果，还有在我们如何找到能量和资源以继续前进这层意义上的后果。我所说的女性主义断裂（feminist snap）事关我们如何获得一种共同的倾向性，即让我们割断具有破坏性的纽带并投入新的可能的倾向性。我特意反思了女同性恋女性主义，它不仅是我们遭遇反对之处、最个人化的地方，也正是在这里，通过这种方式，我们变得任性、变得有创造力；找到作为女性与女性相连的方式，就是找到另一种联结。

我还想在本书的这一部分，让我的写作本身去呈现我试图描述的经历的特质。我目睹我的句子四分五裂。我正在把它们重新组合起来。

第七章

脆弱的联系

Fragile Connections

描述困难的东西是困难的。我一直在谈论墙壁，借此描述我们所遇到的东西，那些在当下变成物理障碍的、固化的历史。当我们撞上墙壁时，破碎是件多么容易的事。被打碎可能是为我们的脆弱付出代价的经验：打破，到达一个破裂点。在第八章中，我会探讨我们如何聚焦于破碎，我们如何能在处理它们时变得有创造力。在这里，我想把脆弱性看作过一种女性主义生活所产生的损耗。多元化工作之所以“奏效”，部分原因在于，当同样的事情一次又一次地发生时，我们在努力寻找方法，化解我们遭遇的种种事情；寻找方法，继续前进，继续尝试。

我们可能会被我们遇到的事情击碎。

然后我们又遇到了它。

我们可能会被我们遇到的事情弄得筋疲力尽。

然后我们又遇到了它。

难怪：我们可能会感到自己枯竭了。这并不是说感觉本身被耗尽了，而是一种情绪的经济学模式，例如，在“同情疲劳”

（compassion fatigue）这个概念的一些使用中就很明显，这个概念认为情绪在被使用时，也正在被用尽。我提及了“感觉枯竭”（feeling depleted），借此论述一种具有物质性且具身化的现象：面对你所遭遇的事情，你没有继续前行的能量了。我在第二部
164 分讨论的许多多元化工作告诉我们，能量的分配并不均衡，一些身体为了前往某个地方、身处某个地方、停留在某个地方，所需要的东西太多了，它们因此日渐枯竭。

我们确实有解脱的时刻；我们为这些时刻而工作，或者说，这些时刻是我们得以继续工作的方式。有时，解脱意味着，你进入了一个房间，竟然没有遇到你通常会遇到的情况：全是白人。在我的学术生涯中，有几个这样的时刻：我栖居在一片棕色的海洋中。当你作为一个有色人种栖居在一片棕色的海洋中时，你可能会意识到你此前为居住所付出的努力——努力不去注意你的周遭，一切都是白色的周遭。这就像，在你的疲惫离开你的时候，你能最敏锐地感受到疲惫的重量。在一种感觉消散的时候，你往往更能意识到它。当我们离开白色的空间——这是我生活工作的地方，也是我所处的大部分空间——我们会更清楚意识到白色是多么令人疲惫。

当某些东西令人疲倦时，你并不总是感觉筋疲力尽。感觉筋疲力尽可能是一种对你已经或正在被耗尽的回顾性认识。可能是这样，即为了在某些特定空间栖身，我们必须不去承认它们有多么令人疲倦：到这种感觉摄住我们的时候，可能已经是它积攒满点的时候了。你已经筋疲力尽了。感觉被耗尽：我想，女性主义扫兴鬼们很熟悉这种感觉，即无论你说了或做了什么，你都会遇到同样的事情。我想，面对这种感觉，我们必须思考

如何保护自己（和我们周围的人），以免被不断磨损。

在这一章中，我会探讨脆弱性本身如何充当了那些被视为易碎品的事物之间的一条线、一种联系、一种脆弱的联系。我将会分享一些痛苦不堪的故事。在一个痛苦不堪的故事中，往往有一个“太”（too）字，这个“太”字往往降临在倒下的事物身上：脆弱是一种表示太易碎的状态的特质。我将从一些字面意义上的物体破碎的例子——那些寻常事物的寻常破碎——谈起，由此开启一种反思——对那些已经变得坚硬的历史，那些使一些人比其他人更脆弱的历史的反思。我将在不同层面或规模上反思脆弱性：脆弱的事物；脆弱的关系；脆弱的庇护所；以及脆弱的身体。

脆弱的事物

我想从一个破碎之物谈起。当我第一次开始写关于任性的文章时，我意识到，任性是多么频繁地出现在破碎的场景中。在这一节中，我借鉴了乔治·艾略特的小说中对物体破碎的两种描述。我第一次写这些破碎的物体是在《任性的主体》（Ahmed 165
2014）一书中。在该书中，艾略特成了我的主要旅伴；我不是同她的作品一道出发，开始旅行的，但最终是同她的作品一起完成旅行的。我那时是从麦琪·塔利弗入手的，说明了她的意志如何既是问题，又成了解决办法。然后，我把艾略特视为一位书写意志的小说家，或——如我所认为的那样——一位书写意志的小说哲学家，重读了她的书。由此，也仅因如此，这些物体才进入了我的视野；而正是通过它们，《任性的主体》最终成了一本关于任性的客体和任性的主体的书。回想起来，有趣的是，正是这些破碎的东西引起了我的注意，帮助我理解了麦琪的故事中所描述的内容。我毫不怀疑，我正是通过关注任性的事物而加深我对这一点的理解的，即任性如何成为某种共同经历的档案（archive of shared experience）。我将在第九章再次讨论将任性视作档案的意义。在这里，我想继续讨论脆弱性的问题，讨论因易碎性而与事物产生联结意味着什么。一次破碎的背后往往伴随着一个故事，一个关于在事物破碎时，碎掉的究竟是什么的故事，或者一个对破碎原因的解释。关于物体破碎的最初描述来自《织工马南》（*Silas Marner*）：

> 从几块田地开外的井里打水是［塞拉斯］的日常工作之一，为此，自从他来到拉维罗后，他就一直用一只棕色的陶罐，在他所有的为数不多的几件用具里，他把这个陶罐当作最宝贵的器皿。12年来，它一直陪伴着他，总是站在同一个地方，总是在清晨把它的柄伸给他，让他提着去打水，所以罐子似乎对他表达着一种乐意的帮助，手掌一握住罐子的柄，他就能产生一种有新鲜的清水可以喝的满足感。有一天，当他从井边回来的时候，他在围栏的梯磴上绊了一跤，棕色陶罐重重地摔在他下面的沟渠的弓形石头上，碎成了三块。塞拉斯捡起碎片，满怀忧伤地把它们带回家。棕色的罐子再也不能用了，但他把碎片黏合起来，倚靠在它的老地方，作为纪念。
>
> （Eliot[1861] 1994, 17）

这是一段多么美丽的描述，它表明了我们如何能给予一个寻常物件以爱：一个棕色的陶罐。我们了解到：重要的东西何以是重要的。塞拉斯被他的陶罐触动了。如果罐子把它的柄伸给塞拉斯，他的手掌就会获得一种温暖的触感。陶罐是他的伙伴；它那么可靠；总是在同一个地方，总是伸出它的手柄。当陶罐向塞拉斯伸出它的手柄时，他的手掌就会从接触中得到温暖，这种温暖为他指引方向。陶罐与其他有着同样方向的事物混融 166
一处：陶罐盛装的新鲜清澈的水；携带着陶罐的身体；把陶罐从水井带回房子所走的道路。使用的关系就是一种感情；我们可以把一个手柄和一只手的磨损看作它们共有的历史的痕迹。如果陶罐把它的柄伸给塞拉斯，以使塞拉斯能够做一些事情或者得到一些东西，那么陶罐和塞拉斯就达成了一项共识、一项心甘情愿的共识。当陶罐里装满了这些共识的内容时，它的表达就成了“乐意提供帮助”的表达。当某样东西不能盛装我们所意愿之物时，它就不再那么欣然合意，不再乐意提供帮助了。当陶罐破了，它就不能再被使用，不再有用处；它就成了占据着原来的空间的纪念物；它不再装水，而是装满记忆。

我将在适当的时候再来讨论这个成为纪念物的想法。我想再举一个物体破碎的例子，这次的例子出自《亚当·比德》(*Adam Bede*)。我们在一家人的家里。一个孩子，莫莉，正在为她的母亲——波伊泽夫人取麦芽酒，她慢悠悠地取着。波伊泽夫人说：“这姑娘取酒到底要多久才来啊”(Eliot[1895] 1961, 220)。我们可以说，莫莉“太慢了”；她没达到大家的期望。接着莫莉出现了，“拿着一个大壶、两个带柄的小啤酒杯和四个酒罐，都装满了麦芽酒或淡啤酒——一双人类的手到底能抓多少东西，这是个有趣的例子”(221)。也许一只灵巧的手就像一个乐意帮忙的陶罐：它装满了共识。但随后莫莉心生一种“隐隐的惊恐感”（暴风雨要来了；她妈妈不耐烦了）。当她“加快脚步走向餐桌”时，她的“脚被围裙卡住了”，“砰的一声，她摔进了一滩啤酒里”（221）。不管莫莉为何摔倒，重要的是，她把酒壶摔碎了；她只好“‘垂头丧气’地捡起那些陶瓷碎片”（221）。

我们可以稍微偏下题，聊一下这个（遗憾地）有些笨拙的感觉。笨拙可以为我们提供一种酷儿伦理学。这种伦理学关注的是生活在差异中的颠簸感，这种差异往往被体验为时间上的差异；太慢或太快，跟不上拍。想一想和别人一起在街上走的经历。这不是件顺畅的事；你们总会撞到彼此。你可能会觉得别人不合拍；这人走太慢或太快了，太拘谨或笨拙了。由于我们又一次撞到了彼此，我们沮丧地看向对方。或者，你可能会觉得自己是笨拙的、太慢或太快的人，认为自己该负责捡拾那段破碎的亲密关系的碎片。撞到对方是一种迹象，它表明我们还没有解决我们之间的差异。差异的解决方案是一个非常不公正的场景。因为有些人不得不调整自己，以跟上其他人的步伐，因
167 此，事情可能会变得更顺畅。身体的多元——我们如何栖居在不同种类的身体里，有不同的能力和缺陷，有不同的节奏和倾向——可以被理解为一种呼吁，即令那个曾把某种特定身体当成规范世界变得开放。旅程的颠簸程度可能是对某种地位的表达，对于这一地位而言，其具身的风格无法决定道德或社会的地平线。与其说平等是为了理顺一种关系，不如说平等是一趟颠簸的旅程。

回到酒壶：颠簸会导致破损，一旦酒壶破了，会发生什么？波伊泽夫人说：“就像我告诉你的那样，这都怪你自己任性而为，因为没人叫你打破什么。”是的，任性在破损的场景中出现

了。波伊泽夫人暗示，莫莉的任性是她手忙脚乱的原因。任性在这里是一个停止装置：它是在某个特定的点打断某条因果关系链的方式（由于孩子本身成了破碎的原因，我们就不会追问究竟是什么让孩子摔倒了）。然而，任性似乎会传染："波伊泽夫人从橱柜那边转过身来，手里拿着棕白相间的酒壶，这时她看到厨房另一头什么东西的影子；也许是因为她已经气得发抖，神经紧张，所以这个幽灵般的东西对她产生了如此强烈的影响；也许打破酒壶的行为和其他罪行一样，具有传染性。不管怎么说，她瞪大了眼睛，像见到鬼了一样，那只珍贵的棕白相间的壶掉到了地上，壶身与壶嘴和壶柄永远分开了"（Eliot[1895] 1961, 220）。我们可以说，波伊泽夫人也遭受了莫莉的慌乱。一阵慌乱是一串连锁反应。

任性由此出现，它解释了一次破碎，阻断了一个连锁反应。但当波伊泽夫人打破这个壶时，她并没有责备自己。她首先抛出了某种宿命论：她说，"命里注定要碎的东西总归（will）会碎"（220，强调为引文原文所加），此处的"will"被用作表一般将来时的助动词，但这个词具有某种预测的力量（将来会发生的事情总归会发生，无论世事如何变化，它总归会发生）。性别经常以一种意愿宿命论（willing fatalism）的形式运作（会是男孩的孩子总归是男孩，或者，更简单、更通常地说，正如我在第一章讨论的那样：男孩总归是男孩）；性别是一种死刑，一道命运的枷锁、一道致命的枷锁。但是，即使这种破碎看起来像一种宿命，波伊泽夫人还是指责了酒壶的过失："壶像是着了魔似的，我想［……］有时候，陶器似乎是活的，它像鸟儿一样从你手中飞出去"（222）。当酒壶开始任性（准确地说，是它被自己的意志填满了，它不够空，因而装不下人的意志），它不仅导致了自身的破碎，还打断了一条联系的线索。请注意另一种联系的萌芽，在一个女孩和一个酒壶之间，在那些被认为导致了破碎的人和物之间，存在一种脆弱的联系。在第三章，我探讨了作为女性
168 主义历史的任性。也许，这段历史还关乎其他的碎片，筋疲力尽的碎片、被打破的东西。我将回到女孩和壶之间的这种联系，用这种方式捡拾这些疲惫的碎片。

我们也会注意到偏离和破碎之间的联系：偏离一条路径就是失去执行意志的能力。当我们在这一语境中讨论路径时，我们讨论的是一个行动在时间中的展开；我们为达到某种目的，必须走上某条路径。走在路上就是处于一个悬置的时刻：手已经离开了它的倚靠之处；它正带着某物走向某处，但任务还没有完成。这只手还没有到达它的目的地。破碎不仅是某物（陶罐、酒壶）的破碎；它也是一种可能性、一种完成行动或到达目的地的可能性的破碎。正如我在第二章中所指出的，幸福常常被理解为一个目的地，被理解为我们伸手去够时想要拿到的东西，被理解为如果我们走对了路会得到的东西。难怪扫兴鬼会出现在破碎的场景中：她阻碍了一个行动的完成，挡了幸福的道；她阻止了幸福的实现。

脆弱的关系

脆弱：容易被打碎的特性。脆弱：当易碎性阻止了一些事情的发生的时刻。关系也可能破裂；我们知道这一点。你是否有过这样的经历，你和某人——一个你试图去爱的人、试图不放弃的人——在一起，而他们说了一些你无法忍受的事情？你会

听到玻璃碎裂的声音；在那个时刻，你意识到，你所拥有的东西再也无法重新组装起来。如果你把这些碎片重新拼起来，那么你会像塞拉斯一样，留下一个纪念物，一个记忆的盛装器。你会像塞拉斯一样，留下一个空空如也的容器，它提醒着你某种曾经存在但已不复存在的事情。

我父母分手的时候，一个家里的朋友来找我母亲聊天——我母亲是被抛弃的那个。他说："这就是你嫁给穆斯林的下场。"这话的语气很尖锐，像刀子一样划破了当时的氛围。亲密关系与家庭的破裂：这种情况时有发生。糟糕的事情时有发生。但是在一段跨种族的关系中（这种关系的合法性已然得不到保证），其破裂获得了某种特定意义：破裂是从一开始就注定的结局。这就是当你如何如何的时候的下场：仿佛当你这样做，结局就只会是这样。对于一个白人女性、一个英国基督教女性而言，嫁出去，嫁给一个棕色人种、一个巴基斯坦的穆斯林，只会让她行差踏错至此，这个结局，一段"注定只能在泪水中结 169
束"的关系，回想起来，总是令人泪垂的。

当一切都好时，这位朋友从来也没说过什么。而当关系破裂时，种族便跳了出来。我们从破碎中学习重建。也许会被我们称为幕后的种族歧视（background racism）的东西，可能是我们自身处境的一部分；当事情顺利进行时，种族歧视在幕后徘徊，这也就是为什么，当事情不再顺利进行时，种族会如此迅速地现形。

一堵墙：在破碎的痛楚处重筑。

也许它始于一种出自别人的预测：这太难了；这不可能办到。也许你感受到一种压力——必须让事情顺利进行，以表明它们的确可以办到。对于酷儿来说，让事情顺利进行可能既是一种压力也是一项课题。我在第二章中指出了，人们何以假定酷儿的生活是一种不幸福的生活，在这种生活中，没有那些会使你或应该使你快乐的东西。你可以感觉到这种假设是一种压力——证明酷儿生活也可以是一种幸福生活的压力。你知道，你一旦分手，便证明，果不出他人所料，这种关系不那么持久，不那么安全；这种关系是脆弱的。这里事关一种关于酷儿的宿命论：走上一条酷儿的道路就是一头扎进一种悲惨的命运，酷儿身份是一道死刑判决；酷儿身份是自我毁灭。然后，如果事情确实破灭了（事情确实倾向于破灭），那么你就已然落入了他人的预料：这就是当酷儿的下场。

从跨种族的关系和酷儿的关系的例子中，我们明白了，一些人被假定为本质上就是破碎的，仿佛他们的命运就是破碎，仿佛我们从一开始就在朝着破碎前进。破碎成了某种假定属于某物的特质的实现；破碎是一种存在的展开。因而这很难：有关脆弱的假定会使某些东西变得脆弱。你越是小心，你的手就越颤抖。“care”（小心）这个词源自古英语的“cearu”，后者意为悲痛、焦虑、哀伤。在第一章中，我注意到了变得小心翼翼如何与一种易碎的自我感觉相关。也许，变得小心翼翼、如履薄冰就是对“可能会打破其他东西”而感到焦虑。当你试图小心翼翼地不去打破易碎的东西时，你就会变得更笨拙。如果你已经被称为笨拙的人，那么你可能就会更加害怕破碎，因为你知道，一旦有东西破碎，你就会被认定为闯祸的人。你越是努力避免出错，就越是错漏百出。

脆弱可以是一种规范性的假定，它产生了假定属于某个事物的性质。一个后果可以被招纳为一个原因。人们可能会认为，你由于离开了明亮安全的道路，从而给自己造成了伤害。性别规范也可以这样运作：当女性气质表现为脆弱时，当这种脆弱被用来解释发生在她身上的事情，以及她能或不能做什么时，权 170
力的后果就被招纳为了原因。人们小心翼翼地对待她，因为她是脆弱的；因为人们小心翼翼地对待她，所以她是脆弱的。政治便发生在这些“因为”之间。

然后，一堵墙会再次出现。一堵墙会成为一种内心的感觉，就像你自己脑袋里的一个声音，它让你磕磕绊绊。我在第六章中提出了这面内在墙壁的可能性：即使有些事情就发生在你面前（例如性骚扰），但你周围的人没有察觉到这些事情，这会导致你怀疑你所察觉的事情；会导致你试图修改你自己的看法。于是，这种怀疑转向了内部：一堵墙可以是因你的自我怀疑而产生的障碍。即使这堵墙是种内在的感觉，但它并非源起内心。别人可能已经告诉过你了：你不能那样做。你做不到的。缺乏自信可能跟你是个女孩有关系，或者只是因为你是你自己；不够好，不够聪明，或者只是有什么东西不够；或者太多了；对你来说太多了；你太过分了；那件事也太过分了。面对这种信心的缺乏，你可能会反抗。我可以那样做。我会做到的。但是如果这些话不断重复——“你不能那样做；你做不到。”——它们就会动摇你自己的意志，它们会成为一种怀疑；一个不确定性。信心同样会破碎。一个“我可以”的信念转变成了一个问题：“我可以吗？”当她受到质疑时，她开始质疑自己。而也许当你开始质疑自己的时候，你就不会再支持自己，你避免去做那些曾认为自己能做的事情。然后你就不会去做了。然后你会想：“我做不到。”你的努力具有了脆弱属性，这种脆弱是被一种预期放置在世间的。你动摇了，你跌倒了。于是你印证了这种预期。印证能够固化一个想法：想法成了一种事物。你遇到了那个事物；然后，你果然就变成了那个事物。而那堵告诉你不能去那里的墙则变得更加坚固，直到你不再去那里，万一你做不到呢，然后你果真无法做到了。如果说政治就发生在这些“因为”之间，那么政治就发生在你身上。我将在第九章回到“脆弱何以成为一个结构性问题”这一点上，这是一个不仅关乎一条生命，而且关乎很多生命的问题。

发生在你身上的事情：我们需要抓住（handle）[i]我们遭遇的事情。但如果手柄（handle）断裂了呢？脆弱：失去手柄。当酒壶失去手柄，它就变得毫无用处了。我们感觉它的命运是如此可怕；碎片被打扫干净，然后扔掉。而当我们说我们正失去手柄时，这往往意味着，我们不再能抓住我们需要坚持的东
171 西。手柄提供了一种联系。女性主义扫兴鬼的形象让人想起那个破碎的酒壶：她大发雷霆（flies off the handle）——一个用以描述骤然而起的愤怒的表达。这个表达方式的起源据说是斧头在下挥过程中与手柄分开的速度。当一个女性主义者大发雷霆时，她要对她的悲惨离别负责。我想几乎一字不差地重复我之前在描述脆弱的事物时使用的一句话，这样我们便可听到一种共鸣。我之前描述了波伊泽夫人摔破酒壶，然后指责酒壶的那一刻，我稍微改动了这个描述。她不仅导致了自身的破裂，还打

---

i “handle”是本书论述的一个关键词。作者通过使用该词的字面意义与抽象意义，来表达女性主义生活中的种种经历、故事与体验。此处的“handle”与字面意义“手柄”相对应，做动词时可理解为“抓住”，同时亦有理解、对付之意。后文的“fly off the handle”作为英文习惯用法，意为情绪失控、大发雷霆，而这一短语的字面意思恰与手柄滑落、打破酒壶的故事相呼应，该用法也在本书中多次出现。——译注

断了一条联系的线索。作为自我断裂的女性主义：历史以审判的形式上演。或者说，女性主义是社会结构的一道裂缝；历史上演丧失的戏码；一道裂缝（tear）；一滴泪（tear）。给断裂找出一个原因就是创造一个形象，一个可以通过解释损害而遏制损害的形象。女性主义扫兴鬼就是这样一个形象。成为损害的容器就是成为一个受损的容器；一个漏水的容器。女性主义扫兴鬼就是一个漏水的容器。她就在那里；她在那儿，满脸泪痕，真是一团糟。

当我们说话时，难怪：那感觉就是一切都破碎了。

我们可能成为一个节点，至此，事物再也无法重组起来。

这并不是说我们总是希望或愿意这种情况发生。有时我们可能不希望关系破裂，因为它们十分重要。而这可能是另一个危机：为了维持一个重要的联系，我们需要放弃其他重要的东西。假设我的好朋友们正因一个笑话放声大笑。笑声感染了每个人，充满着整个房间。我甚至还没等自己听到这个笑话，就开始笑了。但是当我听到这个笑话时，当我意识到它所讲的内容时，我可能会发现我根本不觉得好笑；甚至觉得它有些无礼。有时我们也跟着笑，是因为害怕打破某些东西。换句话说，我们可能会决定在某些时刻不做一个扫兴鬼，因为代价太大了：我们会打破我们需要紧握在手的事物、一段我们在意的关系、一个我们爱的人、一个我们不能放手的世界。当然，有时是否做一个扫兴鬼并不取决于我们：别人可以替你决定；你可能还没开腔，扫兴的任务就指派给你了。有时我们会停止发笑。然后飞快地：一切都四分五裂了。也许到那时，女性主义就是我们捡拾碎片的方式。

我知道，当我写到女性主义扫兴鬼时，听起来我仿佛在呼唤她；仿佛她的到来对我来说总是一个具有政治希望的时刻。事实上我并不总是这样想的，即使——至少对我来说——“她没能消失”这件事本身也是一种希望。有时，当她出现在我们意识的地平线上，这可能是一个绝望的时刻。你并不总是希望她出现，即使你在她的现身中看到了自己的影子。你可能会对她说：别在这儿出现，不要现在出现。你可能不希望听到
172 说某些东西有问题，因为你不想听到说某人有问题。即使你知道，暴露一个问题即提出一个问题，但你的体验仍会是，暴露一个问题是对你自己提出了一个问题。你可能会想，你可能会觉得：现在成为她，我还承受不起。你可能会想，你可能会觉得：她会让我在此刻付出太大的代价。你一直是一个女性主义扫兴鬼，她一直是你的具身历史的一部分，尽管如此，对你来说，她似乎仍然是任性的，不管何时出了什么事，她都坚持出现。她可能令人疲惫。通过成为她，通过让她成为你，你可能会把她显眼的外观体验为一种令人不安的内在的潜质。在第八章讨论女性主义的断裂时，我会回到“她的到来何以成为一种危机”。一种脆弱的女性主义政治可能不仅基于如何在我们的遭遇中幸存，而且基于如何能使那些很容易受我们的遭遇威胁的关系持久。

回到我在第六章的描述，当我们的身体是那些被抛向历史的坚硬墙壁的小物件时，我们会被我们所碰到的力量击碎。我们会破坏一些重要的关系。而这正是有关碰壁的最难的事情之一：它可能会威胁到我们的一些最脆弱、最珍贵、最愉快、最温暖的联系。当我写下这些的时候，我感到悲伤，十分悲伤。而这也是愤怒的风险之一。我们知道有很多东西需要反对；我

们知道这一点。但是愤怒是多么容易溢出，沾染那些碰巧在我们身边的人、那些与我们最亲近的人。在反对某些东西的同时，我们有多么容易让那些和我们在一起的人、支持我们的人、和我们并肩同行的人冒险；我们会将他们置于险境，因为他们就在我们面前。当我们的愤怒普遍地指向世界的不公正时，它会直接指向那些碰巧同我们最亲近的人，他们往往是我们最亲爱的人。与不公正现象作斗争的代价可能是个人层面的：事实上它们往往就是个人层面的；我们可能会失去那些重要的人。我们可能会弄错；我们可能会过于尖锐；我们可能会后悔自己的话，因为这些话会造成令人遗憾的后果。当然，有时也并不如此：有时，即使说某些话的后果是令人遗憾的，我们也不能后悔，因为不开口会更让人惋惜。在这些有时当中，蕴藏着时机。

我一直反对这样的观点：女性主义扫兴鬼终会成熟，随着长大而成长，而成熟则意味着不那么喜怒无常。在我尝试仔细思考时机时，成熟毫无疑问是个错误的词。从做一个女性主义扫兴鬼走向成熟，这个想法假设或希望女性主义本身——或至 173
少做那种女性主义者，那种错误的，总是坚持提出女性主义观点的人，那种愤怒的、事事唱反调的人——只是你正在经历的一个阶段而已。

如果做女性主义扫兴鬼只是一个阶段，那么我乐于渴望成为这个阶段。

你先是做一个女性主义扫兴鬼，然后变得成熟，你成长了，你变得不再是她，这种想法同样暗含线性的发展和进程：仿佛"不受影响或困扰"就是你应该抵达的目的地；这是你应该实现的目标。它将成熟与放弃联系起来，不一定是放弃此等信念本身，而是放弃甘愿站在这种信念的立场上讲话。

女性主义的生活不是全然线性的。随着时间的推移，我们中的一些人会变得更加愤怒、更加无常。我们并不总是一早便成为女性主义扫兴鬼的；她可能在任何时候追上你。然而，一旦你成了女性主义扫兴鬼，我认为唯一的选择就是，变得更像一个女性主义扫兴鬼。成为更像女性主义扫兴鬼的人，并不是说更愿意或更不愿意说出你的反对意见。如果有什么不同的话，那就是在越来越多的扫兴的经历中，做个扫兴者的疲惫感愈发沉重，然后你会从这种难熬的、受挫的经历中明白很多。因为你变得更像一个女性主义扫兴鬼了，所以你可能会更加警惕反对的后果；毕竟，这些后果可能连累别人。你开始担心被耗尽。你知道要投入多少精力：你知道有些战斗不值得你付出精力，因为你就是会不断地遇到同样的事情。同时，或也许是在另一个时刻，你也知道你并不总是能够选择你的战斗；战斗会选择你。有时，你开始认识、了解的东西感觉似乎是另一堵墙，另一种表示你没什么地方可去的方式。说些什么，还是什么也别说，你不出声地道出了一个未决的问题。

从我做女性主义扫兴鬼的经历来看，随着时间的推移，你确实会对时机有更多的感知：当有人说了什么，你可能不会那么快做出反应。你会给自己时间。现在，有时候你不会被激怒，哪怕有人在激怒你。但仍然有一些事情——如果人们说出这些事——会击溃我的一切防线。对于有一些事情，我总是会飞快做出反应，因为我不需要反应时间。我并不是说，多给自己一些时间就意味着你的反应更好。只是说，有时候，你会有更多的空间来做出反应。也许我们可以把这个空间称为扭动空间（wiggle room）。

在第三章，我反思了我们何以可能在积极意义上主张任性是女性主义遗产的一部分。但是，思考我们自己身为女性主义者的脆弱性，思考我们如何因为我们无法忽视的一些东西、如何通过女性主义而变得脆弱，将有助于我们将这种主张复杂 174
化：不是否定它，只是将它复杂化。成为反对派可能会有风险；有一种自己总是在与某些东西斗争的感觉。如果你开始习惯为生存而斗争，如果你开始习惯别人会反对你的存在，如果你甚至已经习惯于被认作唱反调的人，那么，这些经历就会具有指向性。即使你挣扎着，不去满足某个预期，但你还是让这种预期“得逞”了。你甚至可能莫名其妙地就加入了维系你所遭遇的事情。这并不是说，你真的想要那些反对你的东西（尽管这里的确有一个关键的“想要”：你依然想要反对你不想要的东西）。也就是说，如果你花时间和精力去反对某事，那么你的对立面就会成为你的一部分。这并不是说，[你反对某些东西的] 投入是使某些事情在事件或情景层面得以持续的原因。我自己就经历过这样一种感觉：如果我事先假设一种反对的立场，那么可能性会被关闭。你可能会习惯于与某些东西作斗争，以至于你会预想，任何出现的东西都是要反对的东西。哪怕有些乍一听是错误的东西最终是正确的，但无论出现什么，你都要反对，这会很累。当然，在你预期会听到错误之事的时候，你也可能听不到它们，因为如果你确实听到了它们，它们就满足了一种预期，就会成为对你已经知道的事情的确认。当我们认为我们已经弄懂了的时候，我们就会停止倾听。我怀疑我们都是这样做的：无论我们是否认为自己是女性主义扫兴鬼或任性的主体，我们都带着预期去倾听，用听到的去确认已知的；这都是寻常事。

不过，我们在假设自己的对抗性时，也可能只是在保护自己。如果我们自己的那些共识是已成定局的静止的历史，那么我们就很难注意到并反思它们了。这就是为什么，我们不能不假思索地假定，自己总是在扫兴鬼之列：即使我们在这个形象中认出了自己，即使她是如此引人注目，即使我们被她激发了。我们可能在假设自己是扫兴鬼的时候，没有注意到其他人是如何成为我们的扫兴鬼的，是如何妨碍了我们自己的幸福，成为我们追逐未来的障碍的。因此，举例来说，一些女性主义者利用我在第三章中所说的“任性的指控”来制造一种印象，即她们发出了孤独的激进女权主义者的声音，在社会舆论的浪潮中挣扎。她们用这种“不得不斗争”的印象来阐述她们反对跨性别者的立场，而跨性别者才是那些必须为生存而斗争的人；她们如此激烈地阐述这种立场，以至于我们只能将其描述为仇恨言论。当你过快地假设自己的对抗性时，你也许会把少数鼓吹成多数，把伤害听成游说；把为生存而战解释为拉帮结派。参照格林童话，我会说，这种互动“自以为是手臂，行动却像棍棒”。这种被假定为任性的女性主义的东西实则是十足的跨性别恐惧症。

175 行动主义可能需要我们别对自己那么自信，要让自己认识到，我们也可能是问题本身。当然，如果我们一生都将作为问题本身存在，那就太艰难了。

脆弱的庇护所

我们思考自身脆弱性的方式对我们建造女性主义庇护所有何影响？用那些遗留的材料，用那些令某些人难以生存的历史来建造一个庇护所，这可能是很痛苦的。但是，我们有必要建造这样的庇护所，让这样的人能够幸存。正是那些已经建成的东西、那些随着时间推移而变得坚固的墙迫使我们去建造。事实上——回到我在第六章的讨论——我们可以重述那位多元化工作者讲述的故事（即她努力工作，使一项政策通过，但最终却没带来任何改变的故事），将其重述为一个令人痛苦的破碎的故事。在这一版本的故事中，她这个讲故事的人被击碎了。在这个意义上，被击碎意味着被弄得筋疲力尽。一位多元化工作者被击碎的故事，就是墙如何保持屹立不倒的故事。2013 年，我与几位多元化工作者进行了一次非正式的谈话，在那次谈话里，一堵墙变成了一门水炮："就像水炮。有时，面对向你迎面抛来的一切，你依然保持站立，这就是一个成功的故事了。这并不总让人觉得是种成功。但它的确是一种成功。"当保持站立就意味着成功时，你便没有时间和精力去做其他事情了。我们最终会感觉被消耗殆尽。仿佛我们被我们遇到的事物所打碎，但又因我们遇到的事物并未显影，于是看起来仿佛是我们自己打碎了自己。就像莫莉一样，人们大概会认为，是我们自己把自己绊倒了，是我们自己让自己手忙脚乱；我们的任性是我们跌倒的原因。

当墙壁没有被揭示出来时，仿佛是我们自己打碎了自己。

难怪，如果我们被打碎、筋疲力尽，我们需要有地方可去。我们作为扫兴鬼的经历意味着我们——无论破碎到何等程度——会走到一起，建造一个温暖的庇护所，一个能保护我们不受恶劣天气影响的庇护所，尽管这个扫兴鬼的庇护所的想法的确十分吸引人，但是事情并不是这样的。如果不是在我们自己的土地上去建造，我们就很难建造些什么。我的女性研究经验让我了解到了女性主义庇护所的脆弱性。仅仅是为了让事情得以维系，你就必须努力工作。我认为，这对你所做的工作产生了实际影响：当你日以继夜地做着建造工作时，你几乎没时间在这幢建筑里做点事情。当你不得不为生存而战时，战斗就会成为一种存在。女性研究现在是，将来也很可能仍旧是一个脆弱的居
176 所，它没有稳定牢靠的地基。正如我在第四章中所指出的，这是因为建设女性研究是在一个需要女性研究去改造的环境中进行建设；改造的重点是我们在其上进行建造的地基。我们想打碎地基。毫不意外，如果我们试图打碎我们在其上进行建造的地基，那么我们建造的建筑就将是脆弱的。

事情分崩离析：这就是我进行女性研究的经历。我们不再得到机构支持的最初迹象之一是我们被要求搬办公室，从大楼的前面搬到后面。被抛在后面，脱离正轨：看不见；摸不着。你察觉到了事情的走向。你觉得越来越不稳定，机构的支持正在逐渐消失。在第二章中，我提到过，当你走在正确的道路上时，你可能会体验到压力缓和了，就像一只手抬起来了。抬起的手同样可以被体验为支持的撤回。当我感受到这种撤回时，我变得越来越绝望；我投身于拯救女性研究的工作，以确保它能够保持独立自主性，确保我们仍能发放本科学位（这是英国最后一批单科荣誉的女性研究学位[i]之一）。我想我把自己和周围人都累坏了。事后看来，我不仅离开了那里，[ii]还丢下了如此多的东

i 单科荣誉学位（single honors degree）指针对某一主修专业的发放的荣誉学位，与之对应的联合荣誉学位（joint honours degree）指针对两门专业发放的荣誉学位。在学科的立场，可单独作为单一荣誉学位的专业自然拥有更高地位。此处即指作者所在大学的女性研究是单科荣誉学位的专业。——译注

ii 指艾哈迈德辞职离开金史密斯学院。——译注

西，我意识到这是一件很悲哀的事情：我不仅失去了建筑，而且失去了与我的女性主义共同建设者的联结和关系。在这种失去背后有很多复杂的制度和个人原因。没有必要深究这些，我们每个人都有不同的说法。但我在其他地方听到过，并且常常听到这个故事：当一项女性主义的工程没有实现，当事情破灭（就像事情倾向于走向的那样），我们彼此之间的关系往往也会支离破碎，不复当初。

当我们不得不为生存而战时，它就会塑造我们彼此之间的相遇。毫无疑问，我们可以体验到彼此的锋利与脆弱。我们互相对峙。这就是为什么当我们在建造女性主义庇护所时，女性主义扫兴鬼并没有消失。事实上，她很快就会出现。你可能会成为女性主义内部的一个痛点。因为你是谁，你说了什么，你做了什么；因为你进入一个房间时可能唤起的历史，你可能会成为女性主义圆桌上一个扫兴者。无论我们作为女性主义扫兴鬼的一些经历有多困难，它们都不足以让你做好准备去应对这样的困难：你身在女性主义空间中，却仍然遇到了“你就是问题本身”的问题。而这正是许多有色人种女性体验女性主义空间的方式。正如我在第三章所指出的，当有色人种的女性主义者谈论种族歧视时，顺畅的对话就会终止。事实上，也许我们就是 177
那些中断对话的人。“中断”（interruption）这个词来自“破裂”（rupture）：打破。因此，一个关于破碎的故事总是一个从某处开始的故事。认为有色人种女性主义者发表的意见中断了对话，这种观点不仅把种族歧视变成了一个断裂点，而且把女性主义解释为一场由白人女性开启的对话。女性主义成了一个不属于我们自己的对话。奥德雷·洛德（1984a）、贝尔·胡克斯（2000）、苏娜拉·托巴尼（Sunera Thobani 2003）以及艾琳·莫尔顿－罗宾逊（Aileen Moreton-Robinson 2003）教会我思考愤怒的黑人女性、愤怒的有色人种女性以及愤怒的原住民女性的形象，她们是另一种女性主义扫兴鬼：一个破坏女性主义者幸福的女性主义扫兴鬼。在女性主义内部谈论种族歧视就是妨碍女性主义者的幸福。如果在女性主义内部谈论种族歧视妨碍了女性主义者的幸福，那我们就是要妨碍女性主义者的幸福。

作为女性主义者，大多数时候我们并不栖身于女性主义空间，这也许就是为什么，在女性主义空间里遭遇那些与我们在更大的世界中遇到的同样的问题是如此令人疲惫。而且令人沮丧的是：墙壁出现在了我们为避免遭到墙壁阻碍而去往的地方。

当我在一些相当“白”的空间中展示我的工作时，我经常听到这种反驳。但是白人呢？他们不是也有复杂的感受吗？有一次，那还是在1999年，我发表了一篇题为“陌生人的具身化”（Embodying Strangers）的论文，我提到了奥德雷·洛德对纽约地铁上的种族歧视的描述，她的描述相当特别。一位白人女性在提问时愤怒地指出，我没有考虑白人女性的感受，仿佛这是某种中立的情形，然后为了说明某一点，我们必须从每一个角度进行说明。此时，种族歧视变成了要求我们带着同理心去思考种族歧视，种族主义只是另一种视角；种族歧视者也是有感情的人。

在一个不平衡的世界里，所谓的平衡是不平衡的。

我认为，她说话带着怒气，这是因为她把我的讲话听成了对愤怒的表达。另一次，在那之后很久，2011年，我在做讲座时，借鉴了贝尔·胡克斯的描述，即有色人种的女性主义者似乎什么都还没说就会令人紧张。她给出了一个场景。我怀疑她已经多次经历这个场景了；我也经历过，所以我要再次分享这个场景：“一群互不相识的白人女性主义积极分子出席了一个讨论女性主义理论的会议。她们可能会因共同的女性身份而感到彼此团结，但当一个有色人种的女性进入房间时，气氛就会明显改变。白人女性会变得紧张，不再放松，不再愉快”（2000，56）。这不仅仅是情绪上处于紧张状态，而是这种紧张就在那里：在被一些身体感觉到的时候，它被归结为由另一个人引起的，这个人 178
被感知为离群的人，妨碍了群体有机统一的享受和团结。有色人种的身体成了气氛变紧张的原因，紧张也意味着某种共享的氛围的丧失（或者我们可以说，分享这种丧失的经历使这种氛围成了共享的氛围）。作为一个有色人种女性主义者，你不需要说话就能引发紧张。

当我引用贝尔·胡克斯的这段话时，一位白人女性事后向我表示，对于胡克斯的描述——所有白人女性都将有色人种女性视为问题本身，以及对我不加批判地使用胡克斯的描述，她并没有感到十分生气，而是表示她很受伤。这个例子中并没有使用“所有”这一字眼，但这并不意味着人们不会认为这个例子就是在说“所有”。当这是他们能听到的所有时，他们就会认为你指的是“所有”。而当人们认为你就是在说“所有”的时候，无论你说什么，你都会变成一个问题，这一切又来了。我一直在思考这个问题：如果是伤害的历史把我们带到了女性主义，那么，当我们自己的批评伤害了其他人时，我们该怎么做？因为受伤害的感觉——正如奥德雷·洛德（1984）和贝尔·胡克斯（2000）教我们的那样——可以是一种对事情充耳不闻的方法、一种把某事说成纯个人事件的方法、一种不听取别人的意见的方法。

有一次，我在一个研讨会上谈到种族歧视问题。之后，一个白人女性走过来，把她的胳膊放在我的旁边。她说，我们的肤色几乎是一样的。没什么区别，没有区别。她说，你不会真的觉得你和我有什么不同。关于种族歧视的谈话本身变成了我的幻想，是我妄自发明了差异。她笑了，仿佛我们手臂肤色的接近证明了我所说的种族歧视是无中生有的发明，仿佛我们的手臂讲述了另一个故事。她笑了，仿佛我们的手臂惺惺相惜。我什么也没说，把手臂收了回来，这也许是一种无言的发声。

收回手臂足以让气氛变得紧张，仿佛通过收回你的手臂，你拒绝了爱和团结的姿态。和解常常被表述为一种善意的姿态、一种好用的姿态，在摆出这种姿态时，手是伸出来的；比如说，殖民定居者或占领者的手。如果伸出的手没有被握住，那么有些东西就被打破了，比如和解的承诺；关于我们可以进步的承诺；关于我们可以继续向前的承诺。那些不接受这种善意姿态的人，会被认作造成了这种破坏的人。

你尚未作出承诺就已然打破了承诺。

如果你拒绝那种表示理解、同情的姿态，你就会变成刻薄的人。就我自己指出种族歧视的经历而言，人们不仅认为你伤害了其他人，而且认为你是有意造成这种伤害的。那些谈论种族歧视
179 的人小气、不友善，在此意义上，他们变成了刻薄的人。谈论种族歧视成了一种打破那条脆弱的社会主线的方式。罗宾·迪安吉洛（Robin DiAngelo）称“白人的脆弱性”是“没有能力处理有关种族和种族歧视的对话的压力”（2011, n. p.）。白人的脆弱

性起着防御系统的作用。[i]如果一个后果可以被招纳为一个原因，那么一个原因也可以被招纳为一道防御：就好像说，那些我们对付不了的事情，我们压根儿听不到。

前文指出，对任性的分配如何能在某一特定的点上叫停因果关系链：如果我们不去问是什么导致孩子摔倒（比如母亲的不耐烦，比如孩子感觉自己没跟上大家的期望，比如肉身差异导致的颠簸），那么孩子就会成为破裂的原因。我们对因果关系的更深入的了解不是从假设中（那只旧台球）来的，而是通过沉浸在与他人共处的世界中得来的。我们理解了，因果关系是如何成为一种社会习惯的；一连串的事件是如何——因为它们使得一个主体不被认定为造成损害的原因，而被认定为遭到另外的事情的损害的主体——在某一特定的点上被叫停的。白人的脆弱性就是这样：一种终止因果关系链的方式，如此一来，白人性便得到了守护，免于被绊倒；如此一来，白人性便成了摔倒的受害方。我们在这里学到的正是将我们引向一个熟悉的地方的机制：当你谈论种族歧视的时候，你就成了造成损害的人。记住：多元化是对这种损害的限制。种族歧视：对白人性的损害。

白人的脆弱性指一些词语（如种族歧视）被认定为可能会导致破裂的词语。你不该说这样的话；它们会打断一条联系的主线。对断裂之可能性的强调会阻止话语的发出，仿佛这些话

---

i　此处，我们可以更普遍地思考特权是如何通过利用脆弱性发挥作用的，尽管脆弱性通常被理解为弱点。例如，阳刚之气可以通过脆弱性发挥作用：由于他脆弱的自我必须得到保护，以免受到潜在的伤害，他会得到很多宽恕。在这里，我认为时间性是关键：在这些背景下，脆弱性指向未来。它作为一种预见性的因果关系起作用，由于某些情况可能导致某些结果，所以我们需要通过它来避免这些情况发生。

语就是有意去打破它（被认为）指向的东西似的。一段脆弱的历史也是一段刻薄的历史。回到那些破碎的物体——它们变得无法或不愿执行人们为它们假定的目标，那些物体常常被称为刻薄的物体。波伊泽夫人——如果你还记得她的话——当她打破了她的壶时，她也说："是那些讨厌的釉面把手——它们像蜗牛一样从手指上滑了下去"（Eliot[1895] 1961，220）。当物体不再是我们达到目的的手段（means）时，它们就会变得面目可憎（mean）。我们又一次回到了扫兴鬼的领地：刻薄就是阻止一个期望的行动的完成；阻止期望的东西（通常是幸福，人们假定那是被期望之物）成为现实。我们不得不明白，被评判为刻薄就是被评判为妨碍了共同体：破坏了我们成为整体的可能性，破坏了我们亲如一家的可能性。

180 **脆弱的身体**

脆弱（fragility）这个词来自一小部分（fraction）。有些东西是破碎的。它是零碎的。一个身体可以被打破。如果我们不断碰壁，就会感觉仿佛我们可以碎成无数碎片。细小的碎片。

身体会破裂。它也一样。尽管不是所有身体都会这样。

骨头会破裂。它也一样。尽管不是所有骨头都会这样。

也许我们需要养成一种不同的对待破碎的态度。我们可以珍视那些被视作破碎之物的东西；我们可以欣赏那些被认为缺失了零星碎片的身体和事物。破碎不仅需要被理解为某件东西的完整性的丧失，也需要被理解为其他某样东西的获得，无论那样其他东西是什么。

你困惑不解。

可能发生各种事情；可能发生意外。我们遭遇的东西可能会令我们困惑不解。

我有一个故事。让我给你讲讲它的大概内容。

有一次，我在纽约的一间健身房里，和别人开玩笑。我说："我从来没有骨折过；我不认为我的骨头会断。"这是句玩笑话，但我这话仍是句很愚蠢的话。然后，还没过一个星期，我就摔倒了，摔坏了东西。我并不是说，前面的话导致了后面的事；但那是一种不可思议的感觉——我用某种方式招致了一些事情。那次骨折确实感觉像一次命运般的骨折。不管那件事情是如何发生的，但事情就是这样发生了。我摔倒在浴室坚硬的瓷砖地板上。撞在石头上骨头会断。我设法自己站起来，躺回了床上。但半夜，我感到一阵剧烈的灼痛，醒来一动也不能动。那时候我们刚到纽约不久，我的伴侣当时不在身边，我孤身一人，但好在我的手机就在手边。我能够打电话求救。他们不得不破门而入，把我救出去，从五楼抬下去。

我的骨盆骨折了。在两个月左右的时间里，我拄拐行走，有时也坐轮椅。透过某物的破碎而意识到可碎性，这是一种关乎世界的意识。我理解这种残疾是暂时的，我会康复，对此我毫不怀疑。但是，尽管感觉自己的"残疾身体"正在康复，我还是明白了，残疾状态如何因我遭遇了残疾境况下的世界而与世界发生关联；人们对待你的不同方式，敞开的门，关切的脸；关闭的门，硬邦邦的冷漠。但最重要的是，我开始感受到了街道上的小颠簸，我以前甚至没有注意到的小颠簸。这些小颠簸变成了需要很多能量才能越过或绕开的墙。 181

缓慢；沉重；沮丧。

我以前没有注意到的那些小颠簸。

我的母亲是残疾人；就在我出生后，她患上了横贯性脊髓炎。随着时间推移，她的活动能力越来越差；现在，她几乎不能走路，她膝盖僵硬、过度伸直。在我成长的过程中，母亲的病情一直是个秘密。[i]没人告诉我们这件事。我们知道她不能做某些事情；我们甚至认为她不愿做某些事情，但我们从不知道原因：大家守口如瓶，保持沉默。人们以此为耻这件事本身就令人羞耻。我记得，我把她的困难看作我自己存在的障碍：比如，当其他母亲都来参加运动会时，我的妈妈却没来，我觉得很伤心。

因此，破碎的历史往往也是一部秘密的历史、一部未显影之事的历史，其中包括某件事情背后的东西，以及那些有助于解释某件事的东西：一些差异、一些偏差。我骨盆骨折的事确实改变了我与母亲的境况的关系。这并不是说，以前的我不同情她的痛苦。我在《情感的文化政治》（*The Cultural Politics of Emotion*, Ahmed 2004）中写道，我通过成为她痛苦的见证者来了解痛苦。见证无关领会她的痛苦；也无关承认她的痛苦是一种适当的反应。我母亲的痛苦、残疾和疾病的历史与她自己作为一个移民女性的历史——她离开了她的家、她成长的地方、她的家族、她的关系，和她的家人一起来到一个新的世界——紧密相连。正如亚斯明·古纳拉特南（Yasmin Gunaratnam）在谈

i　我母亲那不为人知的病情是多发性硬化症，一种退行性疾病。我在十几岁时知道了她患有多发性硬化症。在我知情后不久，经过新的检查，诊断结果改为横贯性脊髓炎，而这不是一种退行性疾病。我母亲背负多发性硬化症的诊断，生活了二十多年。由此我们会明白：诊断是如何被当作一种判决来体验的，而当事人发现这诊断是误诊时，该有多么的震惊。这种震惊可能是意识到你本来可以过的生活——不背负退行性疾病的诊断的生活——被剥夺了。

到移民所经历的痛苦时指出的："有些痛苦的表达可以为人所觉察，而有些则不能"（2014, 86）。有些则不能。我想我自己的断裂（骨折）经历让断裂变成了一种联系，一种我当时甚至并未觉察到的联系：回想起来，我意识到了世界如何不给予某个身体以移动的空间；对一些人来说是普通的颠簸，对另一些人来说则是铜墙铁壁。

我也明白了一些关于自己——不仅作为一个研究者和作家，而且作为一个人——的事情。我开始问自己，为什么我尽管写过关于身体和世界的亲密关系的文章，却从未反思过残疾。我开始更多思考我拥有一具健全的身体的特权，这并不是说我对此已有了足够的思考：我还远远不够。我很容易就会忘记思考这件事，而正是这一点塑造了特权：那些你免于遭受的经历；那些你不必去思考的想法。就思考健全人特权而言，把特权理解 *182*
为一种节能装置可能特别贴切：我们不用知道自己不用做的事情。尽管我有一个残疾的母亲，我还是能够把残疾抛诸脑后；或者也许这里应该说"因为"而不是"尽管"，因为去思索它是痛苦的，所以我不愿去触碰它。

残疾以前被抛诸脑后，现在仍然被抛诸脑后；我不必把它拉到面前来（除非我有意进行自我反思）。我仍然记得，有一次我无意中听到母亲和一位上年纪的邻居之间的对话。我母亲说了这样一句话："年轻人甚至不用思考怎么迈步子（把一只脚放在另一只脚前面）。"我记得当时听到这句话时，我有试着去思考怎么迈步子（把一只脚放在另一只脚的前面）。但我很快就不再想这件事了。而且我还记得，我不再想这件事。

一种断裂：它可以打碎一个我们讲诉的关于自己的故事。如

果是这样的话：我们就可以被一个故事打碎。

骨折时，你折断的不仅是一根骨头：你还在另外某种东西那里经历了一次断裂；它不复当初；你也不复当初。伊莱·克莱尔（Eli Clare）在其精彩著作《放逐与骄傲：残障、酷儿性和解放》（*Exile and Pride: Disability, Queerness, and Liberation*）中描述了即使骨折已经痊愈，它也“不同于从未折断的骨头”（[1999] 2015, 153；另见 Oakley 2007）。克莱尔在这本书中分享了许多破碎的经历，包括性虐待和强奸的经历：“那些从我这儿偷走我的身体的方式”（145）。这也是这样一个故事，在这个故事中，作为残疾人、作为同性恋者、作为性别酷儿、作为穷人的经历都与遭遇暴力的经历交织或纠缠在一起；这本书将这些心结化为了智慧的源泉。

在写到自己的脑瘫经历时，克莱尔描述了他上山下山的过程——“我的脚根本不知道该如何保持平衡。我蹒跚地从一块岩石蹦到另一块岩石，每每将要跌倒时，我便反复扶住自己”，同时他还描述了他的写作经历：“我越是想写，我的笔就越不受控制，肌肉痉挛，然后我努力收缩，试图停止颤抖，我的肩膀和大臂艰难地紧绷着”（[1999] 2015, 7）。写作、攀登：它们都是某种活动，一个在做事情、在尝试着做事情的身体。你也许还记得我的这一说法：笨拙是一种酷儿伦理学。笨拙可以是一种残障伦理学，也可以是一种酷儿伦理学；我们必须为那些不服从命令、不按直线运动、失去平衡的身体创造空间；一个不太稳定的身体更少受到一个不那么稳定的地面的支持。如果一个世界被组织成笔直的线条，如果世上可供移动的空间十分狭窄（沿着走廊或在那张桌子和那面墙之间移动），如果工具都是为

那些能够牢牢抓握东西的手准备的，那么对一些人来说，他们就会比其他人更难完成这些活动。这些活动可能会让你迎面撞 183
上墙壁。

扭动的身体：偏离一条公认的路径。[i]

笨拙：当你迎头撞上的是一个世界。

墙在克莱尔的文本中作为一个地点出现，从那里望出去，你可以看到一个陌生的世界："我从一堵石墙的另一边望出去，这堵墙一方面是自我保护，一方面是孤独的骨骼和血液，一方面是一条不可能的假定，一条我无法据此形塑我的身体的假定"（144）。一堵石墙：由一个无法依据他人的假定所塑造的身体组成，一个被偷走的身体、一个必须首先将其夺回然后才能成为家的身体（13）。克莱尔描述他如何在这个严酷而沉重的世界里与石头保持最"持久的关系"："我收集石头——红色的、绿色的、灰色的、铁锈色的、带黑点的白色的、带银条纹的黑色的——把它们放在口袋里，我的体温慢慢将它们坚硬的表面焐热"（144-45）。而正是克莱尔捡起、放进口袋的石头，给了他另一种对身体的感觉。克莱尔从这破碎之中，道出了一个故事，一个在脆弱中找到联结之源的故事。捡拾某个故事的碎片就像捡拾那些石头；那些被身体的热量所温暖的石头。断裂可以提供另一种关于存在的主张，作为问题存在即存在中的断裂，认识到断裂即改变现在、塑造现在。

---

i　我在这本书中一直在使用"wiggle"（摆动）这个词。这两个词，"wiggle"（摆动）和"wriggle"（扭动）都指突然的运动，但它们有不同的效果，至少对我来说是这样。摆动通常被定义为快速的不规则的侧向运动。扭动的意思是在快速蠕动中转弯、扭曲。扭动还有一个更阴险的含义：当你从某件事情中"扭动"出来时，这意味着你借助狡猾的手段摆脱了某件事。这种偏离的动作暗藏脱离常规的意义。

一次断裂：一个我们可以讲述的关于自己的故事。

格洛丽亚·安扎尔杜阿曾经写道："我是一只断臂"（1983, 204）。她正论及脆弱，论及易折的状态和骨头；她在写身为有色人种、酷儿和女性是怎么一回事。

缓慢、沉重、沮丧；棕色的。

我是一只断臂：在我们破裂的那一刻，我们重复了历史；或者说，我们成为身体的一道裂隙。断臂是第三章讨论的任性的手臂的一个酷儿亲属。那个恐怖的故事：那条手臂引人注目（striking），因为尽管孩子已经死亡，它还是不断出现。当手臂不工作的时候，当它拒绝被有效利用的时候，它就是在罢工（strike）。引人注目 / 罢工的方式有很多。当某样东西断裂时，它就会变得尤其更加引人注目；当它不能使你继续前进或继续做事情时，它就会变得尤其更加引人注目。当身体妨碍了你想要完成的事情时，它就是在罢工。你的身体可能会是阻止你的东西。正如米娅·明格斯（Mia Mingus）有力地描述的那样："我们可以整天抓着一根树藤荡来荡去，大喊'社会建构'，但最终，我认为我们会撞上一堵砖墙，我认为那堵砖墙就是我们自己的身体"（2013, n. p.）。身体也可以是墙。任何社会正义的计划都必须考虑残疾问题，必须从诸如患有慢性疲劳综合征的经历出
184 发去思考，必须想到一个这样的身体——对它来说，仅仅是起床或走动都随时可能会撞上一堵砖墙。

一堵墙可能就是你睁眼醒来看到的情景。

奥德雷·洛德在《癌症日记》（*The Cancer Journals*）中详细描述了乳房切除术后醒来的感觉，在镇静剂的迷雾中，她逐渐意识到她的"右乳消失了"，她的胸壁越来越痛。"我那不复存在的乳

房会痛，就像被钳子夹住了一样。这也许是最糟糕的痛苦，因为它还伴随着一个完整的事实，即我将永远被提醒着我的失去，我的一部分已经不存在了”（1997, 37-38）。我们可以感觉到一种缺失；我们可以感觉到有些东西已经永远不在了。

《癌症日记》还讲道，若不想戴假体以替代缺失的乳房，就需要十分任性。有一次，她去医生办公室，护士评论说：“你没戴假体啊。”洛德回答说：“戴假体真的感觉不对劲。”护士回答说：“戴上它，你会感觉好得多。”护士还说：“不戴假体有损办公室的士气。”（60）不戴假体的问题不在于无法掩盖自己的缺失；而在于人们认为这有损别人的幸福。在这里，残缺的身体闯入了社会意识，提醒着人们疾病和脆弱的存在，而这是不受欢迎的。在这里，扫兴鬼再次出现：她出现的方式妨碍了他人的幸福。于是我们明白了：为了给另一些人开辟一个世界，身体需要去妨碍一些事情。是的，平等是一趟颠簸的旅程。把事情捋顺往往意味着：抹去你受伤的迹象，创造一个整体的幻想。把事情抚平往往意味着：抹去那些提醒人们伤痛的存在的人。

结论：碎片聚集

也许那些有损士气的人可以联合起来。奥德雷·洛德对于穿戴假体、冒充拥有完好双乳的女人或完整女人这一要求的回应，不仅有愤怒，还有对行动的呼吁。她问道：“如果一支独胸女人的军队来到国会，要求禁止在牛肉饲料中使用致癌的储存脂肪的荷尔蒙，会发生什么？”（1997, 14-15）一支独胸女人的军队：会发生什么？可能发生什么？一支由缺失了某些部位的身体，甚至由不在身体上的某些部位组成的残疾酷儿军队将集结起来。

卡丽·桑达尔（Carrie Sandahl 1993，26）指出了残疾人和酷儿之间的“共性和张力”。残疾人和酷儿：这两个词的历史都令人
185 伤心；它们都是带有侮辱性的词。它们是被夺取回来，进而获具了明确的指向性的词；因为它们令那段历史——那段有关作为一种政治感受的否定的历史——保持鲜活，因而它们成了指向某些事情的方式。

也许这些词本身就携带了这种共性，残疾人（crip）和酷儿（queer）这两个词承载着一种负面情感，就此而言，它们成了蕴含潜能的场所，因此，它们携带了这种共性。对伊芙·科索夫斯基·塞吉维克来说，酷儿之所以成为一个“具有政治效力的术语”，是因为它与“童年的耻辱场景”密切相关（1993, 4）。酷儿的效力在于它不断提出的困难历史。艾莉森·卡弗（Alison Kafer）探讨了残疾人何以是一个满载情感的词。她借鉴了南希·梅尔斯（Nancy Mairs）论“想让人们对这个词感到畏惧”的文章，进而提出：“想让人们感到畏惧，这一愿望表明了一种想把一些事情彻底打乱的冲动，一种让人们从他们对身体和心智、正常和不正常的日常理解中幡然醒悟的冲动”（Kafer 2013, 15）。酷儿和残疾人是任性的词语，它们带来了一段紧张的历史、一段破碎的历史，它们通过坚持这些东西而起作用；它们是破碎的词语。

这两个词，它们走到了一起；它们与其拒绝的事物有着密切的联系。在你向人们展示你并不缺失的东西时，一种酷儿 – 残疾人的共性便成为可能。一种酷儿 – 残疾人政治可能会揭露那些人们眼中不完整的身体，这种揭露可能会被视作对社会意识的故意侵扰（“有损士气”）。酷儿 – 残疾人政治可能涉及拒

绝掩盖缺失的东西，拒绝渴望成为完整的人。我所说的意志责任（will duty）往往采取一种渴望（aspiration）的形式：即使是那些无法变得完整的身体，它们也必须愿意渴望成为完整的身体。没有什么比拒绝这种渴望更任性了。

我们可以拒绝想念（miss）那些人们认为我们缺失（miss）的东西。

我们可以共享一种拒绝。

这是否意味着我们让自己陷于断裂？这是否意味着存在一种不以恢复为目的的与断裂相关联的方式？碎片可以在或从一种破碎状态中重新组合起来吗？磨损与耗尽：你身体表面的时间痕迹、感情的温暖、来来往往、边缘的锋利、我们忍受的东西；提高的音调，刺耳。奥德雷·洛德在《扎米》（*Zami*）中写道："为了熬过坏天气，我们不得不变成石头。"（1984b, 160）压迫的各种社会形式、种族主义、将一些身体视为陌生人的仇恨，这些都被体验为天气。它们挤压、击打着身体表面；通过变得强硬，身体得以显露或幸存。洛德接着补充道："我们在最接近的人身上碰伤自己。"（160）洛德在这里谈论的是黑人女性之间的关系，谈论的是由于世界艰难，黑人女性互相伤害是件多么容易的事情。那些为了生存而不得不变得强硬的人可能会因为那些他们为了存在而必须做的事情而互相伤害。

因此，对洛德来说，强硬并不是消除脆弱；而是我们如何 *186*
与脆弱共存。有时我们需要一堵墙来保护自己。有时我们需要在世界的侵扰下撤退。有时我们需要敲碎那堵墙。一道伤痕可能意味着一堵墙；也可能意味着一次突破。当一块石头碎掉，它就变成了许多石块。一个碎片：那断裂的东西正在变成另外某种东西。女性主义：变成另外某种东西的过程。四分五裂：痛苦不堪。那些时常被打碎的东西零星散落，遍布各处。一段沮丧而沉重的历史同样混乱且遍布各处。

许多碎片：聚集起来。散落的碎片。组成了一支队伍。

第八章

女性主义的断裂 187

Feminist Snap

在这一章中，我想思考断裂点，将其视作我们可能会到达的目标点。当我们说，我们到达了一个断裂点的时候，我们往往引发了一场危机，即我在第七章探讨的那种危机——你遭遇的事情危及你的性命、梦想或希望。危机也可以是一个开端，一种新的前行方式，这取决于我们如何解决或不解决这个危机；取决于我们是否认为危机是需要解决的东西。

我们可以回到第二章讨论的幸福之路。一条路可以是一条我们为了到达某地而遵循的线。一旦走过了某条路，这条路就到了我们身后。当我们想到家庭背景这件事的时候，我们想到的往往是在某个孩子身后的东西：一个关于她来自何方的故事。但是，背景也可以是人们要求那个孩子去追求的东西；她身旁幸福的家庭照片不仅成了她和其他人曾去过某个地方的痕迹，也成了一系列建议——对她也应该去往的地方、对她可能或应该拥有的未来的建议。因此，背景可以将我们导向某种未来。当孩子再生产出她所继承的东西时，她就延长了家族的谱系。接替这一谱系是有压力的，这种压力可以表达为爱、幸福和关怀的语言。这些压力点坚持认为，如果我们这样或那样做，幸福就会随之而来，而我们不知道，没有这些压力点，我们会成为怎样的人。

然而，在某些特定节点，我们可以拒绝继承前人的路，我们往往将这些节点体验为断裂点。在这一章中，我将探讨被我简称为“女性主义断裂”（feminist snap）[i] 的东西，一种更富创造
188 性、更具肯定意味的思考断裂点的方式。有时，我们不得不努力绷断纽带，包括家庭纽带，那些纽带正破坏或至少动摇着一种你并不打算放弃的可能性。我们并不总确定或清楚是什么东西在实施破坏；事实上，我们从扫兴鬼的形象那里了解到，对破坏的定位是种政治学。一道断裂也可以被别人认定为具有破坏性，因为当某种东西断裂时，总有什么事物或人被打破了。

突然断裂（snapful）

我第一次看《沉默的问题》（*A Question of Silence*）这部电影时，立即想到了电影展示的是一种集体的女性主义断裂的行为。在本章的最后一节，我会把这部电影与其他两部 20 世纪 80 年代的女性主义电影《朝九晚五》（*Nine to Five*）和《硝烟中的玫瑰》（*Born in Flames*）放在一起思考。影片《沉默的问题》所呈现、

---

i　这是本章的关键词，作者充分使用了“snap”及“snapful”、“snappy”等衍生词的多重意义，例如“断裂”、“崩溃”、“快速说话”、“敏锐”、“尖锐”等，作者在后文解释了她选择这个词的缘由，以及这个词全部的可能含义。译者会根据不同语境选择不同译法，并在必要时括注原文。鉴于这个词的“断裂”这层意思是作者在本章着意强调的一种女性主义的生活方式、策略与哲学，因此译者统一将“feminist snap”这一关键说法译为“女性主义断裂”。——译注

蕴含的强大力量，让我想到了“断裂”（snap）这个词。自那以后，这个词便一直在我脑海挥之不去。为什么是这个词？让我们来看看这个词的全部潜在含义，我们把它看作动词，看作正在做的某事：断裂；她裂开 / 崩溃了。

“snap”的含义包括：发出短促、尖锐的破裂声；突然断裂；在压力或张力下突然崩断；身体或精神崩溃，特别是在压力下崩溃；突然咬紧牙关，通常还发出咔嚓声；咬；突然且急迫地抢夺或抓住；突然或急促地说话；迅速而灵巧地移动；拍照，或仿佛打了一下闪光灯；闪烁；咔哒一声打开、关上或合住。

断裂往往相当轰动。断裂可能会发出尖锐的声音。作为一个女性主义扫兴鬼，我一直在倾听那些听上去很尖锐的人。我的话题还将回到这种尖锐的声音上；因为它很重要。“断裂”的时间性也十分关键：断裂是一种突然而迅速的运动。断裂的速度可能就是它归根结底被理解为一种运动的原因（你移动得越慢，你的移动就越不像一次运动）。

我总是思考那些闯入脑海的例证；思考与世界周遭相处的感觉。当我想到“断裂”的时候，我想到了一根树枝。当树枝折断，我们会听到它折断的声音。我们可以听到断裂的骤然发生。我们可能会根据我们所听到的假设断裂是一个起点。断裂声听起来像某种东西的开始、某种东西的转变；它意味一根树枝最终断作两截。断裂看上去甚至可能像一个暴力的瞬间；某些东西的肢解。但是，只有在我们没有注意到树枝承受 189
的压力的情况下，断裂才会是一个开始。如果压力是一种行动（action），那么断裂就是对此的反应（reaction）。除非你身处压力之下，否则很难注意到压力的存在。我们忽视了压力的存在，仅当如此，我们才会以为断裂是一些事情的开始。我们能否从树枝的角度，即从那些处于压力之下的人的角度，重新描述这个世界呢？

现在，我们可以开始描画断裂如何以及为何重要了。玛丽莲·弗赖伊（1983）追溯了“压迫”一词的词义根源“挤压”（press），我在本书第一部分参考了她的论述。身体可以在压力下被塑造成形；或者在被塑造时受到压力。我们也了解：局外的我们并不总能看到这种压力。你可能只有在被挤压的时候才会体验到这种压力，就像你只有在真正撞上一堵墙时才会遇到那堵墙一样。最沉重的经历往往最难传达给那些没有共同经历的人。如果一个断裂看起来十分尖锐或突然，那么这可能是因为我们没有经历那段承受或支撑压力的漫长时间；那段我们尚可承受压力的时间，那段事物为了不至断裂而耗费的时间。

如果这根树枝是一根更强壮的树枝，如果这根树枝更有韧性，那么它在折断之前会承受更大的压力。我们可以理解，韧性是一门意志的技术，它甚至像一道命令一样发挥作用：愿意承受更多；要更强大些，这样你就能承受更多。我们也可以理解，韧性是一门极其保守的技术，它尤其适用于治理：你锻炼身体，变得强健，这样身体就不会屈服于压力；这样身体就能继续承受压力；这样身体就能承受更大的压力。韧性是承受更大压力的必要条件；这样一来，压力就可以逐渐增加。或者如罗宾·詹姆斯（Robin James）所描述的，韧性“把伤害回收再利用，转变为更多伤害之源”（2015, 7）。伤害成为一种要求身体去承受伤害的手段；甚至成了一种要求身体获得承受更多伤害的力量的手段。

当你不去承受它的时候，当你无法再承受它的时候，会发生什么？不承受它的时刻常常被理解为失去它的时刻。当断裂被认定为暴力的起源，断裂 / 崩溃的人就会被认作暴力的人。她断裂 / 崩溃了。你可以在她的声音里听到断裂声。尖锐的、刺耳的、响亮的；也许就像这种情况，毫无征兆，音量突然被调大了；她说话的时候，她周围的安静氛围就终止了，她的声音斩断了气氛，标示出某种损失；一个更好的气氛、一种更温和的心情的损失。然后：暴力被认作源于她的暴力。女性主义政治应该坚持将主动的行动（action）更名为被动的反应（reaction）；我们需要表明，她的断裂 / 崩溃并不是事情的开始。

扫兴鬼在她似乎要抓狂的那一刻，为我们提供了另一种理 *190*
解。女性主义扫兴鬼可能本身就是一个没好气的（snappy）形象；女性主义者可能会被视为满口尖刻的话（snap）的人。也许在任性和尖刻之间存在关联。作为一种性格品质，没好气往往被定义为一种天生的倾向。没好气的人是“说话尖刻或易怒”的人。当然，这听起来就是一种女性主义的天生倾向。女性主义：它有牙齿；她会咬人。作为女性主义者，我们甚至可以有意发展这种倾向：我们尖刻地说话，因此，我们听到了更多尖刻的话。我们的目标是通过尖刻地说话而变得更敏捷。这并不意味着没好气就是正确的，也不意味着我们要把它说成是正确的。但是，当一个错误要求我们为此负责时；当它要求我们承担它，或者更多地承担它时，也许我们就必须没好气地纠正它。

断裂：当她无法再忍受的时候；当她实在无法忍受的时候。她尖刻地说话，语带怒气。也许我们能听到她的恼怒；声音的音调提高了，变得尖刻。声音可能会失掉它温润悦耳的性质；

变得更粗糙、更尖脆。当她的恼怒清楚地表明了某件事的时候，我们可能会被恼怒吸引注意，却不去关注令人恼怒的事情本身。如果感到恼怒的是我们自己，那么我们还会不去注意令自己恼怒的原因吗？

恼怒是身体和世界的一种亲密关系。当我想到恼怒时，我想到了接触性皮炎。你接触到的东西会刺激你的皮肤。恼怒/刺激（irritation）将接触认定为一种入侵。你的皮肤表面可能会变得更粗糙、更痒。你可能因为皮肤瘙痒而抓挠皮肤；这可能会带来一种解脱感，但随后皮肤变得更加瘙痒。你知道抓挠后会更痒，但你情不自禁：因为那些解脱的时刻太珍贵了。某段经历的特质体现在你如何与自己以外的东西产生摩擦，但是，一旦有人无意中将你惹恼[i]，你就会感觉自己的身体在与你作对，即使是在那些解脱的时刻。我们从恼怒谈起，就是在谈论以某种特定方式与世界产生摩擦的问题。倪迢雁（Sianne Ngai 2007）将恼怒描述为“轻微的负面情绪”。这是一个相当妙的描述。我们都知道，生活中满是轻微的刺激。也许刺激就像感染；事情最终会发展到非解决不可的关头。有一个点，一个临界点，意味着全然的爆发。在你最终崩溃之前，可能已经有人多次无意惹恼你了。崩溃也许看上去很突然，但这种突然只是看上去如此；崩溃是你深受你所遭遇之事影响的漫长历史中的一个瞬间。

断裂：一个携带着一段历史的瞬间。

如果你很容易发脾气，也许是因为你并不快乐。但是，也许这

i 该句原文为“you are rubbed up the wrong way”，用作固定短语时，该短语意为“无意中惹人生气，触怒别人”，作者在这里的用词呼应了上文谈到的刺激、摩擦，同时表达了其直接的字面意义“摩擦”与引申意义“触怒”。——译注

种倾向只是故事的一部分。有些人比其他人更多遭到他人的无意冒犯；我们深知这一点。一个女性主义扫兴鬼的生活和工作地点是一个“接触地带”（contact zone）[i]。她或许具有一种易怒的倾向，这并非出于她的说话方式或存在性质，而是因为她已经迫不得已忍受了太多的东西。那些她不得不忍受的东西在某 191
种程度上塑造了她这个人。她以某种形象示人（记住，她的形象最初是一个别人指派给她的形象），这往往与她遭到他人冒犯的历史密不可分。我在第一章描述了这一点，“被正在惹你生气的人搞得气恼”。

我们可以把女性主义的历史看作一部易怒女人的历史。也许我们会想，我们口中说出的话是如何言说这段历史的。可能是我们的舌头日渐敏锐，在我们挣扎着回嘴，大着胆子仗义执言的时候，它们开始替我们说话。我想到了《简·爱》。在小说开篇，在简童年的残酷场景中，她挣扎着对她专横的姑妈说话。最终，简的怒气脱口而出。但她只有在她的舌头似乎获得了自己的意志时才会说话。“我几乎是不由自主地说了出来，因为我的舌头似乎在未经我同意的情况下发出了声音。”（Brontë[1847] 1999, 21）为了我们，我们的舌头可以不守规矩；它们可以替我们宣布：拒绝服从。

也许女性主义者正是通过大胆说话这一行为获得任性的舌头的。也许我们需要任性的舌头以抵制被整饬。任性的舌头：我还想到格洛丽亚·安扎尔杜阿《边土：新梅斯蒂扎》（*Borderlands/La Frontera: The New Mestiza*）中的一章——“如何驯

---

i 接触地带指各种文化相遇、冲突、角力的空间，通常建立在高度不对等的权力关系之间，如殖民或后殖民的情境中。——译注

服一根野性的舌头”。这一章以一个戏剧性的场景开篇：一位正在为她清洗牙根的牙医“声音中升腾着愤怒”，对她说，“我们必须对你的舌头采取一些措施”，他“从未见过如此强大顽固的东西”（[1987] 1999, 75)。她任性的舌头令人想起第三章中讨论的那个任性孩子的任性手臂。她的舌头不断“推开棉花团，把钻头和细长的针头推回去”（75)。所有那些牙医出于健康和卫生关切而放进她嘴里的材料，一再地被直接推了出来，仿佛她的舌头拒绝清洁，仿佛她的舌头在传播某种传染病。格洛丽亚·安扎尔杜阿描述了许多试图驯服她的舌头、让她“讲英语”（76）的尝试。当她试图告诉老师她的名字如何发音时，老师认为她是在“顶嘴”。说自己的语言就是不听话。她的舌头坚持任性地不服从，拒绝被“捋直”。

女性主义：任性的舌头的历史。女性主义：它让身体感染上一种欲望——不用他人命令你的方式说话。我也想到了贝尔·胡克斯（1988）非凡的文本《顶嘴：思考女性主义，思考黑色》（*Talking Back: Thinking Feminism, Thinking Black*)。她解释了她是如何通过采用她外祖母的名字作为她的笔名来重新命名自己的（9)。在其他文本中，胡克斯描述了她的祖母如何“因为她那
192 敏捷（snappy）而大胆的舌头闻名四方”（1996, 152)。这里证实，敏捷的舌头是黑人女性相互继承而来的东西；母系血统是一条机敏的（snappy）血脉。敏捷的舌头为黑人女性提供了书写自己名字的词汇。

这种机敏的劲头 / 断裂（snap）可以是一条谱系，它作为替代性的家族谱系或一种女性主义的遗产而展开。我通常认为这种劲头是我从我的巴基斯坦姑妈那里继承来的。我姐姐说，她

的女儿有艾哈迈德的基因，我知道她是什么意思；她的意思是，她是这条机敏女人的谱系中的另一个点。她的意思是：像我一样，像你一样，像我们的姑妈一样，这个女孩有这股机敏的劲头。这个女孩有这股机敏的劲头：也许她也是一个奋力生存的故事。我想到了我自己的家庭，想到了为保持和睦而必须做的工作，想到了女性经常做的工作，即在事情日渐破裂时依然坚持下去。回顾我在第七章中的讨论，我们可能会为那些破裂——即使是那些我们自己没有经历过的破裂——所困扰。就我的家庭而言，我想到了印巴分治（Partition），一个国家如何被殖民主义的余波打散；边界何以成为张开的伤口；感染如何蔓延。关于印巴分治的创伤的家庭故事代代相传；一个穆斯林家庭离开了他们在贾朗达尔（Jalandhar）的家，逃到拉合尔（Lahore），经历了漫长而艰苦的火车旅行，到达拉合尔后，他们用那些同为逃亡者的人留下的东西建造了一个新家。

我们可能会继承一个断裂，因为这个断裂本身存续了下来。这种存续也许意味着我们持续为一个断裂所困扰。当我想到这段断裂的历史时，我总是会想到我与大姑妈古尔扎尔·巴诺的关系。我在导论中提到过我们的几次谈话如何塑造了我脑海中的女性主义。我的姑妈——她绝对是个尖刻的人——没有结婚。家里对此的解释是，她没结婚是因为印巴分治。一个民族的分崩离析可能会与一个人生故事交织在一起。古尔扎尔全身心投入了女性运动，还有巴基斯坦的妇女扫盲和教育运动。她还是一位诗人。她的文字如兵器般锋利。当我们的生活没有遵循传统的道路时，我们身后仍有一些人——那些不计回报地为我们提供生命线的人——在支持我们。我与姑妈变得亲近起来，她对女性主义、对她在我们的家族传记中所谓的“**女性力量**”的热情，帮助我找到了一个不同的政治方向，一个不同的思考我在这个世界上位置的方式。在传统的家谱中，没有自己孩子的女人将是一个终点。

啪，断裂：生命线的终点。

在女性主义者和同性恋的谱系中，生活则从这些点展开。

啪，断裂：重新开始。

193 斩断纽带

对某人厉声说话也可能会斩断与这个人的纽带。这种斩断的行为可能很重要，因为关系可能是妨碍生活——也许是女性主义生活——的因素。不是所有的关系都具有破坏性；我们可能需要用有些关系去维持女性主义的生活。回顾我在第三章中对任性的妇女主义的讨论，有时我们可能需要做一个烦躁尖刻的人，才能坚持维系那些人们要求我们放弃的关系。家庭关系可以成为活力和力量的源泉，甚至庇护所，抵御整个世界的严酷。明了支持性与非支持性的关系之间的区别是一个挑战。女性主义的生活：与这种挑战共存。有时我们会遭遇危机，因为我们本以为会支持我们的关系，到头来与我们的想象并不相符。

我们不仅可以与另一个人建立关系，也可以与一个观念或理想建立关系：例如，与父亲的关系可以是一种家庭关系，一种对家庭观念的投注。我们背负的压力之一就是要几乎不惜一切代价地去保持一些关系。我的父亲与我“断绝关系”（我不应该使用这个词，因为它暗示二者先前存在所属权关系，但它确实有助于表达断绝关系的意义）[i]，部分原因是，我要过酷儿生活的选择对他来说是一个断绝点。[ii] 他可能会说，并非他斩断了与我的关系，而是拜我所选的道路——那条偏离正确方向的道路——所赐，我自绝于他。也许，从他的角度来看，我才是那个因为我的去向、我这个人本身而断绝关系的人；他最后跟我说的话是一封关于我“脑子有病”的信，即使在他与我的最后一次交流中，他的目的也依然是结束我们的交流。

作为一种女性主义病的断裂。

她无法控制自己。

悲伤；糟糕；疯狂；绝了。

不过，你是否体验过那些专门用来否定你的语词，对这一问题的回答会产生不同的结果。在某种程度上，是我把他引向这些话的，或者说，至少我没有使他远离这些话。我没有努力维系我们之间的脆弱关系，有人可能会说，这是一个女儿的义务。我甚至没有尝试让“破镜重圆”。我不再做和解的工作，因为我希望我们断绝关系；我被这种关系弄得筋疲力尽；关系可以是一种束缚。我厌倦了见面时只能从他口中听到苛刻的批评、评判我的话；这些话压垮了我，就像以前他总压得我喘不过气来一样。我们最后一次见面时，他说女人没有平等地位，因为婴

---

i　作者的用词为“disowned”，其中的“own”有“拥有”之意。——译注

ii　再次强调：人们很容易将这一行为的原因解释成我的父亲是穆斯林（种族主义是一个简单的剧本，试图用陈旧的故事来解决复杂的情况）。事实并非如此。我本不需要补充这一点，但请还是允许我补充这一点：在我更大的穆斯林家庭里，家人们（特别是我的穆斯林姑妈们）对我的选择始终报以毫不吝啬的热情和接纳。接纳不一定意味着她们以某种形式回应了我的出柜，因为这并不是说要有一个必须显露于外的认同（认同这是一种性模式）。相反，这种接受意味着：这是你；这是和你在一起的人；这就是你所做的事；你就是你。我们爱你，我们爱这一切。

194 儿需要母乳。我被激怒了，说不出话来，离开了餐桌，他在和我继母回忆起这件事时，说我“失控了”。选择总是有限的：要么沉默，要么失控。

我宁愿失控。

显然：这是一个从我的视角讲述的一段关系的故事。

显然：这个任性的女孩要讲一个故事。

然后，现在，当我告诉人们这个故事时，他们认为我在给他们讲一个悲伤的故事，一个父女关系如何遗憾收场的故事；一个家庭纽带断裂的故事。所以人们往往对此感到遗憾；他们甚至为我感到遗憾。但对我来说，这并不是这个故事里令人悲伤的那部分。对我来说，这一点，断裂的点，并不是悲伤的点。它反而是一种压力的缓解。在第二章中，我指出，你可以通过心甘情愿地往压力推着你的方向走而体验到压力的缓解。这是条出路。你也可以通过斩断纽带，结束与那些迫使你走上自己不愿去的方向的人的联系，从而收获从压力中获得解脱的体验。我不仅从一段高压的关系（这段关系要求我去往自己不愿去的地方）中获得了解脱，而且从“应当维持这段关系”的要求中获得了解脱。不将家庭关系的结束体验为一件悲伤的事，这意味着再一次与家庭疏远：恰因我没有感到悲伤，我与家庭疏远了。正如我在第二章中讨论的，你会成为一个“情感的异类”，因为你竟然在不该悲伤的时候悲伤。

我不仅不悲伤，还把这种断裂当作一条生命线，当作一种把自己从难熬的事情中拉出来的方式。它给了我一种继续过我想要的生活的自由：一种女性主义的、酷儿的生活。这意味着将家庭餐桌抛在身后，哪怕我一直背负着它，书写着它——关于那张餐桌的记忆，或作为记忆的餐桌；哪怕最终又会有其他家庭餐桌取代它。

断裂不是一个起点，但断裂可以是某些事情的起点。

在这个例子中，我们可以指出，我们可能不清楚谁在断裂，或者什么在断裂。甚至当事情破裂时，我们并不总是知道究竟什么破裂了。我们并不总是知道断裂之后会怎样。如果断裂是一个终止点，那么又会有事情就此重新开始。

就我们斩断关系的经验而言，我们可能会问自己：我们想要保留的关系是什么样的？劳伦·贝兰特（2011）引入了“残酷的乐观主义”的概念，以解释我们为何最终会坚持那些削弱我们的东西；我们为何会保持对一种无效生活的依恋。在一段残酷的乐观主义的关系中并不一定意味着我们感到乐观；我们坚持 *195*
某些东西是因为我们希望它能把我们带向某个地方；尽管我们也可能会有乐观的感觉。然而，关系本身就是一种乐观主义的情景；一组围绕某物（一个想法、一件事、一个人、一段关系）的承诺。残酷的乐观主义可能解释了我们为何不去斩断那些在某种程度上或许会损害我们的存在的关系，或许会有碍于我们实现一种关于存在的观念的关系。

所有好的概念、流汗的概念都有一堆与其紧密相关的问题；它们把生活作为一个问题提出来。我们怎么知道什么会削弱我们？我们怎么知道某种生活是否是有效的？谁来判断某种生活是否有效？这些都是困难的问题，我们的任务不是解决这些问题；它们是生活的问题。

这些都是我们过着一种女性主义的生活所面临的问题。例如，我知道其他人可能会把女性主义本身判定为残酷的乐观主义，判定为对无效生活的依恋。的确，对于那些质疑在女性主义事业上的投入的人来说，斩断关系的意愿可能会被理解为一种残酷的悲观主义，这意味着你没能依附于一个本可以让人好过一点的生活观念。在学术文化的语境下，我认为，指出学术引用中存在性别歧视和种族歧视的人常常被评判为苦于残酷的悲观主义的人。如果我们斩断这种联系，人们就会认为我们终结了一条本可以维持生命并创造意义的道路。当你不去延长一条道路，人们可能会认为你有意终结这条别人已投注许多时间精力的道路。你成了绝境。你终结了一条道路，在此意义上，这一断裂可能会被判定为任性之举；人们认为你亲手断送了你延续自身所需的东西。你正在终结你自己。断裂会被判定为你对自身拥有的一种关联的剥夺，因而是一种你针对自己的暴力形式。

啪，断裂。

她斩断一切：尽管那是她自己，不管那是不是她自己。

心怀叵测；不怀好意；满腔恶意。

她不顾惜自己的脸，割掉了自己的鼻子。

我们可以听到关键所在：女性主义被理解为“她如何伤害自己”。当她斩断关系，斩断的行为就变成了自我伤害。女性主义者的扫兴行为可以被想象为一种残酷的乐观主义场景，但这种想象是更为残酷的，因为它建立在悲观主义之上：她的信念被判无效，被认为有损于她自己及他人的生活，不仅如此，这些信念还阻止了她与一个更好的生活剧本建立或重建联系——这个剧本能引导她去往更幸福的方向。基于此情形，女性主义者需要
196 断绝与扫兴鬼的联系；她们需要放弃她，或把她抛诸脑后，以免让她耗尽她们（也就是我们）继续前进所需的能量。也许扫

兴鬼本人也会被认作断裂：人们认为她斩断与家庭的联系，或与某种文明的生活观念的联系，而这就是她没能维持和平、达成和解、跟上他人的节奏或与他人和谐相处的原因，这就是她没能捋顺事情、拓展某条路线的原因。

断裂，而不是幸福。

从这里我们了解到：哪些关系具有破坏性并不总是不言自明的。正是因为它不总是不言自明的，所以才有争论和分歧。作为一个女性主义者，我可能需要为女性主义的生活正名。我愿意为之正名；这就是为了我自己；我支持。我必须正名：过一种女性主义的生活是有效的；这种生活是有效的。为之正名不一定是要给这种生活赋予具体的内容，尽管这种生活可能涉及强调这一点，即某些价值（如平等）不是我们预设自己拥有的价值，而是解决“如何与他人共同生活”的颠簸过程。为之正名并不是简单地为你自己的信念辩护，仿佛它们比别人的信念更可取。我认为对自己的决定过于自信不是一件好事，因此，对自己生活的形态——一种受你一路上已作出的决定所塑造的生活——过于自信也不是一件好事。我认为，把生活想成是危机四伏的，不断提出“如何生活”的问题，这是件好事。做一个处在危机中的扫兴鬼：这很有价值；价值在于，让生活对决定保持开放，意识到生活是对决定保持开放的。

我们可以在这一悬置时刻为一种女性主义的生活正名：我们悬置了我们对生活是什么或应该是什么的假设的时刻。仅仅是为不同的生活方式开辟空间，就会被别人体验为一种断裂。只要你说：生活并不非得是这样，或者生活并不一定是这样，你就会成为一个扫兴鬼。

让我们回到幸福（happiness）这个词。幸福是一个如此有分量的词、一个道德的词，这是因为它与善好（the good）产生了联系。如果向前追溯，如果我们追溯幸福一词的根源，我们就会发现，幸福这个词来自中世纪英语的“hap”，意为偶然、运气。幸福与“也许”（perhaps）、“发生”（happens）和“偶然”（happenstance）一样，都含有“hap”。然而如今，幸福一词听上去与这些词非常不同——这些词似乎分量更轻；它们传达出某种运动感，胡乱摆动着，像风中飘忽的稻草。

幸福这个词是如何失去其中的“偶然性”（hap）的呢？这是我在《幸福的承诺》（Ahmed 2010）中探讨的主要问题之一。我偶然接触到“hap”这个词的一瞬间，我就非常喜欢它。现在回想起来有点神奇，我正是在写关于幸福的东西的时候偶然遇到了
197 “hap”。我一发现这个词，便爱上了它。我将漫无目的的散步称为“随性踱步”（hap walk）。断言这种踱步是随性，意味着遵循一条酷儿路线：你不确定你要去哪；也许你听任你的脚，让它来作决定。因为你并不急着前进，冲向某个目的地，因此，沿途遇到的事情可能会将你引入新的方向。你有时会漫不经心地徘徊，但随后，你又可能因为你在路上发现的某件东西而获得一种目标感。我们如何散步与我们如何生活并非毫无关系。不预设正确的方向，就意味着以不同的方式前进。说生活并不非得是这样，不一定非得有这样的形状或那样的方向，就是为偶然性留出空间。为偶然性留出空间，可能会被体验和判定为斩断了某种关系。

肯定偶然性，可能会被判定为断裂。

为女性主义生活正名可能是为了保持“如何生活”这一问题的

开放性。这种开放可以被体验为一种评判：我听过太多了。例如，如果你决定不结婚，不生孩子，在人们的叙述中，你的决定可能在某种程度上是对这种生活的拒绝，或是对那些过这种生活的人的评判，就好像你不做X，就等于是在说“X是错误的”。也许有时你确实说了这是错误的——你可能会说，若假设这些选择是正确的或唯一正确的选择，那么这是错误的。但仅仅因为你没有遵循一条公认的道路，在人们眼中，你可能就会是个苛刻或轻蔑一切的人。而此时，你被认为不仅伤害了你自己（你选择的生活不会让你拥有那些你放弃的东西，也不会让你过上最幸福的日子），而且伤害了那些为了走这条路而放弃了一些东西的人。这似乎意味着，在放弃别人期望你去过的生活（那些关于未来的闲谈，那些假定你会或应该生育的子孙）时，你也放弃了别人。

因此，我们明白了，需要谨慎对待伤害：差异和偏离往往被认定为一种对那些不同的人、那些偏离正轨的人的伤害。在很大程度上，对权力的保护是建立在这样的假设之上的——不去保护那些熟悉的存在方式就会伤害那个可能存在的事物或人：那个将因为自己与众不同而遭到嘲笑的孩子。这个未来的孩子、这个将会被嘲笑的孩子，人们要求他承担我们更有创造力的家庭形式和生活方式带来的风险。

在某些情况下，不言而喻的是，某段关系被破坏了；某种生活受到威胁。事实上，我想说的是，针对某些生活的判断就借用了这种不言而喻的证据，通过这样做，他们声称，某些生活本身就是一种伤害。反女性主义的言论经常将女性主义定位为自我伤害：似乎是在说，女人通过经历某些具有伤害性的关

系而伤害自己。不是尽管这种借用行为发生了，我们仍然需要 198
承认伤害，而恰是因为这种借用发生了，所以我们需要承认伤害。然而，承认往往是我们必须为之斗争的事情。对于那些处于有害关系中的人来说，要因为伤害而认识到伤害，可能是很困难的。

一段关系可以是暴力的。生活在暴力中的人甚至很难想象或想到暴力是可以克服的，这一点令他们感到十分艰难；你可能会被孤立；你可能在物质上依赖于人；你可能感到沮丧，这让你认为并感觉自己处在某人之下；你可能依附于那个人，或者在那个人说他会改变时相信他；你可能已经成为那个人的一部分，你的生活与那个人交缠在一起，很难想象如果他离开你，你还会剩下什么。我们建立的关系并不外在于自己；一段关系恰恰是外部性的丧失。如果我们不放弃一部分自己、不放弃自己的一部分历史，那么也别想放弃这些关系。当你斩断关系时，这看上去可能是针对别人的行动，但你能体会到，这是在斩断你的自我。

所以：你可能很难想象如果关系被斩断你会剩下什么。但是，尽管我们害怕一无所有，还是可能会有一个点，一个突破点，当一些东西积累得足够多，似乎不可能的事情也会成为必要。她反击；她畅所欲言。她有地方可去，因为其他女性也有过这样的经历。难怪离开暴力环境的感觉会像某种破裂：命运的纽带确实被打破了。也许只有某种突然的运动能终结漫长的忍耐时间。或者，也许只是因为——如前所述——我们没看到漫长的忍受时间，没看到劳伦·贝兰特（2007）所谓的“慢性死亡”（这一说法十分令人信服），所以这种运动在我们眼中似乎很突然。

断裂点会被体验为不能继续过你正过着的生活的悲伤，即使你正过着的生活才是悲伤的；当一切都太过分了，当一个身体、一种生活、一个世界变得无法忍受。崩溃的瞬间表明某个人一直在承受的生活是他不再愿承受的生活。崩溃指向一个人过去的独自承受。你可以崩溃，因为那些迄今为止未能斩断的东西、你不得不忍受的东西令你感到疲惫。你已承受了太久，一刻也不能再忍了。

在一切忍无可忍以后，崩溃可以告诉我们事情何时变得忍无可忍，这就是为什么崩溃是女性主义教育学。有时，当你为一直在做的事情付出了太多努力，已然无法支撑时，你就会崩溃。在第六章，我讨论了我参与解决大学中的性骚扰问题的经历。199
最近我在没找下家的情况下辞去了教授职位。那时人们要求我承担的事情太多了；我们所做的工作又缺乏支持；我们屡屡碰壁。我之所以能够辞职，是因为我有物质资源和安全保障。即便如此，我仍然觉得这宛如走投无路之举。我觉得我不仅在同一份工作，或者一个机构道别，也在同一种生活，一种学术生活道别；一种我曾经热爱的生活；一种我已经习惯的生活。而这种离别的行为是一种女性主义的断裂：有那么一刻，我再也受不了了，那些冷漠之墙阻止我们到达，阻止我们通过。当关联断裂的时候，我意识到，我此前一直试图抓住已经断裂的东西。也许我与机构的关系就像塞拉斯与他的陶罐的关系：如果我试图把破掉的碎片重新拼起来，那么它们会成为一个纪念物，提醒着人们它所不能是之物。辞职听起来是被动的，甚至有种宿命论意味：顺从某人自己的命运。但辞职也可以是一种女性主义的抗议行为。通过断然拒绝，你在说：我不会为一个不解决性骚扰问题的组织工作。不解决性骚扰问题就是在再生产性骚扰问题。通过斩断关系，你在说：我不会去再生产一个我无法承受的世界，一个我认为不应被忍受的世界。

这种断裂也许听起来很暴力，甚至戏剧十足。在女性主义的抗议中辞职——并且公开说明你是在女性主义的抗议中辞职的——确实引人注目。它可以是一道尖锐的声音；一个突然的中断。就我这件事而言，这种断裂得到了许多女性主义者同事的支持；但不是所有人都支持我。一位女性主义者同事将此描述为“莽撞的”行动，这个词被用来暗示一种过于迅速而粗心的行动。断裂往往是一个时机问题。如果断裂是一个背负着一段历史的时刻，那么这段历史就是你所遭遇之事的累积效应。想想看：你不得不做的事情越多，你做不到的事情就越多。你已经主办了数百次会议，与学生、学者、行政人员的会议。你已经数次发博谈论性骚扰问题以及围绕着这一问题的沉默。但，周遭仍然是沉默。辞职是一个引爆点，一个正因之前的行动没有完成才变得必要的姿态。那些没有取得任何成效的行动并不为那些从未参与其中的人所注意。因此，辞职的行动让历史倾泻而出，历史一股脑儿地掉了下来，因而这一行动被看作是莽撞的。

如果是这样的话：也许我愿意莽撞行事。

当断裂声突然“啪”地响起时，有的不仅是你无法察觉的压力；还有一段抵抗的历史，一段关于不愿忍受某些事情的历史。并非所有的抵抗都能被听见或看见。不过，断裂也并不总是涉及
200 有意识的抵抗行为。断裂并不总是有计划的。事实上，断裂会妨碍那些最佳计划。断裂可能事关某种情形的强度：人们要求

你做某件事，然后这一次，你觉得这个要求太过分了，即使你以前实现过这个要求。有些事情在我们意识到之前，就已经变得很过分了。当我们崩溃时，我们并不总是知道我们在做什么。当我们崩溃时，我们并不总是知道我们会去往哪里。但是我们又因为我们之前一直在做的事而崩溃；我们崩溃是因为，我们一直待着的地方待不下去了。也许断裂涉及另一种乐观主义；我们可以称之为没有未来的乐观主义，这种乐观主义使某件事情的中断成为另外某件事情的开始，而我们尚不知道后者是什么，也不知道它可能是什么；这种乐观主义并不赋予它（包括未来的部分）以内容。

集体性的断裂

在这一节中，我想讨论三部女性主义电影，它们都表明，女性主义的断裂是一种集体性的断裂。我从启发本章灵感的电影开始：《沉默的问题》（马琳·戈里斯导演，1982）[i]。我在《任性的主体》（Ahmed 2014）一书中非常简要地解读过这部电影，在那里，我第一次提出了女性主义断裂的概念，但我略过了很多细节。在这里，我想放慢速度。要听到断裂声，就必须放慢速度；让我们留心倾听那段磨损和耗尽，还有勉强凑合的缓慢的时间发出的声音；留心倾听逐渐顺应父权制要求的代价的声音。

这是一个女性主义的情节：一位女精神病学家雅尼娜·范

i 《沉默的问题》的大致情节为：三位互不相识的女人在一家时装店相遇，其中一位在偷衣服时被男店主逮到，但当店主抓她时，另外两位女士不仅帮她摆脱了困境，甚至还打死了男店主。其他女性顾客则对整个过程视而不见，并在罪行结束后泰然离开。当法庭指派了一位女性心理专家来为她们做检查时，令人们大吃一惊的是，医生认为她们没有疯，并指出这些暴行其实是男权社会招致的结果。——译注登波斯被请来确定三个残忍地谋杀了一个男人（一家服装店老板）的女人是否精神正常，是否可以为她们的行为负责。这三个女人是家庭主妇克里斯蒂娜、女服务员安妮和秘书安娜。影片采用倒叙手法：我们从谋杀事件发生后，这三个女人被捕开始看起，然后，在她们向精神病学家提供证词时，出现了三次对谋杀事件的倒叙。影片的最后是一个法庭场景，我将在适当的时候充分思考这个场景。

这部电影描绘的应该是一个女性主义爆发 / 断裂的时刻：但我们并没有从这个爆发 / 断裂时刻，也就是女性所忍受的暴力在愤怒爆发之时重新指向了一个男人的时刻看起。这个时刻，实际上是一系列出现在影片中段的时刻和镜头的集合。通过回溯她们每个人的生活，影片并未将爆发呈现为某个女人经历了某件事情的那个单一时刻，而是将其呈现为一系列在时间和空
201 间上将女人们联结起来的累积的姿态。这部电影为爆发 / 断裂赋予了一段历史。每个女人都有自己的故事，但人们要求她们忍受的东西是共通的：让我们为这个问题命名，父权制。这部电影通过将那些被磨灭的、被耗尽的场景并置，从而获具了意义；性别歧视则是那条将它们关联在一起的破旧脉络。

在影片的大部分时间里，克里斯蒂娜都心甘情愿地保持沉默。正如精神病学家在结尾处所说："她已经决定保持沉默。她当然可以与人沟通。但她不觉得这有什么意义。"我们通过她的画了解到她被耗尽的历史，这些装在盒子里的画作是核心家庭成员的简笔画。我们还通过她丈夫对雅尼娜说的证词了解到她的历史；她的丈夫认为，她不怎么说话是因为她"没什么可说的"，他还表露了自己的愤怒，因为他下班回来时，她没有让孩

子们保持安静。沉默成为一种期望：预设在家工作的妇女并没有真正工作，预设她们的职责就是维持一个安静的家庭，一个围绕保护丈夫的时间空间这一目的而组织起来的家庭。

她什么都不说。她变得无关紧要。他大概就是这个意思。相比之下，在雅尼娜的形容中，女服务员安妮话太多。在影片开头的一个场景中，她正在工作。她所服务的男人们开起了性别歧视的玩笑；我们察觉到这些玩笑是家常便饭（比如这个：女人对理财的了解是"如何张开双手拿钱"，于是她们"张开双腿"来回报）。这个场景给我们的感觉是，她已经习惯于此；一切已在她的预料中。当她（就要）爆发的时候，一个男人问道："你的幽默感呢？"他们说："别把它藏在你的皮肤下面。"她用幽默回应了这个语带嘲讽的问题："我今天没带。"也许她没有爆发是因为她已经学会了一笑置之。笑也可以成为家常便饭。但你能感觉到她的疲惫：被人调笑，一次次被人调笑的沮丧。

然后是被老板描述为得力助手的秘书安娜；聪明、泼辣、任性。他们在开会。围坐在一张桌子旁。她提出了一个聪明的建议。男人们没有听到她的话。她是秘书（secretary）；为他们保守秘密（secrets）就够了；她不应该贡献自己的想法。另一个男人说了与她同样的话。其他男人争先恐后地称赞，他的主意真好。性别歧视：女性是如何被忽略的。性别歧视：女性的想法是如何被归于男性的，仿佛一个想法若非出自男性的身体，便无法被听到。当她发出声音（用勺子搅动茶水），她就会引发众怒；她就会成为一个干扰因素。然后，只有在这个时候，他们才会转过身来面对她。性别歧视：女性的声音何以只是对会议进程的扰乱。

202 她什么也没说，但有一个脸部特写：她的表情很没好气；她认识到了她遭遇的是什么。我们感觉她那即将到来的爆发是一次延迟的爆发。现时的爆发可以是一段累积的历史；在爆发的行为中，我们可以对抗一段历史。你不仅对现在的某件事或某个人感到愤怒，而且对过去，对所有那些过去的忍耐经历感到愤怒。爆发就是对那段历史说不，对它的持续重演说不。

当安娜与精神病学家交谈时，我们理解了其他的不公正的历史，理解了其他限制为了女性而存在或作为女性而存在的方式。安娜谈到了她的母亲，母亲希望她结婚，希望她有孩子。我们感受到了母亲对失去孙子的哀伤；我们感受到了女儿的哀伤，因为人们对她的选择的反应竟是哀悼。我们察觉出安娜不幸福，因为她是母亲不幸福的原因，她的母亲因为女儿不正常而不幸福。我们听出了这些话是如何成为另一段悲伤的历史的；偏离即丧失。后来，再后来，在一个场景中，安娜和雅尼娜十分亲密；我们从中察觉出了潜在的女同性恋欲望；我们察觉出了由她们的亲密关系交织而成的另一个未来。这是一个可能早晚会发生的未来；在断裂之后，谁知道会发生什么呢？

许多故事，它们每一个都相互交织，相互倾诉，形成了一幅女性主义的挂毯。通过倾听这些女人，精神病学家雅尼娜改变了自己：通过倾听她们，她逐渐接纳了她们；她开始接收她们听到的东西。耳朵可以接纳那些断裂的声音，那些走调刺耳的音符；那些不被接纳的尴尬的搅拌声。这些刺耳的声音与幸福的观念相悖。因为影片一开始就展示了雅尼娜和她丈夫在家的情景；一个关于一段平等主义的关系、势均力敌的关系的幻想画面。但是，当她开始听那些崩溃的、崩溃过后的女人所听，她也成了她自己的婚姻、她自己的处境的沉默的见证人。它并不像看上去那样幸福平等。

有一次，有一场晚宴，又是在一张餐桌上——生活中的很
多事情都围绕着餐桌发生。而她和另一个女人——她们都是妻
子——正在听男人们交谈，她们听到了自己在谈话中的缺席；看
着自己销声匿迹（回想下达洛维夫人，就像达洛维夫人一样）。
雅尼娜再也无法忍受了；她敲打刀叉。她也许在故意捣乱，也
许只是无意为之：男人们停止了谈话。她引起了他们的注意。尖
锐的撞击声，“叮当”。这种声音，她的声音：被视为干扰。开始
熟悉性别歧视，开始用女性主义的耳朵听出女性是如何被忽视
的，就是开始与世界脱节。当你发现这个世界十分刺耳，你就 203
会被别人认作刺耳的那个人。男人们又开始说话了。

她必须打碎它。为了阻止它，她必须打碎它。

一只女性主义的耳朵捕捉到了正被说出的东西，一条遭到阻拦的信息（因为正被说出的东西在别人耳中是一种干扰）。说“不”的声音、对暴力的抱怨、对性别歧视的笑话的抵制；拒绝遵守不合理的要求；获具一对女性主义的耳朵，就是把这些声响当作认真的言语去倾听。但是，这不仅仅是说，女性主义的耳朵可以听到沉默（它起着像墙一样的作用）之外的声音。我在前面提过，参与有关性骚扰问题的工作如何将我导向了自己的女性主义断裂行动。一旦别人知道你愿意倾听，就会有更多的人对你说话。虽然厉声说话似乎让舌头成了一个女性主义的反叛器官，但也许断裂皆与耳朵有关。一只女性主义的耳朵可以提供一个释放压力的阀门。一只女性主义的耳朵可能意味着，你听到了没有被听到的东西。

因为：那些经历过骚扰的人面对的是一堵冷漠的墙。她们无处可去。或者，她们一说话，就会被听成抱怨。抱怨（complaint）这个词源于瘟疫，十分通俗地讲，它指疾病对胸部的侵袭。抱怨：病态的话语。也许在人们耳中，她的话出自患了病的意志：不仅是生病，而且是正在蔓延，会使整个身体患病的感染。如果就像我在第六章所描述的，多元化是种限制伤害的机制，那么限制伤害的形式是控制言论，试图阻止那些谈论暴力的人在可以被听到的地方发言。限制伤害就是限制那些被伤害的人。当她的话被当成抱怨，别人便听不到她说话了。最终，那些愿意听的人就会听到越来越多；你提供了一个诉说之所。我从自己的经历中明白了一些东西：辞职可以是一场女性主义的听证会（hearing）。在我讲明性骚扰的问题后，许多人联系了我，述说了他们自己在大学里受到骚扰和虐待的经历；讲述了他们自己的战斗。讲述这个故事是女性主义斗争的一部分。女性主义的耳朵可以是我们的目标。越是令人疲惫厌倦的事，我们就越得去倾听它。

在《沉默的问题》中，女人被呈现为筋疲力尽的人。但影片并不只描画了这种疲惫。这些女人在巧合下相遇了，因为她们碰巧在同一时间出现在了同一家精品服装店。然而，就在她们正做着一件普通寻常的事情时，她们却犯下了一桩看上去非同寻常的罪。其中一个女人试图偷一件衣服，拿走一件她没有买下的东西、不属于她的东西，男店主把她拦下了。也许她做出这种
204 偷窃行为是因为她也曾经遭到掠夺。也许她把这桩遭到阻拦的事件体验为一种不公正——一种从未有人认识到“人们从她那里夺走了什么”的不公正。她已经习惯了这种不公正；她已经能

够预料到这种不公正了；但这一次，她崩溃了。

她；她们。另外两个女人出于同情心行动了起来；她们也把衣服放进了包里。叛逆成了一面女性主义的镜子；一种相互映照的方式。女人们把那个男人围住了。她们沉默不语；表情严肃。她们就像磁铁：互相吸引。嘈杂而重复的配乐暗示了她们此次行动的广度或强度。三个正在杀死一个陌生男人的女人（安娜后来对雅尼娜说，这个男人"可以是任何男人"），在她们周围，还有其他四个女人。她们成了这场杀戮的沉默的见证者；她们经由沉默参与，或在沉默中参与。我们也成了沉默的见证者。

这些你所听到的东西可以汇聚成一条女性主义的纽带。雅尼娜已经贡献出了她的耳朵：我们听到了她能听到的东西，他们说了什么，没说什么。当这几个女人在法庭上接受审判时，雅尼娜作为专家证人发表了她的结论。当她说这些女人神智正常，要对自己的行为负责时，房间里充满了震惊。在人们耳中，她的言语行为是歇斯底里的、故意的、挑衅的，尽管她是平静地说出她所说的话的，尽管她的声音很理智，尽管她给出了她的理由。但他们无法理解她的理由的合理性。休庭时，她的丈夫暗示她在伤害自己，伤害她的名誉以及他的名誉。他说她被理想主义冲昏了头脑。

她知道他在说什么："别说了，否则你会伤害我。"她生气了。而当他们再次回到法庭时，她说话的姿态变得更加坚定。她的爆发使她获得了一个更加坚定的声音。她说，她们是清醒的。她重复道，她们是清醒的。男人们感到困惑，他们被激怒了。然后：女人们开始嘲笑法律的父权制推理逻辑。当法官说，情况也可以反转；也可以是一个男人杀了一个女店主，安妮开始笑了。然后其他女人也开始笑了。她们放声大笑；那些沉默的见证者也笑了起来。她们笑是因为男人们不明白；这种反转的幻想表明他们完全不明白这是怎么回事。这些笑声在男人们耳中是歇斯底里的，因为他们不明白这是怎么回事。人们倾听她们的方式证实了那些不能被听到的东西。而最终，雅尼娜也笑了。

又一个我们称之为"断裂"的时刻：我们在同一时间说或做同样的事情。

女性主义的断裂：此时，笑声成为一种引导。

我们从这部电影中明白，笑声可以是另一种任性和反叛的噪声。[i]强迫性地，甚至暴力地笑，笑法律的推理，笑作为理由的性别，
205 这是为了揭露它的暴力。揭露暴力就是成为暴力的起源。不管女性的笑声是如何被听到的，这笑声对那些能理解它的人来说富有感染力，这意味着她们都明白，别人并没有理解这笑声。她们离开了法庭。女性主义的断裂：离开房间，斩断关系，为生命创造空间。

描绘对父权制的报复，或对强奸和性暴力的抵制，这种"断裂"使女性主义成为电影景观的一部分。以《朝九晚五》（科林·希金斯导演，1980）为例，它是一部与《沉默的问题》非常不同的电影。它是一部喜剧：采用喜剧的形式使影片所描述的性别歧视和性骚扰更容易让人接受，或更可观看、更可忍受。不过，和《沉默的问题》一样，这部电影使性别歧视成了一条联结女性的破旧主线；性别歧视是你应该习惯的事情；性别歧视是你应该习惯的为人所用的方式。本片中的性别歧视出现在男老板（哈特先生，他被描述为一个"性别歧视者，自负、谎

i　感谢伊莲娜·罗伊奇杜（Elena Loizidou）教我听到了这些笑声的象征含义。

话连篇、虚伪的大人物”）身上，也出现在工作机制中，这些工作机制允许他或把女性的想法当作自己的创见（“他就站在那里，把我的想法当作自己的想法”），或在晋升时放弃女性（“公司的这个职位需要一个男人”，“因为一个白痴的偏见，我失去了晋升的机会”），或骚扰女人，让她们遭受讨厌的挑逗（“我已经忍受了所有的指指点点，盯着我看，围着桌子追着我跑，因为我需要这份工作”）。而且，和《沉默的问题》一样，这部电影不只描绘了筋疲力尽，还富有能量。它呈现了断裂。事实上，它描述了多个断裂的时刻，这些时刻累积形成了集体反抗的基础，将父权家长制赶出办公室，由一个女性工作者团队取而代之，她们围绕女性主义价值观重组工作场所（弹性工作时间、共担工作、同工同酬、工作地点托儿服务）。

在我们到达这个女性主义乌托邦之前，断裂被引发了，继而被付诸行动。当哈特先生告诉其中一位女性朱迪她不会被提拔时，他说，“别大发脾气”（我们明白这种表达方式），然后，“省省妇女解放的废话吧”。女性主义扫兴鬼往往在出场之前就被幻想召唤出来了。然后，当然，她出现了。我们不就是在等待着她吗。这里有她的空间。三个女人都或多或少以喜剧的方式爆发 / 断裂，她们通过她们所说的话（“这就是最后一根稻草。我要拿起我的枪，一枪把你从公鸡变成母鸡”）、她们所做的事（把他写字台上的所有铅笔和纸张刨开）爆发 / 断裂。在这部影片中，更暴力的复仇被置于幻想的位置，而老板最终被赶出去了，从情节上看，其机制既是偶然的结果，也是一种为人所意愿的、任性的女性主义决断的行为的结果。但尽管如此，在这个过程中，女性主义的断裂，在那些临界点，创造了一个集 206

体。在这个意义上，一个女性主义集体是积极的（active）：它基于行动（actions），基于对忍受女性被期望忍受的东西的拒绝。

女性主义：我们拒绝习惯它的时刻。

我发现，引人注目的一点是，断裂明确地作为一种危险而被唤起。朱迪说："我发誓，如果有一天他把我逼得太紧，我真的会让他吃顿苦头。"然后："我再也受不了了。"再然后："在我的内心深处，我可以感觉到压力的逐渐增加。某个时候，在某个地方，我将会崩溃，那只能让上帝保佑哈特先生了，我可不会对我做的事负责。"这种对崩溃的预言解释了崩溃的必要条件。一场革命的前提条件是不负责任，或者被判定为不负责任，而这恰恰是另一种责任，一种愿意承担断裂之后果的责任。对男人负责，负责维持一段日渐消磨的关系，这种责任阻碍了另一种女性主义的乐观主义：说"这没有必要"的乐观主义，说"是时候重新开始了"的乐观主义，说"我们已经受够了"的乐观主义。

我想再考察一部20世纪80年代初的女性主义电影，《硝烟中的玫瑰》（莉兹·波登［Lizzie Borden］导演，1983），一部独立纪录片式的科幻电影。它的背景是社会主义革命（一场"解放的战争"）发生后的未来时代，但这未来看上去却与现在无异，甚至像是过去；即将到来的东西已经在我们身后了。这部纪录片采用了这种形式：它用从监视器视角捕捉的快照将许多人物介绍给我们；介绍每个人物的画外音仿佛在向警察介绍嫌疑人；不同的人组成了娘子军（Women's Army），她们正在抗议这个新政权。这是一部反乌托邦电影：社会主义革命的许多承诺成了空话；这里依然有性别歧视；有性骚扰；帮助受奸污女性的社会服务被削减；失业与贫穷不成比例地影响着棕色人种和黑人社区；不满；绝望；沮丧；压迫。

我们很容易对此感到疑虑，即这部影片与其他两部尖锐的影片的究竟有何差别，不过我们仍然可以关注它们共享的那个女性主义视角。在这部影片中，同样存在一种对女性工人——包括秘书（影片中出现了秘书大罢工的场景，秘书们反抗那种将她们称作“办公室妻子”的要求）——遭受的剥削的关注。在一个场景中，女工们被统一呈现为手或灵巧的双手——一组工作中的手的蒙太奇镜头：整理文件，归置工具，抱起孩子，戴 207
上避孕套。人们将女性看作手，女性是他的右手；女性是娘子军身后的手臂 / 武器。与我们讨论的其他两部电影一样，这部影片也持续描述了作为一种日常现实的性骚扰，人们预期女性会去承受这些，好像这本来就是生活的一部分，事情就是这样，仍将是这样；在街上、在地铁里，女性受到攻击。我认为，把这三部电影放在一起，它们展现出性骚扰何以是物质性的；作为一个系统，性骚扰如何确保女性身体的可接触性；它是怎样将女性置于某些地方，又将女性赶出另外某些地方。

但与其他两部电影不同的是，这部电影是由显而易见的黑人女性主义和有色人种女性主义活动、女同性恋女性主义与酷儿女性主义片段组合而成的。片中角色说的是我们这些过着女性主义生活的人所熟悉的语言，即交叉性的语言，关于交叉性压迫的语言；她们为问题命名。观看这部电影的体验相当错综复杂，在一部过去拍摄的关于未来的电影中，你目睹了，你自己的斗争被卓有成效地编入了与你有关的人物说出的台词之中。基于影片的设定，断裂非常明确地表明了这一关键点：它显示了任何革命斗争、任何左派政治，若将性别歧视视为无关紧要，将女性的生活置于次要地位，都会将我们引向同一个地方。在一个场景中，总统正在谈论政党对平等和正义的承诺；我们和其他正在看电视的人一起听着他的讲话。这些话也可以是无操演性的：把说出这些话当作一种不去做某件事的方式，一种掩盖未做之事的方式。泽拉·怀利，一位资深的黑人女性活动家，在他说话的时候翻了白眼。[i] 这是翻白眼=女性主义教育学的另一个不同版本。在这里，翻白眼意味着集体识别出了言与行之间的巨大鸿沟。

女性主义工作：捕捉（snap）这条鸿沟。

在影片中，娘子军逐渐形成一种势头；而影片讲诉的就是一个关于不断形成的故事。影片的主人公之一，阿德莱德·诺里斯，一位年轻的黑人女同性恋者，与三位参加社会主义青年党的白人女性进行了一次对话，在影片中（至少在影片开头），她们说的是温和的语言，这种语言将她们的女性主义希望与党的希望识别为是一致的。阿德莱德指出，她们所假设的革命前的不平等现象，对于像她母亲、她自己这样的黑人工人阶级女性来说，就是现在的不平等现象。对一些人来说已经过去的东西，对另
208 一些人来说却是当下直面着的东西。任何把一部分女性抛在身后的女性主义都不是为了女性的女性主义。女性主义需要正视被抛弃的人。这部电影表达了无数种否定作为革命阵线的女性主义的方式。娘子军被描述为分离主义，怀有“自私的目的”。任性被用来否定女性主义，从中我们学会了倾听这些否定中的

i　这个角色由女权主义者和民权活动家弗洛琳斯（弗洛）·肯尼迪（Florynce “Flo” Kennedy）扮演。这很有意义：一位活动家的生活成了一部有关社会活动的电影中的生活的一部分。关于作为黑人女权主义激进分子的肯尼迪的重要描述，见伦道夫的文章（Randolph 2015）。

关键所在。当落在后面的人质疑走在前面的人时，人们会认为落后的人把自身放在首位，只关心自己的利益。关切作为工人的女性如何受到剥削就意味着会被认定为分离主义，哪怕你在倡导女性自由的同时也在倡导所有人的自由。

娘子军也被描述为反革命，因为她们没有耐心。不耐烦（impatient）：这个词背后有段没好气的历史。有时，我们如果回想一下波伊泽夫人就会明白，我们可能会因为别人嫌我们太慢而慌慌张张，变得笨手笨脚，不慎跌倒；跌倒就是落后于人。但是想一想，当我们提出要求时，有人又告诉我们要有耐心，要等待。耐心指甘愿忍受痛苦，不恼怒，或者有能力接受或容忍拖延。人们要求你要有耐心，仿佛错误的事情不会继续下去似的，仿佛有了耐心，事情只会变得更好似的。你的不耐烦甚至可能被当作你未能实现承诺给你的幸福的原因，仿佛正是你的不耐烦剥夺了本该属于你的东西似的，仿佛是你自己偷走了自己的完美未来似的。

不耐烦：你不愿意承受的时刻。正如阿德莱德所说："它已经在发生了，就在这里。"我们无法继续等待，因为它已经是既成事实了。《硝烟中的玫瑰》教导我们，不耐烦可以是一种女性主义美德。我们不愿意等待。不愿意等待就是不愿意承受那些别人告诉你会随着时间减少的东西。任何要求一部分人等待自己轮次的革命，最终都会在同一个地方结束。我们绝不能等待。我们必须现在就要求正义和平等。这部影片中的女性主义断裂是通过一系列行动被分配到一系列演员头上的。在街上或地铁里，一个女人被骚扰了：然后一个骑着自行车的女人吹着口哨过来保护她。女性主义的断裂可以是有计划的集体行动。断裂需要它自己的支持系统。这种行动被一家媒体称为对男性的攻击；影片中的一位评论员称，这是危险的行动，因为它带有“义警情绪”（vigilante sentiment）。而这也许就是作为政治行动的女性主义断裂的工作：平民斗士不仅是目无法纪或将法律掌握在自己手中的人（我们反对的正是作为棍棒的法律），也是女性主义的守夜人，它要求我们对针对女性的暴力保持清醒，或唤醒我们对暴力的关注。断裂：你需要对已经发生的事情保持清醒。

这部电影表明了时间的重要性，因为作为一种连接着过去
209 和现在的方式，时间的分配是不均等的。对某些人来说太突然、太迅速的事情，对其他人来说可能太慢了。而且，有些东西比其他东西需要更多的时间来斩断。某条路可能更难斩断，因为人们的长期坚持将它变得更加牢固。某条路线可能受警察的监督；而某条路线本身也可作为警察存在。我在解读第三章中的格林童话时提到，在那篇故事中，警察不必出现，因为棍子就是警察。在这里，警察则和棍子一起出现。在影片走向结尾时，暴力升级（一枚炸弹被安装在双子塔塔顶，当然，历史已经让这个结局变得非同寻常，十分棘手了），阿德莱德死亡。建筑物被炸掉，或者说建筑物爆炸了（作为反动力的爆炸），导致这一事件的原因是警察杀害了一名手无寸铁的黑人女性，他们将这一死亡解释为她自断其命：在牢房中自杀。这部电影：仿佛是飞速进行到此刻的——因警察对手无寸铁的黑人男女的暴行被曝光，许多人发起了运动。

该片所展示的断裂是一种说出警察暴行的政治工作。关于国家镇压的故事就是被国家所镇压的故事。我们必须更用力才能将关于镇压的故事推向四面八方，因为它必须与国家所

讲的故事相抗衡——国家所讲的故事很容易迅速传播，因为传播的路径对它保持开放。国家的故事对我们来说十分熟悉，时刻萦绕在我们心头。我们知道那个故事；它就是那个任性女孩的故事。国家的故事是关于那些死去的人如何自取灭亡的故事。打死她的棍子被当作一种权利，因为这个关于任性女孩的故事是从棍子的视角讲述的。这是一个任性女孩的故事，对她来说，不遵循群体的道路就等于自杀。这个故事不仅描述了她的死亡，还宣判了她的死亡。我们明白了：重要的不仅是这个任性女孩故事的内容，还有它的传播速度；这个故事消除了她的尖叫声、她的拒绝，从而渗透到了整个世界，而她的声音则被视为噪声、空话。女性主义的断裂需要通过提高抗议的音量来反驳这个故事，让人们听到她的遭遇；那个单数的她，许多她。我们必须聚集起来，讲述另一版本的发生在她身上的故事。我们必须让围绕着这个故事的东西浮出水面：她如何武装自己，应对针对她的暴力；我们必须将她的死亡叙述为谋杀，将她的死亡算作谋杀。

如果女性主义的义警行为可以采取女性主义守夜的形式，那么这可能会让我们想到其他意义上的守夜。守夜：看护一个濒临死亡的人；纪念或哀悼，抗议，祈祷；计算我们的损失，把她算作我们的损失，或者，借用最近为应对针对黑人女性的暴力而开展的运动的名称，“说出她的名字”[i]。这是对手臂/武器 210
的呼吁：去悼念那些受到错待的身体。人们往往会认为，悼念受到错待的身体是在悼念错误的身体。这是对手臂/武器的呼吁，

i 正如金伯利·威廉姆斯·克伦肖和安德烈娅·里奇（Andrea Ritchie）所描述的：“说出她的名字，揭示黑人妇女遭受警察暴力的经历，为的是创造一种包含性别维度的处理种族正义的方法。”（2015, n.p.）

呼吁人们不要成为被哀悼的身体：正如阿德莱德·诺里斯在自己英年早逝前所描述的那样，“每个受到攻击的女性都有权保护自己［……］我们必须用整个武器库武装自己，保护自己”。断裂：原本就存在的暴力现在如何浮出水面。断裂：此刻的脆弱性；它可以是一个身体，她的身体；她的身体可以是此刻，因为当她不再是此刻，她就已然变成了一具尸体。

正如我们所知道的：如此多的暴力并没有变得可见、可知、可感。我们必须为让人们关注到这种暴力而斗争。我们需要保持警惕：警觉、小心；焦虑。我们可以再思女性主义的断裂，它不仅是一种行动，而且是一种传播信息的方法，它可以对抗那些人们熟知的东西；把那些使断裂得以昭示，使断裂成为一种唤醒世界的形式的东西传送出去。它可能涉及影片描述的这一内容：接管媒体渠道，打断官方广播（记住，打断［interrupt］一词出自破裂［rupture］——打破），或在盗版流媒体渠道上传播音乐和信息，那些旨在深入皮肤表层的音乐和信息；那些旨在刺穿封印——我在第二章中称之为幸福的封印——的音乐和信息。受到拦阻，你也必须继续前进。女性主义的断裂：我们如何讲述一个反向的故事——那些我们无论如何（still）必须讲述的故事；由于有些东西静止不动（still），因此，如果我们要讲述这个故事，就必须发出急剧而突然的运动，这样才能使其完成，或为人所知；政府如何仍旧（still）用任性来解释她遭到殴打的事情、她的死亡。要先断裂才能讲述：断裂是结束某条集体路径的方式，开辟另一条路径、一条可以像电流一样将信息传遍全身的生命线的方式。断裂：我们因清楚地认识到真相而反抗的时刻。

结论：加把劲儿！

我想回到《朝九晚五》中的一句话。“在某个时刻，在某个地方，我将会爆发。”这是一个女性主义的希望：一种女性主义斗争的实现。断裂是打破纽带的必要条件，这条纽带一直被认作生活和幸福的必要条件，这条纽带一直受人养护、珍惜。啪！当压力积累到一定程度，倾泻而出的时候，压力就成了女性主义反抗的基础，对人们要求女性忍受的事情的反抗；一种打破某些事情、结束某些事情的反抗；一种经常被理解为有意造成混乱的反抗。如果不让自己的意志屈从于他人的意志就会造成 211
混乱，那么我们必须造成混乱。我们必须这样做，如果我们确实“这样做”了的话。我们从破裂的碎片重新开始。我们捡拾碎片。我们要小心；我们必须小心，因为历史已经磨尖了它们的棱角；也磨尖了我们的棱角。我们捡起碎片；我们重新开始。“在某个时刻，在某个地方，我将会爆发。”这是一个女性主义者的希望。

断裂在这里成为一种自我预言的形式，一种甘愿将断裂当作女性主义命运的方式。断裂也可以是我们试图与他人沟通的方式。因此，断裂可以被视为一个女性主义的交流系统。就拿“加把劲儿”（snap to it）这个表达来说吧。这是当我们必须突破某些东西，引起注意，刺破阴霾或茫然的封印时，所使用的表达。也许你还得打个响指（snap your fingers）。[i] 加把劲儿：创

---

i 打响指可以被视为一条黑人同性恋者的谱系。例如，马龙·里格斯（Marlon Riggs）将美国的非裔男同性恋者打响指的行为描述为“像紧握的拳头一样充满感情和政治色彩”的行为（1999, 308）。里格斯记录了这种姿态是如何被主流文化所挪用的。打响指是非裔美国女性和非裔美国男同性恋者的一个复杂而有争议的符号，在多个维度上对这一点的讨论，见约翰逊的研究（Johnson 2009）。

造一个足够强大、足够尖锐的印象，突破防线。这个表达中的“断裂”一词不仅指个体的行动，即那些她无法忍受的时刻，那些她对之前所忍受的东西做出反应的时刻，尽管这个“断裂”中也包括这些时刻。“断裂”也是“它”[i]——一种不应该被耐心忍受的情形，一种要求我们集体不耐烦的情形——作为某种有形之物浮出水面的必要条件。

我们不会等待。任何拖延都是不可容忍的。

在这一章中，我以自己的经验和 20 世纪 80 年代女性主义电影为例，探索了女性主义断裂的令人振奋的轮廓，这些电影提供了关于断裂的镜头或档案，揭示了女性主义断裂是一种怎样的集体劳动。它们是充满希望的电影。而现在，我们周围到处都是充满希望的运动，那些要求我们加把劲儿、需要我们关注的急速变换的运动。

我想到了我参与过的一场英国的运动，它道出了在所有这些电影中以不同方式展开的那条联系的破旧主线：性别歧视、性骚扰、性暴力。这场运动就是“反对缩减姐妹团”运动。这是一场直接行动的运动，它要解决的是经济紧缩政策对女性造成的致命伤害的问题，紧缩政策意味着削减处理家庭暴力的服务，而这些服务是许多在家中经历情感和身体暴力的女性的救命稻草。[ii] 就像她们直接写在标语里的那样：“当你们缩减（cut），我们在流血（bleed）。”[iii] 直接行动：将身体置于边界，挡路，阻

---

i　指短语“snap to it”中的“it”。——译注

ii　《硝烟中的玫瑰》中的其中一个故事实际上是对家庭暴力服务的倒叙，这也是这部电影让人感到恐惧的另一个原因。它描述了一个未来，而我们现在竟已身处其中。

iii　英文的“cut”一词本义为剪切，此处利用该词的多义玩了一个双关的文字游戏。——译注

止交通的流动，在特拉法加广场的水面上洒红墨水，伦敦市中心仿佛被血泊淹没。当你们缩减，我们在流血。这些都让我们回想起《硝烟中的玫瑰》中的振奋人心的愿景：“反对缩减姐妹团”运动通过其行动方式呈现了一种政治，该政治透过一种交叉性的视角，突出了性别歧视、性骚扰和性暴力；这样一种女性主义政治也必然关乎这一点，即“陌生人危险”如何掩盖了家庭暴力这一持续存在的生活现实；因此也必然关乎种族主义，212
包括国家种族主义、移民、拘留、贫困、失业、福利国家的侵蚀，即所有那些将易受伤害的性质和脆弱性不均衡地分配于不同人群的社会结构。她们的安全空间政策指出：“反对缩减姐妹团由一个多元的女性群体组成，我们中的一些人同时经历了许多不同种类的压迫，如性别歧视、种族歧视、跨性别恐惧、能力歧视、阶级歧视、恐同以及其他压迫。这些压迫并不是相互独立的。可能令人沮丧、疲惫和痛苦的是，它们相互交叉在一起。”[i]

沮丧、疲惫、痛苦：我们经历这些交叉的压迫的方式。反对缩减姐妹团还展示以女性为中心的女性主义政治如何能使女性这一范畴对女性保持开放。正如她们在其安全空间政策中所写的那样：“我们的会议应该是一个包容与支持的空间，为了所有女性（跨性别者、间性人和顺性别者）、所有以女性身份经历着压迫的人（包括非二元性别者和非常规性别者），以及所有以政治组织为目的而认同女性身份的人。自我定义由该姐妹全权

i　见 Sisters Uncut, “Safer Spaces Policy,” 2016, http://sistersuncut.org/saferspaces/(last accessed May 23, 2016)。感谢包括“反对缩减姐妹团”在内的所有参与女性主义研究中心 2015 年 11 月 24 日的“侵害女性的暴力”讨论小组的人。

决定。”[i]

在姐妹们的决定下，我们是姐妹。

姐妹情谊是敏捷有力的。

---

i 见 Sisters Uncut, “Safer Spaces Policy,” 2016, http://sistersuncut.org/saferspaces/。

第九章

女同性恋女性主义

Lesbian Feminism

我写这一章是出于此等信念：为了从我们的遭遇中幸存，为了从碎片中建立一个世界，我们需要复兴女同性恋女性主义。这一章是对我的信念的解释。

呼吁这种复兴，现在似乎是个奇怪的时机。女同性恋女性主义之所以似乎已经过时了，正是因为它将女性主义作为一个生活问题提了出来。许多对女同性恋女权主义的批评往往采取一种文化女性主义的形式，人们批判的正是女同性恋女性主义与生活的密切关联。艾丽丝·埃科尔斯（Alice Echols）在她的《别怕当“坏蛋”》（*Daring to Be Bad*）一书中介绍了美国激进女权主义的历史，她描述道：“随着女同性恋—女性主义的兴起，历时已久的个人与政治融合已经完成，变得不可动摇。与以往任何时候相比，一个人如何生活，而不是对政治斗争的投入，成为最重要的因素。”（1989, 240）请注意这里的“*而不是*”（not），它表明，我们如何生活的问题与对政治斗争的投入是分开的；不仅如此，人们暗示，对我们如何生活的关注是政治斗争的软弱替代物，或女性主义力量从斗争中的撤退。我们可以从朱丽叶·米切尔（Juliet Mitchell）和罗莎琳德·德尔玛（Rosalind Delmar）的论点中听到类似暗示：“解放的影响并不是通过改变价值观，也不是通过为此而改变自己，而是通过挑战孕育了这些价值观的社会结构，从而成为解放的表征。”（引自 Echols 1989, 244）这个观点不仅表达了个人生活的改变不等于结构的改变，而且提出，将注意力放在个人生活方式上，这可能是结构未被变革的原因。

214 我想回到女同性恋女性主义的档案，提供另一个观点。当生活是我们必须为之斗争的东西时，我们就是在与结构斗争。这些斗争不一定总是导向变革（尽管一个人的政治运动参与也未必导向变革）。但是，与某些东西作斗争就是拆解它们。许多这样的结构，你若不去反对它们，它们便既非可见亦非有形，这意味着，拆解的工作（我称之为多元化工作）是一种特殊的工作。在你坚持反对这些结构的时候，支撑你不断前行的能量就在于我们如何建立事物——有时，甚至往往，我们从支离的碎片中建立事物。

女同性恋女性主义可以让女性主义重新焕发活力。

作为墙的异性恋性别

我作为一个女同性恋写作。我作为一个女性主义者写作。这个“作为”（as）既是我个人的声明，也是我为他人所做的声明。将自己描述为女同性恋，是向其他在这个身份中辨识出自己的人伸出援手的一种方式。但当然，女同性恋女性主义的含义不仅是作为女同性恋者和女性主义者说话；这个“和”太过松散，不足以为一种联结方式。女同性恋女性主义还意味着这些词之间有更强的联系。我认为，正是这种更强的联系使得女同性恋女性主义成为一个焦虑不安的场所，正如维多利亚·赫斯福德（Victoria Hesford 2013）在她对作为女同性恋的女性主义者这一形象的有力分析中探讨的那样。这种更强的联系后来被视作一种对那些不是女同性恋的女性主义者的指责，认为她们不是女性主义者。我们可以不将这种联系提出的指控理解为对某事或某人的控诉（a charge against），而理解为对某物的补充（a charge with）。也许我们可以回顾一下对“任性”的指控：一种带电的指控。女同性恋和女性主义者之间的联系是无法被规定的，即使我们的某些历史包括了这种规定，或即使女同性恋女性主义被当作一种规定（要成为一个女同性恋，你必须自认为是女性主义者；要成为一个女性主义者，你必须自认为是女同性恋）。这种联系是一种活生生的联系：我作为女同性恋生活，就是在过一种女性主义的生活。

在本书中，我一直试图通过从女性主义者的寻常经历中发展女性主义理论，从而将女性主义理论带回家。所以这本书也可以被称作《日常生活中的女性主义》（*Everyday Feminism*）[i]。据玛丽莲·弗赖伊的论述，女性主义理论是或可以是我们所称的“活生生的理论”（lived theory），一种“不把政治与生活分开”的方法（1991, 13）。我们可以把生活看作资料收集：我们收集信息。而作为一个女同性恋，过一种女同性恋的生活，给我们提供了

i　在此告知，我在2012年搭建了女性主义数字媒体网站“日常生活中的女性主义”（Everyday Feminism）网站，旨在“通过运用交叉性女性主义（intersectional feminism），帮助人们疗愈日常的暴力、歧视和边缘化，并站起来”（http://everydayfeminism.com/, last accessed September 18, 2015）。

215 大量资料。女同性恋者收集了那些管理着生命繁衍的制度的信息：数据太多了；我们没有时间来解释我们收集的所有材料。如果说女同性恋的生活为我们提供了数据，那么女同性恋女性主义则为我们提供了解释这些数据的工具。

这次也不例外，我所说的资料是指墙壁。在第二章中，我提供了一种对异性恋性别的重新思考，将其视为一个交通系统，一种导引人类交通的方式。当人流被导向某一方向时，它就会成为一种势头。在第六章中，我开始借助“墙”这一实体形态来重新思考权力的物质性与历史的固化过程。我们可以反思异性恋性别，将其当成另一堵砖墙，一堵那些没有走对方向的人会撞上的墙。当你走在不正确的路上，你身边的人流就会是一种障碍。女同性恋太了解这种障碍了。

但是，对女同性恋来说，当下的我们似乎能够顺应人流了。嘿，我们可以往前走；嘿，在英国，我们甚至可以结婚。如果你谈论起当下的遭遇，你周围的人可能会不相信地眨眨眼：“嘿，怎么了，别抱怨了，亲爱的，笑对一切吧。”可我不愿意“奉命”微笑，如果可以唤起舒拉米斯·费尔斯通（Shulamith Firestone 1970, 90）为女性运动发起的“梦想行动”的话，我愿意发起“微笑禁令”。当阻挡我们的机制不那么清晰可见时，谈论墙壁就更加重要了。

日常生活就是我们的资料。

一堵墙可以是一种氛围。一堵墙可以是一种姿态。

这是一段酷儿的经历：你和你的女朋友，两个女人坐在一张餐桌旁等待。这时，一对异性恋情侣走进来了，他们马上得到了接待：“先生，女士，这边走，先生，女士。”有时，如果你不按人们的预期样子出现，你就等于没有出现。有许多人并没有作为情侣（couple，这个词指先生、女士）出现。人们的目光从你身上掠过，仿佛你并不在那里一样。与其说你被看见了，不如说别人向你投去目光，让你接受打量：毕竟，当“先生、女士”变成一个问题时——“那是位先生，还是位女士呢？”——你的确被看见了，因为你的身体变成了一个奇观。

这种酷儿经历也许可以更准确地表述为女同性恋经历，或者表述为一种女性尤其会经历的事情：仿佛如果没有一个男人出现在餐桌上，或者如果没有一个被视为男人的身体出现，你就不会出现。我体验过很多女性之间因这种类似经历而产生的共鸣：比如说，两个素不相识的女人，你们挤在一个拥挤的酒吧里。男人一次又一次优先得到了服务。你们互相看了一眼对方，都面露沮丧，但有时你们也会惺惺相惜，因为你意识到，另一个女人同样意识到了她始终被抛于这种境况中，认识到了自己正身处这种境况；你也是，我也是，她也是，我们都是。当女人们坐在一起的时候，人们可能根本注意不到你在那里。对一些人来说，你必须坚持主动成为某种社会行动的接受者；你可 216
能必须大声播报你的存在，挥动手臂，说：“我在这儿!”而对另一些人来说，只要出现就行了，因为在你占据那个餐桌上的位置之前，你早已先在地获得了一个位置。我已经用任性来描述过这种区分的结果了。

当然，在注意力的分配上，关键之处不仅在于性别。但是，性别的确在注意力的分配中起着关键作用。一个多世纪以来，女性主义哲学家们告诉我们，男人是如何成为“普遍”的代名词的；女人则成了特殊的一方。女人成了亲属（relatives），只有在置于与男性的关系（relation）中时，才会被记录为存在。我们现在可以深化我在第六章提出的表述：作为女性亲属的女性。成为女人就是成为亲属——不仅是在亲属（kin，通过血缘或婚姻结成的亲属）的意义上，也是在被视为（只）与另外某样东西有关或相称这一基本意义上。当我们拒绝成为亲属时，我们就会遭遇普遍性的墙壁。请注意，我们没有将这些区分（例如普遍性和相关性）理解为某种抽象的东西，而是在日常的社会生活中，也就是说，通过与他人在世界中的相处来理解它们。难怪我们要从这里开始，从在具体交流中被抛出的东西出发，来创造概念：流汗的概念。我们从试图置身于世界，进而努力挤入这个世界。

女同性恋女性主义为我们提供了理解这一点的工具：当女性退出强制异性恋的要求（这实际上是一种引证关系，一种通过引证男性来生活的要求）时，性别歧视就会变本加厉。为了能够出现，她可能必须战斗。如果对女人来说是这样的，那么对女同性恋来说就更是这样了。围坐在一张桌子旁的女人们是很难被看见的（这里的桌子指社会性聚集的机制，桌子即我们围绕它聚集在一起的东西）。一场聚会完成需要一个领头的男人。一张全是女人的桌子就像一个无头之身。

作为墙的资料。

你和你女朋友出现在一家酒店，你说你已经订好一个房间了。酒店前台的犹疑说明了一切。“预订订单显示，您订的是一间大床房。您确定吗，女士?”眉毛扬起来了；目光从你们两个人身上滑过，捕捉到了足够的细节。您确定吗，女士?“是的，没错；一间大床房。”你必须再说一遍；笃定地再说一遍。在第一章中，我引入了一道公式：翻白眼=女性主义教育学。这儿还有另一个公式：

扬起的眉毛=女同性恋教育学。

是吗，你确定吗？这种情况一次又一次地发生；你几乎已经能够预料到了，你必须表现得坚定，而这只是为了得到你所要求的东西。无论你走到哪里，怀疑都如影随形。有一次，经历询问过 217
后——“您确定吗，女士？您确定吗，女士？”——你进入了房间：结果竟然是间双床房。你要下楼去前台吗？要再试一次吗？这大概有点棘手。有时，这太难对付了；太过分了；于是你把的两张小床拼在一起；你找了别的法子相拥而眠。

你一再遭遇这些事情，这些要求你把整个身体和你的手臂都藏在某个动作后面的事情，[i] 而这会使一段历史最终变成结实的“混凝土”。也许这些动作都很细微，但它们会随着时间的推移而积累起来。它们会让你感觉仿佛受到了猛烈的批评（hammering）[ii]，感觉你的存在似乎遭到了敲打，被削弱了，所以你开始感觉自己变得渺小，批评在不断将你锤击塑形。

看起来很细微的动作也会变成墙。

---

i　在写这个关于女性必须把整个身体放在一个动作后面的句子时，我想起了艾丽斯·玛丽安·杨在《像女孩那样丢球》中的描述，我在第一章中也曾提及这篇文章。一个女孩在投掷时不会用整个身体去支撑一个动作。杨给了我们一个现象学的描述，即女孩如何体验到她的身体是受限的。但我们可以反思的是，她的叙述在多大程度上认同了，女孩在“像女孩那样”丢球时，她丢球的方式是不如男孩的（换句话说，她在多大程度上认同了女性气质与失败的关联）。她的投掷方式似乎显然是有缺陷的：男孩比女孩投得更快、更远。但是，如果我们想想这些就会明了：因为她遭遇的那些障碍、那些挡在她面前的东西，所以女孩必须投入如此多精力去完成这些事情。那么，我们是不是可以把她丢球的方式看作一种智慧：她或许是在为更重要的事情节省精力？另见达尔重要的同性恋女性主义批评，她指出了女性主义者如何将女性气质与失败联系起来（Dahl 2015）。

ii　该词的字面意思为锤子；敲击。——译注

一场寻常的战斗

寻常之物可能就是当我们感觉到那种敲敲打打时所想念的事物。寻常之物可以是我们为了扛过那些敲敲打打的必需品。苏珊·格里芬（Susan Griffin）为我们记住了一个场景，一个尚未发生的场景：

> 我记得一个场景［……］出自一部我想看到的电影。这部电影由一位女性拍摄，关于两个住在一起的女人。这是她们日常生活中的一个场景。这部电影关于一些日常的细微的转变，即女性所经历的、使之可能的、逐渐顺应的转变，在男性文化中一直不可见的转变。这部影片中的两个女人势均力敌，彼此相连。她们用所有可能的方式展示了她们对这一切的认识。她们经历了什么，她们还将做什么，以及人们可以从她们的动作中看出她们是如何生存下来的。我确信有那么一天，这部电影终会存在。
>
> （引自 Becker et. Al. 1981，强调为我所加）

女同性恋女性主义：记住一个尚未发生的场景，一个寻常的场景；记住那些动作，那些细微的动作，它们讲述了我们的生存故事。这是一个动人的场景。有时你必须为一种寻常生活而战。当你必须为一种寻常生活而战时，当战斗成为寻常之事时，你可能会失去寻常的生活。

即使我们失去它，我们也瞥见它了。

失去可能就在一瞥之间。

瞬间可以成为运动。

想一想：对许多女性来说，生活被理解为一个内在的领域，是居住在其中，而不是超越至其上；她在那里；她总在那里；她无法通过创造事物来超越事物。男权的创造模式是以女性的撤出为前提的。她在那里；她总在那里：身陷无穷无尽的重复的家务劳动循环。我们可以追随阿德里安娜·里奇，她把这个 218
起点变成了一道指令。她说："从物质开始"，从"matter, mma, madre, mutter, moeder, modder"[i]开始（1986, 213）。女同性恋女性主义从一开始就是物质主义的。如果人们要求女人在这里，在物质中，在物质性中，从事这样的工作，在工作的状态中，那么这就是女同性恋女性主义开始的地方。我们从收容我们的小屋开始。我们从我们被驱离的小屋开始。

影片《如果墙能说话 2》（*If These Walls Could Talk* 2，简·安德森［Jane Anderson］导演，2000）由三段故事构成，其中的第一个故事呈现了一个女同性恋沉痛的寻常生活场景。我们从寻常生活出发：我们从它温暖的部分出发。平稳的亲密关系：伊迪丝和艾比，她们一起去看电影，一起回家。是的，也许街上的一些孩子会讲些闲言碎语，但她们已经习惯了：她们拥有彼此，拥有一个可以返回的地方；家成了庇护所，一个可以撤回的地方。

但当艾比滑倒时，一切都破碎了。

一切都破碎了。

我们在医院的等候室里。伊迪丝在等着了解艾比的情况。另一个女人进来了，她显然十分不安，她说："他们刚刚把我丈夫送进去。他心脏病发作了。"伊迪丝安慰了她。当这个女人问起伊迪丝的丈夫时，伊迪丝回答说："我从来没有过丈夫。"而这个

---

i 不同语言中的母亲一词，这些词形似"物质"一词的英文"material"。——译注

女人说："那你很幸运，因为你不会经历失去丈夫的心碎。"异性恋的历史被呈现为一部心碎的历史，甚至被呈现为一部心的历史。人们承认你是有心的就意味着也会承认这颗心会碎。有了这样的承认，就有了关怀、宽慰和支持。若没有这样的承认，一个人哪怕很悲伤，也无法得到另一个人的善意支持或支撑。

因此，伊迪丝等待着。这种等待的时间性让人不寒而栗，我们和她一起等待着，随着每一刻的流逝，影片的情绪逐渐悲伤得令人难以承受，因为这种情绪延宕徘徊在她的丧失中。当她请求医院的工作人员，想去看看艾比时，他们说："只允许家人进来。"她被排除在了亲密圈子之外。她是一个非亲属，或者说她不是家人。护士问道："她是您的亲戚吗，女士？"她回答说："我是她朋友，一个非常好的朋友。"他们用另一个问题回答了她："她有家人吗？"这位朋友在称呼的重压下消失了。家庭纽带是唯一有约束力的纽带，这种观念意味着艾比将孤独地死去；意味着伊迪丝将整夜孤独地等待。她们的关系隐藏在友谊之下，而友谊本身则被制造成了一种较弱的纽带，它的约束力很弱，是另一种脆弱的东西。朋友和家庭之间的区分仿佛是法律规定的，仿佛只有家庭才算数，而其他关系不是真实的，或者根本就算不上一种关系。

219 女同性恋的悲伤不被承认，因为女同性恋关系不被承认，此时，你就会变成非亲属。你变成了无关人员；你什么都不算。你孤独地置身于你的悲痛中。你被留在那儿等待。

我们知道这段历史。这是一段我们熟知的历史。

支持就是当你跌倒时可以依靠的东西的数量。在第二章中，我表明，我们可以将异性恋理解为一个精心设计的支持系统。而在第七章中，我思考了脆弱性的不均衡分布。离开一个支持系统可能意味着变得更加脆弱，意味着在寻常生活的颠簸中更不受保护。当然，我们也可以从这些方面来理解阶级。成为中产阶级或上层阶级是为了在跌倒时有更多可依靠的资源。你身后的东西可以支撑你；你身后的东西可以保护你不至于倒下。

异性恋可以在你跌倒时托起你，这种说法表明交叉性不仅关乎停止和开始——正如我在第五章讨论的那样——也是一个沉浮起落的问题。也许，如果你所过的生活切断了家庭纽带，或斩断了那段原本可以在事情破裂时支撑你的关系，那么你不仅离开了异性恋，还离开了能够获取资源的阶层地位的稳定性。[i] 当事情破裂，你的整个生活就会瓦解。许多女性主义和酷儿的创新出自一种必要性，即创造属于我们自己的支持系统。

当家庭不再支持你，当你从家庭生活中消失，你必须找到其他支持自己的方式。当你从家庭生活中消失——在你身上发生过这样的事情吗？你回家了，你回到了家里。那感觉就像你在目睹自己消失：看着你自己的生命一丝一丝地瓦解。没有人愿意或故意让你消失。只是慢慢地，只是慢慢地，随着大家谈论着家庭，异性恋的未来和你所不拥有的生活，只是慢慢地，只是慢慢地，你消失了。他们欢迎你；他们很亲切，但你的呼吸却越来越困难。离开后，你可能会去找个女同性恋酒吧或酷儿空

---

i　当然，这只适用于那些与中产阶级家庭或拥有丰厚社会资源的家庭切断联系的人。我这里的观点意在表明，我们需要重新思考承认的政治和再分配的政治之间的区别（见巴特勒［1997］对南希·弗雷泽［Nancy Fraser］对这一区别的使用的批评）。性、种族和性别作为一系列的规范，在很大程度上关乎对资源的获取，而这些资源是与阶级制度分不开的（事实上，在某些点上，这些资源会被卷入这个制度）。当我们回到生活——也就是回到那些沉浮起落，回到遍布整个生命历程及社会系统的脆弱性的分配——就可以见证这种卷入（另见 Butler 2004）。

间；你终于如释重负。你感觉自己就像一根从挤脚的鞋子里解放出来的脚趾：你尽情地扭了扭脚趾！我们需要思考这个问题：当异性恋仍然是一种默认的假设，我们该如何通过创造更宽松、更自由的空间，去对抗生活的限制，因为在这些空间里，你不仅不会被你所不是的人和事包围，而且还会受到提醒：有很多种能够让你做自己的方式。女同性恋酒吧、酷儿空间：容你扭动回旋的空间。

可能性的丧失可以被体验为一种物理限制。这一段影片的其余部分描述了艾比的家人来参加葬礼的情形。在他们到达之
220 前，伊迪丝抹除了房子里她与阿比的亲密关系的痕迹，包括墙上的照片。照片后面的墙壁露出一片浅色的墙面。如果她们的关系曾在墙上留下了印记，那么抹除这段关系也同样留下痕迹。房子被视为一个亲密关系区；她们的爱的的确确占据了墙面，满墙都是。对她们而言，房子不表现为财产，而表现为一个空间，她们在这个空间里扩展自己；纪念品、卡片、照片；她们的亲密关系在墙上留下了印记。一张她们参与游行的照片是同性恋运动的历史留下的痕迹，这些痕迹使这个空间成了她们的小天地。伊迪丝取下的物件是表达了她们的爱情的物品，这些物件创造了属于她们的天地。这些物件透露了她们的秘密。拆除她们的亲密关系的标志，也就腾清了房子，将房子重塑为一个空白的空间，仿佛墙壁也必须等待。

如果墙能说话，它们会说些什么？

我们需要墙壁张口说话。

真是个了不起的故事。

艾比的家人到来时，这座房子从一个亲密关系区变成了一处房

产。这座房子是在艾比名下的。她没留下遗嘱。屋里的物件，连同房子本身；这些都属于艾比的家人。

墙壁也一样；它们也属于艾比的家人。

它们撑起了主人的住所；一个有着家庭名义的家。

艾比的家人到来时，他们占据了这座房子。伊迪丝反成了他们的客人。艾比的侄子说："我对你住在这里没有意见。也许我们可以按照租赁来处理。"这样，继续留下来就成了他的款待：他有权借出房子，也同样有权收回房子。没错，那些体现她们的女同性恋亲密关系的物品也被拿走了，因为它们被转化成了财产，成了可以被拿走的东西：他们一直在问"哪些是艾比姑妈的东西"。这实际是在问："哪些是我们的？"当一个女同性恋女性主义者的过去被重构为一个异性恋的现在，未来，她的未来，便失去了。

这是一个情境。

一个如此悲哀的情境。

这种情境的悲伤通过事物展开：它们展现了伊迪丝的生活；她与艾比的生活。但对艾比的亲属来说，这些东西是艾比的；它们成了可继承的物品。特别是艾比那对瓷器小鸟，她最爱的、最珍贵的物品，成了家庭的观念和价值的争论焦点。她侄子的女儿——我们且叫她爱丽丝吧——对伊迪丝说："它们真漂亮。"当爱丽丝拿起其中一只小鸟时，伊迪丝说："这是我送给她的。
一份可爱的礼物。"在伊迪丝和爱丽丝以下的交流中，我们看 221
到了对伊迪丝永失所爱的部分承认——但在对这种丧失的描述显然有所保留时，承认的力量被抵消了。"失去一个这么好朋友，你一定很难过。"对此，伊迪丝含敛地回答："是的。"在这一刻，伊迪丝面无表情，但她的眼睛泪光闪闪；她忍住了。“是的”，这个肯定的回答实际上变成了对丧失的否定，丧失成了心底的秘密，究竟失去了什么，成了心底的秘密。

正是在这一刻，伊迪丝绷不住了。爱丽丝说：“我想你应该留下一些她的东西来纪念她。我想让你从这些鸟中挑选一只，作为纪念。”他们摆出一种归还的姿态，夺走了这些象征着她对艾比的爱和艾比之爱的物品：它们变成了礼物、纪念品，仿佛她还必须对这种归还表示感激。艾比最爱的物品，她的一部分，成了泰德一家的传家之物；它们成了家庭亲属，甚至可能成了女性亲属（如果这些是她的，那就是我们的），它们是可以继承、可以再传给家族后辈的物品，形塑了家庭形式的物品。她失去了她爱人的所爱之物，失去的实在太多。

太多了；失去的实在太多。

事情破碎了。

有许多讲述承认的故事的方式，因为我们有太多故事要讲。对承认的渴望不一定是为了过上美好的生活，或被那些令你心碎的机构接纳。它甚至不一定是对某种东西的渴望：相反，它出自对无法忍受、不堪承受的东西的体验。对一种可承受的生活的渴望是对这样一种生活的渴望：在这种生活中，当你无家可归，当一堵墙赫然出现在你面前，当这些墙通过剥夺他人的权利来确保某些人能够占据空间，你遭受的痛苦不意味着你会迷失方向。对一种可承受的生活的渴望是对一种寻常生活的渴望，一种比财产珍贵得多的寻常生活；事实上，当物件变成财产，变成可转让之物，变成家庭所有物时，寻常生活就被否定了。

我并不是说，对一种寻常生活的渴望没有获得制度性的形式，也并不是说，那片占据墙壁的亲密关系区最终不会成为这样一种对财产的渴求，即让物品属于我们自己，这样它们就不会被夺走。然而，与对房子的渴望相比，我们更渴望不要无家可归。这种渴望是呼吸。有了呼吸就有了想象力。有了呼吸就有了可能性。

也许女同性恋为承认而进行的斗争出于对不公正的愤
怒——一些人通过剥夺他人而获得栖居之所。也许，由于这种 222
承认被呈现为一种馈赠，斗争的迹象被中和掉了。正如萨拉·舒尔曼（Sarah Schulman 1998，102）所表明的，当承认被理解为来自异性恋世界的礼物时，我们的集体努力和斗争就被遗忘了。就像他们把瓷器鸟当作纪念品送给伊迪丝，仿佛那只瓷器鸟是他们的东西，他们可以拿来送人，而不是标记着她和艾比共同创造的生活的重要物品；标记着她们努力一起生活的重要物品。

我们必须继续努力。我们希望墙会倒塌。或者说，如果它们屹立不倒，那么我们希望墙能开口说话，讲述我们的故事。一个故事也会破碎：一千块小碎片，散落一地。女同性恋女性主义：我们把居所的碎片拼接成寻常之物，栖身于此。

我们栖身，我们讲述。

何其有力！

任性的档案

我已经指出了，那些细微的行动也可以成为墙。女同性恋女性主义可能就涉及细微的行动。也许锤打下来的碎屑可以转化为锤子：如果他是一个旧砖块上掉下的碎屑，那么我们就继续敲打那块砖。敲敲打打，谁知道呢，最终它也许会脱落瓦解。为了坚持拆解异性恋父权制的旧砖块，我们必须任性起来。我想把女同性恋女性主义看作一册任性的档案，一册活生生的、由我们自己与所遭遇的问题作斗争的经验写就的档案，借此发展第三章的一些观点。

我们可以从女同性恋女性主义者的形象出发；她是那么任性，那么引人注目。毫无疑问，她拥有一个扫兴鬼的形象；经常以“反对者、反性、反快乐、反生活”的形象出现在人们面前。“添油加醋”（investment）地讲述她的惨况，我们不妨把这一行为理解为：为正常的幸福投资。[i] 过女同性恋的生活就是心甘情愿地远离那些能带来幸福的事情。难怪她会招致不幸福。

这里需要注意的一点是，即使在同性恋研究中，我们也可以发现对女同性恋的痛苦的添油加醋。在一些酷儿研究的文献中，女同性恋女性主义本身便作为一个悲惨的场景出现，成为酷儿后，我们会拥抱更幸福的可能性，在此之前，我们必须熬过去女同性恋阶段，熬过这段苦日子。例如，比特阿丽丝·普雷西亚多（Beatriz Preciado，2012）在一场关于酷儿斗牛犬（queer bulldogs）[ii] 的讲座中，认为女同性恋是丑陋的，并具体提及了女同性恋的风格、时尚和发型。女同性恋作为一个卑贱（abject）的人物出现，仿佛计我们肯定都乐于将她抛在身后，尽管如此她还是会继续悄悄关注一些有关酷儿的讨论话题（这些话题让

---

i　添油加醋地讲述女同性恋者的不幸福，就是主流社会不断确证何为幸福的一种方式，是对“幸福”定义的正向“投资”。作者这里前后均使用 investment，也构成了一种呼应与讽刺。——译注

ii　在西方语境中，斗牛犬是一种广受性少数群体喜爱的犬种，二者的形象紧密相连。——译注

她回想起一些失败的计划)。我怀疑普雷西亚多提及女同性恋的丑陋之处的目的是讽刺，甚至打趣。但当然，当代的性别歧视和同性恋恐惧症的表现往往就是讽刺和打趣。我并不觉得这有意思。 223

事实上，同样值得注意的一点是，添油加醋地描述悲惨的女同性恋，这种行为抹杀了女同性恋历史中的创造性，在上一节中，我将这种创造性描述为在一个你的欲望会使你脱离寻常生活的世界中，过一种寻常生活的渴望。女同性恋历史中那些被认为更有回收利用价值的片段（例如，作为色情风格或存在模式的男性化的 / 女性化的［butch/femme］的女同性恋角色）被重写成了一部酷儿历史，或一部酷儿的诞生历史。当然，在女同性恋女性主义历史上，男性化 / 女性化的角色分工有时也被批判为对性别系统的模仿，或者偏男性化的女同性恋会被视作对男人的苍白模仿（这些时刻暴露了女同性恋的理想阶级和种族的具体特征）；但这无论是作为一个时刻还是作为一种批判，这些都是不全面的。女同性恋并不是通往酷儿的道路上的一步。

任性的女同性恋石头不是一块垫脚石。

试着踩在这块石头上，看看会发生什么。

当女同性恋女性主义作为一种任性的政治时，比起女同性恋女性主义者的形象如何面目可怖、凄凄惨惨，还有更多关键的问题。任性也是对我们的支持。我们可以听听有谁在我们身后支持我们。朱莉娅·佩内洛普（Julia Penelope）将女同性恋描述为任性："女同性恋站在由男性想象力所创造的世界的对立面。当我们声明我们所要的生活时，我们是多么任性"（1992，42，第一处强调为我所加)。玛丽莲·弗赖伊的激进女权主义使用了“任性”这个形容词。“在我看来，在这个极端危险的时代，新的意义、新的意义的所在地以及新的存在方式(共存于世)，对这一切的任性创造是我们所拥有的最好的希望”(1992，9)。这些陈述共同构成了一种有关任性的宣言，作为一种女同性恋激进女权政治的任性，我希望我们去思考二者之间的联系：作为对立面的任性；作为创造力的任性。

当一个世界不赋予我们地位时，我们站着这件事本身就是在对抗那个世界。而当一个世界不赋予我们地位时，我们必须创造存在于这个世界的其他方式。你获得了制造事物、创造事物的潜能。女同性恋女性主义：实现我们创造事物的潜能。那些在日常生活中不断遭遇他们所反对的事物的人聚集在一起，形成一场运动。女同性恋女性主义是激进女权主义(取女性主义的根基之意)[i]，因此女同性恋女性主义要求我们充分参与；正如玛丽莲·弗赖伊所描述的，“身体的能量、热情、智慧、活力”都需要“在场并投入为女性创造世界的过程”(1991, 14)。

224 投身于为女性创造一个世界的过程中，就是改变身为女性的意义。让我回到文字上去解释我的意思。女人(woman)这个词的历史告诉我们，那些能确立人格的范畴是如何与所有权的历史联系在一起的：女人是“妻子”(wif)和“人”(man)的复合；女人是有妻性的人(wife-man)，这也意味着女人是女性仆从。女人的历史不可能与妻子的历史分离：女性人类不仅是与男人相关的人，而且是为了男人的人(女人在那里是为了男

---

i “radical”一词有“激进的”和“基本的”双重含义，因此“radical feminism”另译基进女权主义。——译注

人，因此，她们为男人而存在）。由此我们可以理解莫妮克·维蒂格（Monique Wittig 1992）那句大胆声明："女同性恋不是女人。"她认为，女同性恋不是女人，因为"女人"在与男人相关的意义上才存在：对维蒂格来说，"女人"是一个异性恋的范畴，或者说是一道异性恋的强制令。成为女同性恋就是把女人从"他"身边夺走，使她成为一个反常的（queer）女人。为女人创造一个世界就是拒绝继续做为他人而存在的女人。成为一个与女人相伴的女人，或与女人们相伴的女人们（我们无须假定一夫一妻的形式），就是成为维蒂格所说的"逃亡者"或流浪者。成为一名女同性恋就是偏离你要到达正确目的地所应遵循的道路。偏离就意味着对幸福道路的违背。当我们走向女人本身时，我们就背离了"女人"这个范畴。或者说，如果女同性恋是一个女人，如果我们把她从女人的历史中拽出来，那么她就是一个任性的女人。

任性的女人：多么扎眼！任性的女人：多么反常！我们坚持女同性恋这个充满潜能的形象，但也并没有就此放弃酷儿的形象；相反，我们拒绝假设成为酷儿就意味着放弃女同性恋女性主义。[i] 在第七章中，我援引了伊芙·科索夫斯基·塞吉维克的讨论，即酷儿的潜能寓于它与童年日常遭遇的耻辱场景的密切关联。[ii]"酷儿"一词一度成为一种针对性少数群体的侮辱，这带

---

i　令我非常震惊的是，2015 年 2 月，我用本章内容的材料做了一场关于"过一种女同性恋的生活"的讲座，当时我的观点被"翻译"成：呼吁通过放弃酷儿来回归女同性恋女性主义。

ii　我们可以说明塞吉维克的观点为何适用于酷儿研究：酷儿研究的潜能在于，酷儿与那些耻辱的场景紧密相连。换句话说，由于酷儿一词所指示（refer）的人与物让酷儿变得更加古怪了。我补充这一点是因为，我已经在酷儿研究中发现了些许有关具有字面指称地位的"酷儿"一词的焦虑。我们可以使所指事物酷儿化。在这一点上，我们甚至可以（转下页）

领我们回到了这个词之前的含义，即古怪或奇怪。作为一种形象的女同性恋甚至可能过度继承了酷儿性 / 怪异性：在一个异性恋的世界里，可能没有什么比那些把女性作为主要性伴侣和生活伴侣的女性更奇怪或更引人注目了。女同性恋：在成为酷儿之前她们就是古怪的人了。

女同性恋女性主义：多么令人反感！我们在反抗与男人建立关系的要求；我们在反抗成为女性亲属的要求。女同性恋女性主义：我们如何反抗；我们如何变得令人反感。因此，“激进的女同性恋”（Radicalesbians）[i] 的经典文章《女人认同的女人》（Woman Identified Woman）以爆炸性的演讲行为开始：“女同

（接上页）“抠字眼”；回到字母上。我们用我们使用的词汇保存历史，这并不意味着，保存的行为不应该受到质疑（哪些历史？哪些词？谁？何时？何地？）。让我们来思考一下“reference”（指示、参考）这个词。它本身就是一个相当古怪 / 带有酷儿色彩的词。“to refer”（提及、参考、征询）就是将某物关联起来或带回去。希瑟·洛夫（Heather Love 2007）描述了“向后的（backward）感觉”是一种研究酷儿历史的方式。也许我们可以通过使用那些向后的术语来研究女性主义和酷儿理论，这些术语指向我们的过去。使用那些往回走（go back）的术语并不是要把这些术语变成一种理据：往回走是另一个邀请，让我们再往回走；它指的是推迟。我们会拒绝向前迈进的指令，因为我们假设回头是会阻止我们前进的东西。词语可以使历史保持鲜活，或者说，词语提醒我们历史何等鲜活。如果我们以这种姿态使用“queer”一词，即仿佛这个词可以就这样简单地从这段历史中解放出来一样，那么我们就会失去一些东西；它将使酷儿脱离那些赋予了酷儿情感，也使之遭到指控 / 饱含强烈情绪（charged）的历史。当我们失去了这种电能 / 指控（charge），酷儿一词最终就会又围绕着同样的旧身体得到重新组织，做同样的老事情。我们需要在我们使用这个词的方式中保留这种电能 / 指控：直言不讳地这样做。而且，正如我在这一章中所讨论的，我们可以用酷儿（queer）来质疑“queer”这个词是如何被接受的，它取代了其他被认为在情感色彩上更克制的词（比如女同性恋［lesbian］），因为后者在人们眼中总是且只是关于身份的词。本书还旨在表明一些词如何成为身份的指向标（身份性词汇），附着在那些被认为太过依恋自身的身体上，而其他词又是如何与身体脱离关系、变得更轻，甚至得到普遍化。我们需要较重的词来指引我们往回走，告诉我们，那些被视为客观的、较轻的词是如何仍然比其他词更多地指向某些身体的。

i “激进的女同性恋”是 20 世纪 70 年代出现的首批女同性恋女性主义团体之一。她们自称女同性恋女性主义者，并把“女同性恋”定义为任何把为女性权益做贡献当作自己社交或参与社会运动的目的的女性。1970 年，这一群体发表了题为《女人认同的女人》的宣言。——译注。

性恋者就是所有女人的愤怒，浓缩到了要爆炸的地步”（1970年）。这一言语行为使女同性恋这一形象本身成为一个转折点、一个突破点，也就是我在前一章所说的女性主义断裂。她体现 225
了女性对于过一种与男性相关的生活、成为男性普遍性的女性亲属等要求的集体愤怒。然而，这样的愤怒只是被宣之于口的故事的一部分；成为女同性恋是一种充满能量的生成，意味着对女性能量进行重新定向，即不再去努力维持与男性的关系。

女同性恋退出了那个要求她将自己提供给男人的系统。许多反女性主义、反女同性恋的论点解释了她的退出，将其病理化。其主要解释方式之一是认为女同性恋始于失望；认为一些女人成为女同性恋是因为她们不受男人欢迎；她被视为一个脆弱的替代品，她不是他。她也得不到他，所以她只能选择她。[i]

将女同性恋渲染成一个卑微凄惨的形象是一种定位手段，它提示着你，作为女人，不以男人为中心的生活将是多么危险。她发挥了一个提示物的功效，她提醒着人们做错了事情会产生怎样不幸福的后果。“激进的女同性恋”的这一声明确切地表明了，卑贱（abjection）是如何被用作警告的：

> 只要“男人婆”（dyke）[ii]这个标签能用来吓唬女性，使其采取不那么激进的立场，使她与姐妹们分开，使她不把男人和家庭以

---

i 对“或然女同性恋”（contingent lesbian）这一形象更长的讨论（来自对精神分析和倒置的解读），见我的著作《酷儿现象学》（Ahmed 2006）一书的第二章。

ii “dyke”这个词本指男性化的女性（通常是同性恋），是一种对女同性恋的蔑称，女同性恋者为打破污名化，故意骄傲地用这个贬义词指称自己，因此现在这个词也泛指女同性恋。为与“lesbian”一词的翻译有所区分，此处统一将这个词处理为“男人婆”。——译注

> 外的东西放在首位——那么就此而言，她就被男性文化所控制了。除非女性在彼此身上看到包括性爱在内的原始承诺的可能性，否则她们就会在为男性准备的爱和价值里否定自己，从而确证她们的二等地位。只要男性的社会认同是首要的，那么无论是对个别女人还是整场运动而言，女同性恋这个词就会被用来有效地反对女性。只要女性还想着在现有系统内取得更多特权，那么她们就不会想与男性权力对立。相反，她们寻求对女性解放的社会认同，而建立社会认同最关键的一点就是否认女同性恋，即否认任何对女人这一性别之基础的根本挑战。但是，为什么女人会与男人产生联系并经由男性建立联系呢？由于我们在一个男性社会中长大，我们已经内化了男性文化对我们的定义。这个定义打发我们去实现性和家庭的功能，不让我们拥有定义和塑造自己生活方式的权利。
>
> （1970, n. p.）

“男人婆”一样的女同性恋令人恐惧。坐实“男人婆”的身份并不意味着被激进好斗分子吓退了。成为“男人婆”就是成为激
226 进分子。她代表了一个分界点。对于那些旨在被人（特指男人，或那些被要求放弃某些权力的人）接受的女性主义来说，女同性恋仍然是不可接受的；女同性恋代表那些不被接受的事物；她们是“误入歧途”的女人，她们的确以她们的方式，让男人接受了她们的生成。或者说，要得体地做一个女同性恋就是要尽可能成为被别人接受的人，而为此所做的工作就是在第五章中被我描述为“制度性通过”的那种多元化工作。幸福得闪闪发光的女同性恋：你可以通过掩盖自己的男性化特质和其他更吓人的女同性恋倾向的痕迹，来让自己拥有光鲜的外表。

如果在成为女人的过程中，我们已经被导向了某条特定的道路，那么要成为一种不同的女人，我们就得重新调整方向。在这个语境下，成为女人往往意味着孤家寡人。我们得努力；努力重新确定方向，远离男人，转身走向所谓的错误道路。在第八章讨论的电影《沉默的问题》的结尾，我们见证了这种努力。当雅尼娜离开法庭时，她的丈夫向她示意，让她到他那儿去。他咄咄逼人地摁着汽车喇叭。在我听来，这喇叭声就是父权制的声音：注意我；转向我；听我说；回到我身边。但是雅尼娜并没有转向他，也没有回到他身边；相反，她转向了已经离开房间的其他女人。这是一个微妙的动作。这是一小步。但它是一次重新定位的开始。当雅尼娜最终能够转身离开那个索取她关注的男人，走向其他女人时，这只能是因为，有些东西此前便已经断裂了，那条与作为性伴侣和生活伴侣的男人之间的纽带，那条与这个世界的纽带断裂了（与世界的纽带使与男人之间的纽带成了一条要求她投入全副身心的纽带）。断裂是她转身的原因，她由此看见了那些已经在那里的女人：她们就在她身边。就我们所处的系统而言，自视为女同性恋就是转向女性，需要我们主动地、永久地离开男性。

在《女人认同的女人》这份声明中，这种转向女人的行为被描述为能量。她们指出："在一个既事关个人又事关政治的层面上，女性可以从男性身上收回情感和性的能量，并在自己的生活中为这些能量找到各种替代方案"（Radicalesbians 1970）。我认为，人们过于不假思索地将女性认同（woman identification）解读为与性别表达相关的事情。这里的女性认同指的是，作为女性，拒绝认同男性文化。这种拒绝认同是将你自己的能量从与男性的关系中抽离出来。你往往必须变得任性，才能撤回这种能量，因为人们要求你以那样的方式来分配能量。哪怕只是从与男性的关系中撤回你的能量，这种行为也会被病理化为对男性的仇恨。这就是为什么，女同性恋经常作为一个仇男者出现。
227 这也是为什么，女性认同使女性成了十足任性的主体；当她不愿意将她的能量投入与男性的关系中时，她就是任性的；她重新为她的注意力指明了方向，她由此具有了意志力。基于类似的理由，我们可以重拾阿德里安娜·里奇（1993）的“女同性恋连续体”（lesbian continuum）这个一定程度上遭人诽谤的术语：不是要（通过将女性之间的友谊与性关系放在同一个连续体上）把性从女同性恋中剥离出来，而是呼吁重新引导我们的注意力。[i] 我们必须学会不去——像我们曾被别人忽略的那样——忽略她。

这是某种应去争取的东西。当你的目标是不要再生产一个将注意力导向男人的世界时，你就会受到威胁。当你的存在威胁到生活时，你必须用生活紧紧包裹存在。

你必须用生活紧紧包裹存在。我想说，当下，最能让人回想起女同性恋女性主义的激进精神的正是跨性别女性主义，部分原因在于它坚持认为塑造生活是一项政治工作。跨性别女性主义者的宣言继承了激进的女同性恋者的宣言，如《女人认同的女人》：从桑迪·斯通（Sandy Stone 2006）的《帝国反击

---

i 我们也可以回到艾丽丝·沃克那篇有力的妇女主义文章。正如我在第三章中指出的，在她的《寻找我们母亲的花园》（*In Search of Our Mothers' Gardens*）中，沃克将妇女主义者定义为“黑人女性主义者或有色人种女性主义者”，这个词“通常指离谱的、大胆的、勇敢的或任性的行为”（2005, xi）。沃克还将妇女主义者描述为“在性和非性的层面上都热爱女性的女人”（xi）。一个妇女主义者是同性恋者，也是一个任性的黑人女性或有色人种女性。

战：后变性宣言》(The Empire Strikes Back: A Posttransexual Manifesto）到朱莉娅·塞拉诺(2007）的《跨性别女性宣言》(Trans Woman Manifesto）和苏珊·史赛克(Susan Stryker, 1994）的《我想对霞慕尼村上空的维克多·弗兰肯斯坦说》(My Words to Victor Frankenstein)[i]。这些文本所命名的问题组合成一种政治：它们不仅表明了性与性别系统如何胁迫人——它如何限制了你可以成为"什么"和"谁"——而且表明了，我们在一个我们无法单凭自身意志力(无论我们有多么任性）拆除的系统中生存，创造力何以在这个过程中诞生。

这些"怪物们"将引领我们前进。苏珊·史赛克描述了在一些同性恋文本中，跨性别者何以作为怪物出现。史赛克没有与这个人物保持距离，她反而宣称自己就是她，会成为她；这种接近作为跨性别者愤怒的政治而发起。"通过愤怒的运作，污名本身成为变革力量的来源。"(1994, 261)

记住，共鸣。

女性主义内部的卑贱

庞大丑陋的怪物

当女同性恋者坚持在女性主义空间内部发言时，我们就成了吓人的怪物：回想一下，贝蒂·弗里丹将女同性恋描述为"薰衣草威胁"(lavender menace)，像丽塔·梅·布朗这样的女同性恋女性主义者欣然接受这种描述，将其化为己用。对史赛克来说，愿意做个怪物成了一个关于你如何生活的问题："愿你的愤怒影

i　此为跨性别的作家、理论家苏珊·史赛克于1994年写作的一篇文章。文中，史赛克用激烈的言辞描述了自己重生的过程，与玛丽·雪莱的科幻小说《弗兰肯斯坦》中的弗兰肯斯坦的恐怖手术十分相似。——译注

响你的行动，你的行动在你为改造你的世界而斗争时改变你”（1994, 254）。政治斗争就是改造你的世界的斗争。我们得任性地将政治带回生活。

228 任性似乎与个体的主体有关，这个主体仅仅是为了存在，就必须变得任性。她很重要；对某些人来说，成为一个主体就是成为一个任性的主体。但重要的是，正如我之前指出的，不要把任性简化为个人主义。此时，我们可以想想丽塔·梅·布朗（1973）的经典女同小说《红果丛林》中的人物莫莉·博尔特。有趣的是，这本小说因其中的个人主义而受到一些评论家的质疑。金·埃默里（Kim Emery）在阅读这部小说时，努力（以最好的方式）表现出同情与支持。但她指出：“我发现，除了（邦妮·齐默尔曼［Bonnie Zimmerman］等批评家认为的）对美国式个人主义的简单化的、带有本质主义和强烈反女权主义色彩的夸大描述，很难从《红果丛林》中读出其他东西”（Emery 2002, 126）。埃默里的解读同样引用了丽塔·梅·布朗的女同性恋女性主义文本《一个普通的棕皮肤说唱歌手》（*A Plain Brown Rapper*），布朗在文中将女性认同描述为一种持续的活动，一种持久的自我和团结的实践（1976, 126）。我认为，透过任性的视角来阅读莫莉·博尔特可以让我们理解，那些也许会被评判为个人主义的行动为女同性恋女性主义反叛社会规范和惯例（如家庭）提供了基础。当你反对家庭，人们通常将这一行为理解为你是在为自己而战。反叛被视为个人主义，因此为人所摒弃。任性这个词就表达了这种摒弃。

我在《幸福的承诺》（Ahmed 2010）一书中提供了一种对《红果丛林》的解读，我举了这本小说作为我所说的女性麻烦制造者小说的一个例子。有点令人惊讶的是（回顾起来，甚至我自己都感到惊讶），莫莉·博尔特并没有出现在《任性的主体》（Ahmed 2014）中，尽管她也许对萦绕在书页中的许多任性的手臂伸出过援手。莫莉十分吸引人。正是因为她拥有任性的能量，她为我们这些女同性恋读者捕捉到了一些东西：她太过分了；她不得不那么过分，如果她不想被她遭遇的事物打倒的话。人们很容易就会将这种对个性的关注视为个人主义。对于那些不得不为存在而斗争的人来说，成为个体，是一项意义深远的集体成就。

毫不奇怪，想要女孩的女孩被视为有着不好的意志的女孩。一个任性的女同性恋可能是一个选择了糟糕对象的人。糟糕的选择指，你心甘情愿地欲求一些错误的事物——那些你应该放弃的事物，并且你故意不去欲求正确的事物——那些会确保或应该确保你的幸福的事物。因此，一份任性的女同性恋的档案不仅是一份不幸福的档案（尽管它也包括不幸福）。正如伊丽莎白·弗里曼（Elizabeth Freeman）所表明的，我们也许能够在我们的档案中瞥见“具有特定历史形式的愉悦”，这些愉悦还没有 229
被“归入制度化的形式”（2005, 66）。莫莉没有被归入其中；她的愉悦四处漫溢。她在回答和多少女人睡过的问题时说：“几百个吧。没人能拒绝我。”（200）《红果丛林》为我们讲述了一个同性恋女孩的故事，她拒绝放弃自己的欲望，即使这些欲望把她带到了幸福的疆域之外，即使这些欲望让她陷入困境。关于莫莉是女同的传闻在电影学院流传开来，她被叫到了院长办公室，院长问到她与女孩的问题时，她回答说：

> “马尔纳院长，我没有任何关于女孩的问题，我爱上了我的室友。她让我很开心。”她面露愠色，棕色眉笔描画的凌乱的红色眉毛生气地抬了起来。“你和费伊·雷德的关系是一种，呃，亲密的性质吗？”“我们做爱，如果你想听的是这个的话。”我想她的子宫在那一刻爽到崩溃。她吐了吐舌头，往前走了。“你不觉得这有点反常吗？这难道不会令你不安吗，我亲爱的？毕竟，这不正常。”“我知道，在这个世界上人们觉得幸福就是不正常的，但我很幸福。”(127)

莫莉并没有因为人们觉得她令人不安而感到不安，而是通过宣称她的幸福就是不正常的，发出了最终的反抗。就好像是这样：酷儿通过做他们想做的事，来揭露不得不牺牲个人欲望的不幸福，为了成全别人的幸福，他们扭动身躯，辗转反侧。

人们认为“执迷不悟”的女同性恋迷失了方向。

她甘愿迷失方向。

她甘愿错过。

任性：不想念（miss）你所错过（miss）的事情。

尽管莫莉魅力十足，尽管她对女同性恋生活世界的热情颇具感染力，但在她为自己开辟一条路并走下去这件事上，她的经历并非全然幸福的。事实上，自始至终，她的经历都有关歧视：暴力和来自预备恋人的拒绝——她们无法承受追随酷儿欲望（这种欲望位于异性恋世界提供的认可形式之外）的后果。她只是并没有被这些经历打败。当然，我们要注意避免将莫莉这样的人物变成有关好的对象的课程：仿佛我们能以她的虚构生活为例，创造出一条道德命令。但我们仍然会为她那溢出书页的

热情所感染，她拒绝被打倒。作为一名女同性恋女性主义读者，对我来说，“莫莉·博尔特们”的脚步声带着春天的气息，令
我振奋；她们的活力不是以牺牲自己的女同性恋欲望为代价的，230
她们的欲望在书页中徜徉，而她们的活力恰恰体现在这一点上。

如果我们把女同性恋女性主义看作一份任性的档案，我们就不仅是在把我们的注意力引向莫莉·博尔特这样的人物（无论她有多么吸引人）。我们将自己书写存在的斗争，那些出现在我们笔端的人物将会孕育一份人性的档案。这种对抗和创造间的亲密关系可以用书的形式来呈现。

一本书中的一个任性的女孩

一个作为一本书的任性的女孩

我很喜欢你

格洛丽亚·安扎尔杜阿这样描述她的《边土：新梅斯蒂扎》一书：“整本书有自己的思想，它摆脱了我的束缚，尽可能少地受我的意志的导引，坚持拼接自己的谜团碎片。它是一个叛逆、任性的实体，是一个被迫早早长大的早熟女孩”（[1987] 1999, 88）。一本书，一个生存策略，活了过来，获得了自己的生命，有了自己的意志，一种任性的意志；骨肉筑就的历史是我所拥有的历史，但却不是我独享的历史。

有色人种女同性恋女性主义：将我们自己重新组合起来的斗争，因为在女同性恋这个庇护所里，我们的存在也不总是为人所接纳。我认为，棕皮肤的历史、混血的历史就是女同性恋的历史，另一种我们可以用来讲述与女性相关的女性的历史的方式。作为一个混血人种的女同性恋者，我可以想到自身历史的许多面向，它们俯拾即是。我认为所有这些女同性恋的潜能都

出自历史的某处。棕色人种也有一段女同性恋的历史，因为历史上有棕色人种的女同性恋；无论你是否能看到我们，无论你是否知道在哪里能找到我们。

交叉性：让我们指出自身存在的起点。这不是说，我一会儿是女同性恋，一会儿是有色人种，一会儿又是女性主义者。而是我每时每刻都同时以这些身份存在。有色人种女同性恋女性主义将这一切带入存在，它写下所有的存在，锲而不舍，坚定固执。我们需要如此辛勤劳作，才能让自己得以存在。当存在即是劳作，我们就是在创造一些超出我们自身的东西。有色人种女同性恋女性主义是由那些必须对自己的创造坚信不疑的任性书籍连成的生命线。书籍本身就是材料，是纸张、笔、墨水，甚至是血。文字从我们身上流出，像汗，像血；像泪水。你的文本中充满了爱。文字可以拥有生命的脉动；有血有肉的文字四下流淌；怀揣着心脏的文字，跳动不息。

一首诗在哭泣

奥德雷·洛德在临终时谈到自己是一名作家。对洛德来说，写作
231 是一种生存策略。她说："我要写火，直到它从我的耳朵、眼睛、鼻孔——任何地方——钻出来。直到它成为我的一呼一吸。我将像一颗该死的流星一样飞出去！"（1988, 76-77）

于是，她就这样做了

于是，她就这样做了

她飞身而出；她制造了一些东西。她把这种用热量制造东西的能力称为"情欲"（the erotic）。洛德描述道："画一道黑色栅栏和写一首诗之间是有区别的，但这种区别只是数量上的。而对我来说，写一首好诗，和靠着我爱的女人的身体进入阳光，没什

么区别。”（1984a, 58）文字闪烁着生命的光芒，就像阳光照耀着她的身躯。

一首爱情诗

一个作为诗的情人

这个想法让我感到温暖；它关乎我们如何创造事物；我们如何打破一个容器以创造事物。我们看着文字溢了出去。它们倾泻在你身上。我还想到了谢里·莫拉加（Cherríe Moraga）的诗《焊工》（*The Welder*）。莫拉加谈到人们通过加热来塑造新的元素，创造新的形状，“那种钢铁熔化的亲密感，还有那淬炼之火模塑了你们的生活，建造起幢幢建筑”（1981, 219）。当世界容不下我们的渴望时，我们就建造自己的建筑。当你受到阻碍，当你的存在遭到禁止，或处处遭人质疑，或哪怕只是令对面的人扬起眉毛（是的，他们就是教育学），你都必须想出一套你自己的系统，好让事情进行下去。你甚至可能不得不想出一套你自己的系统，好让自己渡过难关。

多么富有创造性

的确是那么回事

不是无中生有

一些事情触发了另一些事情

餐桌变成了一个出版社

我们围坐在自己的桌子——餐桌——边上，用寻常对话的方式完成共同体的工作。创造女同性恋女性主义的世界并不是什么非凡卓越的事情；我试图表明，创造女同性恋女性主义的世界是多么寻常的一件事。寻常可以是你倾力所求的东西。追求（for）：因为不是（not），所以追求。为了反抗“所是”，我们要为

“所不是”腾出空间。甚至可以说：我们追求那些“所不是”的东西。我们可以把腾出空间的工作看作扭动，一种肉体意义上的任性；就像那根在鞋子里扭动的脚趾。一个女同性恋者不会循规蹈矩。女同性恋（正如女同性恋清楚知道的那样）确实必须用力扭动；为了在一个狭窄的空间里争得“一席之地”，你必须扭动。那些为了在一起而付出的努力会让我们感到温暖，即使我们有时希望不用那么辛苦就能在一起。回顾女同性恋女性
232 主义的活力，将其视为当下的资源，就是纪念为建造我们的庇护所而付出的努力。当我们不得不躲避世界的严酷时，我们就建造庇护所。

女同性恋女性主义为我们提供了建造这样一个世界的工具，在这个世界里，我们成为彼此的建筑材料。我们爱我们的共同建设者；她们是我们的爱人，但这并不是说，我们不会偶尔就我们所建造之物的问题争得面红耳赤。我们必须找到支持女人的空间：支持女人意味着，支持那些被认定为或自认定为女人的人，支持那些任性地接受了做女人这一任务的人。而女人的空间正逐渐被侵蚀，其手段往往是假设这些空间不再必要。我已经在与女性研究相关的意义上讨论过这个问题了（第七章）。在大学不再是男性研究的机构之前，女性研究的时代就不会结束。我们必须任性地意愿这种终结。

当我们不愿意停止的时候，我们就是任性的。回顾女同性恋女性主义的活力，将其视为当下的资源，就是持续地关注建造庇护所所需的努力，它是一砖一瓦盖起来的；她都参与其中。

忙乱又狼狈

多么不容易的一个庇护所[i]

根基；回到路线。“skelter”（急匆匆地跑）出自“skelt”：“急匆匆地，赶忙四散开来”。分散的；破碎的；混乱的。那么“helter”（混乱地）又是什么呢？

只是为了押韵而存在的

为了一种运动中的诗意

在废墟上建造；我们的建造看上去可能像在拆毁；当我们建造时，我们就是在拆毁。这是一个女同性恋者的希望：成为废墟，在这个成为的过程中拆毁。虽然在没有地基、没有稳固的地面的情况下，墙极其容易倒塌。但我们维持着这些墙；我们彼此支撑。我们可能会由此认为，脆弱性不是失去某些东西的可能性，它不意味着丧失，而是指我们所建立的关系的特性，或我们建造的建筑的特性。一个脆弱的庇护所由更松散的墙壁和更轻的材料筑成；看看它们是如何移动的吧。一场运动意味着为了在已建成的建筑丛林中存活，而去建造新的建筑。当我们放松在一个世界中栖身的必要条件时，我们就为其他人创造了存在的空间。

结论：交叉性是一支军队

我们可以把女同性恋女性主义看作任性的木工活：她用自己的双手建造；她手艺超群。也许我也想到了你的手臂，那强健有力的女同性恋的手臂，想到了它们能做的事、能抱起的人；
想到了你是如何抱起我的。如果女性主义的历史是一支军队， 233

i　这两句话的原文“Helter-skelter; What a shelter”是押韵的，后文紧接着从用词层面进行了阐发。——译注正如我在第三章的结论部分所描述的那样，那么这段历史也是一部女同性恋的手臂的历史。

我想到了被你的手臂抱着

是的，我想到了

我想最后一次回到格林童话。我不断回到这个故事，是因为手臂不断举起。那个任性的孩子是个女同性恋吗？那只手臂是个女同性恋吗？那只手臂看起来当然是一只古怪的酷儿手臂：它不断举起，不肯听话。

我们可以讲几个关于手臂的女同性恋故事。当手臂没被用起来的时候，它们就会不听话；它们就会乱跑。借用人类学家玛丽·道格拉斯（Mary Douglas[1966] 2002, 44）的说法，手臂可以是“不在其位之物”（matter out of place），是没有安居在恰当的地方的标志。如果你长着错误的手臂，那么这就意味着，人们认为你待错了地方。举个例子：一个偏男性化的女同性恋进入了女洗手间。保洁工慌张地说：“你不应该进这边。”这位女同性恋已经习惯了这一点：她的故事中有多少关于洗手间的故事啊；像个男人一样通过，这件事在你进入女性空间的权利上打了一个问号。“我是女的。”她说。如果我们为现有的性别指派带来了麻烦，我们可能就不得不自己为自己指派性别。重新指派性别后，她终于可以进入女洗手间了。她出来的时候保洁工很尴尬；保洁工指着她的手臂说：“太壮了。”这位偏男性化的女同性恋一笑置之，向保洁工展示了她的手臂。

我们带着手臂进去，带着武器出来。如果强壮的手臂的存在权遭到质疑，并且如果人们要求它们回应这种质疑，那么它们就会在这样的要求下去声明自身存在的权利。然而，这些时刻并不总是那么容易过去。许多关于通过或不通过的历史都是创伤性的历史。[i] 手臂并不总能帮助我们渡过难关。当手臂不听话时，它们会被打倒。如果我们把酷儿的历史讲述为一部手臂的历史，我们就会展现不听话带来的具有物质性的后果。手臂毕竟可以是性别化的指派。J. 哈伯斯塔姆（J. Halberstam）在《女性阳刚》（*Female Masculinity*）中惊讶地指出，在 M 小姐的案例中，哈夫洛克·霭理士（Havelock Ellis）将手臂用作一种性别测试的方式："他认为，M 小姐试图掩盖她的男性气质，但当霭理士使用了一个相当特别的性别认知测试时，她便暴露出了真实的自我。'手臂伸到身前，手掌朝上，让手臂靠内并拢，她没办法像几乎每个女人都能做到的那样，把小臂的内侧并拢，这表明她手臂的女性曲度（feminine angle）已经消失了。'"（Halberstam 1998，80）如果酷儿女性手臂的特性是通过一根矫正身体的棍子检测出来的，那么手臂就不会被矫正。手臂可以是分歧的肉体面向。不听话的手臂是另一种对武器的召唤。

你注意到了，第三章讨论的黑人女性（她们必须执意坚持自己是女人）的强壮手臂和这里讨论的女同性恋（她们必须执意坚持自己是女人）的强壮手臂之间存在联系。当然，这些手臂可以属于同一个身体。在整部女性主义的历史中，许多女人在成为女性主义对话的一部分之前，不得不坚持自己是女人。跨性别女性必须执意坚持自己是女人；跨性别女性往往要在面对暴力、反复被误认的情况下，始终坚持，一次又一次地坚持；任何不站出来、不挥舞手臂抗议这种误认行为的女性主义者都 234

i 关于作为性别监控场所的浴室的讨论，见 Cavanagh 2010 和 Halberstam 1998，20-29。

会成为矫正身体的棍子。反跨性别的立场是一种反女性主义的立场；它反对女性主义的计划，即创造支持那些遭受性别宿命论（男孩总归是男孩，女孩总归是女孩）致命打击的人们的世界；它等同于一道死亡判决。我们必须把这种宿命论听成惩罚和指令：它是棍子的故事，是那些有不听话的意志或渴望不听话的人（男孩最终不会成为男孩，女孩最终不会成为女孩）遭到击打的故事。我们必须淹没这些反跨性别的声音，提高我们自己的声音。我们的声音必须成为我们的武器 / 手臂：举起来；举起来。

我们可以建立一条关于手臂的联系：如果性别规范的运作创造了一个关于女性的手臂应有的样子的狭隘观念——一只白色的手臂、一只轻柔的手臂、一只不劳作的手臂、一只小心翼翼地适应某种指派的手臂，那么许多认同自己是女性的人、那些勾选了女性性别的人将因为她们的手臂而不被视为女性。正是手臂将我们带入了歧途。

手臂不仅有历史；它们也被历史所塑造；手臂使历史变得有血有肉。难怪手臂会不断出现。正是手臂帮助我们在原本似乎不相干的历史之间建立起联系。有许多手臂；有肌肉发达、强壮的手臂，有劳作的手臂，有拒绝被利用的手臂，有罢工的手臂；有迷失在为工业机器服务之中的手臂；有破碎的手臂。

交叉性就是手臂。

交叉性就是军队。

结论一

扫兴鬼的生存工具包

A Killjoy Survival Kit

成为一个扫兴鬼，有时会感到自己的生活比它原本需要的更艰难。我曾听过有人把这种情绪表达为善意：仿佛是在说，只要别去注意那些对你的排斥，你的负担就会减轻。这暗示着，你如果不与某些事情对着干，你就将得到回报，会越来越接近它。只要你别再谈论自己被排斥的事情，你就可能就会受到接纳。有时，评判以不那么友善的方式表达出来：人们可以通过侧目、叹息、翻白眼来表达不赞成；停止挣扎吧，调整自己，接受它。而你自己也能感觉到这一点：由于注意到了某些事情，你让自己过得更加艰难。

但是，我们的经历不仅是被耗尽的过程；这些经历也为我们提供了资源。我们从这些经历中学到的东西可能是我们如何从中幸存。在第九章末尾，我提出了生存的问题。在这里，生存是我出发的原因；它是一些事情的开端。这里的生存不仅指继续活着，也指更深刻意义上的保持前行，即继续履行自己的承诺。正如亚历克西斯·波丽娜·冈布斯（Alexis Pauline Gumbs）

所说明的，我们需要重新为生存下一个“足具说服力且有变革性的定义”（2010, 17)。生存也可以与让一个人的希望保持鲜活有关；与坚持那些尚未实现的计划有关。当人们要求你放手时，为了坚持下去，你可能不得不任性起来；不去理会这种要求。因此，生存可以是我们为了他人而做的事情，或与他人一起做的事情。为了生存下去，我们需要彼此；我们需要成为他人生存的一部分。

236 全身心地投入一种女性主义的生活意味着我们不能不去做这项工作；我们不能不为这个理由而奋斗（无论它会招致什么后果），所以我们必须找到一种分担这项工作的成本的方式。因此，生存成了一项共担的女性主义计划。这个工具包里有我长期积攒下来的私人物什；有那些我明白我必须去做的事情，我必须拥有的、能够伴我左右让我可以继续前行的东西。我们会积累不同的东西，拥有属于自己的物什；我们可以仔细注视对方的工具包，在里面发现她们的女性主义故事。但我认为，工具包的意义不仅在于我们在里面放了什么；也在于工具包的存在本身，它让你有存放那些生存所需之物的空间。女性主义就是一个扫兴鬼生存工具包。

我们可以把这个女性主义生存包看作一种女性主义自我照护的形式。然而，把扫兴鬼的生存包当成自我照护似乎是一项新自由主义的议程，一种把女性主义变成关乎个体韧性（resilience）之事的方式。[i] 我在第七章讨论了韧性的问题，人们

i 人们如何用一种保守的方式利用对新自由主义的批判（甚至用它来论证退出平等承诺的举动），对这一点的讨论的讨论，见我的博文《作为战争的自我照护》（“Selfcare as Warfare,” feministkilljoys, August 25, 2014, http: //feministkilljoys.com/2014/08/25/selfcare-as-warfare/）和《反对学生》（“Against Students,” feministkilljoys, June 25, 2015, http://feministkilljoys.com/2015/06/25/against-students/）。

要求我们变得有韧性，这样我们就能承受更多（更多压迫、更多压力、更多工作）。但这是我们的问题：女性主义的生存有赖女性主义者。我们可能仍然需要具备承受这种压力的能力——当我们拒绝承受更多、拒绝忍受一个世界时，身上所背负的压力。

女性主义的生存有赖于女性主义者：我的扫兴鬼生存工具包是围绕这句话装配起来。这是一个女性主义的句子。反过来讲也是对的：女性主义者的生存有赖于女性主义。女性主义的生存需要我们这些以女性主义者的身份生活的人；我们的生活成了一个女性主义者的生存。但是，女性主义本身也需要生存；于是从另一个意义上说，我们的生活也成了一种女性主义的生存。女性主义需要我们；女性主义不仅需要我们生存，而且需要我们为女性主义的生存奉献我们的一生。在这本书中，我表达了我愿意做出这种奉献的意愿。女性主义者的生存有赖于女性主义。

奥德雷·洛德在她那首非凡的诗《幸存的连祷文》（A Litany of Survival）谈到了那些“生存从来不是天注定”的人，对他们来说，生存需要创造力和努力；对他们来说，生存是一种政治雄心。让我分享一下这首诗中的几句：

> 我们这些人，
> 生活在海岸线上，
> 站在抉择的永恒边缘，
> 生死攸关时，飘零孤独身
> 我们这些人，关于选择的梦想已逝去，
> 无法耽溺

我们这些人，

在黎明到来前，

喜欢在门口来来往往

（1978, 31）

237 在这里，洛德只用了淡淡几笔，便为我们唤起了“我们这些人”，一个在社会经验的边缘、在门口、在阴影中生活和爱的人，那些像阴影一样倒下的人，那些跌倒的身影，那些一旦暴露于众目之下便可能遭遇危险的人，那些为了生存或许不能在光天化日下出现的人。

生存可以是一种抗议。

然后：我们如何关切自己成了一种女性主义关怀的表达。正如人们所期望的那样，奥德雷·洛德帮助我们将生存与其他具有自我导向风格的政治区分了开来。洛德写道：“关心自己不是自我沉溺，而是自我保护，这是一种政治战争的行动”（1988, 131）。这是一个革命性的、绝妙的句子。这是一个备受喜爱、常常被人征引的句子。它是一支箭，它的锋利出自它自己的方向。这句话出自洛德《光之迸发》（*A Burst of Light*）的后记，这篇文章深刻动人，它总是能教会我些什么，经常将我拆解，令我亢奋（这就是为什么，如你待会儿会读到的那样，这本书在我的生存工具包里）。当时奥德雷·洛德得知自己罹患肝癌，死亡只是时间问题时，当她从骨子里感受到了这个诊断时，她摘录了一些笔记的片段组成了这本书。当她感受到自己的身体状况的脆弱性时，她用了“光之迸发”这个表达：“我知晓了自己肉身的限度，这种知晓深入骨髓，无法逃避”（Lorde 1988，121）。

《光之迸发》叙述了为生存而斗争何以是一种生命斗争和政治斗争。死亡的判决不仅仅是贾斯比·普尔（Jasbir Puar 2009）所说的“预后时间”（prognosis time）：它不是（或不仅仅是）对你的死亡即将来临的体验。别人认为，你不应该像现在这样活着——在你所在的地方，与你身边的人一起活着，此时，你的生存就是一个激进的行动；直到最后一刻，都拒绝不存在；拒绝不存在，直到你不存在的那一刻。我们必须想明白如何在这样一个系统中生存：这个系统决定，某些人的生命需要以其他人的死亡或驱逐为前提。有时：在一个系统中生存，就是在拯救那个系统本身。奥德雷·洛德提出，我们中的一些人必须要有创造力，才能生存。

其他人：他们便无须如此。

当整个世界的组织都支持你的生存——从健康到教育，到用以保护你的住所安全的墙壁，再到方便你旅行的道路，你便不必为了生存而变得如此有创造力。你不必被视为福利的接受者，因为世界已然增添了你的福利。你得到的福利是理所应当的，甚至可能是你与生俱来的权利。这就是为什么我把特权描述为一个缓冲区；它意味着，当你失去某些东西时，你身后还有许多依凭的东西。特权并不意味着我们是无懈可击的：总有 238
事情会发生；总有糟糕的事情会发生。然而，特权可以减少脆弱的代价；因为你更可能得到照顾。

种族资本主义是一个医疗系统：一种极其不公平的对身体脆弱性的分配。鲁思·威尔逊·吉尔摩（Ruth Wilson Gilmore）这样描述种族主义：“国家准许的或法律之外的，对具有群体差异的早夭的脆弱性的生产与剥削”（2007, 28）。穷人、黑人、有色人种的身份将你的生命置于危险之中。在一切的突发情况中，当你没有外部资源来支持自己的生命时，你的健康就会受到损害。当然，你得为自己糟糕的健康状况负责，是你自己没能更好地照顾自己。当你提到结构、系统、权力关系和墙壁时，人们会觉得你是在让别人对你自己未能摆脱的情况负责。“你本该更努力一点。”噢，瞧瞧这话里的暴力和自鸣得意，这话是一道判决。

一个医疗系统也是一个支持系统。你越是脆弱不安（precarious），就越需要支持。你越不稳定，所拥有的支持就越少。当我们说某样东西脆弱不安时，我们通常是指它处于一个摇摇欲坠的位置：如果壁炉架上的花瓶被推了一下，只消一下，那么一下，它就会翻倒。[i] 谈论那些脆弱不安的群体就是在概括这种生活在边缘的位置（见 Butler 2015）。生活在边缘：意味着生活就像一条脆弱的线，它不断地被解开；意味着生活将变成一种努力，费力地去抓住那个不断被解开的东西。

当我想到这一点时，我想到了作为一种坚持的努力的脆弱性，它何以变得越发令人反感；想到了脆弱性何以具备战斗性。在《光之迸发》中，奥德雷·洛德将她与癌症作斗争的经历（她喜欢使用这种军事化的语言；她喜欢将这种情况描述为战争）与她同反黑人的种族歧视作斗争的经历进行了比较。这种比较有效地向我们展示了种族歧视如何对身体——她的身体、她黑色

---

i　我们不能在这里把我们的区别说得太清楚（清楚的区别不会让我们更接近混乱的世界），但值得思考的是“脆弱性”（fragillity）和“不稳固性”（precarity）之间的关系，“脆弱性”是我一直使用的词，而“不稳固性”则是学术讨论中更常用的词。脆弱性似乎被用来表示物质或物理事物的特质，而不稳固性更可能表示一种位置：所以，一个花瓶是脆弱的，因为它是由瓷器制成的，但它是不稳固的，则因为它靠近边缘。我想我之所以选择用“脆弱性”而不是“不稳固性”这个词，是因为我倾向于使用那些在日常生活中具有某种共鸣的词，因为它们往往被用来表示一种特质：它们关于一种感觉（感到脆弱），或关于一个物体或人（某物或某人是脆弱的）。

的身体——的细胞进行攻击，对身体的免疫系统进行攻击；向我们展示了你的身体将体外之物体验为体内之物的方式；死亡由外而内。一个反对你的世界可以被体验为一具转而反对你的你自己的身体。这就是为什么对洛德来说关心自己不是自我沉溺，而是自我保护。当你被赋予这样一项致命的任务时，为生命而战就是叛逆的。

因此，在“关心自己不是自我沉溺”这一声明中，我们可以听到一种辩护。奥德雷·洛德在为关心自己辩护。这辩护为何而起？针对何人？我们猜想，针对的是那些反对关心自己，将其视
为沉溺的人。自我沉溺往往意味着迁就自己，但也可能意味着 239
屈服于自己的倾向。最近，我听到许多女性主义工作被这些概念所否定。女性主义：太纵容，太安全，太注重身份政治或个人痛苦。作为女性主义者的学生发起的行动尤其会遭到这样的否定：安全空间、触发警告（trigger warnings）、自我关怀都被视为娇生惯养和软弱的明证。我在大学工作期间明白了一件事：学生运动可能正在教会我们如何关注脆弱性——那些使一些人比其他人更脆弱的历史会成为战斗血性的源头。

然而，我们也可以把奥德雷·洛德的文字解读为对自我关心的批判。毕竟，她对此提出了强烈的批判，即结构性的不平等是如何被转移到个体责任上的（当那些在人们眼中本应具备克服结构之能力的人没能克服这些结构时，人们会认为他们是失败的）。她的作品探讨了自我关心何以成为一种管理技术：在她笔下，关心自己的责任往往是在乎自身幸福的责任。在《癌症日记》中，她说明了将我们自己的幸福视为我们的首要责任能使我们远离不公正。洛德问道：“辐射的扩散、种族歧视、对女性的

屠杀、化学物质对我们食品的入侵、环境污染以及对年轻人的虐待和精神摧残，我与这些事情作斗争是否真的只是为了回避我的首要责任——要幸福？”（1997, 76）奥德雷·洛德已经给了我们这个问题的答案。

在这里，我们需要理清一些事情。奥德雷·洛德令人信服地论及了关心自己会使你不去参与某些类型的政治斗争。但是，在《光之迸发》（1988）中，她又为关心自己辩护，认为这不是自我沉溺而是自我保护。她在为我们做出一个区分。她是在磨砺一种工具。这种对自己的关怀不是指对某一个人自己的幸福的关怀。它关乎在一个叫人难以生存下去的世界上找到生存之道。这就是原因，这就是方式：那些不必为自己的生存而奋斗的人可以非常容易地、相当迅速地把那些关注自己的生存的人视为自我沉溺的人。他们不需要去关怀自己；世界会关怀他们。

对于那些必须通过坚持自身重要性才管用的人来说，自我关心就是战争。我们在这里可以想到“黑命攸关”运动（#blacklivesmatter），一场标签运动；一个标签可以是一次断裂；这是一场由黑人女性主义者和酷儿活动家艾丽西亚·加尔萨（Alicia Garza）、帕特里塞·库拉斯（Patrisse Cullors）和奥普尔·托梅迪（Opal Tometi）发起的运动，抗议黑人生命不受重视，
240 黑人死亡得不到哀悼，对黑人的不公正不被承认。为一些人赋予重要性，这需要且涉及集体的能动性：“‘黑命攸关’运动确证了黑人酷儿和跨性别者、残疾人、无证件的黑人、有前科的人、黑人女性和所有性别范围内的黑人生命。”[i] 当整个世界都致力于

---

i　见“黑命攸关”运动网站上的文章《有关“黑命攸关”运动》（Black Lives Matter, “About #BlackLivesMatter,” http://www.blacklivesmatter.com [last accessed September 22, 2015]）。

否定某些生命时，你必须去确证，他们的生命也是生命。

抗议可以是一种自我关心的形式，也可以是一种关心他人的形式：我们拒绝不受重视。自我关心也是那些我们互相关心的寻常方式，因为抗议的代价太大了，就像发起抗议的成本也仍然如此之高。在把我们的关心引向自己的时候，我们是在把关心从其“适当的”对象上转移走；我们不会关心那些人们认为我们应该关心的人；我们不会关心那些人们眼中值得关心的身体。这就是为什么在酷儿、女性主义和反种族主义的工作中，自我关心事关共同体——就像我在第三部分所探讨的脆弱的共同体——的创造，事关从被打碎的经验中重组共同体。我们在平凡而日常，且往往十分艰苦的工作中重新组合自己，照顾自己，照顾彼此。

当我们情绪失控时，我们需要一个抓手。一个扫兴鬼生存工具包与此相关：在一个人几乎就要大发脾气的时候，在事情似乎就要失控的时候，找到一个抓手；在你快要触碰到的可能性似乎正在溜走之时，找到一种坚持的方式。女性主义扫兴鬼：即使事情失去控制，即使我们失去控制，我们依然需要去理解和把握周遭之事。

工具1：书籍

你有必要把你最喜欢的女性主义书籍放在手边；你伸手就拿得到这些女性主义书籍。你有必要带着它们；让它们和你在一起。在你沮丧的时候，文字可以让你振作。还要注意：往往是那些命名了问题的书籍能帮助我们处理问题。那些强健有力的（kick-ass）女性主义书籍拥有一种特殊的能动性，它们都是自己的。它们仿佛踢了我一脚（kick），鞭策我前进。

我的工具包里的书包括奥德雷·洛德的《界外姐妹》、《光之迸发》、《扎米》和《癌症日记》；贝尔·胡克斯的《女权主义理论》和《顶嘴》；玛丽莲·弗赖伊的《现实的政治》（*Politics of Reality*）；朱迪斯·巴特勒的《性别麻烦》、《身体之重》和《脆弱不安的生命》；弗吉尼亚·伍尔夫的《达洛维夫人》；乔治·艾略特的《弗洛斯河上的磨坊》；丽塔·梅·布朗的《红果丛林》。是的，我知道这个名单包括了很多奥德雷·洛德和朱迪斯·巴特勒的书。她们的文字影响了我。她们的文字教导了我。

无论我去往何方，它们都伴我左右。

241 工具2：物件

女性主义者的生活也被物件所包围。过一种女性主义的生活创造了女性主义的物件。我们都有这样的倾向；我们可能是个女性主义收藏者，保留每一张小海报、徽章、会议上的草稿纸；或许我们并不爱收藏。但想想，习俗能够创造许多事物（婚礼照片，生命繁衍的标识，这些会像重量一样堆积在墙上）。我们也需要物件；它们聚集在我们周遭，提示一种女性主义的生活，它们甚至是幸福的物品，提示我们彼此的联系、共同的斗争、共同的生活。我们拥有的物件或多或少，但一个女性主义者需要她的物件。

让女性主义环绕你自己。在与格洛丽亚·斯泰纳姆（Gloria Steinem）的谈话中，贝尔·胡克斯描述了她如何用她那些珍贵的物品、女性主义的物件来环绕自己，这样一来，她醒来第一时间看到的就是它们。[i] 想想看：你在你周围创造了一个女性主义的视界，它带给你记忆的温暖；女性主义创造着记忆。女性主义也留下了物件。这些物件也可以是你把握所遭遇之事的方式：它们提醒着你，为什么要做你正在做的事情。物件即提醒。

我们的女性主义政治既能破坏物件，也能制造物件。

工具3：工具

生存包也是一个女性主义工具箱。你的女性主义工具是什么？我的工具包括一支笔和一个键盘，一张桌子；以及身边让我能够继续写作并把文字发送出去的东西。也许一个生存工具包也是一个工具箱。我们做事需要用到的东西；一个扫兴鬼需要的工具越多，就说明她的对手就越多。也许她在电脑上写博客。一个工具：一种实现扫兴这一目的的手段。博客本身就成了一种工具；它是她扩大影响的方式；她可以找到一个扫兴鬼的共同体。一个女性主义的目的往往也是一种新的手段。我们需要的手段越多，就说明我们越是难以抵达我们的终点。我们需要更多样化的工具，扩大我们的范围；我们需要变得越来越有创造力，因为很多时候，当我们做一件事的时候，我们发现自己被拦住了。当她被拦住时，她必须继续前进；她可以通过捡拾其他东西，也许是她在附近找到的东西，来重新搭救自己。当然，一个女性主义扫兴鬼接触那些物件，将其视为具有使用潜能的东西，当作达到自身目的的手段。对于事物，她有自己的用处。她可能没有按照原本应该的方式来使用事物。她可能会以

---

i　这段对话可以在此视频网站上找到：New School, “bell hooks and Gloria Steinem at Eugene Lang College,” YouTube, October 8, 2014, https://www.youtube.com/watch?v=tkzOFvfWRn4。

一种古怪的、酷儿的方式使用它们，或是找到古怪的、酷儿的用途。她的扫兴鬼生存包为了实现它原本计划的目的，会发挥另
242 外的作用。但是，若把这个生存包交给另一个人，它可能就不会那么有用了。事实上：在人们眼中，一个扫兴鬼生存包甚至可能损害了他人的健康和安全。事实上：在人们眼中，一个扫兴鬼生存工具可能毫无用途。

女性主义的工具是锋利的（sharp）；我们需要不断磨砺我们的工具。当我们说话时，我们经常被听成尖锐的（sharp）人。听听她呀：尖锐、强硬、扫兴的声音。声音可以是一种工具。然而，不知何故，锋利也会变钝（blunt）。有个人曾经用我的迟钝来侮辱我，说我“还算不上这间［存在之］屋里最锋利的工具”。我把这种侮辱变成了一种任性的抱负：要提出女性主义的观点，就必须愿意直言不讳（blunt）。我自己在这本书中的引用原则就是一个例子。

在前一章中，我把女同性恋女性主义描述为任性的木工活。所以，是的，我们需要女性主义木匠，女性主义建造者；我们必须不去使用主人的工具，我们必须——如奥德雷·洛德无比任性地指出的那样——坚定不移地宣称，主人的工具永远不会拆除主人的房子，这样才能建造女性主义的建筑。我们可能需要女性主义工具来制造女性主义工具。我们可以成为工具；我们可以成为砖块，女性主义的砖块。

当然，有时女性主义者必须罢工。罢工就是放下你的工具，与它们一起拒绝工作。有时，工作条件不公正，一个女性主义者会拒绝工作。罢工时，工具那些就是被她放下的东西[i]。

i 原文为“A tool can be what she puts down when she is striking”，此处的“put down”为双关，既指被她放下的东西，亦指被她消灭的东西。——译注

工具4: 时间

当你读到那封电子邮件时，你的心跳是不是加快了？当你打出那封回信时，你的手指是不是在加速敲击，仿佛受你自己的愤怒所驱使？你是否有这样一种感觉，即这就是发生在你身上的事，你被偶然性击中了，为所发生的事感到不寒而栗？无论你作出什么决定，无论你是否要发出一些东西、说点什么，请停下来，深呼吸；稍等片刻。慢下来。皱皱眉头。你可能还是会把它发出去，但你给了自己一些作决定的空间，这会让你感到高兴；你会很高兴。

时间这个工具包含停下来的意思。即使你已经心甘情愿地接受了做扫兴鬼的任务，但这个任务也不是你的全部。休息一下；用你的物件做点其他的事情。为了再次投入，你可能需要暂停片刻。

如果她要坚持做一个扫兴鬼，那么，从做扫兴鬼这件事中稍稍抽身暂停很有必要。成为一个扫兴鬼并不是你的全部，如果她将你消耗殆尽，那么她就会榨干你太多的精力和意志。当你回到她身边；她也会回到你身边：你会的，她也会的。

工具5: 生活 243

正如我们所知，生活中有很多东西是平凡的，或者说，它们只是单纯在那里；有美丽的东西，让人爱不释手；有那些来来去去的东西；有那些因为脆弱而更加宝贵的东西。如果做一个扫兴鬼这件事将你带离了你所处的世界——朝日与夕阳，树木倾斜的样子，你讲笑话时朋友脸上的微笑；冰凉洁净的水；浸没在大海中的感觉；烹饪时熟悉的香料气味，那么这件事就占用你太多精力了。

在我的生活中，有两次，动物进入了我的生活，让我感觉生命有了更多可能，让生活充满了可能性：在我十二岁的时候，穆尔卡出现了，这匹马陪伴了我将近三十年（我在第二章提到过他），即使我们生活在不同的大洲，他也一直在那里。穆尔卡拯救了我的生活，这一点我很确定，在我奔向悲惨的命运时，他帮助我找到了另一条路。他带来了一个世界，在阿德莱德的山上的一个爱马之人的世界——这是一个学校和家庭之外的世界。他带来了伊冯娜（Yvonne）和梅雷迪斯·约翰逊（Meredith Johnson），我不在的时候，是他们替我照顾穆尔卡。还有在我写这本书时进入我的生活的波比，我们的小狗。这是我第一次与一只小狗分享生活。她让一切都变得更美好了。她带来了很多东西，她如此热切地专注于“做自己”；一个蹦蹦跳跳的活泼的存在，她让我专注于当下的一切。她大摇大摆地进入了我的情感世界。她也大摇大摆地进入了我的生存包。她将会再次摇摆着离开。这一点我也毫不怀疑。

生存就是：和穆尔卡在一起；和波比在一起；驻足当下；同时也抽身离开，到世界之外；在一个世界里保持活力。

生活是重要的；因为生活是重要的，所以我们是扫兴鬼；生活是扫兴鬼们所争取的东西；生活要求我们把时间用于过生活，用于维持活力，用于与他人一起被抛入一个世界。我们应该因别人被抛出、感到迷茫而同样感到迷茫无措。我们应该被那些令人不安的东西弄得心神不宁。在所有生活的偶然与意外中，我们仍然需要生活。我认为这就是对偶然性的开放。而且，正如我在第八章中所提出的，对偶然性的肯定是一种断裂；我们斩断了一条纽带，一条替我们决定了有着什么样的形状的生活才能算作一种好的生活的纽带。但这并不意味着斩断我们与生活的联系。斩断纽带是为了生活。当我们不得不为生活而斗争时，我们就会更相信生活（无论我们是否必须斩断些什么），因为我们必须为存在而斗争，或者必须为改变存在而斗争。

参与一项生活计划是值得肯定的。我们这些被认定为扫兴鬼的人再明白不过了；是的，人们给我们指派了一些消极的事物，但是我们通过主动接受这项指派而确证一些东西。对此确证之物，我们各自可能有不同的词汇和名称去指称它。

工具6：许可证 244

你能做的只有这么多。在我的扫兴鬼生存包里有一些“许可证”，当事情实在太过分时，它会提醒我后退一步。我在第七章中指出，你可以学会明智地选择你的战斗，但战斗同样可以选择你。即使你已经给了自己一些许可证，但你并不总是知道你什么时候可以或将会使用它们。但是，它们仅仅是在那里，作为你允许自己退出某种境况的一种方式，就能使情况更容易忍受。你可以离开；你可以悲伤。

我已经交代了我离开学术岗位的前因后果。我辞职是因为我准许自己辞职。这不是唯一的原因。但是你需要有能力离开一种情境，无论你是否真的离开它。离开需要物质资源的保障，但它也是一种意志行为，即当某事损害了你成为某种人的能力时，就别去做这件事。

我的工具包里还有一些病假条。你是否预料到某场活动或会议会是令人难堪的？你是否觉得，你因自己没有能力做些什么而感到沮丧？那么，在你的工具包里放几张病假条。尽量少用，但鉴于我们会因为预感到痛苦而痛苦，这些纸条表达了一种政治层面以及个人层面的真相。当然，这并不是说我们预计发生的事情就会发生；当然不是。但有时，只是有时，我们不愿意冒这个险。通常，在你不乐意的时候，你要任性一点。

工具7：其他扫兴鬼们

我认为，其他扫兴鬼们是我的扫兴鬼生存包的一个重要部分。我知道把其他人放在你指定为自己的空间的地方（比如放在一个袋子里，我一直在想关于袋子的事情；我们在袋子里可怎么呼吸呢），这听起来可能很奇怪。但是，如果没有其他扫兴鬼的陪伴，我无法想到要做个扫兴鬼。这不是关于同一性的问题；这并不意味着假定存在一个扫兴鬼共同体（我已经讨论过，以此种假设为前提会有什么问题）。相反，它关乎一种体验——有其他人也认识到了那些机制，因为他们也曾在那里，在那个地方，那个艰难之境。这并不是说我们不会成为扫兴鬼们的扫兴鬼。我们会，我们也确实做过这样的扫兴鬼。而这恰恰是其他扫兴鬼需要成为我们的生存包的一部分的另一个原因，这会帮助我们认识到我们也可能会成为问题；我们也可能参与了抹除别人的贡献，挤掉别人的机会。

245 我是最近学到这个教训的。我自己参加了一场关于英国黑人女性主义的对话，在那里受到了黑人女性的质疑，她们认为我正在将她们从公共空间和讨论中抹去。我迅速做出了反应，生出戒备之心，认为她们的意见是对那种我所谓的“更成问题的”批判方式的同声附和，那种批判把棕皮肤女性定位为“通过占据不属于她们的位置来获得地位”的人，它使用了一种熟悉的叙述方式，即有色人种女性利用多元化作为自身职业发展的手段。在我耳中，这些话十足扫兴。而这让我不再去倾听扫兴鬼的声音，她们阻碍了我视为生命线的东西：英国黑人女性主义是我的知识共同体。因此，与其他扫兴鬼们保持密切联系，并不是为了和她们站在同一战线上，而是为了我们能够更多地扪心自问，为了我们能够警惕一些，能够保持警惕。

我们的怒气能够也应该指向我们自己。我们也会做错事。我的确曾经犯过错，现在也依然会犯错。

工具8：幽默

女性主义扫兴鬼的一个近亲是没有幽默感的女性主义者：开不起玩笑或不愿意开玩笑的人；可怜的人。哦，她们是亲戚！当然，我们拒绝对性别歧视的玩笑发笑。笑话不好笑的时候，我们也拒绝发笑。我认为这一点非常重要，以至于它构成了我的扫兴鬼宣言的十大原则中的第四条。不过，我们是会笑的；女性主义的笑声可以减轻我们的负担。事实上，我们经常笑，因为我们认识到了这个世界中的某些共通的荒诞；或者只是因为我们认清了这个世界。有时，我们拿一条线断裂后的断点开玩笑，我们拿我们的学院知识的流血的动脉开玩笑。有时，我们拿彼此开欢笑，因为我们明白，我们都认识到了同样的权力关系。

我在这里想要说明的是：减轻我们的负担成了扫兴鬼生存策略的一部分。当我们在处理沉重的历史时，减轻负担成了我们共同的活动。当我们在与规范周旋时——我们越是紧抓着这些规范不放，就越是无法栖居其中，越是难以呼吸，于是，松解规范就成了我们共同的活动。分担是减轻负担和松解规范的工作的一部分：因为多元化工作的代价是高昂的，所以我们必须分担做这项工作的代价。

因此，我在第二部分援引的我对多元化工作者的采访充满了笑声。比如有一次，一位多元化工作者谈到，她只要在会议上一开口，就会看到有人翻白眼，仿佛在说："哦，她又开始了。"我们这些扫兴鬼在意识到这个扫兴的时刻时，会心一笑。还有另一次，一位多元化工作者告诉我，一位朋友指着一张（全部都是白人男性的）管理团队的照片问她："他们是亲戚
246 吗？"在那一刻，我们也笑了，笑的是"机构以一种亲缘关系结构运行"这一点暴露出来了。当我们用语言捕捉到一个经常因不被说破而得以不断再生产的逻辑时，我们感觉轻松不少。我们意识到，我们彼此都意识到了这种逻辑。笑声，笑声连连；我们的身体也抓住了这种逻辑。

当然，我们并不总是笑。有时我们必须让历史的全部重量压在我们身上。有时我们无法不情绪低落。但有时，这种低落感可以转化为能量，因为我们可以拿它开个玩笑；因为我们遇到的事情给了我们资源，让我们去见证，去揭露，去让它们浮出水面，这样也就有了笑对它们的可能。

对某事发笑可以使事情更真实，能够将它放大，并同时减少此事对你的压力或控制。

工具9：情感

我们的情绪可以是一种资源；我们利用它们。做一个扫兴

鬼往往被评判为是情绪化的，太情绪化了——任由你的感觉妨碍你的判断；任由你的感觉妨碍你自己。你的感觉可以成为反叛的场所。一个女性主义者的心脏以错误的方式跳动；女性主义是强烈而热诚的（hearty）。

我工作的学校有一位男教授，他总是跟我和其他人说，他不理解女性主义扫兴鬼的存在；她对他来说毫无意义。他不停地重复，解释给我听。实际上，他是在对我说：请解释你为何存在。他还总说，这些扫兴之举毫无意义，因为我们已经有担任高级管理人员的女性了。换句话说，他认为正确的女性主义的情绪应该是喜悦，甚至是感激，感激我们获得了入职和晋升的好运气。我们必须情愿被视为忘恩负义之人，把拒绝喜悦当作一种暴露——暴露那些人们命令我们不许表达的事情——的方式。在他对女性主义扫兴鬼的拒绝中，有这样一种暗示，即如果我通过她来组织自己的知识和政治计划，那么我就是对机构不忠诚；这种不忠诚可能会危害机构。

我想到了阿德里安娜·里奇（1979）发出的扫兴鬼邀请——“别再忠于文明了”。要忠诚，要快乐，当我们拒绝遵从这一命令时，我们的情绪被打开了。即使在我们有着某种十分强烈的感受的时候，我们也并不总是知道自己的感受是什么。把所有这些感受放入你的工具包。看看它们会做些什么。看看它们会激发怎样的涟漪。归根结底，一个生存工具包事关去激发一些事情，事关在不安中生活。

工具10：身体 247

它如此真实，它被消磨殆尽。我们可能会被消磨殆尽，身心沮丧。身体需要被照料。身体需要被哺育滋养。女性主义也可以被认作一种日常饮食；也就是说，女性主义滋养我们。在我的扫兴鬼生存包里，会有一袋新鲜的辣椒；我喜欢在大多数食物里加点辣椒。我并不是说，辣椒是小小的女性主义者。但是不管你喜欢往食物中加些什么，无论你如何根据自己的需求调整菜肴，你都应在你的工具包里放入那些你喜欢添加的东西。如果我们拥有多样的身体，那么我们就拥有多样的需求。

而这一项与工具包里的其他所有东西息息相关。身体是中介性的关系。当我们不能生存时，我们就变成了尸体（body）；尸体就是被留下的事物。身体 / 尸体就是“身后事”。身体是脆弱的；我们是脆弱的。身体告诉我们时间的流逝；身体带有我们曾去往之地的痕迹。也许我们就是这些痕迹。扫兴鬼在接受她的任务之前，首先拥有一个身体。

身体会对我们说话。你的身体可能会告诉你，它无法响应你的要求；而你需要倾听。你需要听从你的身体。如果它大声喊叫，你就要停下来。如果它呻吟，你就要慢下来。去倾听。女性主义者的耳朵：它们也是我的生存工具。

为了不受某种存在的威胁的斗争，如此多的能量投入了这场斗争。但正如我在本书中指出的，声称自己是扫兴鬼，在这种或那种情境下说“我就是她”，可以使人充满能量；有一些关于她的东西——一种活力感，也许是一种叛逆和使坏的感觉，也许甚至是顽皮，这些可能是扫兴鬼们代代相传、不断涌现的原因和方式；她似乎会在一切地方突然出现。正如我在前一章所说，如果我们搭救了她，她就会重燃活力。

这也是为什么身体必须在我们的生存包里。借用朱迪斯·巴特勒（1993）的术语，身体能阔步前进；身体会翩翩起舞；“身体之重”；必须扭动我们的身体，以创造空间。

扭动是我的生存工具。

舞蹈也是。

跳舞的身体：女性主义者经常声称舞蹈对她们的解放至关重要。人们可能会想起艾玛·戈德曼（Emma Goldman）那句著名的声明：“如果不能跳舞，我就不会加入你们的革命。”我还想到了那部记录奥德雷·洛德生平的电影《柏林岁月》（*The Berlin Years*），影片最后有一组展示奥德雷跳舞的镜头，这些镜头绝妙地捕捉到了她作为黑人女性主义者的高洁灵魂。我想起了多年来在“女同性恋生活”会议（Lesbian Lives conferences）上跳的舞，我很享受那些舞蹈（我也很享受那些交谈，但舞蹈是我最先被唤起的记忆）。一个舞动的女性主义者的身体，一个舞动的女同性恋 248
的身体，舞动的黑色和棕色的身体；我们通过我们与他人相处的方式，确认了我们栖居在自己的身体里。我们还在这儿，依旧如是。任何人都可以和任何人一起跳舞，构成一个整体。我不是说扫兴鬼有一个特定的流派或舞蹈风格。我不是说有一种扫兴鬼的舞蹈。（尽管也许，只是也许，的确有一种扫兴鬼的舞蹈。）也许在她的姿态中，有某种特定的舞步；也许在充斥于她身影的能量中，她成了一个集合体。

看看她的一举一动：多么协调的运动。

而且，我通过把舞蹈放进我的扫兴鬼生存包中，来表达一些肯定性的话语。这是自相矛盾的吗？当我快乐的时候，我是否已经不再是一个扫兴鬼了？我们通过舞蹈拥抱自身的脆弱性（因被抛出而茫然无措）。而毫无疑问的是，快乐也是扫兴鬼生存的一部分。我们需要快乐地度过扫兴时分；我们甚至可以从扫兴中获得快乐。我生存包中那部分带有情欲的事物也是如此，即奥德雷·洛德如此传神地谈到的那种情欲；一个正在汲取能量的女性主义扫兴鬼被温暖着；她是一个充满情欲的人物。她可以作为一种否定出现，或在否定中出现，但这种否定因欲望而颤动；对更多的生活的欲望、更多的渴望；意欲更多。女性主义扫兴鬼们的能量往往会溢出，满地都是。倾泻一地。

女性主义扫兴鬼：一个漏水的容器。

所以：

小心，我们会漏水。

我们可以再次回顾舒拉米斯·费尔斯通（1970, 90）在她的革命宣言《性的辩证法》中对“微笑禁令”的呼吁。她希望我们不要再在习惯之力的驱使下微笑；微笑已经变成某种不由自主的东西；停止微笑，直到有东西让我们微笑。抵制微笑将是一个集体行动；只有当我们都停止微笑时，它才会起作用。不微笑成了一场女性主义罢工。我将在我的扫兴鬼宣言中再度回到这种罢工的女性主义。但我也要指出，费尔斯通的这个呼吁也是对开放情欲的呼吁，将情欲从幸福的习惯中释放出来，这种习惯将生活引向了“狭窄难觅的人类经验的小巷”（1970, 155）。

人们要求你以某种特定方式生活，这让你的世界封闭起来，而我在“女性主义是轰动的”一章中探讨了女性主义何以让你在这样一个世界中重焕生机。当事物不被忽视的时候，它们就会活过来。因此，有必要这样说：我们要允许自己感到悲伤和愤怒；当快乐和幸福成了理想状态时，悲伤就会迅速成为一种障碍，一种无法实现、无法接近正确情感的状态。悲伤可能需要一个许可证（工具6）。但与此同时，快乐也可以成为扫兴鬼生存包的一部分。就我个人而言，不需要为快乐出示许可证；在 249
我自己的经验中，快乐是一种文化的规定，即使它也可能是反叛的场所（异见者的集体快乐）；但如果你确实需要先给自己一张许可证才能快乐，那就给自己批一张许可证。我认为，只有当我们拒绝把快乐当成一种志向时，快乐才能成为扫兴鬼生存工具包的一部分。当快乐变成了一种志向，它就成了扫兴鬼必须扫的兴。但是，即使扫兴鬼的生存需要拒绝把快乐（或其语义更重的朋友——幸福）变成一种志向，但这也并不意味着我们有悲伤或不快乐的义务。扫兴鬼并不是没有快乐。

回到艾玛·戈德曼，在她的《过我自己的生活》（*Living My Life*）一书中，当她被告知不要跳舞时，她肯定了跳舞的自由；她跳舞时被告知现在不是跳舞的时候，因为“一位亲爱的同志去世了”（[1931] 2008, 56）。在转述这个故事时，她说一个脸色严肃的年轻男孩对她低声说：“同作为革命者，你不应当在这个时候跳舞。”在这一刻，戈德曼肯定了舞蹈是对哀伤之要求的情感反叛；对一种通过放弃快乐而不再栖居于自己的身体里的要求的反叛。这就是我所说的情感异化的时刻。一个扫兴鬼生存工具包也关乎允许你的身体成为反叛的场所——包括去反叛那些把你的身体交给某项事业，或使你的身体成为某项事业的要求。也许，一个身体要做的也可以是不跳舞；当跳舞成为一种要求，就拒绝跳舞，退到后面，站在一边，停下脚步。

最后：扫兴鬼生存包

组合一套扫兴鬼生存包，这本身也可以是一种生存策略。

我的扫兴鬼生存包就在我的扫兴鬼生存包里。书写一份女性主义宣言也可以是一种生存策略。接下来我要发表的宣言也在我的工具包里。要写一份女性主义宣言，你必须首先阅读其他女性主义宣言。这真是一件乐事！借用唐娜·哈拉维（2003）的一份宣言里的一句描述，这些宣言是“伙伴物种”（companion species）。阅读宣言也在我的扫兴鬼生存包中。一套工具包可以是正在进行的活动的容器；可以是那些计划——就这些计划尚未实现而言，它们仍旧只是计划——的容器。

扫兴鬼：一项批判现有事物的计划。

说到这些计划，

我们就是我们自己的生存工具包。

结论二

扫兴鬼宣言

A Killjoy Manifesto

宣言：声明原则，宣告使命。宣言：宣告个人、组织或团体的意图。如何撰写一份有关一个人物——扫兴鬼——或一项活动——扫兴——的宣言？

宣言：使之彰显出来。莫南·金（Moynan King）在讨论瓦莱丽·索拉纳斯（Valerie Solanas）的《SCUM宣言》（SCUM Manifesto）[i]时，谈到了宣言使某些东西彰显出来的这一意义。她写道："作为一份宣言，《SCUM宣言》的意图是彰显一种新的思想秩序，使之可被感知。"（King 2013, n. p.）使新的思想秩序可被感知，这同时也构成了对思想的扰动；宣言常常以令人惊讶、骇人听闻的方式呈现其主张，因为它们揭露了某一秩序的暴力。女性主义宣言揭露了父权制秩序的暴力，即我在第二章

i 《SCUM宣言》是由激进女权主义者瓦莱丽·索拉纳斯于1968年撰写的小册子。"SCUM"是"Society For Cutting Up Men"的缩写，即"毁灭男人社团"。《SCUM宣言》认为，男性染色体Y只是一个不完全的X，男性只是一个不完整的女性，并宣扬用暴力的无政府的革命手段毁灭男性，创建一个纯女性的社会。1968年6月，索拉纳斯朝被她指控"性虐待"的艺术家安迪·沃霍尔开了三枪，后被送至精神病院监禁。——译注。

中所说的“性别机制”的暴力。

宣言不仅会引发扰乱，它本来就旨在引发这种扰乱。让某些东西彰显出来，这就足以引发扰乱了。显现与扰乱之间的这种亲密关系，对我们书写一份扫兴鬼宣言产生了影响。扫兴鬼宣言必须以对存在之物的描述为基础。为什么这很重要？这关乎我们所遭遇的事情。我在学术界遇到过的最糟糕的权力滥用是个体对平等原则的利用，他们仿佛在说，边界和规则是等级制度那一套，所以我们可以“自由地做我们想做的事”，而“自由地做我们想做的事”实际上就是意味着“你去做我要你做的事”，因为“我们”是由一个拥有权力的“我”和一个在组织中居
252 于从属地位的“你”组成的。请注意，人们不仅可以假定“做我们想做的事”表达了一个平等原则，而且可以将其阐述为对机构规范和权威的反叛（规范和权威会阻止我们建立关系，因为它们假设了边界与区分的存在，而我们作为自由的激进主义者，早已放弃了那些边界与区分）。因此，一份扫兴鬼宣言绝不可能是放任激进分子去追求他们自己的议程。

因此，一份扫兴鬼宣言的起点是承认不平等的存在。这种认识是由扫兴鬼自己来完成的：她扫了兴，因为她提出某些东西是存在的。她必须不断提出同样的主张，因为她不断地反驳着另一种主张，即她认为存在的东西并不存在。人们通常认为扫兴鬼是在“无中生有”，是她招致了她所宣称的东西；或者，用第六章的概念来说，她常常被当成一个筑墙者。如果一份扫兴鬼宣言表明，通过假设平等来否认不平等是一种权力的技术，那么该宣言所阐述的原则就不能从对存在之物的声明中抽象出来。因此，扫兴鬼宣言就是要使存在之物彰显出来。在使之彰

显的努力中，我们发表了一份宣言。

为自由而斗争就是反对压迫的斗争。安杰拉·戴维斯（Angela Davis）在《蓝调遗产和黑人女性主义》（*Blues Legacies and Black Feminism*）中表明，表达对于未实现之自由的渴望也可以代表一种“更直接、更可及意义上的”自由（[1989] 1998, 7）。自由正是在压迫中得以表达的。当我们需要用斗争来表达某种东西时，就需要有一份宣言。这就是为什么宣言可以被理解为一种扫兴鬼的体裁；因为有些事情尚未实现，所以我们必须说出来。宣言以一种并不讨人喜欢姿态发出呼吁：按照现有的规范或标准，宣言并不会是一篇引人入胜的文章。它不可能是：它必须剑拔弩张，说出事实。然而，对那些阅读宣言的人来说，它是有吸引力的；宣言通过吸引某一部分人来发出对某些事情的呼吁。一份扫兴的宣言吸引 / 呼吁（appeal）扫兴鬼。

宣言通常是令人不快的，因为它们呈现了维持一个共识所必需的暴力。这不仅仅是说女性主义扫兴鬼拥有一份宣言。女性主义扫兴鬼本身就是一份宣言。她是围绕着暴力组合起来的；她变得重要、变得有意义的过程就是她揭露暴力的过程。请记住“killjoy”（扫兴鬼）中的“kill”（杀）。这个形象提醒我们，女性主义常常被理解为一种谋杀形式；呼吁终结那个构建了“男人”的制度常常被理解为呼吁杀死男人。我们确实可以比较女性主义谋杀者的形象与女性主义扫兴鬼的形象。瓦莱丽·索拉纳斯（[1967] 2013）在她的宣言中表达了一个非常有争议的观点，即通过想象一个女性主义集体或一种心态，将这种女性主义谋杀者的幻想诉诸字面意义，这种幻想便是“毁灭男人社团” 253
（Society for Cutting Up Men）。我们不应该感到惊讶，因为她

的观点之一就是要成为一个切割点，即《SCUM宣言》的字面含义；它因这样的字面含义而遭到驳斥，或者被拘泥于字面意义（即打算消灭男人）的做法驳斥。这份宣言之所以有效，是因为它利用了能致使自己被驳斥的字面含义。在写我的女性主义扫兴鬼的博客时，我注意到了字面意义是如何发挥驳斥作用的。例如，我在推特上发了博文《白人男子》的链接，一个白人男子转发了这条链接，另一个白人男子说他这是“种族自杀”（genosuicide）。[i] 种族自杀：自愿被杀害。还有一次，金史密斯学院的学生巴哈尔·穆斯塔法（Bahar Mustafa）被控使用了“杀死所有白人”这一话题标签。[ii] 人们在社交媒体上复活了瓦莱丽·索拉纳斯。断裂。但当然，如果这个标签完全根据字面含义阐释了一个幻想，你就会真的遭遇这个幻想。这个标签又变回了一道命令；被视为种族灭绝的计划。

女性主义谋杀者的形象是有用的：它让消除女性主义成了男人生存的前提。许多女性主义的创造力都在于根据文字的字面含义去阐发一个并非源于我们的幻想，包括第八章和第九章讨论的电影《沉默的问题》，在电影的女性主义报复行为中，被杀的男人代表了所有男人。在某种程度上，在揭露暴力时你当然是暴力的；如果你要让暴力从你自己的笔端流出，穿过你，那么你必须让暴力溢满书页。你在某种程度上确是在呼吁终结白人，因为你是在呼吁终结那建构出白人的社会制度。“白人男子”是

---

i Sara Ahmed, “White Men,” feministkilljoys, November 4, 2014, http://feministkilljoys.com/2014/11/04/white-men/.

ii 我非常感谢巴哈尔·穆斯塔法所付出的重要的政治努力。巴哈尔袭扰了主流以及社交媒体，有关这一点的更详尽讨论，见 Sara Ahmed, “A Campaign of Harassment,” feministkilljoys, May 26, 2015, http://feministkilljoys.com/2015/05/26/a-campaign-of-harassment/。

一种制度，正如我在第六章所讨论的那样。我们确实想终结他。但当然，在另一个层面上，重塑女性主义谋杀者的形象比重塑扫兴鬼的形象更难。女性主义者不是在呼吁暴力。我们是在呼吁结束那些助推暴力并使暴力自然化的制度。正如我在本书中所讨论的那样，许多制度助推下的暴力使用“陌生人危险”来掩盖自己：假设暴力只来源于外来者。正是因为我们揭露了暴力，我们才会被认为是暴力的，仿佛我们所指出的暴力源于我们似的。

成为扫兴鬼也意味着被理解为杀死生活的人，因为生活原则和幸福原则之间存在如此亲密的关系。在反对幸福的时候，人们认为你是在反对生活。这样说来，做个扫兴鬼是冒有生命危险的。这并不是说，在被指派为扫兴鬼时（正如我已经论述过的，她最初总是一种被分派到头上的任务，因为外部的某个人宣称某人是女性主义扫兴鬼；在我们将她分派到某个人头上之前，她就已经有自己的生命了），我们总是愿意或能够接受这一指派。事实上，正如我在第一部分中所探讨的，女性主义扫 254
兴鬼形象经常是在极度痛苦和困难的情况下出现的：当你坐在桌前，操持家庭事务——那个快乐的对象，而你作为扫兴鬼出现了，看啊，你威胁了那个快乐的对象。你通过指出已经存在于房间里的东西来威胁这个对象；再次，你并不是“无中生有”。但这是一种什么样的感觉？——当所有在家庭正常运转时未被揭示的负面感觉，顷刻间被放置在了那个揭示家庭并未正常运转的人身上。我永远不会忘记那种想要把自己从一个情境中抹除的感觉——在该情境中，我被视为导致这种情况发生的原因。

这是扫兴的经历；我们是扫兴鬼。

一份扫兴鬼宣言有其同伴：击垮了一些事情的书，引起人们集体皱眉头的书。《性的辩证法》可以被解读为扫兴鬼宣言，这是一本之前迅速遭到了人们驳斥的书，因为它假设技术会将女性从生物学中解放出来。这本书表明，当性别分工成为一切事情的结构时，就没有什么东西能解放任何人。萨拉·富兰克林描述了为何"费尔斯通宣言的大部分内容基于对那些千百年来被用以维持某种性别分层的东西的分析"（2010, 46）。《性的辩证法》是乐观的，因为它阐明了实现解放为何是艰难的。难怪她也会有做扫兴鬼的时候。费尔斯通想解释为什么这个不起作用的系统——这个她毫不怀疑地认为最终会杀死我们所有人的系统——会持续运转下去。为了解释这一点，她转向了爱情、浪漫和家庭。这些制度是对幸福的承诺。一种制度可以围绕一项承诺来组织。它们假定接近某种形式会让你实现幸福，由此，它们成了组织生活的方式。因此，当然，舒拉米斯·费尔斯通在转向这个方向时，转向了幸福。正如我已经指出的，她把她的女性解放运动"梦想行动"描述为对微笑的抵制（Firestone, 1970, 90）。也许我们可以按照莉萨·米尔班克（Lisa Millbank 2013）的说法，把这个行动称为一场"微笑罢工"，以强调其集体性。我们将通过不笑来集体罢工，这种集体性建立在个人行动之上（当人们要求女性和那些被视为通过有偿或无偿工作为他人服务的人微笑时，不笑就是一种行动），但它需要的不仅仅是个人。微笑罢工是必要的，我们可以借此宣布对某个系统的不认同和我们的不幸福。

我们必须保持居于这个世界的不幸福。

如果我们把女性主义扫兴鬼的形象放在女性主义对幸福的

批判——其中一些批判我在第二章讨论过（另见 Ahmed 2010）——的语境下，那么我们就很容易理解这一形象了。幸福被用来论证作为社会善好的社会规范的合理性。正如西蒙娜·德·波伏瓦精辟的描述所示："某个人希望［将他人］置于 255 其中，将这种情况描述为幸福，总是很容易的。"（[1949] 1997, 28）不同意待在这个地方，可能就是拒绝别人期望中的幸福。因此，参与激进主义政治就是参与反对幸福的斗争。围绕幸福的斗争提供了政治主张所要依托的视界。我们承继了这个视界。

当我们愿意接受这个人物，不是以她的身份（我在第七章讨论了假设我们是她的风险），而是围绕着她、由她陪着来组建一种生活时，扫兴鬼就成了一份宣言。我们愿意扫兴，因为把这个人、那个人或某一群人指定为扫兴鬼的世界，不是我们想置身其中的世界。愿意扫兴是将一道评判转化为一项计划。宣言：一道评判如何变成一项计划。

把扫兴鬼视为宣言的意思是，将其视为一种变革的政治，一种打算终结某个系统的政治，这不是一个可以与我们在世界中的自处相分离的行动方案。女性主义是一种实践。我们去实践我们旨在实现的世界；没有什么比这更重要的了。正如我在第九章中指出的，女同性恋女性主义关乎我们如何以这样一种方式组织生活，即不以我们与男性的关系为中介去建立女性彼此间的关系。一种生活会成为一册反叛的档案。这就是为什么扫兴鬼的宣言会是个人的。我们每个扫兴鬼都会有属于自己的宣言。我的宣言并没有悬置我的个人故事，它是这个故事展开为行动的方式。

正是从被习焉不察的结构伤害的困苦经历中，我们获得了反叛的能量。正是从我们遭遇的问题中，我们获得了关于我们所反对之事的新视角。我们的身体成为我们的工具；我们的愤怒成了病症。我们呕吐；我们吐出那些人们要求我们吸收的东西。当我们感到越来越厌恶，我们的消化道（guts）[i] 就会成为我们的女性主义朋友。我们开始感受到越来越重的历史的重量；我们越是揭露历史的重量，它就越是沉重。

我们崩溃了。我们在重压下崩溃；有东西断裂了。宣言因女性主义的断裂而写就。宣言就是女性主义的断裂。

而且，作为女性主义者，我们见证了女性主义带来的麻烦。我敢打赌：女性主义的麻烦是性别麻烦的延伸（Butler 1990）。更具体地说：女性主义的麻烦就是女性的麻烦。当我们拒绝做异性恋框架下的为男人而存在的女人时，我们就会成为麻烦，我们就会陷入麻烦。扫兴鬼愿意惹上麻烦。我认为这就是扫兴鬼宣言的具体内容：我们把我们自己遭遇的经历融入我们对自
256 身意图或目的的表态。正是这种经历使我们能够去阐明某种“为了”（a *for*），一种携有我们所遭遇的经历的“为了”。这种“为了”意味着我们改变一些事情的方式。一个宣言事关它旨在引发的事情。

在我看来，毫无疑问，女性主义扫兴鬼支持、追求某些东西；尽管，我们同身为扫兴鬼却未必支持、追求同样的东西。但是，只有当你支持、追求某些东西时，你才会愿意承受反对你所遭遇之事的结果。一种生活可能就是一份宣言。当我阅读我的生存工具包中的一些书时，我把它们当作宣言，当作行动的号

---

i　这个词亦有勇气、胆量、决心之意，此处为双关。——译注

召；当作对“武器 / 手臂”的召唤。它们是充斥着生命力的书籍，因为它们展示了如何改写生活；我们何以逐字逐句地改写生活。宣言是有生命的，它有自己的生命；宣言是一只伸出的手。如果一份宣言是一个政治行动，那么它取决于其他人如何接受它。而当一只手不只被另一只手握住时，当一个手势超越了握一次手所传递的坚定时，也许手就能做更多事情。也许需要被握住的不止是一只手。如果一份扫兴鬼宣言是一个“手柄”，那么它是会脱手而出的。[i] 因此，一份宣言重复了已经发生的事情；正如我们所知道的，扫兴鬼会情绪失控（flow off）。也许一份扫兴鬼宣言是难以把握的；是一场女性主义的飞行（flight）。

当我们拒绝成为主人的工具，我们就会揭示棍子的暴力，那些一砖一瓦地建造了主人的住所的暴力。当我们揭露暴力——一种因不被揭示而得以再生产的暴力，我们就会被认定为扫兴鬼。正是拜她揭示的东西所赐，扫兴鬼从一开始就已经成为一个扫兴鬼了。在某种意义上，宣言是在她身后的。这并不是说，书写一份扫兴鬼宣言就不是一项承诺了；就不是一种关于如何前进的想法了。扫兴鬼有她的原则。扫兴鬼宣言表明了我们是如何从我们的遭遇中，从我们过一种女性主义的生活的方式中创造原则的。我在这里所说的原则并不是指我们为了向同一个方向前进而必须同意的行为规则。我可以说，女性主义的生活是有原则的，但女性主义本身往往正是在拒绝受原则约束的那一刻成为一份不服管教的宣告的。当我想到女性主义的原则时，我想到的是初始意义上的原则：原则是第一步，是一

i 如本书第 262 页译注所示，此处亦有大发雷霆之意。——译注

个开始，是某件事的开端。

原则也可以是某种技艺的基本内容。女性主义扫兴鬼和其他任性的主体是“诡计多端”的；我们正变得“诡计多端”。我们精心经营的事情是有原则的。我们如何开始并不能决定我们的终点何在，但原则确实指引着前行的方向。女性主义的原则在非女性主义的世界中得到了阐述。因此，过一种带有女性主义原则的生活不会一帆风顺；我们一头扎进了与我们试图生活的原则并不契合的生活世界。

出于某种原因，我在这里阐述的这些原则最终被表述为
257 意志的声明：对一个扫兴鬼的愿意（做什么或成为什么）或不愿意（做什么或成为什么）的声明。我想我们可以理解个中缘由。一份扫兴鬼宣言是一个任性的主体；她借由她愿意或不愿意做的事情表达“错误的”意愿。难怪一个任性的主体会有原则；她可能还很有原则呢。如果你受得了的话，她可以分享这些原则。

原则1：我不愿意把幸福当作我的目的。

它经常被当成一个具体的要求：人们要求你做一些让别人开心幸福的事情。当别人知道你并不因为他们在做的事情而感到幸福时，他们就更可能会要求你去做一些让别人幸福的事情。也许有人会叫你参加一场婚礼，而这正是因为他们知道，你反对这样的婚礼所祝福的婚姻制度。他们用自己的幸福吸引你，通过这种方式向你发起呼吁。如果你拒绝这种呼吁，你就会被评判为自私的人、把自己的幸福置于别人的幸福之前的人。

刻薄：你怎么能这样？

扫兴鬼宣言：意义出自刻薄（meaning from mean）。

如果你愿意拒绝这些呼吁，那么幸福就不是你所坚持的原则。你不觉得这种呼吁有什么吸引力。而通常情况下，你没有坚持这个原则，是因为你曾遭遇过这个原则：有人要求你别说什么，别做什么，因为这会让别人不开心。这并不意味着扫兴鬼不关心他人的幸福，也不是说她就不会因为某件事情有助于他人的幸福而决定去做。她只是不愿意把制造幸福当作她的政治目的。

你生活在不把幸福当作你的目的的后果中，你从这一日常境况中明白了幸福可能导致的不幸福。这第一条原则一直是许多女性主义知识和行动的基础：认识到机构是作为幸福的承诺而建立起来的；这些承诺往往隐藏着这些机构的暴力。我们愿意揭露这种暴力：将家庭、夫妇的形式、生殖能力擢升为美好生活之基础的暴力；将谈论暴力视为不忠的组织所再生产的暴力。我们将揭露新自由主义和全球资本主义的幸福神话：这一为少数特权者创造的制度的确关乎许多人或大多数人的幸福，这是一种幻象。

揭露幸福的神话，就是愿意接受扫兴的任务。

原则2：我愿意造成不幸福。 258

不把幸福当成你的目的，会造成不幸福。扫兴的人愿意造成不幸福。

一个坚定的扫兴鬼会有一种绵延整个人生的经历，即成为不幸福的原因。她也深知这一点：由于你的欲望或你自身不愿意接受的世界，你造成了不幸福，此时，别人会认为不幸福是你的目标。其实不然。愿意造成不幸福并不等于你的目标是不幸福，尽管我们总活在这样的假定中。当我们的欲望造成了不幸福的时候，人们往往认为不幸福就是我们所欲望的。人们可能会认为，你想要的就是你所造成的不幸福，这就是另一种让你成为不幸福的原因的方式。

扫兴鬼愿意承受她的意愿的后果。因此，她愿意成为别人不幸福的原因。这并不意味着，她不会因为其他人为她的生活感到悲伤（因为他们认为她的生活是可悲的）而感到悲伤；甚至也不意味着，她不会对那些因她的生活而不幸福的人产生共情。只是，她不会因为这种不幸福而改变方向。她甘愿走一条“错误的”路。

我们愿意造成谁的不幸福？任何人的不幸福。这可能是这个问题的唯一答案。但这里有一个“如果”。如果机构因为我们谈论性骚扰而不高兴，那么我们就愿意造成机构的不幸福。如果女性主义者因为我们谈论种族主义而不高兴，那么我们就愿意造成女性主义者的不幸福。这意味着：我们是因这个“如果”感到不幸福。这意味着：我们是因为那些导致了不幸福的事情感到不幸福。揭示不幸福的原因会造成不幸福。

我们从那些被视为我们所造成的不幸福中明白了许多，所以我们愿意造成不幸福。这里出现了一个“我”；那些出现的东西让她明白了正在发生之事。当我在大学里公开谈论性骚扰时，我被一些人认定为扫兴鬼（这不是反话，不过因为我也自称扫兴鬼，所以也许的确也有几分自嘲的意味）。重要的是，我们应当注意，一些女性主义者也是这些人中的一分子。一位女性主义者同事说，我的发言损害了“老资格的女性主义者”努力创造的“快乐和振奋人心”的环境。考虑到我所采取的立场，我想我不是“老资格的女性主义者”之一。是的，哪怕是说出性骚扰，也会引起女性主义者的不快。如果是这样的话，那么我不愿意把女性主义者的幸福当成我的目标。

我们已经学会了听这种指责里的关键。其隐含的意思是， 259
女性主义是一个机构内的泡泡。但女性主义的泡泡也可以变成一种对机构的认同模式。为了保护女性主义的泡泡，你可能想避免让它暴露在机构的暴力之下，而这种暴力也正在其他地方上演（另一个中心，另一个部门）。保护女性主义的泡泡最终成为一种保护机构的方式。你不希望将制度性的暴力暴露在别人面前。你更愿意“关起门来”解决暴力问题，尽管“关起门来”并不能拆除主人的房子。这就是为什么，即使身为女性主义者，一些人也对制度性的暴力三缄其口吧？

如果女性主义是一个泡泡，那么我们就得把泡泡戳破。当我们远离那些损害我们幸福的东西，我们就是撤回了我们的努力，推动一个更加公正平等的世界所需的努力。但是，认为只需要谈论他人的不幸福，这并不是坚持“愿意造成不幸福”这条原则的方法。我们也很可能不去注意一些情况，因为注意这些情况会使我们自己不幸福。也许这就是扫兴鬼出现的原因：因为我们非常希望，不去注意她所注意到的东西。也许这就是为什么有些人以扫兴鬼自居：我们的幸福也可能取决于我们没有注意到的东西。也许我们通过一种自愿的遗忘来维持我们的幸福。我们必须拒绝这种遗忘。如果有什么东西会让我们不幸福，那么当我们察觉它时，我们需要承认它。我们愿意造成我们自己的不幸福，但这并不会使不幸福成为我们的追求。

原则3：我愿意支持那些愿意造成不幸福的人。

一个扫兴鬼可能首先在那种孤独的感觉中认出了自己：失去同他人的联系，与那种他们围绕着幸福集合起来的状态格格不入。她太明白这种滋味了，因为她曾经经历过："幸福的餐桌"容不下她，这可能意味着，发现自己身处那个幽暗角落，发现自己孤身一人，形单影只。可能很多人从扫兴鬼身边经过，又很快离开了，因为他们发现，在她那儿待着很难；身旁没有别人的温暖，没有带着共识的喃喃絮语，很难。扫兴的代价很高；这个形象本身就是一种代价（不同意别人的观点，就是扼杀了某件事的快乐）。

你是如何坚持下来的？正如我在我的生存工具包那里提出的，我们往往会寻找其他扫兴鬼的陪伴，通过这种方式坚持下来；
260 当我们认识到她所命名的那种动态机制时，我们就可以接受这个名字；当其他人为我们阐述这种动态机制的时候，我们就可以认识到它。而由于其他人同样认识到了这种动态机制，所以我们也识别出了这些人。

这些识别出彼此的时刻是宝贵的；也是脆弱的。一个时刻伴有一段记忆：我们常常因为得到了别人的支持而坚持下去。我们也经历过孤立无援的危机；我们越是感觉没人支持，支持就越重要。就扫兴鬼发表一份宣言，这意味着愿意把你得到的或希望得到的支持传递给别人。也许你（在家里或在工作中）进行了一番对话，一个人——许多人中的一个人——正在表达自己的观点。不要让她独自说话。支持她；和她一起说话。站在她身边；与她站在一起。这些公开的团结时刻带来了许多东西。我们正在创造一个围绕在扫兴鬼身边的支持系统；我们正在寻找让她做她所做的事、做她自己的方法。我们没有必要假定她会永久存在，没有必要把她的形象人格化，也没有必要到她出现的时候，才知道可能需要有人扶她一把。

奥德雷·洛德曾经写道："你的沉默不会保护你。"（1984a, 41）但你的沉默可以保护他们。我说的他们是指：那些暴力的人，或者那些以某种方式从对暴力的沉默中获益的人。扫兴鬼就是证人。她作为一个形象、一种遏制伤害的方式而存在，因为她将伤害宣之于口。随着做女性主义者的时间——我们可以称之为"女性主义时间"——越来越久，我已经开始理解、知晓并感受到说出真相的代价。因此，我开始理解、知晓并感受到为什么许多人宁愿保持沉默。我们会失去很多，很多，甚至生命。有如此多的不公正因沉默而被不断再生产，沉默不是因为人们没有识别出不公正，而恰恰是因为他们识别出了不公正。他们也认识到了确认不公正的后果，这些后果可能不是他们可以承受的。这可能是对失去工作的恐惧，你知道你需要这份工作来支持你所关心的人；这可能是对失去重要关系的担忧；你担心你的话会被误解；担心你的话会让事情变得更糟。我们说女性主义扫兴鬼是一份宣言，这并不是说，我们有说出真相的义务。我们不是都处于同样的位置；我们未必都能承担说出真相的代价。因此，扫兴需要一个交流系统：我们必须找到其他的方式，让暴力浮出水面。我们可能需要使用游击战术，而且有一整段女性主义的历史供我们借鉴；你可以在书上写下骚扰者的名字；在墙上涂鸦；还有水中的红墨水也可以帮上忙。有很多可以引发女性主义扰乱的方式。

即使畅所欲言是不可能的，但它依然是必要的。对暴力的

261 沉默就是暴力。但女性主义的言论可以采取多种形式。说出意见越困难，我们越得在形式上搞些新花样。大声疾呼，出言相助，保护那些发声的人；这些传播消息的行动，就是创造世界的行动。扫兴是一项创造世界的计划。即使我们打碎了些什么，甚至即使我们就是这些被打破的碎片本身，但我们仍会从碎片中创造一个世界。

原则4：我不愿意对那些有意冒犯的玩笑发笑。

这条原则可能看起来非常具体：它看上去仿佛是从前三条原则中延伸出来的，不值得单独列为一条。但我认为，幽默是一项再生产不平等和不公正的关键技术。我认为，关于女性主义者没有幽默感的想象（这是关于"质疑社会及政治安排的人无幽默感"这一更普遍的想象的一部分）的效果十分显著。这种想象是促使扫兴鬼着手去做她的工作的原因。人们假定，她之所以那么说、那么做（指出性别歧视，指出种族主义），是因为她自己被剥夺了一切快乐，是因为她不能容忍别人快乐。通常，一旦有人被指定为女性主义扫兴鬼，其他人就会开某些玩笑，来引起她的反感，以证实她的确缺乏幽默感。在别人的引诱下发笑。如果这个情境本身与幽默无关，我们就不需要在其中加入幽默感。如果这个情境并不好玩，我们就不需要将它变得轻松；我们就不需要将它变得好玩。

人们往往假借幽默（比如通过说反话或讽刺）不断发表性别歧视和种族歧视的言论。幽默创造出一种距离的表象；通过对（about）他们所重复的东西发笑，他们重复着令他们发笑的东西。这个"对"成了笑话的焦点。这不是件可笑的事。当这不是件可笑的事时，笑声就十足关键了。

但是，当然，幽默可以通过使事情浮出水面从而对其发起挑战；在我的生存工具包那里，我注意到了这一点。但重要的是，笑声所起的作用不同。女性主义的幽默可能意味着，当熟悉的、往往被掩盖的模式得到揭示时，我们终于能笑出来了的那种解脱之感。我们可能会嘲笑白人男子是如何团结在一起的：他们通过将我们这些“非白人男子”所做的任何事情都归结为身份政治来贬低这些事情。甚至，当我们成为多元化海报上的儿童时，我们也可能会发笑；笑并不意味着我们没有经历痛苦和挫折——人们要求我们为机构提供丰富多彩的笑脸；要用我们的脸为他们的颜面增光。但这笑声不是让我们重复冒犯之根源的笑声；而是对冒犯之根源的重新定位。我们绝不重复它；相反，我们坚决从中退出。

扫兴鬼与极易被冒犯的过度敏感的主体形象紧密相连。每 262
当这种社会批评大获全胜的时候，这个人物总是会被唤起：因为其他人遭到了冒犯（在这里，遭到冒犯就意味着太容易被冒犯，就等同于脆弱、柔软、易受影响），所以某些东西被掐断、移除或失去（一种值得哀悼的丧失）。“坚强起来”已经成为一种道德要求，这种要求（像大多数道德要求一样）是由那些认为“自己拥有他们声称他人需要具备的品质”的人提出来的。事实上，过于敏感的主体形象可能在这种失去发生之前就出现了，或者可能是为了避免这种失去而出现的。对触发警告的道德恐慌往往会唤起这个形象，特别是过度敏感的、难以适应学习的困难和不适的学生形象，这仿佛在说：如果我们让你的敏感成为规则，我们就会失去自由。我想说的是，自由已经沦为了冒犯他人的自由，掌权者正是据此保护他们表达自己的观点——无论这观点是什么，无论它针对谁——的权利的。

如果不希望那些暴力的历史经由这种暴力的坚持而不断被再生产，或者至少，如果去质疑那些让再生产得以可能的术语就会被视为过度敏感，那么我们就是要过度敏感。当你对那些过不去的事情十分敏感时，你就会被视为过度敏感的人。我们对过不去的事情十分敏感。我们敏感是因为它还没有过去。

原则5：我不愿意忘掉那些没有过去的历史。

它还没有过去。我们坚持这样说，因为我们看到，别人在宣称事情已经过去了。有那么多声明，它们都在参与同一件事。英国首相大卫·卡梅伦说，使英国变得伟大的一件事是我们“把奴隶制从公海上赶走了”。在人们的记忆中，英国是奴隶的解放者，而不是奴隶制的始作俑者；不是一个从大规模奴役他人、对他人的殖民中获益的国家。在英国公民资格考试指定的参考书中，殖民主义被描述为引入了民主和法律、给他人带去了益处的制度。一段征服和偷窃的暴力历史被想象成现代性的礼物。而今天，战争仍然被论证为礼物，它带来了自由、民主和平等。

它尚未过去，还不是忘却和原谅的时候。

一个扫兴鬼愿意提起这段历史。一个人的记忆可以是任性的。所以我们知道当我们这样做的时候会发生什么。你会被指责为
263 妨碍和解的人。对你的评判是，你没能做到别人都做到了的事情：忘了它吧；放过你自己；让这一切过去。你成为一道开放的伤口，因为你不愿意让它痊愈。

我们愿意成为没能成功完成和解计划的人。我们知道，这

个计划的成功意味着不去解决这些不公正的历史，这些历史不仅表现在那些未解决的创伤中——对遭受创伤的人来说，这段历史在身体的意义上不断延续，成为跨越代际的困扰，而且表现为财富和资源的严重不平等的分配。

记忆即世界如何被塑造。

他们说：但是，看看你们得到的东西啊。平等、多元：它们都成了我们理应感激的礼物；它们成了补偿。当一个系统得到了拓展，把我们囊括进去时，我们并不感激，因为这个系统建立在不平等和暴力的前提下。

原则6：如果包容意味着被纳入一个不公正、暴力和不平等的体系中，那么我不愿意被包容。

往往有这样一种邀请：进来吧，成为我们的一部分，对此心存感激。有时我们的选择不多：我们是工作者；我们工作；我们勉强应付着。我们必须在一个机构里生存，甚至晋升。但是，即使对于我们这些受到包容的人来说，即使我们确实得到了好处（我们可能有工资；我们可能有养老金），我们也不情愿受到这样的包容：我们一致认为，这种包容要求我们支持、认同现存制度。我们愿意直言不讳地指出这个制度的暴力，愿意罢工，愿意示威。我们愿意谈论棍子，愿意承担被当成任性的手臂的风险。

但这里有一个困难。因为如果你受雇于某个组织，如果你得到了雇佣的好处，那么可以说，保持扫兴鬼的立场是一种政治上的不诚实：因为你可以从你所批评的机构中得到好处。我们需要从我们自身的共谋开始：这就是为什么第二部分一开始就谈论了多元化工作的妥协性质。但是，去做同谋不应该成为你所再生产的逻辑本身，不能认为，我们所能做的就是再生产受雇机构的逻辑。事实上，那些从不公正的制度中受益的人需要更加努力地揭露这种不公正。对于那些长期受雇的扫兴鬼来说——让我们自称“职业扫兴鬼”（professional killjoys）；当我们宣称我们会扫兴（we profess we kill joy）的时候，我们中的一些人甚至可能是“扫兴教授”（professor killjoys）；除了从我们身处之地出发，我们没有别的办法克服这个困难。我们需要利
264 用我们获得的利益来支持那些没有获得这些利益的人，包括我们自己机构内部那些没有得到同等保护的人，他们给了我们揭露这种无保障和不安全之感的机会。在高等教育领域，这意味着我们必须声援那些为教育权而斗争的学生，声援那些没拿到终身教职或只签了短期合同的兼职讲师和教员，声援那些维护我们工作的建筑和设施的工作人员：清洁工、保安人员、搬运工。我试图说明扫兴和任性也与劳动的政治有关：手臂十分重要，也就是说，一些人做的工作到头来是为了再生产那些维持其他人存在的条件。当我们的职业存在因他人的工作才得以可能时，我们需要用我们的存在来辨识这是种怎样的工作。我们需要揭露“机构支持某些人而不支持另一些人”这一不公正现象。有的人挑战了那些种种不支持他们的工作的情况，我们也需要支持这些人。任性的行为是引人注目的。

而且：我们必须不断揭露将我们包容其中的那些机构内部的暴力，特别是当人们打着多元和平等的旗号包容我们时，特别是当我们的身体、我们的劳动产品被机构用作其包容性的证据时。我们要成为破壁者。所以我们必须谈论墙壁；我们必须

展示历史是如何变成有形的混凝土的。我们不愿用自己的融入来支持一个有关幸福的幻想。如果为了融入我们需要放弃太多东西，那么我们可能需要在某个时刻离开，尽管并非我们所有人都有能力离开。

一份扫兴鬼宣言：需要持续而任性地拒绝把我们的希望等同于被纳入建立在暴力之上的组织之中。我不感谢被纳入一个不平等的机构。我不感谢被纳入这样一个机构，在这个机构中，谈论性别歧视和种族主义被视为忘恩负义。我们有一段可供借鉴的忘恩负义的女性主义者的历史。忘恩负义的女性主义者；脾气暴躁的人；总爱发火的人。

团结起来：坏脾气的人们组成了一个“女性主义方阵”（a feminist lump）。一个流氓无产阶级者（a lumpen proletariat）：有着女性主义者的意识和女性主义者的形式的人。

原则7：我愿意过一种在别人看来不幸福的生活，我愿意拒绝那定义了美好生活的脚本，我愿意去拓宽它。

我已经指出过，幸福涉及缩减生活方式。拒绝被缩减可能会让我们变成不忠诚的人。由于没能踩上各种仪式的正确节点，
我们的生活被别人认为是不幸福的。两个女人生活在一起，拒 265
绝建立民事伴侣关系，拒绝结婚；我们正在具身展现我们对异性恋父权制的拒绝。我们与他人一道具身展现这种拒绝。

我们可以像我在第八章表明的那样，展现另一种家庭谱系，或者某种家庭谱系的替代物。我很乐意做一个女同性恋女性主义阿姨。我知道，当我还是个年轻女孩的时候，我是多么希望拥有女同性恋女性主义阿姨们，尽管我的确有女性主义阿姨，

她们教会了我很多。我们需要把我们的故事讲给孩子们听，讲给那些即将到来的人听；一代一代的人需要互相讲述我们的故事，这些故事是围绕着其他生活拼凑起来的，是因为缺乏记载而面目模糊的故事。我们需要互相讲述以不同的方式生活的故事、有着不同自我的故事；这些故事的基调不是你有多接近人们预设或期待你去过的生活，而是你生活中那些带有酷儿色彩的兜转徘徊。

我十分乐意得知，世上还有其他的生活与存在方式。我也十分乐意得知，女人未必要和男人发生关系。当然，我有奋力争取去认识这些事情。我成了一名女性主义者；我找到了女性研究；我遇到了告诉我“没有非做不可的事情”的女性；我找到了帮助我偏离某种期望的女性。

酷儿：你意识到“你不是非得做这样那样的人”的时刻。

当我们拒绝被缩减时，我们可以成为某个拓宽的过程的一部分。而每次我们拒绝或拓宽幸福的剧本时，我们都会成为某个开放的过程的一部分。如果我们要过一种女性主义的生活，我们就必须创造空间。当我们创造空间时，我们也在为他人创造空间。

原则8：我愿意把“hap”（偶然性）还给“happiness”（幸福）。

我已经说明了，“happiness”这个词是从中世纪英语种的“hap”一词那里衍生出来的，后者意为偶然性。一段有关幸福的历史就是消除其偶然性的历史，这样一来，幸福的定义就不再基于发生在你身上的事情，而是基于你为之努力的事情。我在《幸福的承诺》一书中探讨了被剥夺了“hap”的“happiness”

是如何——特别是在有关心流（flow）的心理学和积极心理学
中——被重新定义的：它不是（或不只是）某种发生的东西。
各种狭隘的幸福脚本正是一种消除“hap”的暴力。只有意识到
“hap”的消除，我们才可能重新恢复它。我们不能轻易地使用
分量较轻的词，仿佛它能带我们离开这里似的。我们必须认识
到世界的重量，意识到幸福的沉重，意识到我们是如何被背负
的期望所压倒的。我们跌倒了。当我们跌倒时，当我们在一队
人群中跌倒时，我们可能会觉得自己是自身幸福的障碍；我们可
能会觉得是自己妨碍了自己。我们可以让自己成为障碍吗？当我 266
们自身似乎都正在烟消云散时，我们也能甘愿如此吗？我跌跌撞
撞；也许我就是跌跌撞撞地找到你的，也许我正是这样跌跌撞
撞地无意间撞上了幸福，一种充满了偶然性的幸福；一种和我
们爱护珍惜的身体一样脆弱的幸福。我们珍惜这样的幸福，因
为它是脆弱的：它来来去去，就像我们一样。我也愿意让幸福
离去；允许愤怒、狂暴或失望成为世界带给我的影响。但当幸
福发生时，我是幸福的。

脆弱的幸福可能与事物的脆弱性是一致的。我们可以关心那些断裂的东西，那些破碎之物。关心这些东西并不意味为它们的幸福操心。为幸福操心往往会被“翻译”成，只要有些人同你在“应当过一种怎样的生活”的观念上不谋而合，你就会为他们操心。也许我们可以把操心与偶然性联系起来思考。正如我在第七章指出的，当我们弄坏东西时，人们往往认为我们粗心大意（careless）。无论某样东西是否损坏，操心它意味着什么？也许我们可以把关心从操心某人的幸福，重新定位为关心发生在某人或某物那里的事情：关心所发生之事，无论这事是什

么。我们可以把这称为一种“偶然性的关怀”（hap care），而非一种“幸福关怀”。“偶然性的关怀”不是放任你的关怀对象不管，而是通过让你的自我放手离开，不要插手那些并不属于你自己的事情，来支持你的关怀对象。偶然性的关怀不会试图消除关怀中的焦虑；它甚至可以被描述为对偶然性的关怀。关怀本就是焦虑的——忧虑重重，小心翼翼，我们正是因为对事物的未来感到焦虑，所以关心它们，而这未来体现在某个其持存十分重要的物体的脆弱性中。我们的关怀会捡起一块陶罐的碎片。我们的关怀不会把它变成一个纪念品，而是会珍视每一块碎片；破碎是另一个故事的开始。

但我们不会以一种自由主义的观念作结：一切事物都同样脆弱；我们必须平等地关心一切。不是这样的；我不会这样做。随着时间的流逝，有些东西会变得比其他东西更脆弱。我们会及时照料事物。照料那些变得更易碎的东西，就是带着爱与关怀去照料它的历史。

原则9：当纽带对自己或他人造成损害时，我愿意斩断任何珍贵的纽带。

我在第八章讲到，很多时候，当纽带被斩断时，别人告诉我，这太令人悲伤了。但纽带可能是暴力的。纽带可能会削弱我
267 们。有时我们还没有准备好承认自己已经被削弱了。我们还没有准备好。要做好斩断纽带的准备，可能需要心理上和政治上的努力。当你这样做的时候，当你将其斩断的时候，事情仿佛就像在一个意想不到的时刻，一条随着时间推移而不断伸展的线被剪断了，此时在这条线上出现了一个偏差、一个背离。但是

一个时刻可以是一种成就；它可能是你一直在为之努力的东西。

你也许愿意斩断这条纽带。你可能需要变得任性，才会变得愿意这样做。而且你可能需要认识到，其他人也需要努力达到那个可以放手的点。让我们分担这项工作吧。我们必须分担我们所放弃的事情的代价。但是，当我们放弃一些事情时，我们不仅是失去了某些事情——尽管我们的确失去某些东西。我们还会发现一些东西。我们发现了一些我们以前不知道的东西——它们关于我们自己、关于世界。女性主义者的生活是一段旅程，是某种抵达与触碰，而如果没有断裂，没有别人明快的鼓励，我们的抵达是不可能的。但女性主义生活也是一种回归，找回我们自己的一部分——此前我们甚至没有意识到我们拥有它，甚至没有意识到我们已经将它搁置许久。

通过找回那部分搁置已久的自我，我们可以相互支持。

原则10：我愿意加入一场“扫兴鬼运动”。

无论你是否是在故意刁难人，人们都认为你给自己和他人带来了困难。困难实在是太多了，所以你可能认为女性主义扫兴鬼们会放弃。然而，当我第一次开始介绍和谈论女性主义扫兴鬼时，当我第一次开始与她一起工作、研究她这个形象并把目光聚焦于她时，我注意到了这个房间是多么生气勃勃。有时，说起她、让她进入房间做她的事情，那感觉就像触电。而且她发现自己很快就加入了一伙扫兴鬼的行列：扫兴的跨性别女性主义者（Cowan 2014）、扫兴的少数族裔（Khorana 2013）、扫兴的残障人士（Mullow 2013）、扫兴的本土女性主义者（Barker 2015）。我相信还会有更多这样的人。

为什么？因为每当我们需要提及那些困难的历史时，扫兴鬼的形象就会出现。这并不是说，尽管扫兴鬼提出了那些困难，但她依旧吸引人，而是说，扫兴鬼的吸引力恰在于她提出的那些困难。她从困难的场景中获得了活力或能量。愿意做一个扫兴鬼，愿意妨碍幸福，这意味着理解并承担别人给出的“扫兴鬼”评判。

我们甚至把这种评判转化为一道叛逆的命令。

扫兴鬼？

看看我吧

我愿意做这个扫兴鬼！

当我们认出她的时候，可能会有相当大的收获。找到扫兴鬼可能是快乐的，扫兴同样可能是快乐的。当我们对彼此讲述翻白眼的经历时，我们的目光相遇了。

你也是；你也是。

一个脆弱的动作。

暴躁。

268 有如此多的时刻被我们概括为这个等式：“翻白眼＝女性主义教育学”。我们愿意直面那些时刻。那些时刻可以成为一场运动。那些时刻可以筑造一场运动，一场由较轻的材料组建而成的运动。这不是一个安全的住所。我们频繁地被打碎；但是，看啊，墙在移动。

我们愿意加入一场扫兴的运动。

我们就是那场运动本身。

好好看我们翻搅吧。

参考文献

Ahmed, Sara. 2015. "Introduction: Sexism—a Problem with a Name." *New Formations*, no. 86: 5–13.

———. 2014. *Willful Subjects*. Durham, NC: Duke University Press.

———. 2012. *On Being Included: Racism and Diversity in Institutional Life*. Durham, NC: Duke University Press.

———. 2010. *The Promise of Happiness*. Durham, NC: Duke University Press.

———. 2006. *Queer Phenomenology: Orientations, Objects, Others*. Durham, NC: Duke University Press.

———. 2004. *The Cultural Politics of Emotion*. Edinburgh: Edinburgh University Press.

———. 2000. *Strange Encounters: Embodied Others in Post-coloniality*. London: Routledge.

———. 1998. *Differences That Matter: Feminist Theory and Postmodernism*. Cambridge: Cambridge University Press.

Alexander, M. Jacqui. 2006. *Pedagogies of Crossing: Meditations on Feminism, Sexual Politics, Memory, and the Sacred*. Durham, NC: Duke University Press.

Almond, Grace. 2015. "Rhodes Must Fall: Why British Universities Need to Decolonize not Diversify." *Consented*, December 29. http://www.consented.co.uk/read/rhodes-must-fall-why-british-universities-need-to-decolonize-not-diversify/.

Ang, Ien. 2001. *On Not Speaking Chinese: Living between Asia and the West*. London: Routledge.

Anzaldúa, Gloria. (1987) 1999. *Borderlands/La Frontera: The New Mestiza*. San Francisco: Aunt Lute.

———. 1983. "La Prieta." In *This Bridge Called My Back: Writings by Radical Women of Colour*, edited by Cherríe Moraga and Gloria Anzaldúa, 198–209. Watertown, MA: Persephone.

Barker, Joanne. 2015. "The Indigenous Feminist Killjoy." *Tequila Sovereign*, July 24. https://tequilasovereign.wordpress.com/2015/07/24/the-indigenous-feminist-killjoy/.

Bates, Laura. 2014. *Everyday Sexism*. London: Simon and Schuster.

Beauvoir, Simone de. (1949) 1997. *The Second Sex*. Translated by H. M. Parshley. London: Vintage.

Becker, Edith, Michelle Citron, Julia Lesage, and B. Ruby Rich. 1981. "Lesbians and Film." *Jumpcut*, nos. 24–25: 17–21.

Berlant, Lauren. 2011. *Cruel Optimism*. Durham, NC: Duke University Press.

———. 2008. "Thinking about Feeling Historical." *Emotion, Space and Society* 1 (1): 4–9.

———. 2007. "Slow Death: Sovereignty, Obesity, Lateral Agency." *Critical Inquiry* 33 (4): 754–80.

Bilge, Sirma. 2013. "Saving Intersectionality from Feminist Intersectionality Studies." *Du Bois Review: Social Science Research on Race* 10 (2): 405–24.

Brah, Avtar. 1996. *Cartographies of Diaspora: Contesting Identities*. London: Routledge.

Braidotti, Rosi. 2006. *Transpositions: On Nomadic Ethics*. Cambridge: Polity.

Brewer, Rose M. 1993. "Theorizing Race, Class and Gender: The New Scholarship of Black Feminist Intellectuals and Black Female Labor." In *Theorizing Black Feminisms: The Visionary Pragmatism of Black Women*, edited by Stanlie Myrise James and Abena P. A. Busia, 13–30. London: Routledge.

Brontë, Charlotte. (1847) 1999. *Jane Eyre*. London: Wordsworth.

Brown, Kimberly Juanita. 2015. *The Repeating Body: Slavery's Visual Resonance in the Contemporary*. Durham, NC: Duke University Press.

Brown, Rita Mae. 1976. *A Plain Brown Rapper*. Oakland: Diana.

———. 1973. *Rubyfruit Jungle*. New York: Bantam.

Brown, Wendy. 2010. *Walled States, Waning Sovereignty*. Cambridge, MA: MIT Press.

———. 1995. *States of Injury: Power and Freedom in Late Modernity*. Princeton, NJ: Princeton University Press.

Butler, Judith. 2015. *Notes toward a Performative Theory of Assembly*. Cambridge, MA: Harvard University Press.

———. 2004. *Precarious Life: The Powers of Mourning and Violence*. London: Verso.

———. 1997. "Merely Cultural." *Social Text*, nos. 52–53: 265–77.

———. 1993. *Bodies That Matter: On the Discursive Limits of "Sex."* London: Routledge.

———. 1990. *Gender Trouble: Feminism and the Subversion of Identity*. New York: Routledge.

Cavanagh, Sheila L. 2010. *Queering Bathrooms: Gender, Sexuality and the Hygienic Imagination*. Toronto: University of Toronto Press.

Cheng, Anne-Anlin. 2001. *The Melancholia of Race: Psychoanalysis, Assimilation and Hidden Grief*. Oxford: Oxford University Press.

Clare, Eli. (1999) 2015. *Exile and Pride: Disability, Queerness, and Liberation*. Durham, NC: Duke University Press.

Collins, Patricia Hill. 2000. *Black Feminist Thought: Knowledge, Consciousness and the Politics of Empowerment*, 2nd ed. New York: Routledge.

Cowan, T. L. 2014. "Trans/Feminist Killjoys: Rage, Love and Reparative Performance." *Transgender Studies Quarterly* 1 (4): 501–16.

Crenshaw, Kimberlé Williams. 1989. "Demarginalizing the Intersection of Race and Sex: A Black Feminist Critique of Antidiscrimination Doctrine, Feminist Theory and Antiracist Politics." *University of Chicago Legal Forum*, 139–67.

Crenshaw, Kimberlé Williams, and Andrea Ritchie. 2015. "Say Her Name: Resisting Police Brutality against Black Women." African American Policy Forum. Update, July 16, 2015. http://www.aapf.org/sayhernamereport/.
Dahl, Ulrika. 2015. "Sexism: A Femme-inist Perspective." *New Formations*, no. 86: 54–73.
Davis, Angela. (1989) 1998. *Blues Legacies and Black Feminism: Gertrude "Ma" Rainey, Bessie Smith and Billie Holiday*. New York: Vintage.
———. 1983. *Women, Race and Class*. New York: Vintage.
DiAngelo, Robin. 2011. "White Fragility." *International Journal of Critical Pedagogy* 3 (3). http://libjournal.uncg.edu/ijcp/article/view/249.
Donaldson, Elizabeth L. 2011. "Revisiting the Corpus of the Madwoman: Further Notes toward a Feminist Disability Studies Theory of Mental Illness." In *Feminist Disability Studies*, edited by Kim Q. Hall, 91–114. Bloomington: Indiana University Press.
Douglas, Mary. (1996) 2002. *Purity and Danger: An Analysis of the Concepts of Pollution and Taboo*. London: Routledge Classics.
Duggan, Lisa. 2003. *The Twilight of Equality: Neoliberalism, Cultural Politics, and the Attack on Democracy*. Boston: Beacon.
Dworkin, Andrea. 1972. *Woman Hating*. New York: E. P. Dutton.
Echols, Alice. 1989. *Daring to Be Bad: Radical Feminism in America, 1967–1985*. Minneapolis: University of Minnesota Press.
Eliot, George. (1861) 1994. *Silas Marner*. Hertfordshire: Wordsworth Classics.
———. (1860) 1965. *The Mill on the Floss*. New York: New American Library.
———. (1895) 1961. *Adam Bede*. New York: Signet Classics.
Emery, Kim. 2002. *The Lesbian Index: Pragmatism and Lesbian Subjectivity in the Twentieth Century*. Albany: State University of New York Press.
Eng, David L., and Shinhee Han. 2003. "A Dialogue on Racial Melancholia." In *Loss: The Politics of Mourning*, edited by David L. Eng and David Kazanjian, 343–71. Berkeley: University of California Press.
Enke, Anne, ed. 2012. *Transfeminist Perspectives: In and beyond Transgender and Gender Studies*. Philadelphia: Temple University Press.
Fanon, Frantz. (1967) 2008. *Black Skin, White Masks*. Translated by Charles Lam Markmann. London: Pluto.
Firestone, Shulamith. 1970. *The Dialectic of Sex: The Case for Feminist Revolution*. New York: Bantam.
Frankenberg, Ruth, and Lata Mani. 1993. "Crosscurrents, Crosstalk: Race, 'Postcoloniality' and the Politics of Location." *Cultural Studies* 7 (2): 292–310.
Franklin, Sarah. 2015. "Sexism as a Means of Reproduction." *New Formations* 86: 14–33.
———. 2010. "Revisiting Reprotech: Firestone and the Question of Technology." In *Further Adventures of the Dialectic of Sex: Critical Essays on Shulamith Firestone*, edited by Mandy Merck and Stella Stanford, 29–59. London: Palgrave Macmillan.
Freeman, Elizabeth. 2005. "Time Binds, or, Erotohistoriography." *Social Text* 23 (3–4): 57–68.

Friedan, Betty. 1965. *The Feminine Mystique*. Harmondsworth: Penguin.
Frye, Marilyn. 1992. *Willful Virgin: Essays in Feminism, 1976–1972*. Freedom, CA: Crossing Press.
———. 1991. "Introduction." In Marilyn Murphy, *Are Your Girls Traveling Alone? Adventures in Lesbianic Logic*, 11–16. Los Angeles: Clothes Spin Fever.
———. 1983. *The Politics of Reality: Essays in Feminist Theory*. Trumansburg, NY: Crossing Press.
Garland-Thomson, Rosemarie. 2014. "The Story of My Work: How I Became Disabled." *Disability Studies Quarterly* 34 (2): n.p.
———. 2011. "Misfits: A Feminist Materialist Disability Concept." *Hypatia: A Journal of Feminist Philosophy* 26 (3): 591–609.
Gatens, Moira. 1983. "The Critique of the Sex/Gender Distinction." In *Beyond Marxism: Interventions after Marx*, edited by Judith Allen and Paul Patton, 143–60. Sydney: Interventions.
Gill, Rosalind. 2007. "Postfeminist Media Culture: Elements of a New Sensibility." *European Journal of Cultural Studies* 10 (2): 147–66.
Gilman, Charlotte Perkins. (1904) 2002. *The Home: Its Work and Influence*. Lanham, MD: Rowman and Littlefield.
———. (1892) 1997. *The Yellow Wallpaper and Other Stories*. New York: Dover.
Gilmore, Ruth Wilson. 2007. *Golden Gulag: Prisons, Surplus, Crisis, and Opposition in Globalizing California*. Berkeley: University of California Press.
Goldman, Emma. (1931) 2008. *Living My Life*, vol. 1. New York: Cosimo.
Gordon, Lewis R. 1999. "Fanon, Philosophy, Racism." In *Racism and Philosophy*, edited by Susan E. Babbitt and Sue Campbell, 32–49. Ithaca, NY: Cornell University Press.
Grimm, Jacob, and Wilhelm Grimm. 1884. *Household Tales*, vol. 2. Translated by Margaret Hunt. London: George Bell.
Gumbs, Alexis Pauline. 2010. "We Can Learn to Mother Ourselves: The Queer Survival of Black Feminism, 1968–1996." PhD dissertation, Duke University.
Gunaratnam, Yasmin. 2014. "Morbid Mixtures: Hybridity, Pain and Transnational Dying." *Subjectivity* 7 (1): 74–91.
Gupta, Camel. 2014. Presentation to Black British Feminism panel, Centre for Feminist Research, Goldsmiths, December 11.
Gutiérrez y Muhs, Gabriella, Yolanda Flores Niemann, Camren G. González, and Angela P. Harris, eds. 2006. *Presumed Incompetent: The Intersections of Race and Class for Women in Academia*. Boulder: University Press of Colorado.
Halberstam, J. 2011. *The Queer Art of Failure*. Durham, NC: Duke University Press.
———. 2005. *In a Queer Time and Space*. Durham, NC: Duke University Press.
———. 1998. *Female Masculinity*. Durham, NC: Duke University Press.
Hall, Radclyffe. (1928) 1982. *The Well of Loneliness*. London: Virago.
Haraway, Donna. 2003. *A Companion Species Manifesto: Dogs, People and Significant Otherness*. Chicago: Prickly Paradigm.
Hartman, Saidiya V. 1997. *Scenes of Subjection: Terror, Slavery and Self-Making in Nineteenth-Century America*. New York: Oxford University Press.

Hemmings, Clare. 2011. *Why Stories Matter: The Political Grammar of Feminist Theory*. Durham, NC: Duke University Press.

Hesford, Victoria. 2013. *Feeling Women's Liberation*. Durham, NC: Duke University Press.

Hochschild, Arlie Russell. (1983) 2003. *The Managed Heart: Commercialization of Human Feeling*. Berkeley: University of California Press.

hooks, bell. 2000. *Feminist Theory: From Margin to Centre*. London: Pluto.

———. 1996. "Inspired Eccentricity: Sarah and Gus Oldham." In *Family: American Writers Remember Their Own*, edited by Sharon Sloan Fiffer and Steve Fiffer. New York: Vintage.

———. 1988. *Talking Back: Thinking Feminism, Thinking Black*. Boston: South End.

———. 1981. *Ain't I a Woman: Black Women and Feminism*. Boston: South End.

Jacques, Juliet. 2015. *TRANS: A Memoir*. London: Verso.

———. 2010. "'Confidence Is the Key to Passing—or at Least to Silencing the Hecklers.'" *Guardian*, July 28. http://www.theguardian.com/lifeandstyle/2010/jul/28/passing-as-a-woman.

Jaggar, Alison M. 1996. "Love and Knowledge: Emotion in Feminist Epistemology." In *Women, Knowledge, and Reality: Explorations in Feminist Philosophy*, edited by Ann Garry and Marilyn Pearsall, 166–90. New York: Routledge.

James, Robin. 2015. *Resilience and Melancholy: Pop Music, Feminism, Neoliberalism*. London: Zero.

Johnson, E. Patrick. 2009. "Snap! Culture: A Different Kind of 'Reading.'" *Text and Performance Quarterly* 15 (2): 122–42.

Johnson, Lisa Merri. 2014. "Bad Romance: A Crip Feminist Critique of Queer Failure." *Hypatia: A Journal of Feminist Philosophy* 30 (1): 251–67.

Kafai, Shayda. 2013. "The Mad Border Body: A Typical In-Betweeness." *Disability Studies Quarterly* 33 (1): n.p.

Kafer, Alison. 2013. *Feminist, Queer, Crip*. Bloomington: Indiana University Press.

Kelley, Robin D. G. 2014. "Why We Won't Wait." *Counterpunch*, November 25. http://www.counterpunch.org/2014/11/25/why-we-wont-wait/.

Khorana, Sukhmani. 2013. "On Being an Ethnic Killjoy in the Asian Century." *The Conversation*, November 19. http://theconversation.com/on-being-an-ethnic-killjoy-in-the-asian-century-19833.

King, Moynan. 2013. "Revenge as a Radical Feminist Tactic in the SCUM Manifesto." Nomorepotlucks, July/August. http://nomorepotlucks.org/site/revenge-as-radical-feminist-tactic-in-the-scum-manifesto-moynan-king/.

Kuhn, Annette. (1995) 2002. *Family Secrets: Acts of Memory and Imagination*. London: Verso.

Lamp, Sharon, and W. Carol Cleigh. 2011. "A History of Ableist Rhetoric in American Feminism from the Eugenics Period." In *Feminist Disability Studies*, edited by Kim Q. Hall, 175–90. Bloomington: Indiana University Press.

Lewis, Gail. 2009. "Birthing Racial Difference: Conversations with My Mother and Others." *Studies in the Maternal* 1 (1): 1–21.

Lorde, Audre. 1997. *The Cancer Journals*. San Francisco: Aunt Lute.

———. 1988. *A Burst of Light: Essays*. Ithaca, NY: Firebrand.

———. 1984a. *Sister Outsider: Essays and Speeches*. Trumansburg, NY: Crossing Press.
———. 1984b. *Zami: A New Spelling of My Name*. London: Sheba Feminist.
———. 1978. *Black Unicorn*. New York: Norton.
Love, Heather. 2007. *Feeling Backward: Loss and the Politics of Queer History*. Cambridge, MA: Harvard University Press.
McKittrick, Katherine. 2015. "Yours in the Intellectual Struggle: Sylvia Wynter and the Realization of the Living." In *Sylvia Wynter: On Being Human as Praxis*, edited by Katherine McKittrick, 1–8. Durham, NC: Duke University Press.
McRobbie, Angela. 2009. *The Aftermath of Feminism*. London: Sage.
Millbank, Lisa. 2013. "The Scope of Action, Smiling, Smile 'Strikes' and Individual Action." Radtransfem. http://radtransfem.tumblr.com/post/40249024485/the-scope-of-action-smiling-smile-strikes-and.
Miller, Alice. 1987. *For Your Own Good: The Roots of Violence in Child-Rearing*. London: Virago.
Mingus, Mia. 2013. "Video Interview w/Mia Mingus on Disability Justice." Icarus Project, December 11. http://www.theicarusproject.net/disability/video-interview-wmia-mingus-on-disability-justice.
Mirza, Heidi. 2015. "Decolonizing Higher Education: Black Feminism and the Intersectionality of Race and Gender." *Journal of Feminist Scholarship*, nos. 7–8: 1–12.
Mohanty, Chandra Talpade. 2003. *Feminism without Borders: Decolonizing Theory, Practicing Solidarity*. Durham, NC: Duke University Press.
Moraga, Cherríe. 1981. "The Welder." In *This Bridge Called My Back: Writings by Radical Women of Color*, edited by Cherríe Moraga and Gloria Anzaldúa, 219. Watertown, MA: Persephone.
Moreton-Robinson, Aileen. 2003. "'Tiddas Talkin' Up to the White Woman': When Huggins et al. Took on Bell." In *Black Lines: Contemporary Critical Writing by Indigenous Australians*, edited by Michele Grossman, 66–78. Melbourne: Melbourne University Press.
Morrison, Toni. 1979. *The Bluest Eye*. London: Picador.
Mullow, Anna. 2013. "Bellyaching." *Social Text*, October 24. http://socialtextjournal.org/periscope_article/bellyaching/.
Ngai, Sianne. 2007. *Ugly Feelings*. Cambridge, MA: Harvard University Press.
Oakley, Ann. 2007. *Fractured: Adventures of a Broken Body*. Bristol, U.K.: Policy.
———. 1980. *Women Confined: Towards a Sociology of Childbirth*. New York: Schocken.
Orelus, Pierre. 2011. *Courageous Voices of Immigrants and Transnationals of Color: Counter Narratives against Discrimination in Schools and Beyond*. New York: Peter Lang.
Penelope, Julia. 1992. *Call Me Lesbian: Lesbian Lives, Lesbian Theory*. New York: Crossing Press.
Peters, Julie Anne. 2003. *Keeping You a Secret*. Boston: Little, Brown.
Preciado, Beatriz. 2012. "Queer Bulldogs: Histories of Human-Canin [*sic*] Co-breeding and Biopolitical Resistance" [video]. Presented at conference, Documenta 13, September 10. http://d13.documenta.de/#/research/research/view/on-seeds

-and-multispecies-intra-action-disowning-life-beatriz-preciado-queer-bulldogs-histories-of-human-canin-co-breeding-and-biopolitical-resistance.
Probyn, Elspeth. 1996. *Outside Belongings*. London: Routledge.
Prosser, Jay. 1998. *Second Skins: The Body Narratives of Transsexuality*. New York: Columbia University Press.
Puar, Jasbir. 2009. "Prognosis Time: Towards a Geo-politics of Affect, Debility and Capacity." *Women and Performance: A Journal of Feminist Theory* 19 (2): 161–72.
———. 2007. *Terrorist Assemblages: Homonationalism in Queer Times*. Durham, NC: Duke University Press.
Puwar, Nirmal. 2004. *Space Invaders: Race, Gender and Bodies out of Place*. Oxford: Berg.
Radicalesbians. 1970. "The Woman Identified Woman." Duke University Libraries, Digital Collections. http://library.duke.edu/digitalcollections/wlmpc_wlmms01011/.
Randolph, Sherie M. 2015. *Florynce "Flo" Kennedy: The Life of a Black Feminist Radical*. Chapel Hill: University of North Carolina Press.
Rankine, Claudia. 2014. "Poet Claudia Rankine: 'Racism Works Purely on Perception' in America." *Guardian*, December 27. http://www.theguardian.com/books/2014/dec/27/claudia-rankine-poetry-racism-america-perception.
Rich, Adrienne. 1993. "Compulsory Heterosexuality and Lesbian Existence." In *The Lesbian and Gay Studies Reader*, edited by Henry Abelove, Michèle Aina Barale, and David M. Halperin, 227–54. New York: Routledge.
———. 1986. "Notes toward a Politics of Location." In *Blood, Bread, and Poetry: Selected Prose, 1979–1985*. New York: Norton.
———. 1979. "Disloyal to Civilization." In *On Lies, Secrets and Silence: Selected Prose, 1966–1978*. New York: Norton.
Riggs, Marlon T. 1999. "Black Macho Revisited: Reflections of a Snap! Queen." In *Black Men on Race, Gender and Sexuality: A Critical Reader*, edited by Devon W. Carbado, 306–11. New York: New York University Press.
Sandahl, Carrie. 2002. "Considering Disability: Disability Phenomenology's Role in Revolutionizing Theatrical Space." *Journal of Dramatic Theory and Criticism* 16 (2): 17–32.
———. 1993. "Queering the Crip or Cripping the Queer: Intersection of Queer and Crip Identities in Solo Autobiographical Performance." GLQ 9 (1–2): 25–56.
Saunders, James Robert. 1988. "Womanism as the Key to Understanding Zora Neale Hurston's *Their Eyes Were Watching God* and Alice Walker's *The Color Purple*." *Hollins Critic* 25 (4): 1–11.
Schulman, Sarah. 1998. *Stage Struck: Theatre, AIDS, and the Marketing of Gay America*. Durham, NC: Duke University Press.
Schwarz, Judith. 1986. *Radical Feminists of Heterodoxy*. Hereford, AZ: New Victoria.
Sedgwick, Eve Kosofsky. 1993. "Queer Performativity: Henry James's *The Art of the Novel*." GLQ 1 (1): 1–14.
———. 1985. *Between Men: English Literature and Male Homosocial Desire*. New York: Columbia University Press.
Serano, Julia. 2007. *Whipping Girl: A Transsexual Woman in Sexism and the Scapegoating of Femininity*. Berkeley, CA: Seal.

Sharpe, Christina. 2010. *Monstrous Intimacies: Making Post-slavery Subjects*. Durham, NC: Duke University Press.

Smith, Malinda. 2010. "Gender, Whiteness, and 'Other Others' in the Academy." In *States of Race: Critical Race Feminism for the 21st Century*, edited by Sherene Razack, Malinda Smith, and Sunera Thobani, 23–35. Toronto: Between the Lines.

Solanas, Valerie. (1967) 2013. *SCUM Manifesto*. Chico, CA: AK Press.

Spade, Dean. 2006. "Gender Mutilation." In *The Transgender Studies Reader*, edited by Susan Stryker and Stephen Whittle, 315–32. London: Routledge.

Spelman, Elizabeth V. 1989. "Anger and Insubordination." In *Women, Knowledge and Reality: Explorations in Feminist Philosophy*, edited by Ann Garry and Marilyn Pearsall, 263–74. New York: Routledge.

Spillers, Hortense. 1987. "Mama's Baby, Papa's Maybe: An American Grammar Book." *Diacritics* 17 (2): 64–81.

Spivak, Gayatri Chakravorty. 1988. "Can the Subaltern Speak?" In *Marxism and the Interpretation of Culture*, edited by Cary Nelson and Lawrence Grossberg, 271–313. Basingstoke, U.K.: Macmillan Education.

Stone, Sandy. 2006. "The Empire Strikes Back: A Posttransexual Manifesto." In *The Transgender Studies Reader*, edited by Susan Stryker and Stephen Whittle, 244–56. London: Routledge.

Stryker, Susan. 1994. "My Words to Victor Frankenstein above the Village of Chamounix: Performing Transgender Rage." *GLQ* 1 (3): 237–54.

Swan, Elaine. 2010a. "Commodity Diversity: Smiling Faces as a Strategy of Containment." *Organization* 17 (1): 77–100.

———. 2010b. "States of White Ignorance, and Audit Masculinity in English Higher Education." *Social Politics* 17 (4): 477–506.

Thobani, Sunera. 2003. "War and the Politics of Truth-Making in Canada." *International Journal of Qualitative Studies in Education* 16 (3): 399–414.

Titchkosky, Tanya. 2011. *The Question of Access: Disability, Space, Meaning.* Toronto: University of Toronto Press.

Topping, Alexandra. 2014. "Universities Being Used as Proxy Border Police, Say Academics." *Guardian*, March 2. http://www.theguardian.com/education/2014/mar/02/universities-border-police-academics.

Trowbridge, Katherine M. 1855. "Jane Munson: Or the Girl Who Wished to Have Her Own Way." In *Student and Family Miscellany*, edited by Norman Allison Calkins, 16–20. New York: N. A. Calkins.

Tyler, Imogen. 2013. *Revolting Subjects: Social Abjection and Resistance in Neo-liberal Britain*. London: Zed.

———. 2007. "The Selfish Feminist: Public Images of Women's Liberation." *Australian Feminist Studies* 22 (53): 173–90.

Valentine, Gill. 1996. "(Re)Negotiating the 'Heterosexual Street': Lesbian Productions of Space." In *BodySpace: Destabilizing Geographies of Gender and Sexuality*, edited by Nancy Duncan, 146–55. London: Routledge.

Walker, Alice. 2005. *In Search of Our Mothers' Gardens*. Phoenix, AZ: New Edition.

Wekker, Gloria. 2016. *White Innocence: Paradoxes of Colonialism and Race*. Durham, NC: Duke University Press.

Whitley, Leila. 2014. "More Than a Line: The Border as Embodied Site." PhD dissertation, Goldsmiths, University of London.

Whitley, Leila, and Tiffany Page. 2015. "Sexism at the Centre: Locating the Problem of Sexual Harassment." *New Formations*, no. 86: 34–53.

Wilchins, Riki. 2014. *Queer Theory, Gender Theory*. New York: Riverdale Avenue.

Wittig, Monique. 1992. *The Straight Mind and Other Essays*. Boston: Beacon.

Woolf, Virginia. (1925) 1996. *Mrs. Dalloway*. London: Wordsworth.

———. 1920. *A Room of One's Own*. London: Hogarth.

Wynter, Sylvia. 2006. "On How We Mistook the Map for the Territory and Reimprisoned Ourselves in Our Unbearable Wrongness of Being, of *Désêtre*: Black Studies toward the Human Project." In *Not Only the Master's Tools: African American Studies in Theory and Practice*, edited by Lewis R. Gordon and Jane Anna Gordon, 107–72. Boulder, CO: Paradigm.

Yancy, George. 2013. "Walking while Black." *New York Times*, September 1.

Young, Iris Marion. 1990. *Throwing like a Girl and Other Essays*. Bloomington: Indiana University Press.

Zackodnik, Teresa. 2011. *Press, Platform, Pulpit: Black Feminist Publics in the Era of Reform*. Knoxville: University of Tennessee Press.

索 引

正体页码对应页边码，斜体页码对应本书页码。

致谢

这是我一边写着博客一边完成的第一本书。非常感谢那些鼓励我开博客的人们，特别是我在脸书（Facebook）上的女性主义朋友，也感谢自那以后我在社交媒体上结识的人。我学到了很多。感谢穆尔卡和波比，你们毛茸茸、黄棕棕的样子一直伴我左右。感谢利昂娜·刘易斯（Leona Lewis），谢谢你的声音和灵感。特别要感谢我的女性主义"同伙"，萨拉·富兰克林（Sarah Franklin）。感谢杜克大学出版社再次与我合作，感谢肯·维苏克（Ken Wissoker）和伊丽莎白·奥尔特（Elizabeth Ault）自始至终对这个课题保持热情，以及莉兹·史密斯（Liz Smith）后期的耐心工作。无论是我身边的还是远方的，无论是伦敦大学金史密斯学院还是其他地方的女性主义同事，我都很感谢他们的关怀和联结，尤其是鲁曼娜·贝古姆（Rumana Begum）、西尔玛·比尔盖（Sirma Bilge）、莉萨·布莱克曼（Lisa Blackman）、乌尔丽卡·达尔、纳塔利娅·芬顿（Natalie Fenton）、亚斯明·古纳拉特南、海迪·米尔扎、菲奥娜·尼科尔（Fiona Nicoll）、尼马尔·普瓦尔、贝弗利·斯凯格斯（Beverly Skeggs）、伊莱恩·斯旺和伊莎贝尔·韦德纳（Isabel Waidner）。感谢那些加入女性主义研究中心和女性主义研究生论坛的人们，特别是蒂法尼·佩奇和莱拉·惠特利，她们努力让工作环境变得更好、更安全。在本书的编辑过程中，我作出了一个艰难的决定：在与他人一起挑战"性骚扰如何在学术文化中逐渐正常化”这一话题三年后，我辞去了我在金史密斯学院的教职。我收获的女性团结和支持力量盈满内心。每条信息都给我带来了一个信号，一个我一直试图在这本书中写下的信号：过一种女性主义的生活，事关当我们共同承担一个解构世界的工程时，如何与彼此相互联系、相互吸引。我们在一点点地拆解，纵然缓慢，但我们的确正在拆解！

图书在版编目（CIP）数据

过一种女性主义的生活/(英)萨拉 · 艾哈迈德著；
范语晨译.--上海:上海文艺出版社，2023
ISBN 978-7-5321-8823-9

Ⅰ.①过… Ⅱ.①萨…②范… Ⅲ.①男女平等—研
究 Ⅳ.①D440

中国国家版本馆CIP数据核字（2023）第148249号

发 行 人：毕 胜
责任编辑：肖海鸥
特约编辑：梁静怡
书籍设计：李雨萌
内文制作：重庆樾诚文化传媒有限公司

书　　名：过一种女性主义的生活
作　　者：［英］萨拉 · 艾哈迈德
译　　者：范语晨
出　　版：上海世纪出版集团 上海文艺出版社
地　　址：上海市闵行区号景路 159 弄 A 座 2 楼 201101
发　　行：上海文艺出版社发行中心
上海市闵行区号景路 159 弄 A 座 2 楼 206 室　201101　www.ewen.co
印　　刷：上海盛通时代印刷有限公司
开　　本：850×1092　1/32
印　　张：14.5
字　　数：325 千字
印　　次：2023 年 10 月第 1 版　2025 年 6 月第 3 次印刷
I S B N：978-7-5321-8823-9 /C.101
定　　价：78.00 元

Living a Feminist Life, Sara Ahmed, ISBN: 9780822363194

版贸核渝字（2021）第 294 号